中公文庫

精神分析学入門

フロイト
懸田克躬訳

中央公論新社

目次

凡例

一、本訳書のテキストには、Imago 社版のフロイト全集第十一巻を用い、Internationaler Psychoanalytischer Verlag 版を参照した。

一、注については、フロイトの自注は〔 〕で、訳者注は（ ）で、また原文が分離綴体《ゲシュペルト》の部分は〈 〉で示した。

一、翻訳にあたっては、丸井清泰（日本教文社）、安田徳太郎（角川書店）、豊川昇（新潮社）、菊盛英夫（河出書房新社）の諸氏の訳業を参考にさせていただいた。

精神分析学入門

はしがき

私がここに『精神分析学入門』という書名で公《おおやけ》にするのは、この学問の領域について書かれた既刊の概説書〔ヒッチマン著の『フロイトのノイローゼ論』（第二版、一九一三年）、フィスター著の『精神分析学方法論』（一九一三年）、レオ・カプラン著の『精神分析学綱要』（一九一四年）、レジ、エスナル共著の『ノイローゼと精神病の精神分析』（パリ、一九一四年）、アドルフ・F・メイエル著の『精神分析によるノイローゼの治療』（アムステルダム、一九一五年）〕のいずれともちがう、独特の書物である。本書は、私が一九一五年から一六年にかけてと、一九一六年から一七年にかけての二度の冬学期（十月から三月までの学期）に、医師も非専門家も、男性も女性も加わっている聴衆を前にしておこなった講義をそのまま再現している。

本書の読者の目につくと思われるこの著作の特異な点は、いずれも、こうした成り立ちの条件によって左右されているのである。説明をするにあたっても、私は学術論文としての冷静さを保つことができなかった。むしろ、講演者としての私は、ほぼ二時間にわたる講演のあいだ、聴衆の注意力が麻痺《まひ》しないように苦心しなければならなかったのである。そのときどきの効果を顧慮したため、同じ対象をあるときは夢の解釈と関連させてふれ、またあとになって、ノイローゼの問題と関連させてとりあげるというように、やむをえず何度にもわたり言及することもあった。また資料のとりあげ方にしても、たとえば「無意識」のような重要なテーマでも、一箇所だけでは論じつくすことができず、すこしとりあげてはやめ、またつぎの機会にこれに知見をつけ加えるというやり方をくりかえさなければならなかった。

精神分析に関する文献に精通している人ならば、本書よりもくわしい既刊書にも書かれていない事柄は、この『入門』にもわずかしか記載されていないのに気がつかれるであろう。しかし、資料をまとめあげ、総括するために、著者はいくつかの項目では〔たとえば不安の病因、ヒステリー的空想についての項目などがそれである〕、いままで公刊をひかえていた資料をもとりださなければならなかった。

一九一七年春　ウィーンにて　　　　フロイト

第一部　しくじり行為

第一講　序

みなさん！　私は、あなたがた一人一人が、書物を読んだり、人づてに聞いたりして、精神分析についてどれだけのことを知っておられるかは存じません。しかし、「精神分析学入門」という講義のテーマをかかげたのですから、私としては、あなたがたを精神分析についてはなんの知識ももたず、第一歩からの手引きを必要とするかたがたとして扱わせていただくことにします。

と申しましても、精神分析とはノイローゼ[1]患者を医学的に治療する操作であることぐらいは、もちろん、みなさんが知っておられる、ときめてかかってもよいでしょう。そこで、さっそく、この精神分析の領域には医学の他の領域とはちがったものがあること、いや、まったく逆の場合もしばしばあることを示す例をあげてみてもよいと思います。一般に患者に新しい治療をほどこすときには、それにともなう苦痛はなるべく患者に感じさせないようにし、その効果については確約をあたえるというのが、これまでの医学の常でした。このことは、よい結果を生む確率を高めるのですから、それはそれなりに正しいと思います。しかし、私どもがノイローゼ患者を精神分析によって治療するときには、やり方がちがうのです。私どもは患者に対して、この治療にともなう困難を知らせ、そして時間をかけ、努力をし、犠牲をはらわなければならないことを教えます。その成果も、患者の態度、理解の程度、従順さ、根気に左右されるので、確かな約束はできないと言いわたしています。もちろん、みたところこのような不都合きわまるふるまいに出るのには、それなりに十分な動機があるのです。この点については、あとでまたお話しするおりがあるでしょう。

さて、はじめにみなさんをノイローゼ患者なみに取り扱ったとしても、気を悪くしないでいただきたいのです。ほんとうのところ、私はみなさんに二度と私の話をききにこないように忠告したいくらいなのですから……。そこで、まず私は、精神分析の教育にはどのような不完全さが必然的につきまとうものか、また、自分自身で判断をなしうるようになるまでには、どのような困難があるかをお目にかけようと思います。さらに、みなさんがこれまで受けられた教育の全方針や習慣的な思考法が、どのようにしてみなさんを精神分析の反対者にしてしまうか、また、この本能的な敵対心を克服するためには、どれほど多くのものを征服しなければならないかを示したいと思います。私の報告することをおききになって、みなさんが精神分析についてどんな理解をされるようになるか、私にはわかりません。しかし、私の報告をきいても、そこから精神分析の研究や治療の方法を学びとることができない、とだけは、はっきり申し上げられます。もしひょっとして、みなさんのうちに、精神分析のおおよその知識を得ただけではあきたらないで、精神分析と縁をきらずにいたいなどというかたがあるとしたら、私はそれは中止したほうがよいと忠告するでしょうし、直接に警告も発したいのです。今日の状況では、精神分析を職業として選んだとすれば、大学教授となって成功する可能性をみずからなくしてしまうだけです。また練達した医師として開業してみても、社会はその人の努力を理解せず、疑惑の目でながめ、機会さえあればと待ち伏せている悪意の連中は、いっせいにとびかかってくるでしょう。今日のヨーロッパにおいて怒り狂っている戦争（第一次世界大戦。一九一四〜一八）にともなうさまざまな現象（残虐行為や破廉恥な行為など）をごらんになれば、このような連中の数がどれほど多いものか、およその察しはつくはずです。

しかし、いつの時代でも、このような不快なことにめげず、一つの新しい認識となりうるものに心をひかれる人がいないわけではありません。みなさんのなかにも、このようなかたが幾人かおられて、私の諫言《かんげん》をも無視して、このつぎにもここへこられるというのであれば、それは大歓迎です。ところで、さきほどちょっとお話しした精神分析を学ぶ途上の困難とはなにか、教えてほしいと要求する権利がみなさんにはあるのです。

それは、まず第一に、精神分析の指導や教育に関連した困難です。医学の教育では、みなさんは目で見ることに慣らされています。たとえば解剖学の標本や化学反応のときの沈澱物《ちんでん》、神経刺激の結果としての筋収縮の観察などがそれです。授業がすすむにつれて、患者も病気の症状も病的過程の産物も、いや、それどころか多くの症例では、分離した病原体さえも目の前に示されます。外科学では、患者を助ける手術を目のあたりに見せられ、自分で手術してみることも可能です。精神医学（後述の精神分析とは異なる）においてさえ、示説教育（実物を示しながら説明を加えて講義する教育方法）がおこなわれて、患者の表現の変化、話し方、挙動を観察する機会が多くあり、みなさんはこうした観察から深い印象を受けるのです。ですから、みなさんに対するときの医学の教師は、博物館のなかをいっしょに歩いてくれる案内者と解説者の役目を果たしてくれるわけです。そして、みなさんは対象を直接見ることができ、自分の目で新事実の存在を確認できた、とはじめて信じることになるわけです。

ところが残念なことに、精神分析ではすべての事情がちがいます。分析治療では、分析を受ける者と医師とのあいだには、ことばの交換がおこなわれるのみです。患者は語るのです。過去の体験と現在の印象について物語り、嘆き、その願望や感情の動きをうちあけます。医師はこれを傾聴し、患者の思考の歩みを導き、あることをよびさまし、注意を特定の方向に向かわせます。そして患者に解明をあたえ、そのときに患者が了解するか、あるいは拒否するかという反応を観察します。私どもの扱う患者の身うちでも教養のない人たちは、目に見えるもの、手に触れるものだけを、なかでも映画で見るような行動ばかりをひどく重んじたがるのですが、そういう人たちは、「ただ話をするだけで、どうして病気に対して効果のある治療ができるのか」という疑問をあらわします。こういう疑問は、近視眼的であるのみならず、つじつまがあいません。というのは、この人たちこそ、患者は、自分にこれこれの症状が「あるのだと思いこんでいる」にすぎないことをよく知っているからです。

ことばは、もともと魔術でした。ことばは、今日でもむかしの魔力をまだ残しています。私どもは、ことばの力によって他人をよろこばせることもできれば、また、絶望におとしいれることもできるのです。ことばによって、教師は生徒に自分のもっている知識を伝達することもできるし、講演者は満堂の聴衆を感動させ、その判断や決意を左右することもできます。ことばは感動を呼び起こし、人間がたがいに影響しあう普遍的な手段となっています。ですから、心理療法でことばを手段として用いることを軽視してはならないのです。もし分析者と患者とのあいだにかわされることばを傍聴することができれば、きわめてよろこばしいことと言わねばなりません。

ところが、傍聴も許されないのです。精神分析の療法は会話によって成り立つのですが、傍聴者の介入を許さないからです。示説教育ということはできないのです。もちろん、精神医学の講義のときに、神経衰弱[2]やヒステリー[3]の患者を学生の前に立たせることはあります。その場合、患者は自分の苦悩を訴えたり、症状について話したりはするでしょうが、それ以上のことはなにも話しません。分析にとって必要な報告が得られるのは、患者と医師とのあいだに特別な感情の結びつきが成立したときだけなのです。もし、自分と関係のない聞き手がいるとわかれば、それがだれにせよ、患者は口をとじてしまいます。患者が口にすることは、心情生活の[4]もっとも内奥にあるもの、自分が一個の独立している人物としては他人に秘しておく必要のあるもの、さらに統一ある人格としては自分自身にすら告白したくないようなものに関連しているからです。

　ですから、みなさんは精神分析の療法を傍聴することはできません。治療の話をひとからきくことができるだけなのです。きわめて厳密な意味での精神分析というのは、ただひとからきいて学びとることしかできません。このような、いわば二番煎《せん》じの教育によって判断を構成するのですから、みなさんは異常な条件のもとに置かれていることになりましょう。そうなると、要はみなさんが、話してくれるその人をどこまで信頼するかにかかってくるわけです。

　ひとつつぎのような仮定をしてみましょう。みなさんが精神医学の講義ではなく、歴史の講義をききにきており、講演者は、アレキサンダー大王（前三五六～三二三。マケドニアの王。ギリシア、シリア、エジプトを征服）の生涯《しょうがい》と戦功とについて話しているとします。みなさんはどうして、講演者の話すことに信を置こうとなさいますか。これは精神分析の場合よりも、もっと都合が悪いことではありませんか。なぜなら、歴史学の教授はアレキサンダー大王の遠征に参加したことがない点では、みなさんの場合と同じだからです。ところが、精神分析者のほうはすくなくとも、自分が一役を買ったことについて、みなさんに報告しているのです。しかし、それなら歴史学者を信じてよいとする根拠はなにか、という問題がつぎに生じてきます。

歴史学者は、みなさんにアレキサンダー大王と同時代、あるいはすくなくとも問題の事件からそう遠くない時代の著作者たちの報告を、すなわち、ディオドルス（前一世紀末、シチリア生まれの歴史家）、プルータルコス（一世紀ごろのギリシアの哲学者・歴史家）、アルリアン（二世紀ごろのギリシアの歴史家。主著『アレキサンダー出征記』）などの書を見ることをすすめることができるし、また保存されている大王の貨幣や肖像の複製を示したり、イッソスの戦い（紀元前三三三年、アレキサンダー大王がペルシア帝国の王ダレイオス三世の軍を破った戦争）を描いたポンペイ（イタリアの古址。一世紀、ヴェスヴィオ火山の大噴火で埋没）出土のモザイクの写真を回覧して、見せてくれることもできるわけです。しかし、厳密に言えば、これらの記録はすべて、むかしの人々がアレキサンダー大王を実在の人物とし、その戦功を事実として信じてきたということを証明するにすぎません。しかし、みなさんはここで新たに批判を加えてもよいはずです。その結果、アレキサンダー大王についての報告は、すべてが信じられるものでもなく、こまかい点は確かめてみなければならないということもわかるでしょう。けれども、私はみなさんがアレキサンダー大王の実在に関して疑いをもちながら、この講堂を去るなどと考えることはできません。みなさんは、主としてつぎの二点を考慮することにより、大王の実在について決定をくだされると思います。第一は、講演者が自分では現実にあったとは思っていない事柄を現実にあったこととして、みなさんを言いくるめなくてはならない理由がないこと。第二は、入手可能な歴史書がどれもその事件をほとんど同じように記述しているということです。もしもみなさんが、さらに立ち入って古い史料を吟味するようになれば、同一の事柄について、史料の提供者たちが、なにをどう考えたか、また、その証言が相互に一致しているかどうかをお調べになることと思います。

おそらく、アレキサンダー大王の場合は、吟味の結果はたしかに安心できるものでしょうが、しかし、モーゼ（旧約聖書に記録されているユダヤの預言者）とかニムロデ（旧約聖書に記録されている最初の権力者）のような人物の場合には、結果はちがってくるかもしれません。ところで、精神分析上の報告者の信《しん》憑《ぴょう》性については、どんな疑問がもたれるか、あとでとくと認識されるおりがあるでしょう。

さて、みなさんにはつぎのような質問を発する権利があります。精神分析に客観的な確証がなく、示説教育をする可能性もないとすれば、どうして精神分析を身につけ、またその主張が真実であると確信することができるのか、と。精神分析を身につけることは事実たやすいことではありません。また精神分析を正規な道をふんで学んだ人も多くはないのです。しかし、だからといってその道がないわけではありません。精神分析はまず自分自身の身体について、自分という人間を研究することによって習得されます。自己観察と呼ばれているものがすべてというのではありませんが、とりあえず自己観察ということばで、一括しておいてもよいでしょう。非常に頻繁《ひんぱん》に起こる周知の心的現象で[5]、技法についてすこし手ほどきを受ければ、自分自身を分析の対象としうるようなことはたくさんあるのです。そうすれば精神分析で記述しているような過程が実在し、精神分析の見解が正当なものだという確信を望みどおり手に入れることができると思います。もちろん、この方法で達しうる進歩には限界があります。もし練達した分析者によって分析してもらい、分析の効果をわれとわが身で体験し、微細な技法上の点については他人にほどこされているところをこっそりきくことができれば、進歩ははるかにいちじるしいものとなるでしょう。だが、この方法はすぐれたものではありますが、個々人にだけおこなえるものであって、講義をきいている人全部に一度におこなえるものではありません。

精神分析に対してみなさんが感じる第二の困難については、精神分析だけに責任を負わせることはできません。すくなくともみなさんが医学を学んでこられたというかぎりにおいては、みなさんにも責任があるとしなければならないからです。みなさんがこれまで身につけてきた教養は、みなさんの思考活動にある特定の方向をあたえていますが、その方向は精神分析からは非常に距離のあるものなのです。たしかにみなさんは、生体の諸機能とその障害を解剖学的に根拠づけ、化学的、物理学的に解明し、生物学的にとらえるというような教育は受けてきました。しかし、驚くほどに複雑な生体の機能の頂点ともいうべき心的活動に、みなさんの関心は向けられませんでした。ですから、みなさんは心理学的な思考法には慣れておらず、その種の考え方を不信の目でながめ、その科学性を認めず、それを非専門家、詩人、自然哲学者および神秘家にゆだねるというのが習慣になってしまっているのです。

こうした偏見は、医師としての活動をする場合は、たしかに遺憾なことです。というのも、あらゆる人間関係においてそうであるように、病んだ人はまず、心の表向きの面だけをみせるものだからです。みなさんはこうした偏見の罰として、期待している治療効果の一部分を、みなさんの軽蔑《けいべつ》の的《まと》である素人《しろうと》医者や自然療法家や神秘主義者に譲りわたさざるをえないはめにおちいっているのではないかと、私は恐れるものです。

みなさんがこれまでに身につけられた教養のこうした欠陥に対して、どのような弁解をなさるか、私はよくわかっています。みなさんには医師としての意図に役だつような哲学的な補助学問が欠けているのです。といって、思弁哲学も、学校で教えられる記述心理学[6]も、あるいは感覚生理学[7]につながるいわゆる実験心理学[8]も、みなさんに、身体的なものと心情的なものとの関係について、有用なことはなにも教えてはくれません。起こりうる心的な機能障害についても解決の鍵《かぎ》をあたえてはくれません。医学の枠内《わくない》では、精神医学が観察した精神障害[9]を記述し、これを臨床的な疾病《しっぺい》像[10]にまとめることはします。しかし、時間をかけて考えると、精神医学者自身、まったく記述的に自分たちが積みあげたものを学問だといってよいかどうか迷うようになります。これらの疾病像を構成した症状も、その発生の由来やメカニズムや相互の結びつきについては、未知のままです。症状に対応して、心の解剖学的器官である脳の変化が証明できるわけでもなく、また、そのような変化から逆に症状を説明することもできません。精神障害に対して治療が効果を示しうるのは、その精神障害がなにか他の器質的な疾患の副作用だと認められる場合だけです。

ここに精神分析が埋めようとしてきた間隙《かんげき》があります。精神分析は精神医学に対して、いままで欠けていた心理学的基礎をあたえようと意図し、身体的障害と心的障害との符合を理解する基礎となる共通の地盤を発見しようとしています。精神分析はこの目的のために、解剖学、化学あるいは生理学のような、精神分析とは無縁の前提から離れて、まったく純心理学的な補助概念を用いて仕事をしなければならないのです。そこで、精神分析はひょっとすると、はじめはみなさんにとって、異様なものにみえはしないかと、私は恐れています。

つぎにくる困難に関しては、みなさんを責めること、つまりみなさんのこれまで身につけた教養、あるいはみなさんの心構えを責めることはやめましょう。精神分析はその主張のうちの二つの点で世間の感情を害し、世人のきらわれものとなっています。その一つは世間の知的な先入観に反する点であり、もう一つは審美的・道徳的先入観に反しているという点です。これらの偏見について軽く考えすぎてはいけません。それは強大なものであり、有用な、それどころか必須《ひっす》の、人類発展過程の残滓《ざんし》なのです。また、それは感情の力によって固持されており、これに対する戦いはかなり困難なものだからです。

世間に好まれない精神分析の第一の主張は、心的過程はそれ自体としては無意識的であり、意識的過程は心的活動の一つの作用面であり、部分であるにすぎない、ということです。ところで、私どもは、この主張とはむしろ逆に、心的なものと意識的なものとを同一視するのに慣れていることを思い起こしてください。意識とはまさに心的なものを定義づける特質であり、心理学は意識内容の学問であるとみなされています。私どもは、心的なものと意識的なものとの同一を自明のことと思っているので、それに反対することは、ひどく非常識なことと感じているようです。しかし、精神分析はあえてこれに対して反対論を提起せざるをえないのです。精神分析学は意識的なものと心的なものとは同一であるという仮定を認めることはできません。みなさんの定義によれば、心的なものとは感情・思考・意欲といわれるようなものの過程であるということになります。しかし、精神分析は、無意識の思考や無意識の意欲があると主張せざるをえないのです。そのために精神分析ははじめから、冷静な学問的性格を好むすべての人々の同情を失い、闇中《あんちゅう》に築き、濁水に漁《すなど》りをしようとするいいかげんな秘教だとの嫌疑《けんぎ》さえ受けるようになってきたのです。しかし、聴衆のみなさんは、私がどのような権利があって「心的なものとは意識的なものである」という抽象的な性質をもった命題を偏見だと言いうるか、まだおわかりにはなりますまい。また、無意識なるものが存在するとすれば、どんな筋道をたどってそれが否定されるようになったか、そしてこれを否定したことによって、どんな利益が生じたかをみなさんは察知することもできないだろうと思います。心的なものは意識的なものと一致するとすべきか、それとも心的なものは意識的なものをこえて広がっているとすべきかは、益のないことばじりだけの争いのようにも聞こえますが、私は無意識的な心的過程が存在するという仮定を立てることによって、世界の学問にとり、まったく新しい方向づけがなされるようになったのだと断言したいのです。

これと同じように、みなさんは、精神分析のこの第一の大胆な主張とこれから述べる第二の主張とのあいだに、どんなに密接な関係が結ばれているかは予想もできないだろうと思います。精神分析の成果の一つである第二の命題は、広義にせよ狭義にせよ性的なものと呼ぶほかはない欲動の興奮が、神経と精神の病気の原因として、これまで正しく評価されなかった大きな役割を果たしている、という主張を包含するものなのです。いや、それどころか、この欲動の興奮は、人間精神の最高の文化的・芸術的ならびに社会的創造に、軽視することのできない大きな貢献をなしてきた、と主張しているのです。

私の経験するところでは、この精神分析の研究成果に対する嫌悪《けんお》の情こそは、精神分析がつきあたった抵抗のもっとも重大な根源なのです。みなさんは、私どもがそれについてどのような説明をあたえるかを知りたいと思われるでしょう。文化は生活の必要に迫られて欲動の満足を犠牲にしてつくりだされたものである、と私どもは信じています。文化の大部分は、人間共同体のなかに新しくはいってくる個人が、全体のためにその欲望充足をくりかえし犠牲にすることによって、たえず新たにつくりだされるものなのです。このようにほかに転用された欲動力のうちで性的の欲望は大きい役割を果たしています。それは昇華され、すなわち、本来の性的目標から転導されて、社会的により高い、もはや性的な色彩をもたぬ目標に向けられます。しかし、この構造は不安定ですし、性の欲動は制しがたいものですから、文化的活動にしたがうべき個人に対して、性の欲動がこのように昇華されることを拒《こば》むという危険もなくなってはいないのです。

性の欲動が解放され、その本来の目標にたちかえるときにひき起こされる文化の脅威ほど危険なものはない、と社会は思いこんでいます。社会は、社会の根底をなすこのきわどい部分にふれるのを好まず、性の欲動の強さが公認され、個人に対しても性生活の意味が解明されればいいという関心はぜんぜんもっていません。むしろ、教育上の意図によって、この領域全体から注意をそらしてしまう道をとったのです。いわば社会は先に述べた精神分析の研究成果を理解せず、審美的にはいとわしいもの、道徳的には非難すべきもの、あるいは危険なものだという烙印《らくいん》を、もしできることなら精神分析に押そうとしています。

しかし、そのような異議を申し立ててみても、学問的な業績の客観的な成果はどうなるものでもありません。もし反対論を唱えたければ、知的な領域の問題として主張するように出なおさなければなりません。ところで、好ましくないことは正しくないこと、と思いたがるのは、人情の常ですし、それに反対する論拠を見つけだすことは容易です。それゆえ、社会はその好まぬものを正しくないとし、精神分析の真理に対して、論理的ならびに事実上の論拠をもちだして立ち向かうのですが、もとはといえば、感情的な反発であり、いくら反駁《はんばく》されても、偏見にすぎない異議に固執しているのです。

みなさん、しかし、私どもは抗議の的となったこのような命題を提起するにあたって、どんな世間の風潮にも追随しなかったと断言できます。私どもは、自分たちが苦心して認識できたと信じた事実を発表しようと思ったにすぎません。私どもは、学問的な仕事に実際上の顧慮が介入してくることに対しては、いますぐ拒否する権利を要求するものです。その顧慮を命ずる気持がもっともなものであるか否かを調べるまでもなく。

以上は、みなさんが精神分析の仕事をするときに出会う困難のうちのほんの二、三のものにすぎません。しかし、最初はこれだけでも十分すぎるくらいでしょう。もしもみなさんがこれはめんどうだという印象を克服することがおできになったら、さらに一歩をすすめてみようと思います。

（1）ノイローゼは、英語系のニューロシスと同じ。「神経症」にあたる。今日の精神医学では、意識的あるいは無意識的な心理的葛藤（心因）をきっかけとして身体的・心的な機能がおかされることをいう。もちろん、身体には、解剖してみても病的な変化（器質的障害）が見られないことが前提とされている。強迫ノイローゼ、不安ノイローゼ、ヒステリーなどがその代表的なものである。フロイトの時代には心と身体との関係はまだかなり二元論的に考えられていたから、心因もたやすく、はっきりととらえることができると思われていた。しかし今日では、心因と身体的な因子とが複雑にからみあってノイローゼの症状をつくりだすと考えられているので、その結果、ノイローゼの診断はむずかしくなっている。

(2) 疲れやすさといらだたしさを主症状とする症状群。はじめアメリカのG・M・ビアード（一八三九〜八三）によって唱えられ、過労の結果発病する病気とされた。今日では、一つの病気ではなく、症状の集まりであり、いろいろな場合に発現すると考えられている。

(3) 身体のいわゆる動物性機能（運動や知覚など）の症状が心理的な苦悩の結果として出現してくるノイローゼの一種（転換ヒステリーという）。もうろう状態のように意識の障害を示すものもある。精神分析学はブロイアーとフロイトによるヒステリーの研究から始まった。

(4) 精神活動といってもよいが、知的なものを除外して意志的・情動的な面に主眼が置かれる場合が多い。

(5) 心理的現象または精神現象といってもよい。精神的活動の現われというほどの意味であろう。

(6) 精神分析学などとはちがって、行動の基底あるいは背後に、ある種の心理的な構造、人格あるいはたがいに働きあう心的な力を仮定することをせず、もっぱら心的現象そのものとしてとらえ、記述してゆく心理学の流れ。これに対して精神分析学などは力動心理学と呼ばれている。

(7) 主として感覚の成立や現象形態などを研究の対象とする生理学。

(8) たんに自然のままの状態での観察から演繹し帰納する心理学に満足せず、意識的に、故意に、特定の状況をもうけて、そこにみられる心的現象をとらえて法則性を求める心理学。

(9) 精神病（精神分裂病、躁鬱病など）やノイローゼのように精神的な機能がおかされている状態。精神ということばは個人の枠を離れたものだけを意味すると考える学者は、心情障害ということばを精神障害の代わりに用いることもある。

(10) 病気のために症状の全体が示す状態像をいう。

（11）社会的にも個人的にも許されず、また、非難を受けるような行動の動機となる欲動を、社会的に許されるばかりではなく、ときには賞讃をも期待できるものに変容してゆく働き。心的メカニズム（第三講注（9）参照）または防衛のメカニズムのうち、病気の原因となることのほとんどない唯一のもの。

第二講　しくじり行為

みなさん！　前提をはぶいて、一つの研究から話を始めることにします。研究の対象にはつぎのような現象を選びました。それは、しばしばみられる現象であり、だれにもよく知られているのに、あまり重視されていない現象です。しかも、それはどんな健康な人にもみられることで、そのかぎりでは病気とは直接なんの関係もありません。その現象とは人間のいわゆる〈しくじり行為〉です。たとえば、だれかがなにかを話そうとして、思ったこととはちがったことばを口にした場合の〈言いまちがい〉がそれです。ものを書く場合の〈書きまちがい〉もそれです。これらは自分で気づくこともあり気づかぬこともあります。また、印刷物や文書類を読むとき、書いてあることとはちがって読む〈読みまちがい〉、自分に対して言われたことを聞きちがえる〈聞きまちがい〉なども同様です。もちろん、この場合も聴力に器質的な障害はみられないとしてのことです。

ところで、このような現象の第二の系列として、〈もの忘れ〉が根底になってはいるが、永久に忘れてしまうのではなく、ほんのわずかの時間だけのもの忘れがあります。たとえば、いつもよく覚えているはずの〈人名〉が思い出せない、あとになってすぐ思い出すくせに、ある〈計画〉を実行するのを忘れるといった、いわばある瞬間だけもの忘れする現象です。

第三の系列にはいるものは、ある瞬間というこの条件が欠けているものです。たとえば、なにか品物をしまい忘れたまま思い出せない〈置き忘れ〉や、これとまったく類似している〈紛失〉などの場合がそれです。ああ、そうだったと納得するかわりに、おかしいと思ったり、腹をたてたりして、他のもの忘れのときとはちがった心の動きをともなうもの忘れもここにはいります。このもの忘れには〈過失〉がともなっていますが、それにも一時的なものという性格がみられるのです。それは、ちょっとのあいだだけ、あることを他のことのように思いこむことです。しかも、その前後にはそうでないことがわかっているのに、そのときだけそう思いこむのです。これに似た現象は多くありますし、いろいろの名で呼ばれています。

いま述べた現象にはすべて内面的な類似性があって、ドイツ語では ver《フェア》 という反対またはまちがいを示す前綴《ぜんてつ》(1)がつくことばで表現されています。この種の現象はどれも重大な性質をおびたものではなく、一時的のもの、人間の生活にはあまり意味のないものと考えられています。ただ、ごくまれに品物の紛失などが実生活でも重要性をもつくらいのものです。ですから、こうした現象は、ちょっとした感情の動きをひき起こしはしますが、さほど注意されることもありません。

そこで、みなさんにこれらの現象に注意を向けていただきたいのです。しかし、みなさんは不機嫌《ふきげん》になって、こうおっしゃるかもしれません。「この広い世界には大きい謎《なぞ》がいっぱいある。心の生活という狭い世界にも謎が満ちている。精神障害の領域にも不可解なことがたくさんあって、解明が求められており、また、解明するだけの価値があるものだ。だから、もの忘れのようなつまらないことに労力をつかい、関心をもつなどということはふざけすぎている。すこやかな目や耳をそなえた人間が、この明るい太陽の下で、ありもしないものを見たり、聞いたりする現象はなぜ起こるのか。いままで愛しきっていた人々をなぜ急に迫害者だなどと思いこむようになるのか。また、子どもにさえ不合理なことにみえるはずの妄想《もうそう》を、もっともらしい理由をあげながらなぜ弁護するのか。もしきみが、こういう現象の理由をはっきり教えてくれるというのならば、私たちもまあ精神分析を尊重しもするが、祝辞を述べる人が言いまちがうのはなぜかとか、主婦が鍵《かぎ》を置き忘れるのはなぜかなどと、とるにたらないことばかり研究するというのが精神分析なら、私たちは自分の時間と関心とを、もっと他のことに向けるようにするだろう」

しかし、私は、「ちょっと待ってください。みなさんの批評はまちがっています」と答えたいのです。なるほど、精神分析がつまらないことにこだわらなかったと威張ることはできません。それどころか、精神分析の観察の資料は、他の学問ではとるにたらないものとして捨てて顧みられないようなこと、いわば現象界の屑《くず》のようなものをいつも拾いあげています。しかし、みなさんは、批判をする場合に、問題が大きいということと、その特色が人目をひくということとを混同してはいないでしょうか。非常に意義深いことなのに、ある時期、ある条件のもとでは、まったくかすかな徴候をとおしてしか姿を見せないということがあるではありませんか。私は、いくらでもその証拠をごらんに入れることができます。

ここにおられるかたがたのうち、若い男性諸君におききしたいと思います。みなさんは自分が女性から好意をもたれていることをほんの小さな徴候から読みとっているでしょう。まさか赤裸々な恋の告白をされたり、情熱的な抱擁《ほうよう》を受けて、はじめてそうだとお考えにはなりますまい。人には気づかれないくらいのまなざしや、ちょっとした身のこなし、ほんの一秒くらいながく握手をするだけで、もう十分ではないでしょうか。また、もしみなさんが刑事として殺人事件を調べるとしたら、犯人が自分の写真に現住所を書きそえて現場に置いておくことを期待しますか。そうではありますまい。みなさんは犯人の残した、薄弱な、はっきりしない犯跡だけでもよしとするでしょう。ですから、ほんの小さな徴候を軽んじてはならないのです。十中八九までは、このほんの小さな証拠から重大なものの手がかりを得ることができるからです。だが、私も、みなさんと同じく、世界や学問上の大問題が私どもの関心を第一にひく権利があると考えてはいます。ただ、これこれの大問題をさあこれから研究するぞ、と鳴り物入りで計画を立ててみてもあまり効果はないようです。そう決心してみても、なにから始めればよいかわからないでしょう。学問上の仕事は身近にあるもの、すでに研究の道がそなわっているものから手を染めることのほうが期待がもてるものなのです。小さな問題も大きな問題も、すべてはつながっているのですから、なんの予想もなんの期待ももたず、白紙の態度で研究を根本から始めても、幸運にさえ恵まれれば、まったく地味な研究からでも大問題の研究への糸口がひらけてきます。

こんなお話をするのは、みなさんの関心を、健康な人がおかす一見まったくつまらないしくじり行為の問題につなぎとめておくためです。さて、私はだれでもよいのですが、精神分析のことはなにも知らない人に向かって、しくじり行為が起こるのをどう説明するつもりですか、と質問してみたいと思います。

その人はまずこう答えるでしょう。「ああ、それはちょっとした偶然といったものだ、説明の必要はないね」。この人はどういうつもりなのでしょう。世界の事象の連続性からはずれている、あってもなくてもよいようなささいな事象があると主張するつもりなのでしょうか。もし、このように自然界の決定論をどこかただの一点ででも破るようなことをするならば、学問的な世界観を放棄してしまうことにもなります。みなさんは、神の意志が働かなければ、一羽の雀《すずめ》も屋根から落ちはしない、と断じた宗教的世界観のほうがどれほど首尾一貫した態度をとっているか、その人に指摘してもよいのです。この人はたぶん、自分の最初の答えから一貫した結論をひきだそうとはしないでしょう。彼は思いなおし、このようなことも、自分で研究すればきっと説明はできるようになる、それは軽い機能上の逸脱、心的作業の不正確というものであって、その条件などをあげてみせることができる、と答えるでしょう。たしかに、いつもは正しいことばをしゃべる人でも、(1)その人にすこし不快感があり疲れているとき、(2)逆上しているようなとき、(3)注意が他の事物に非常に強く向けられているようなときには、言いまちがいをします。そして、この指摘を確証することはなんでもないことです。

　実際、言いまちがいは疲れているときとか、頭痛があるとき、偏頭痛が起こりかけているときなどに、よく起こるものです。同じ事情は固有名詞を忘れるときにもよくみられます。固有名詞の失念が始まると偏頭痛が起こる、と前もってわかる人もかなりいます。逆上していると、ことばかりでなく事物をも「とりちがえる」ことがあります。気が散っているとき、すなわち、他のことに気をとられているときには、計画を忘れたり、うっかりした行為をやってしまうものです。このような放心状態のよい例は、『フリーゲンデ・ブレッター』（一八四四年に創刊された絵入りユーモア週刊誌）に出てくるあの教授です。教授は自分のこうもり傘をどこかに置き忘れ、他人の帽子をとりちがえてかぶったりして登場します。自分のつぎの著書のなかで取り扱う問題に夢中になっているからです。自分で立てた計画や人との約束を実行に移す前に、ひどくわずらわしいことがあって、忘れてしまうというのも同じような例で、みなさんも経験がおありのことと思います。

これはまったくわかりきった話で、反対論の余地はないようにみえます。われわれが期待したほど興味のあることでもないようです。しかし、このしくじり行為についての説明をもうすこしくわしくみることにしましょう。

このような現象が成立するために数えあげられる条件は、すべてたがいに同質のものではありません。不快感とか循環障害(2)は正常な機能がおかされるときの生理的根拠です。興奮、疲労、注意がそらされることなども他の要因で、精神生理学的なものと呼んでよいでしょう。これらの要因はたやすく理論のなかにとりいれることができます。疲労によっても、わき見によっても、おそらくは一般的な興奮によっても注意力の分散が生じて、かんじんの行為に注意を向けることが少なくなります。ですから、その行為は障害を受けやすく、その遂行も不確かなものとなりがちです。軽い病気や、血行の変化が中枢神経に起こっても、このような作用をします。注意力の配分に同じような影響を及ぼすからです。つまり、どの場合にも、器質的原因によるものであれ、心的原因によるものであれ、注意力の障害がその結果としてひき起こされるからです。

これは、精神分析的関心にとっては大したことではなさそうにみえます。こんなテーマはふたたび捨ててしまおうかと思いたくもなります。しかしながら、もうすこしこまかく観察すれば、しくじり行為のすべてを注意説に帰するわけにもゆかず、この理論から素直に結論を導き出すこともできません。このようなしくじり行為やもの忘れは、疲れたり、放心していたり、興奮していたりしていない人、それどころか、どこからみても正常な状態にある人にもみられることを私どもはよく経験しているはずです。ある人物がしくじり行為をしたからといって、本人がそうだと告白してもいないのに、あとから理由づけて、その人は興奮しきっていたのだと主張するなどは論外です。人間の行為というものは、そのために向けられる注意力が増強すれば確実になり、注意力が低下したときに危うくなるのだというような簡単なものではありません。ほんのわずかの注意力しかはらわれていないにもかかわらず、まったく自動的に、きわめて確実になしとげられている仕事は少なくありません。散歩している人は、自分がどこへ向かって歩いているのかほとんど注意していませんが、正しい道を歩いて目標へたどりつき、〈歩きちがい〉をすることがありません。すくなくも普通にはそうなのです。練達のピアニストはいちいち考えなくとも正しくキイを叩《たた》きます。もちろん、弾《ひ》きちがえることもときにはありますが、考えずに弾けることがしくじりの危険を高めるものならば、平常よく練習してまったく自動的に弾けるようになっている名演奏家こそ、もっとも多くこのしくじりの危険にさらされているということになるでしょう。ところが、事実は逆です。仕事というものは、強い注意をはらっていないときに、とくに正確にできるものなのです。しくじり行為という不運の多くは、しくじりをしないようにと注意するときにこそくるのです。つまり、必要な注意力を絶対に他にそらしていないときにこそ起こるわけです。あるいは、これこそ「興奮」してしまった結果だといわれるかもしれません。それなら、なぜこの興奮が、いま強い関心をもっておこなおうとしていることに対し、とくに強い注意を向けるようにしないのでしょう。理解できないことではありませんか。だれかがなにか重大な講演や談話をしているときに、言いまちがえて自分の思っていたこととは反対のことを言ったという場合、精神生理学的な理論や注意理論では、これを説明することは、とてもできないと思います。

しくじり行為にはまた、これまでの説明では説明しきれない、理解できない、ささいな副次的な現象が非常にたくさん起こります。たとえば、人名をちょっと忘れたときに、そのために腹をたて、懸命に思い出そうとしてもどうしても思い出せないようなときがあります。また、「口もとまで出かかっていて」、だれかにちょっと言われればすぐわかる名前なのに、いくらそれに注意を向けて思い出そうとしても、出てこない場合がよくあるのはなぜでしょう。こんな例もあります。しくじり行為がくりかえされて、たがいに重なりあい、つながりあっている場合です。第一回はデイトを忘れ、もう忘れまいと決心した第二回目の約束では時間をまちがえてしまったことに気づくというような例です。また、忘れた名前をいろいろ迂路《うろ》をたどりながらも思い出そうと努めているときに、それを思い出すうえに役だつはずの第二の名前を忘れてしまう、この第二の名前を追いかけていると第三のそれが浮かんでこない、などということもあります。

同じようなことは、植字工のしくじり行為と解釈すべき誤植の場合にもよくみられます。

つぎのような執拗《しつよう》な誤植が社会民主党の新聞にみられたという話です。ある式典の記事のなかに、「出席者のなかには Kornprinz《コルンプリンツ》(3) の姿も見られた」と書いてあったのです。翌日、その訂正がなされたわけですが、新聞は、「昨日の Kornprinz は Knorprinz《クノルプリンツ》の誤植でした。お詫びして訂正いたします」と書いてしまったのです。この種の誤植の場合に、私どもはよく誤植の悪魔とか活字箱のお化けというようなことを言います。どちらのことばも、こうした誤植が精神生理学的学説ではかたづかないということを表現しています。

みなさんがご存じかどうか知りませんが、言いまちがいを誘発すること、つまり暗示をかけて言いまちがいをひき出すことができるのです。つぎのような逸話《いつわ》があります。かつて新米《しんまい》の役者が重要な役をふられたことがありました。『オルレアンの乙女《おとめ》』(シラーのロマン的悲劇。一八〇一年作)のなかで、「Connétable《コネタブル》(元帥)が剣を送り返してよこしました」と王さまに報告する役です。ところが、主役の俳優は稽古《けいこ》のときに、このおびえている新米先生をからかって、台本とちがって、「Komfortabel《コンフオアタベル》(一頭立て馬車)が馬を送り返してよこしました」とくりかえしたのです。その目算は当たりました。不運な新米先生は、初舞台でこのまちがった台詞《せりふ》を口にしてしまったのです。もちろん、彼は十分に注意はしていたのです。いや、注意していたからこそ、そう言ってしまったのです。

しくじり行為にみられるこのようなほんの小さな特徴は、不注意という理論だけでは説明しつくせるものではありません。しかし、だからといってこの理論がまちがっているというわけでもないのです。おそらくこの理論には、なにかが欠けているのです。この理論を完全なものにするためには、なにかを補ってみなければなりません。一方、しくじり行為自体にも、また、別な側面からみることができるものも多々あります。

しくじり行為のなかで、私どもの意図に合うものとして、ここでは〈言いまちがい〉をとりあげてみましょう。書きまちがいや読みまちがいの場合を選んでみても同じことです。そこでまず、私どもは結局のところ、これまでは言いまちがいが、いつ、どんな条件のもとで起こるかということを問題にしてきただけであり、この問題に対しての回答を得ただけにすぎない、と言わなくてはならなくなります。ところが、私どもの関心を別なほうに向けて、なぜ私どもはこのような言いまちがいをして、別な言いまちがいのことばを口から出さないのかを問題にすることもできるはずです。言いまちがいの結果がどうなるのかをみることもできるというわけです。この問いに答えることができず、言いまちがいの効果が解明されないかぎり、たとえ生理学的解釈はできても、この現象は心理学的には偶発的なこととされたままになります。私が言いまちがいをするとします。そのときには、言いまちがいの仕方は無限にあるはずです。一つの正しいことばの代わりに何千とある他のことばのうちの一つを選んで口にすること、すなわち一つの正しいことばの代わりに無数の言いまちがいをすることができるわけです。あらゆる可能性のなかから、わざわざこの言いまちがいを選ばせるなにものかがあるのでしょうか。それとも、それはたんなる偶然であり、自分勝手な考えなのでしょうか。そして、この問いには、結局、合理的な答えはあたえられないのでしょうか。

メリンガー（一八五九〜一九三一。ドイツの言語学者）とマイヤー（一八六六〜一九五〇。スイス生まれの精神医学者）の二人は、一八九五年に言いまちがいの問題をこの側面からとりあげようと試みました。彼らは多くの実例を集め、はじめはまったく記述的な観点からこれを記載したのです。もちろんほかに説明はついていませんが、それでも解明への手がかりをあたえています。彼らは、言いまちがいによって歪曲《わいきょく》される仕方を区別して、いれかえ、先行発音、後退発音、混成（いりまじり）、および代用（代理形成）に分類したのです。この二人の著者が分類した主要なグループから、いくつかの実例をおみせしたいと思います。いれかえというのは、「ミロのヴィーナス」を「ヴィーナスのミロ」という場合です〔ことばの順序のいれかえ〕。先行発音というのは、Es war mir auf der Brust《ブルスト》 so《ゾー》 schwer《シュヴェアー》.（私は心配で重い気持だ）をつづめてしまって、Es war mir auf《アウフ》 der Schwest《シュヴェスト》. と言ったりすることです。後退発音とは、Ich fordere Sie auf《アウフ》, auf《アウフ》 das Wohl unseres Chefs aufzustoßen《アウフツーシュトーセン》.（私どものボスの健康を祈って〈おくびをしましょう〉[4]）といった周知の乾杯の祝辞の失敗がその例です。この三種の言いまちがいの様式は、必ずしも、しばしば起こるものではありません。これらよりもっとみなさんが観察する機会が多いのは、省略や混成による、言いまちがいだと思います。たとえば道で婦人に、ある紳士が、「お嬢さん、およろしければ begleit-digen《ベグライトデイゲン》 させてください」と話しかけるといった例です。この混成語には begleiten《ベグライテン》〈おともする〉のほかに beleidigen《ベライディゲン》〈凌辱《りょうじょく》する〉という語が混合されているのです〔ついでに申し上げれば、この青年は、話しかけた相手の婦人とうまくお近づきにはなれなかったでしょう〕。代用の例としてメリンガーとマイヤーの引用しているのは、「標本を Brütkasten《ブリュートカステン》（孵卵器《ふらんき》）に入れます」というかわりに、「標本を Briefkasten《ブリーフカステン》（郵便箱）に入れます」と言ってしまう例などです。

　この二人の著者が、その集めた実例にもとづいて試みようとしている説明は、まったく不十分なものです。彼らの説明によれば、一つの語の音《おん》と綴《つづ》りのあいだには重要さの程度の差異があり、価値の高い要素（音のこと）の神経支配は価値の低い要素（綴りのこと）の神経支配を混乱させるような作用を及ぼすというのです。この場合、彼らは明らかに、そんなに頻繁《ひんぱん》には起こらない先行発音や後退発音を足場にしてものを言っているのです。しかし、それ以外の形式で起こる言いまちがいという結果については、音の優位性というようなものは、たとえあるにしても、問題にはなりません。ともあれ、もっとも頻繁に起こる言いまちがいは、一つのことばの代わりに、それにひどく似た他のことばを口にすることです。この類似性だけでも、多くの人にとって、言いまちがいを説明するのに十分です。たとえば、ある教授が、就任演説で「もっとも尊敬する先任者の業績を高く評価することに、私は geneigt《ゲナイクト》〈気がすすんでいる〉〔geeignet《ゲアイクネト》（ふさわしい）の代わりに〕ものではありません」と言ったり、他の教授の例ですが、「女性の性器には無数の Versuchungen《フェアズーフンゲン》〈誘惑〉にもかかわらず……いや失礼……無数の Versuch《フェアズーフ》（研究）にもかかわらず……」と言ったりするようにです。

もっとも普通な、また、もっとも目だつ種類の言いまちがいは、自分の言おうと思っていたことばの正反対のことを言う場合です。その場合には、当然、音響上の関係とか類似性という作用などとはまったく関係がなくなりますが、そのかわりに対立しているものの相互間には意味のうえからは強い親近性があって、心理的連想としては非常に近い関係があるということができます。この種の言いまちがいには歴史上の実例があります。ある衆議院議長は会議を開くにあたって、「諸君、私は議員諸氏のご出席を確認いたしましたので、ここに〈閉会〉を宣言いたします」と言ってしまったというのです。

こうした対立関係と同じように、よく言いまちがいを招くのは、なにかある熟知した連想の場合で、時によっては、とんでもないときに、そうした連想が浮かび上がってくることがあります。こんな例があります。H・ヘルムホルツ（一八二一〜九四。ドイツの生理学者・物理学者）の子どもと、著名な発明家で大工業家でもあるジーメンス（一八一六〜九二）の子どもの結婚披露宴《ひろうえん》で、有名な生理学者のデュ・ボア＝レーモン（一八一八〜九六）が祝辞を述べたときです。きっとすばらしい祝辞だったと思いますが、その祝辞を終わるときに、彼は、「では、新会社ジーメンス＝ハルスケ万歳」と言ったというのです。もちろん、これは古くからある会社の名前（一八四七年創設の電信会社）です。この二つの名を並置することは、ベルリン人にとっては、ちょうど私どもウィーン人が、リーデル＝ボイテル（オーストリアの鉄鋼関係の財閥）と言うくらいに、口ぐせになっていることだったのです。

　ですから、音の関係と語の類似性のほかに、語の連想の影響をも加えなければならないでしょう。しかし、それだけではたりません。言いまちがいを考察して、うまく解明するには、その前にどんな文章を言ったか、あるいはすくなくとも、考えていたかということも考慮しなければならない場合もあります。したがって、メリンガーの強調した後退発音の例も、非常に遠くからの観察にすぎないといえます。――さて、どうも全体としては、言いまちがいという、しくじり行為の理解からはかえって後退してしまったかのような印象を受けると告白しなければならないようです。

　しかし、私が、いままで検討してきた言いまちがいの例に関して、新しい印象を得たからといって、誤解をしないでください。これらの例はもうしばらくとりあげてみる価値があるからです。私どもは言いまちがいが生じてくる条件を検討し、次いで言いまちがいの結果起こってくる歪《ゆが》みの種類を規定する影響力を調べました。しかし、言いまちがいの効果を、その成立過程への顧慮を別にして、それ自体として検討することはまだまったくやっておりません。そこで、私どもがこの問題を検討する決心を固めるとします。そうなると、言いまちがいの実例のあるものでは、言いまちがいが表明している内容そのものに意味がある、と断言する勇気が必要になります。では、言いまちがえたことに意味があるとはどういうことでしょうか。そうです。それはこういうことです。言いまちがいの結果起こったことは、それ自身の目的を追求している一個の独自な心理的行為であり、またある内容と意味とを表現するものとして理解されてしかるべきものだということです。私どもはこれまでつねにしくじり行為といってきたわけですが、いまは、しくじり行為そのものも、まったく正統な行為であって、ただ予期され、意図されていた別の行為にとって代わったにすぎないように思われます。

　しくじり行為のこの独自の意味は、一つ一つの例でも手にとるように明白で、見まちがうことのないもののようにみえます。衆議院議長が第一声で開会を宣言するかわりに、閉会を宣したとすると、その間の事情を知っている私どもとしては、このしくじり行為は深い意味があるのだと思わざるをえないのです。つまり、議長は議会の形勢が思わしくないので、できることならすぐ閉会してしまいたいと思っていたのです。この意味を指摘すること、すなわちこの言いまちがいを解釈することには私どもはなんの困難も感じません。また、ある婦人がもう一人の婦人に、自分としてはほめるつもりだったのでしょうが、「このすばらしい新品の帽子はあなたご自身で aufgepatzt《アウフゲパッツト》(5)〈ぞんざいにつくった〉ものですか」ときいたとすれば、いかなる科学主義者といえども、この言いまちがいから「あなたの帽子は〈できがわるい〉ですね」という表現をききとらざるをえないでしょう。また、かかあ天下で知られた婦人が、「夫にどんな食餌《しょくじ》をとらせたらよいのですかと先生にきいたのです。先生の答えは食餌に注意はいらない、〈私（話している婦人）の〉好きなものは(6)なにを飲み食いしてもいいということでした」と語ったとすれば、この言いまちがいは、やはりある意味では、まごう余地なく、首尾一貫した自己中心主義を表現しています。

みなさん、もし言いまちがいや、また一般にしくじり行為について、そのうちのごく一部だけではなく、大部分のものが、ある〈意味〉をもっていることがわかってきたとしましょう。そうなると、こうしたしくじり行為の意味という、これまであまり話題にされなかった問題が、私どもにとってきわめて興味深いものとなり、他のすべての観点は、当然、影がうすくなってしまいます。またそうなれば、私どもは、しくじり行為のあらゆる生理学的ないし精神生理学的要素は捨ててしまって、その意味について、つまりしくじり行為の意義や意図について純心理学的な研究をしてもよいことになります。そこで、つぎには、このような期待にこたえて、たくさんの観察の材料を調べてみることを怠らないようにしたいと思います。

しかし、この計画を実行に移す前に、私はみなさんといっしょに、別の手がかりをさぐってみたいと思います。詩人は言いまちがいや、その他のしくじり行為を叙述の手段としてよく利用しています。この事実だけからみても、詩人がたとえば言いまちがいのようなしくじり行為を意味深いものとみていることがわかります。というのも、詩人は、このしくじり行為をわざわざ創作しているからです。もちろん詩人は、自分のたまたまおかした書きちがいをそのまま登場人物の言いまちがいとして残しておくなどということをするはずがありません。彼はこの言いまちがいを通じて、なにかを読者に理解させようとしているのです。私どもは、その言いまちがいがなんであるか。もしかしたら、作中の人物が放心しているとか、疲れているとか、あるいは偏頭痛が起こりそうだと思っているとかを詩人がほのめかそうとしているのではないか、などと調べてみることができます。もちろん、私どもは言いまちがいが詩人によって意味深いものとして利用されたからといって、これを過大に評価しようとは思いません。それは、現実には無意味であり、心理的には偶発事であるかもしれず、意味深いものであるのはごくまれなことかもしれないからです。詩人は自分の目的のために、言いまちがいに意味を賦与《ふよ》して精神的なものとする権利をもっているのだともいえるかもしれません。しかし、反面、この言いまちがいに関しては言語学者や精神医学者からよりも、むしろ詩人から学ぶところが多いといっても驚くにはあたらないのです。

言いまちがいのこのような例は、シラーの『ヴァレンシュタイン』（三部作の劇詩。一七九九年作）に見いだされます〔第二部「ピッコロミニ」第一幕、第五場〕。マックス・ピッコロミニは第四場で情熱的にヴァレンシュタイン侯の味方をします。そして侯の娘につき従って陣営におもむく旅の途中で平和の幸福をさとり、これに夢中になるのです。彼は呆然《ぼうぜん》とする父オクタヴィオと宮廷からの使者クエステンベルクとを残してその場を去ります。そして第五場がつづくというわけです。

クエステンベルク　困ったね！　こんなわけかしらん？　ねえ、ああいう狂った考えのままで行かせてしまいますか？　すぐに呼びもどして、この場で目をあけてやったらどうですか？

オクタヴィオ（深い沈思からわれにかえって）おれのほうでこそ、目をひらかれたのですよ。目をひらかれてみると、よろこぶどころじゃないわい。

クエステンベルク　どうしたのです、それは？

オクタヴィオ　いまいましいのは、こんどの旅行だな！

クエステンベルク　どうして？　どうしたのです、それは？

オクタヴィオ　行きましょう！　おれはすぐにも、このおめでたくない一件を探《さぐ》ってみなければなりません。おれの目で見てみなきゃ——。さあ行きましょう。（クエステンベルクを連れ去ろうとする）

クエステンベルク　いったい、どうしたのだ？　どこへ行くんです。

オクタヴィオ（せかせかして）あの娘のところへ！

クエステンベルク　あの娘の——

オクタヴィオ（言いなおす）いや、侯のところへです！　さ、まいりましょう。……

（新関良三訳による）

オクタヴィオは「侯のところへ」というのを言いまちがえるのですが、その〈あの娘のところへ〉ということばによって、彼が、若武者を平和のために夢中にさせているものを非常によく見ぬいていたことを示しています。そのことが、すくなくも私どもにはわかるのです。

さらに、もっと印象深い例を、シェイクスピアの作品のなかにオットー・ランク[7]が発見しました。それは、『ヴェニスの商人』のなかの有名な場面で、三人の幸運な求婚者たちが三つの箱のなかから一つを選ぶ場面にあります。ランク自身の短い叙述をここで読んでみるのが一番よいでしょう。

「文学的には非常に微妙なモチーフとして使われ、また技巧的にもきわめて巧《たく》みに使用されている〈言いまちがい〉がある。ちょうど、フロイトが『ヴァレンシュタイン』のなかで指摘したように〔『日常生活の精神病理』参照〕、詩人は、しくじり行為のメカニズムとその意味とをよく知っており、また観客にもそれがわかっていることを予想している。こうした言いまちがいの一例をシェイクスピアの『ヴェニスの商人』のなか〔第三幕、第二場〕に見いだすことができる。父の意志のままに、くじびきで夫を選ぶように決められたポーシャは、それまではきらいな求婚者たちから幸運にものがれてきた。最後に自分が心から好きな人、バッサーニオが求婚者だということになったとき、彼女は、バッサーニオもまたまちがったくじをひきはすまいかと気をもまなければならないこととなった。ポーシャはほんとうは、あなたがまちがったくじをひいたところで自分の愛は変わることはないのだと言いたいのだが、誓いのてまえ、それができないのであった。この内心の葛藤《かっとう》に苦しんでいる彼女の口をとおして、詩人は、愛する求婚者に対してこう言わせるのである。

決してお急ぎにならぬよう、一日二日お休みになってから、お選びくださいまし。もしおまちがいになったら、二度とお目にはかかれませんもの。ですから、少しでもあとになさって。私、なんとなく、〈いいえ、恋とは申しませぬ〉、ただお別れしたくない、それだけのこと……もちろん、私にはお教えできます、どれをお選びになったらよいかを。けれど、それでは誓いを破ることになる、それればかりは許されません。でもおまちがいになるかもしれない。そのくらいなら、たとえ罪を犯しても、誓いを破ればよかったと、そんな気を起こさせられる……憎らしいのはそのお目、それに私は惑わされ、二つに裂かれてしまいました、〈一つはあなたのもの、あとの一つは、それも、あなたのもの――いいえ、私のものと言いましょう〉。でも、私のものなら、あなたのもの、それなら、みんなあなたのもの……。

（〈　〉はフロイト。福田恆存訳による）

バッサーニオには言ってはならないことになっているそのことを、ほんのちょっとだけでも、ほのめかしたいというポーシャの気持、すなわち、箱選びをするまでもなく、もう自分はバッサーニオのものであり、彼を愛しているのだという彼女の心を、詩人は驚くほどの心理学的な敏感さでとらえ、言いまちがいを通じてはっきり浮かび上がらせているのである。詩人はこの技巧によって恋をしている男の耐えがたい不安な気持と、箱選びの結果やいかにと見まもっている観客の緊張した気持に安心をあたえているのである」

なお、みなさんは、ポーシャが言いまちがいのなかに含まれている二つの陳述を最後にいかに巧みに結び合わせているか、そして彼女がこの両者のあいだにある矛盾《むじゅん》を解いて、結局はその言いまちがいをいかに正当化しているかに注意してほしいと思います。

「でも、私のものなら、あなたのもの、それなら、みんなあなたのもの」と。

たまたま、医学とは関係のうすい一人の思想家が、しくじり行為の意味を解いてみせ、しくじり行為を解明しようという私どもの努力に先鞭《せんべん》をつけています。みなさんは、あの才能豊かな諷刺《ふうし》作家リヒテンベルク〔一七四二～九九〕（ドイツの作家・科学者）がゲーテについて、「ゲーテが冗談を口にするときは、きっとそこに問題が秘められている」と語っているのをご存じだと思います。このように、ときには問題の解決が冗談によって示されることもあるのです。リヒテンベルクは、機知と諷刺に富んだ彼の随想のなかで、「私はいつもangenommen《アンゲノンメン》（……と仮定して）と読むところを Agamemnon《アガメムノン》（ギリシア神話中の人物。トロイア戦争におけるギリシア軍の総帥）と読んだ。それほど自分はホメロス（前九世紀ころのギリシアの詩人。『イリアス』『オデュッセイア』の作者といわれる）を読んでいたのだ」とメモしています。これこそ真の読みちがいの理論です。

次講では、しくじり行為の解釈について、詩人たちと行をともにしうるか否かを検討してみようと思います。

（1）versprechen（言いまちがい）、verschreiben（書きまちがい）、verlesen（読みまちがい）、verhören（聞きまちがい）、vergessen（もの忘れ）、verlegen（置き忘れ）、verlieren（紛失）、など。

（2）血液の循環が正常におこなわれない病的な状態をいう。ここでは、脳に一時的に血液循環の障害が起こり、このために脳のその部分の働きが悪くなるために正常な活動ができなくなることをさしている。

（3）Kronprinz（皇太子）とするところを o と r の活字を入れちがえてしまっている。なお、Kornprinz は麦王子、Knorprinz は、こぶ王子の意味にもとれる。

（4）anzustoßen（乾杯しましょう）と言うべきところを、前に auf という語が二度も出てくるために、aufzustoßen（おくびをしましょう）と言ってしまったのである。

（5）aufgeputzt（飾った）と言うつもりで、aufgepatzt（ぞんざいにつくった）と言いまちがえたのである。

（6）「夫の好きなもの」と言うべきところを、「私の好きなもの」と言いまちがえたのである。

（7）（一八八四〜一九三九）。フロイトの初期からの弟子。母親からの分離としての出産を不安の原型として主張した。意志療法の提唱者である。

第三講　しくじり行為（つづき）

みなさん！　私どもは前回、しくじり行為を考察するにあたり、しくじり行為によってかきみだされない以前の、本来意図した行為とは関係なく、しくじり行為だけを観察すべきだという考えに到達しました。また、しくじり行為は、場合によってはそれ自身の独自の意味を洩《も》らすこともある、という印象を得たのです。そして、広範囲にわたってしくじり行為に意味があることが確かめられるとすれば、この意味のほうが、しくじり行為の発生する事情を研究するよりも興味深くなるだろうと申しました。

もう一度、心的な過程の「意味」としてなにを考えるかについて、私どもの意見を一致させておきたいと思います。それは、心的過程を起こさせる意図と一連の心的系列（心理的な働きのこと）のなかでの、その心的過程の位置にほかならないのです。ですから、検討をすすめていくうえで、多くの場合、「意味」ということばを「意図」とか「傾向」とかいうことばで置きかえてもよいのです。では、しくじり行為のなかに意図があると確信したのは、しくじり行為がそうみえたからでしょうか。それとも詩的に高めて考えたからでしょうか。言いまちがいの例をありのままにながめ、このような観察をもっと多くしてみましょう。

そうすると言いまちがいの意図、すなわち意味がはっきり現われているさまざまの例が、どんな範疇《はんちゅう》に属するのかがすっきりしてくるでしょう。

まず第一には、意図とは逆のことが口をついて出る例です。議長が開会の挨拶に「議会の〈閉会〉を宣します」という例[1]がそれで、これなどはまったく明らかです。議会を早く閉じてしまいたいと思っていたのが、その話しそこないの意図であり、意味なのです。これに対して、「彼自身でそう言っているじゃないか」という人がいるかもしれません。しかし、私どもはただそのことばどおりに受けとればよいのだと思います。「そんなことはありえない。彼がのぞんでいたのは閉会ではなく、開会だということはわかりきっている。考えてもごらん、最終決定権をもっているはずの彼自身が、本心では開会しようと思っていたのだということを認めているではないか」などと言ってじゃましないでいただきたい。そんなことをしては、さきほどしくじり行為だけをとりあげて考察するということに意見が一致したのを忘れたことになります。しくじり行為とそのためにさまたげられる意向との関係はあとでふれます。そうでないと、みなさんは、論理的な誤りをおかすことになります。この誤りを英語では begging the question（未解決の問題を根拠として議論をすすめること）と呼んでいますが、まさにそのとおりで、この誤りをすると、いまとりあげている問題を手品のように消してしまい、ごまかしてしまうことになるのです。

他の例で、言いまちがいが正反対のことばにならなかった場合でも、その言いまちがいのために意向とは対立する意味が表現されることがあります。「前任者の業績を高く評価することに、私は〈気がすすんでいる〉わけではありません（ich bin nicht geneigt）」と言ったときの geneigt《ゲナイクト》[2]（気がすすむ）は、geeignet《ゲアイクネト》（ふさわしい）の正反対の意味ではありませんが、この演説者が立場上言わなければならないこととは、まったく対立する表現を公然と告白しています。

さらに他の例では、言いまちがいが、言おうと思っていた意味に第二の意味をつけ加えるだけのこともあります。この場合、言いちがえた文章は、いくつかの文章の短縮、省略、凝縮であるように聞こえます。かかあ天下の婦人が言った、「夫は〈私の〉好きなものはなにを飲み食いしてもいい」[3]は、あたかも、「夫は飲んだり食べたりしてよいのです。しかし、夫の好きなものを決めるのは私なのです」と言っているようなものです。言いまちがいはよくこのような省略の印象をあたえます。たとえば、ある解剖学の教授が鼻腔《びこう》についての講義を終えてから、学生によくわかったかどうかをたずねたのですが、みながよくわかったと答えると、つづけて、こう口にしたというのです。「私には信じられないですね。鼻腔のことがよくわかる人は、百万の市民がいるこの大都会でも、ただ〈一本の指〉……いや、失敬、五本の指で数えるくらいしかいないんだから」。この省略された話の意味するところは、鼻腔のことがよくわかっているのは「この私一人だけだ」ということなのです。

しくじり行為自体の意味がはっきりわかる、これらの例とよい対照《コントラスト》をなしているのは、言いまちがいがそれ自身では意味をもっていない場合、つまり私どもの期待にまったく反する場合です。たとえば、だれかが固有名詞を言いまちがえてこれを歪《ゆが》めたり、おかしな綴《つづ》りのことばをつくりあげたりしたとします。これはよくあることですから、そのために、しくじり行為はすべて何か深い意味をもっているのかという問いは否定されてしまったようにみえます。しかし、このような実例もよくみますと、その歪みを理解することはむずかしくないことがわかります。さらに、こうした不明瞭《ふめいりょう》な例と前の例のような明白な例との差異も、さほど大きいものではないこともわかります。

自分の持ち馬の健康状態をたずねられた男が答えて、「Ja, das... Das dauert《ダウエルト》 vielleicht noch einen Monat.（そうだね、あと一月《ひとつき》draut《ドラウト》だろうか……いや、もつ《ダウエルト》だろうか）」と言いました。「ドラウト？　そりゃなんだね」ときかれて、その男は「Das sei eine traurige《トラウリゲ》 Geschichte.〈非常に悲しいことだ〉と思っていたので、dauert《ダウエルト》（もちこたえる）と traurig《トラウリヒ》（悲しい）がいっしょになって、draut《ドラウト》なんて、とんでもないことばになったのだ」と答えたそうです〔メリンガーとマイヤーによる〕。

他のある男は、自分が異議を唱えた事件について話をし、「事実はそこで Vorschwein《フォルシュヴァイン》になった[4]」と言いました。なんのことだと問われて、その男は、その事件は Schweinereien《シュヴァイネライエン》〈猥褻《わいせつ》なこと〉だと言おうとしたのだということを確認したのです。Schweinerei《シュヴァイネライ》と

Vorschein《フォルシャイン》（明白）とがいっしょになってVorschwein《フォルシュヴァイン》という変なものが出てきたわけです〔メリンガーとマイヤーによる〕。

見知らぬ婦人に、begleitdigen《ベグライトディゲン》しましょうと言った若い男性の話を思い起こしていただきたい。[5] このことばの構成を、私どもはかってにbegleiten《ベグライテン》〈おともする〉とbeleidigen《ベライディゲン》〈凌辱する〉とに分解したわけですが、この解釈は説明を要しないほどはっきりしていることだと思ったからです。これらの実例から、意味があまり明瞭でない言いまちがいの場合でも、異なった二つの意図が衝突し、〈干渉〉しあうということで説明できるということがおわかりでしょう。前にあげた言いまちがいの場合には、甲の意図が乙の意図に完全にとって代わって（代理して）しまい、逆のことばが出てくるのですが、あとのほうの例では、甲の意図は乙の意図を歪めるかまたは変容させるだけにとどまるので、二つのことばが混合して多かれ少なかれ意味があるような形のことばができあがるわけです。

いまや、私どもはかなり多くの言いまちがいの秘密をとらえたように思います。この洞察《どうさつ》をもっていさえすれば、これまでわからないように思われた他のグループの言いまちがいも理解できるでしょう。たとえば人名の歪みです。これを、似てはいるがちがった二つの名前の競い合いだと仮定することはできません。しかし、第二の意図は難なく察知できるでしょう。ある名前を歪めて言うことは、言いまちがいの場合以外にもよくあることだからです。その人の名前をわざと耳ざわりに発音したり、野卑なことを連想させるようにしたりすることです。このやり方は悪口によくみる形式です。不作法といってもよいでしょう。教養のある人間はそんなことはつつしむようになりますが、実は、いやいやつつしむわけで、しばしば「洒落《しゃれ》」として口にします。しかし、けっして品のいい「洒落」ではありません。その一例として、下品でいやらしいものをあげてみますと、フランス共和国の大統領 Poincaré《ポアンカレ》（一八六〇～一九三四。第三共和国の第九代大統領）の名をもじって、Schweinskarré《シュヴァインスカレ》（豚の腰肉）と「洒落」たものがありました。これをみても、言いまちがいには、相手をはずかしめようとする意図が含まれると考えられます。

　私どものこの見解を、滑稽《こっけい》な、考えも及ばない効果をともなった言いまちがいにまでおしすすめてゆけば、それにもこれと似た説明をせざるをえなくなるでしょう。「みなさん、私どものボスの健康を祈って〈おくびをしましょう〉[6]」と言ったとします。その場の祝賀的な気分は、食欲を失わせるようなことばがとび出してきたためにかき乱されてしまいます。この非難と嘲笑のことばは文字どおりにしか解することができません。そこには表面だけの尊敬とはまったく裏腹《うらはら》な意向が、つまりこんな表面だけの尊敬のことばは信用してくれるな、自分の本心ではないのだ、そしてこんな馬鹿ものは問題とするな、というような意向があるというわけです。これとまったく同じことが、Apropos《アプロポス》（折よく）を Apopos《アポポス》[7] と言い、Eiweißscheibchen《アイヴァイスシャイプヒエン》（卵白の一片）を Eischeißweibchen《アイシャイスヴァイプヒエン》[8] と言うように「メリンガーとマイヤーによる」、なんでもないことばから、野卑で淫猥なことばをつくりだす言いまちがいにもあてはまるのです。

ある種の快感を求めるために、なんでもないはずのことばを歪めて、猥褻なことばに言いなおしている人々もよくみかけますが、それは機知に富んだことだとみなされています。私どもは実際に、それを言った人が、洒落としてわざと口に出したのか、それとも言いまちがって口をすべらしたのかを、まず調べてみなければならないのです。

いまや、私どもは比較的に苦労もなく、しくじり行為の謎《なぞ》を解きえたようです。しくじり行為はけっして偶然のことではなく、本心からの心的行為で、特有の意味をもち、二つの異なった意図の協力、いや、もっと適切にいえば相互の影響の結果として生じたものなのです。ところで、ここまできても、みなさんは私に疑問や質問を浴びせようとしておられます。とすると、みなさんのいだいておられる疑問や質問に答え、それを解決してしまうまでは、私どものこの研究成果をよろこぶこともできないわけです。だからといって、私は、みなさんに性急な決定を押しつける気はありません。一つ一つ順を追って冷静に考察していきましょう。

みなさんは何を言いたいのでしょうか。「いまのきみの説明は、言いまちがいのすべての例にあてはまるのか、それとも、ある特定の例にだけあてはまるのか、どう考えているのだ。同じ見解は、それ以外の多くのしくじり行為、たとえば読みまちがい、書きまちがい、もの忘れ、とりちがい、置き忘れなどにもあてはまるのか。疲労や興奮あるいは放心、注意力の障害などという要因は、しくじり行為の心的な本態が明らかになっても、やはり意味があるのか。しくじり行為のなかでたがいに競い合う二つの傾向のうち、一方はつねに表面に現われるが、他方はいつも現われないということはかなりはっきりしているが、この隠れている意向をひきだすにはどうしたらよいのか。また、自分ではこの隠れた意向を明らかにしたと思っても、それがただそうらしいというだけのあやふやなものでなく、絶対に正しいものだと証拠だてるには、どうしたらよいのか」などということですか。そのほかまだまだ、みなさんは疑問をもっておられますか。これ以上、問題にする点がないといわれるのであれば、私の話の先をつづけさせていただきます。お忘れになっては困りますが、私は、なにもしくじり行為を重要な問題だと考えて研究しはじめたのではありません。ただ、しくじり行為の研究から精神分析に利用する価値のあることだけを学びとろうとしたのです。このことはみなさんも知っていらっしゃるでしょう。そこでつぎの問題をとりあげてみましょう。それは、他の意図や意向をこのように妨害するものはどんなものなのか、また妨害される意向と妨害する意向とのあいだにはどんな関係があるのか、という問題です。私どもの研究はまずこの問題を解決してからでなければ始まりません。

みなさんが疑問とされている問題は、私のこの説明が、言いまちがいのすべての例にあてはまるかということです。私ははっきりあてはまると信じます。言いまちがいの実例を検討してみると、いつもこのように解明できることがわかるからです。しかし、言いまちがいの例がこのようなメカニズムがなくては起こらないのだと、証明することはできません。しかし、それでもかまわないのです。私たちにとっては、そのようなことは理論的にどうでもよいことだからです。言いまちがいの少数例だけでも私たちのやり方で説明できれば、精神分析学の入門にとっても必要な結論は成り立つからです。もちろん、実際には、少数例についてだけのことではないのです。

つぎの問題は、言いまちがいについて明らかにした説明を他のしくじり行為に及ぼしてよいかということです。私はまずはっきりと及ぼしてよいと言っておきましょう。このことは、書きまちがい、とりちがいなどを検討するときに納得されると思いますが、いまのところは技術的な理由からいったん先にのばして、まず言いまちがいをもっと根本的に論じてしまうほうがよいだろうと思います。

これまでお話ししてきた言いまちがいの心的メカニズム(9)を認めた場合でも、血液循環の障害、疲労、興奮、放心など、諸大家が前景に押し出している諸要因、あるいは注意力障害の学説が、まだ意義をもっているのかという問題には、もっとつっこんだ回答をあたえることが必要だと考えます。注意していただきたいのですが、私どもは、これらの諸要因を否定するわけではありません。精神分析が他の学派の主張する学説を否定することは一般的にはきわめて少ないことなのです。精神分析はこれまでの学説に新しいものをつけ加えるのが常でした。これまで見落とされていたものが新たにつけ加えられるのです。実はそれこそが本質的なものであったということも、ときとしてあることはいうまでもありません。不快感、循環障害、疲憊《ひはい》状態などからくる生理的な条件の影響は、文句なしに言いまちがいの原因となることは承認されています。このことは、みなさんも日常のご自身の経験から十分納得しておられるところでしょう。しかし、それだけですべてが説明できることは、まことに少ないではありませんか。

第一に、これらはしくじり行為の不可欠の条件ではありません。言いまちがいはまったく健康で正常な状態のときにも同じように起こります。いまあげた身体的な条件は、言いまちがいに特有の心的メカニズムが活動しやすいように、補助役をつとめるのにすぎないのです。かつて、この点に関連して、私は、一つの比喩《ひゆ》を用いたことがありますが、これに代わる比喩も見あたらないのでまた用いてみましょう。こう考えてみてください。どこか暗い夜道を歩いているとします。その夜道でごろつきに会い、時計と金入れをとられます。だが、この犯人の顔は、はっきり見えなかったので、近くの交番に行き、「独《ひと》りぼっちだったのと暗かったので、いま、金目のものをとられました」と訴えます。それを聞いた警官はこう言うにちがいありません。「どうもあなたは極端に機械論的な見解を重視なさいますね。それはいけません。私ならばその事態を、暗いのと独りぼっちで歩いていたのをよいことにして、泥棒が貴重品をとったと言うでしょう。あなたの場合いちばん肝心な点は、泥棒を探しだしてつかまえることではありませんか。たぶん、盗品はとりかえせると思いますがね」

興奮、放心、注意力の障害のような精神生理学的要因は、説明という目的でみると、たしかにごくわずかのことしか解き明かしてくれないものです。いわばおざなりのようなもので、そんな目かくしの屏風《びょうぶ》のようなもののために、私どもが奥をのぞくのをじゃまされてはいけません。むしろ、この場合に問題となるのは、逆上や注意力の転導をひき起こしたものがなにかということです。音《おん》の影響、ことばの類似、およびそのことばにともなってよく生じる連想は重要なものとみることができます。それらは言いまちがいが、その方向によりそって起こりうる道をさし示すことによって、言いまちがいが起こりやすいようにするのです。しかし、道が目の前にあるからといって、私がその道を進むということは、はたして自明のことでしょうか。なにかそう決心させる他の動機が必要ですし、その道を進ませる力が入用です。ですから、先の音の関係、ことばの関係は身体の条件と同じく、たかだか言いまちがいを起こりやすくしただけのものであり、言いまちがいの真の解明をあたえることはできません。よく考えていただきたいのですが、私の用いることばが音が似ていて他のことばを思い起こさせるとか、そのことばが反対のことばと密接に関連しているとか、そのことばからよくある連想が生じるとかという事情があっても、たいていの場合は私の話に故障が起こるということはないのです。身体が疲憊した結果、連想傾向が話の本来の意向にうちかってしまうときに言いまちがいが起こる、という哲学者ヴント

（一八三二〜一九二〇。ドイツの哲学者）の意見に今日でも賛成のかたがあるかもしれません。もし経験がそれと矛盾しなければ、十分にきく価値はあると思いますが、経験の示すところでは、一連の言いまちがいについては、身体的条件があてはまらないし、また他の一連の言いまちがいでは、言いまちがいに都合のよい連想がみつからないのです。

しかし、私の関心をとくにひくのは、たがいに干渉しあう二つの意向をどのような仕方でとらえるのかという、そのつぎのみなさんの疑問です。おそらくみなさんは、この問題がどんな重大な結果をもたらすものであるかについて、わかっておられないでしょう。二つの意向のうち、妨害されたほうの意向は疑問の余地がありません。しくじり行為をする人がそれを意識していて告白します。疑問をいだかせ、考えさせるようにするのは他の意向、すなわち妨害するほうの意向なのです。ところが、私どもがすでに話しましたし、みなさんもお忘れになっていないと思いますが、ある種の例ではこの妨害するほうの意向も同じように、はっきりしているのです。それは、言いまちがいがどのような効果をひき起こすかによって明らかになります。もちろん、私どもが、この効果をそれ自身として意味あるものと認める勇気があればのことですが。言いまちがえて反対のことばを口にした議長[10]は、開会を宣しようとしていたことは事実ですが、同時に閉会になればよいと願っていたことも明らかです。この例は非常にはっきりしていて、とくに説明しなければならないものは残っておりません。しかし、他の例では、妨害するほうの意向は、ただ本来の意向を歪めるだけで、自分自身の姿を表面には出さないのです。そういう場合に、その歪みから、どうしてこの妨害するほうの意向を察知すればよいのでしょうか。

　第一の系列の場合には、妨害された意向をはっきりさせるのと同じ方法、すなわちまったく単純で確かな方法によって、妨害するほうの意向をつきとめることができます。それは、話す当人から直接に報告をきく方法です。言いまちがいの直後に、話し手がもともと口にしようとしていた文句にただちに言いなおしをすることからです。たとえば、Das draut《ドラウト》, nein, das dauert《ダウエルト》 vielleicht noch einen Monat. の例[11]です。この場合には、歪みをあたえるほうの意向についても、本人に言わせることができるわけです。「どうして、はじめに draut などと言ったんです?」とききますと、「それは、Das ist eine 〈traurige《トラウリゲ》〉 Geschichte. と言うつもりだったんですよ」と答えます。またもう一つ、Vorschwein《フォルシュヴァイン》 の例[12]でも、当人ははじめは「それは〈Schweinerei《シュヴァイネライ》〉ではないか」と言おうとしたのだが、ほどよく言いなおそうとしたら、別のことばになってしまったのだ、と言うでしょう。歪みをあたえるほうの意向を確かめることも、歪められるほうの意向を確かめることも同じように確実にできるのです。私や私どもの派の者が報告し、解釈したものではない実例を引用したことには、実は意図があります。ともかく、この両方の例とも解釈をくだしてみるためには、ある種の手を加える必要がありました。話し手には、なぜそんな言いまちがいをしたのか、どう言おうと思っていたのかときかなければなりません。さもなければ、話し手は言いまちがいを説明しないでそのままにしてしまうでしょう。しかし、きかれれば頭に浮かんでくる思いつきを語り、説明します。ところで、このささいな操作とその結果とは、それ自身がすでに精神分析の一つであるといえるし、さらにこれから先つづけていく精神分析の研究の手本であることがおわかりになることと思います。

しかし、精神分析がみなさんの前に姿を見せたそのとき、精神分析への反対の考えもまたみなさんの心のなかに頭をもたげてきていると考えたとしたら、あまりに疑い深いことでしょうか。また、みなさんには、言いまちがいをした本人が言ったことなんかそれほどあてにはならない、と異論を唱えたい気持があるのではないでしょうか。きっとみなさんは、こうおっしゃりたいのではありませんか。「彼はもちろん、言いまちがいを説明してほしいといわれて、満足な答えをしようと努力し、説明に役だちそうな思いつきをでまかせに言うだろう。しかし、言いまちがいが、はたして彼の言うとおりに起こったものであるかどうかの証明はあたえられてはいない……。そうかもしれないし、そうでないかもしれない……。もしかすると、同じようにうまく当てはまるような、いや、もっとうまく当てはまるような別の思いつきをするかもしれないではないか」と。

みなさんが心的事実というものに対し、根本において、いかに尊敬をはらっていないかはまことに注目すべきことです。だれかがある物質の化学的分析を試み、そのある成分を何ミリグラムか得たとします。この重量から一定の推論ができます。ところで、みなさんは、この抽出された物質の重量が、それとはちがっていたかもしれないなどということを理由に、異論をさしはさむ化学者がいるとお考えですか。だれでも、重量の点ではまさにまちがいのない事実であることを十分に認めたうえで、この事実のうえに安んじて推論を試みてゆくのです。ところが、言いまちがいの理由をききかえされた人に、ある特定の心的事実が思い浮かんだという場合にかぎって、みなさんはこれを認めず、それとはちがったほかのことを思いついたのかもしれない、と主張されているのです。みなさんは、まさに心の自由という幻想を内心にもっておられ、それは放棄したくないと考えているのです。この点では、みなさんと私との考えがまったく相反しているのが残念です。

さて、みなさんはここでは、話をやめてしまわれるでしょうが、また別の点でふたたび反対運動を開始なさるでしょう。すなわち、こんなふうにおっしゃりたいのではないですか。「問題の解決が分析を受ける者自身によって語られるという点が精神分析の特殊な技法であることはよくわかった。ところが、他の例をみてみよう。祝辞を述べようとした人が、参会者に向かって、ボスの健康を祈って〈おくびをしましょう〉と言ったというあの例だ[13]。きみの考えでは、妨害するほうの意向は、この例では上役を誹謗《ひぼう》しようとすることなのだ。それが尊敬の気持を表現することに抵抗しているのだという。しかし、それはきみの解釈にすぎないし、言いまちがいを〈外部からみての〉解釈にすぎない。この場合、もし言いまちがいをした当人に問えば、けっして誹謗する意図をもっていたとは確言しないだろう。むしろ、強く否定すると思う。なぜきみは、当人がはっきりと否定しているのに、証明のできない解釈を捨てようとしないのか」

なるほど、みなさん、こんどはすこし手ごわい質問を見つけてこられました。私は祝辞を述べるその未知の人がどんな人かを思い浮かべてみます。彼はおそらく祝賀を受ける主任教授《ボス》の助手か、あるいはすでに講師になっている人かもしれません。将来の見通しも大いに明るい若い人でしょう。私はこの青年に、「あなたは、ボスに対し祝意を表わすようにと参会者をうながすことに、すくなくともなにか抵抗を感じていたのではないのですか」とつめよってみたとします。すると、私はひどい目にあうでしょう。彼は憤然と色をなして私にとびかかろうとします。「そんな言いがかりはよしてくれ。不愉快きわまる。それればかりではない、きみの中傷のおかげで私の出世の道は閉ざされてしまう。私は anstoßen《アンシユトーセン》（乾杯する）と言うのを、うっかり aufstoßen《アウフシユトーセン》〈おくびをする〉と言いまちがっただけなんだ。同じ文章のなかで前に二度も auf《アウフ》 という語をつかったからだ。メリンガーがいう後退発音というやつだ。それ以上に理屈をこねまわすことはごめんだね。いいね。もうやめてくれ」、なるほど。これは思いがけない反応というものです。まことに手ごわい拒絶です。このお若いかたにたずねても、むだなことはわかりますが、しかし、自分のやったしくじり行為にはなんの意味もあるはずがないのだ、と主張するところに、この青年は個人的な強い関心があることを示していると思うのです。おそらく、みなさんも、純粋に理論的な研究をしているだけなのに、この青年が、こんなに粗暴な返答をするのはよくない、と感じられることでしょう。そして結局、この青年はやはり本当は、自分がなにを言おうと思い、なにを言うまいと思ったかを知っているにちがいない、とお考えになることと思います。

はたして、この青年はそれに気づいていたのでしょうか。それはおそらくまだ疑問の余地があると思います。

いまこそ、みなさんは私を掌中のものにしたとお考えになるでしょう。「それがつまり、きみのやり方なんだ。きみは言いまちがいをした本人が、きみに都合のよいことを主張するときだけ、当の本人を権威ある究極の判定者にしている。『自分自身でそうだと言ったのだから』というわけだ。しかし、本人の言うことがきみに都合が悪いと、急に、本人の言うことなどはあてになるものか、信じられるものか、などと言うのだ」とおっしゃるみなさんの声が聞こえるようです。

それはそのとおりです。しかし、これと似た奇怪千万なことが起こる例をおみせしましょう。ある被告が裁判官の前で犯行を自白したとします。裁判官はこの自白を信用します。しかし、被告が犯行を否定したときはその否定を信じません。そうでなければ裁判などは成立しないことになるからです。まれには誤審もあるでしょうが、この制度はまず正しいものとしなければなりません。「よろしい、それならきみは裁判官で、言いまちがいをした人間は被告なのか、言いまちがいは犯罪なのか」――とおっしゃるでしょう。

しかし、私どもがこの種の比較を拒否するいわれはないと思います。みてください。一見したところなんの害もないようなしくじり行為の問題を、多少掘り下げてみただけで、いかに根本的な相違をおたがいに示すようになったか。このような相違は現在のところ、取り除くわけにはゆきません。私はみなさんに、この裁判官と被告の比喩を示すだけにとどめて、暫定的な妥協を申しでておくことにします。みなさんのほうでは、しくじり行為の意味は被分析者がそれを承認した場合だけは、それはそれで文句のないものとして承認してほしいのです。そのかわり、私のほうでは、被分析者が報告を拒否するとか、なにも言うことがないというときには、私どもが推測した意味を直接に証明することはできない、ということにしましょう。その場合には裁判のときと同じように、間接証拠にたよるほかはありません。この間接証拠というものは、判決の信憑《しんぴょう》性をあるときは高め、あるときは低めます。しかし、裁判では実際的な理由から、間接証拠にもとづいて有罪としなければなりません。私どもにはそのような必要性はないわけですが、必ずしもこの間接証拠を無視する必要もないのです。学問は厳密な証明ずみの学説だけから成立するものだと信ずるのは誤りです。そのような要請は不当です。この要請はただ権威好きの気持を強めるために、自分の宗教的な教理問答《カテキズム》を、たとえ学問的なそれであるにせよ、他の教理問答で置きかえようとするだけのことなのです。この学問とても、その教理問答のなかには必然的な命題はごくわずかしかもっていません。それ以外は、ある程度まで蓋然《がいぜん》性をもった主張であるにすぎないのです。私どもが、このように確実性に近づくことで満足し、究極的な保証はないにしても、構成的な仕事をつづけうるということこそ科学的思考法を示すものなのです。

しかし、被分析者の述べることがしくじり行為の意味を明らかにしないときには、解釈上のよりどころ、いわば証明に対する間接証拠を私たちはどこに求めるべきでしょうか。それはいろいろの方面から得ることができます。まず第一に、しくじり行為以外の現象からの類推です。たとえば私どもが、言いまちがって名前を歪めるのは、故意に名前をもじるのと同じく侮蔑《ぶべつ》的な意味をもつものだと主張するようなことです。ついで、間接証拠は、しくじり行為がみられるときの心的状況から、またしくじり行為をしてしまう人物の性格についての知識から得られます。この人物がしくじり行為をする前にこれこれの印象をもったことがあって、それに対してしくじり行為によって反応したらしいという知識から得られるのです。私どもはある一般的原則にしたがってしくじり行為を解釈しますが、それはさしあたり、一つの推測であり、解釈上の一つの提唱にすぎません。つぎに心的状況の検討をして、間接証拠として実証してくれそうなものをさがすのです。ときには、私どもの推測が当たっていることを見きわめるために、しくじり行為によって予告されていた事件が実際に起こるまで待たねばならないこともあります。

これに対する例証を示すことは、ことを言いまちがいの分野だけにかぎってしまうと容易ではありません。もちろん、この分野でもこれならばどうだという二、三の好例もないわけではありません。婦人を begleitdigen《ベグライトデイゲン》したいと言ったあの青年は[14]、きっとはにかみ屋でしょう。夫は〈私〉の好きなものはなにを飲み食いしてもいいと言った婦人は[15]、きっと家庭内で支配権をふるう、かかあ天下の婦人だと思います。あるいは、つぎの例をとりあげてみてください。コンコルディア社（オーバーハウゼンの鉱山会社）の総会で若い社員が激しい反対演説をし、そのなかで、社の幹部を Vorschußmitglieder《フォルシュスミットグリーダー》（前借同志諸君）と呼びました。これは Vorstand《フォルシュタント》〈重役〉と Ausschuß《アウスシュス》〈委員〉からできたことばのようです。私どもは、彼の心中には自分の反対演説を押えようとする意向が起こってきたのだと思いますが、この反対はなにか Vorschuß《フォルシュス》（前借、立替金）に関連したことであったかもしれないと推測されます。事実、私どもはある確かな筋から、この話し手が金銭的にいつも困っており、ちょうどそのときも借金の申し出をしたばかりのところだったと聞いたのです。つまり、反対演説をさまたげようとする意向としてはいりこんできたのは、「反対はほどほどにしておこう。相手は借金を承諾してもらわなければならない人々だぞ」という考えであったかもしれないからです。

もし、しくじり行為のほかの広い分野にまでも手をのばしてもよいとなれば、私はこの種の間接証拠をいっぱい選び出しておみせすることができます。

いつもはよく知っている固有名詞を忘れたり、いくら努力してもその名前を覚えられないというような人があれば、その人はその名前の人に対してなにか気に入らないことがあって、その人のことを考えたくないのだ、と仮定するのはもっともなことです。これについては、このしくじり行為の生じた心的状況をあらわに示すつぎの例を考えてみてください。

「Y氏はある婦人に恋したがうまくいかず、その婦人はまもなくX氏と結婚してしまった。Y氏はかなり以前からX氏と知り合っており、商売上の関係さえあったが、くりかえしくりかえしX氏の名前を忘れて、X氏に便りをしようとするときには、いつもそばにいる人にたずねなければならなかった」[1]

Y氏は明らかに、この幸福な恋敵《こいがたき》を忘れたいのです。「彼のことなんぞ考えるものか」というわけです。

また別の例もあります。ある婦人が医師に対して、二人の共通の知人である女性についてたずねましたが、その知人の娘時代の姓を口にし、結婚後の姓は忘れてしまっていました。のちに白状したところによると、「自分はこの知人の結婚にはひどく不満で、この知人の夫を許す気になれない」というのでした。[2]

この名前を忘れてしまうことについては、このほかにもいろいろの観点からいわなければならないことが少なからずあると思いますが、いま私どもの興味を主としてひいているのはこの忘却の起こる心的状況なのです。

ある計画を忘れるのは、まったく一般的に、その計画を実行させまいとこれに対抗する心の動きに原因があるとすることができます。しかし、このような考え方をするのは精神分析の立場だけではなく、むしろ、世間一般の見解です。人々はふだんの生活のなかではこの見解に賛成しながら、理論的にとなるとそれを承認しないというわけです。保護者が被保護者に向かって、おまえの願いごとを忘れていたと言って弁解しても、被保護者には通用しません。被保護者はすぐに、「この人は私の願いをなんとも考えていないのだ。約束だけはしてくれたが、それを実行する気はないのだ」と考えます。それゆえ、日常生活でも忘れるということは禁物なのです。このしくじり行為については精神分析の見解と俗流の見解とのあいだに差異はないようにみえます。「おや、どうして今日おいでになったのですか。ああ、そうでした、今日お招きしたんでしたね、すっかり忘れていました」と言いながら、客を迎える主婦を考えてみましょう。また、つい最近約束したばかりのデイトを忘れてしまった、と恋人に白状しなければならない青年を想像してみましょう。その青年は、もちろんありのままのことは告げずに、その場のがれに、ありそうもない事情を考えだし、そのおかげでデイトができなくなり、それればかりか、いままでそれを知らせることもできなくなっていたのだ、と言いわけするでしょう。軍隊では忘れたということは言いわけにならず、罰を免れないことは私どもみなが知っていることですし、それは当然だと考えざるをえないのです。こうした場合には、ある種のしくじり行為には意味があるということも、それがどんな意味をもっているかについても、人々の意見はたちまち一致します。だとすれば、なぜ彼らはその意見を貫きとおして他のしくじり行為にまでおし広げ、そしてそれを承認しないのでしょうか。当然、ここにも一つの答えはあります。

このように計画を忘れることの意味は素人《しろうと》にも疑う余地のないものでありますから、詩人がしくじり行為にこれと同じ意味をもたせて、広く用いていることには、みなさんもそう驚かないことでしょう。バーナード・ショー（一八五六～一九五〇。イギリスの劇作家。ノーベル文学賞受賞）の『シーザーとクレオパトラ』（五幕の史劇。一八九八年作）を観劇したり読んだりした人は、最後の場面で、別れてゆくシーザーがまだなにかやり残していることがあったのにどうしても思い出せない、と思案にくれるのを覚えていらっしゃるでしょう。結局、それがなんであるかは明らかになります。クレオパトラに別れの挨拶《あいさつ》をすることだったのです。大シーザーには、自分自身ではもっているとも思わず、また、もとうとも努めなかった優越感がはじめからあったことを、作者のほんのちょっとした作意が教えています。史料によると、シーザーはあとからクレオパトラをローマに呼びよせ、シーザーが殺されたときには、クレオパトラは小さいシーザリオンとともにローマに滞在しており、彼の死後この都からのがれたとされています。

計画を忘れるという場合は、一般にその意味がはっきりしすぎていますから、しくじり行為の意味についての間接証拠をその心的状況から導き出そうという意図からみてはあまり役にたちません。意味がとくにあいまいで見通しのつきにくいしくじり行為、つまり、紛失と置き忘れに目を転じてみましょう。物を紛失することは偶発的な出来事としてひどく悩まされるものです。この場合にもある意図が関与していると申し上げても、みなさんは、そんなことは絶対に信じられないとお思いになるでしょう。しかし、こんな観察例がたくさんあります。ある青年はたいせつに扱っていたクレヨンをなくしました。彼は、その前日に義兄から手紙を受けとっていて、君の浮薄さと怠惰を考えると、当分援助などはする気もないし、そんな暇もない、というのがその結びの文句でした。[3]ところで、クレヨンはまさにその義兄の贈り物だったのです。このような事実の一致があってこそ、この紛失に、こんなクレヨンなど捨ててしまおうという意図が加わっていたと断言することができます。これに似た例はすこぶるたくさんあります。

物を紛失するのは、その贈り主と不仲になり、その人を思い出すことを好まないときとか、あるいはまたその品物自体がもはや気に入らなくなって、別のもっとよいものととりかえる口実がほしいと思っているときなどに起こります。物に対して紛失の場合と同じような気持があると、もちろんまた、落としたり、こわしたり、傷つけたりすることも起こってきます。小学校に行っている子どもが誕生日の前日に、自分の持ち物、たとえば鞄《かばん》や懐中時計をなくしたり、だめにしたり、傷つけたりするのは偶然だといえるでしょうか。

また自分でかたづけた品物が見つからないでたびたび不快な思いをした人でも、置き忘れに意図があるということは信じようとしないでしょう。しかし、その品物を一時的にせよ永久的にせよ捨ててしまおうという意向があることを、置き忘れのときの事情が示している例は少なくありません。おそらく、つぎの例はもっともみごとな例だと思います。

ある若い人が私に話してくれたことがあります。「二、三年前、私ども夫婦のあいだに意見のあわないことがありました。私は妻が冷たすぎると感じたのです。もちろん、妻のすぐれた特性はよろこんで認めていましたが、たがいにやさしい気持をもてないままに生活していたのです。ところがある日、妻が散歩の帰りに書物を一冊買ってもってきました。きっと私が読みたいだろうと思ったのでしょう。私はこの『心づかい』のしるしに感謝し、読んでみようと約束して、しかるべき場所にしまっておいたのですが、どうしても見つからなくなってしまったのです。幾月かすぎました。私も、時おりはこの行方《ゆくえ》不明の本を思い起こしましたし、それを探しだそうともしたのですが、しかしむだでした。半年もたったときです。別居していた私の母が病気になり、妻は家を離れて姑《しゅうと》を看病に行きました。病人は重態でしたが、それが妻のすぐれた面をあらわす好機になったのです。ある晩のこと、私は妻の働きぶりに感動させられ、妻への感謝の気持でいっぱいになって帰宅しました。私は机に近寄り、なんの気もなく、しかし夢遊病のときのような確かさで一つのひきだしをあけました。するとその一番上にあれほど長いこと見つからなかった本が置き忘れられているのを見つけたのでした」

動機がなくなるとともに、その品物の置き忘れも結末がついたというわけです。

みなさん！　私は、この種の実例は際限なく集めることができると思うのです。しかし、ここでそれをしようとは思いません。そんなことはしなくても、私の著書の『日常生活の精神病理』(16)〔初版、一九〇一年〕には、しくじり行為を研究するための症例報告がありあまるほど出ています。〔4〕これらの例はすべて、いつも同じ結論になります。その実例は、みなさんがたに、しくじり行為にも意味がありそうだと悟らせ、この意味は付随する事情から察知したり、確証したりすることができるものだ、ということを示しています。しかし、本日は簡単にしておきましょう。というのも、私どもがこの現象を検討するのは、精神分析の準備に役だつものを手に入れることだけが目的であるからです。ただ私は、二種のグループの観察だけはここでしておかなければなりません。すなわち、一つは、重なりあい組みあわされたしくじり行為であり、もう一つは、私どもの解釈が、あとから起こってくる事件によって確かめられるという類《たぐい》のものです。

つぎつぎと重なりあい組みあわされたしくじり行為は、いわばしくじり行為の精粋《せいすい》とでもいうべきものです。もし、しくじり行為が意味をもちうることを証明することだけが私どもの問題であるならば、はじめからしくじり行為だけを検討することにしたと思います。しくじり行為の場合には、洞察力《どうさつ》の鋭くない人にもその意味は明白で、きびしい批判的な判断をさせずにはおかないからです。そのようなしくじり行為の堆積《たいせき》をみると、とても偶然だなどとはいうことのできない、いかにもその企図にかなった執拗《しつよう》さが感じられます。最後に、さまざまな種類のしくじり行為がつぎつぎとつづくと、そのしくじり行為にとってもっとも重要で本質的なものがなんであるかがはっきりしてきます。すなわち、しくじり行為の形式やしくじり行為が利用する手段などではなくて、しくじり行為そのものを利用し、どんな道を通ってでも目的地に到達しようとする意図が、しくじり行為の重要な本質なのです。

ここで、もの忘れがくりかえされる例を一つ示しましょう。E・ジョーンズ(17)がこんなことを言いました。「あるとき、どんな動機からかは自分にもわからないが、手紙を投函《とうかん》せず、数日のあいだ、机の上に置いたままにしたことがあった。やっと決心してそれを投函したが、宛先人《あてさきにん》不明で返送されてきた。宛名を書くのを忘れたのだった。宛名を書いて、ポストにもって行ったらこんどは切手を貼《は》り忘れていた。そこで、もともと自分はこの手紙を出したくなかったのだ、ということを認めざるをえなかった」

他の例では、とりちがいと置き忘れとがいっしょになっているものがあります。ある婦人が著名な芸術家の義兄とローマへ旅行をしました。この旅行で義兄はローマ在住のドイツ人たちから非常に歓迎され、古くから伝わる金メダルを他の贈り物といっしょに贈られたのです。婦人は義兄がこのみごとな品をあまり尊重しないのに心を痛めていました。姉といれかわりに彼女は帰国しましたが、トランクをあけてみたところ、どうしたわけか、あの金メダルをもち帰っていたことに気づいたのでした。義兄にはすぐそのことを手紙に書き、メダルは明日ローマへ返送するといってやったのです。ところが、翌日になると、メダルはどこへ置き忘れたのか見あたらず、ついに返送することができませんでした。そこでやっと婦人には、ぼんやりとですが、自分のこの「うっかり」が意味するもの、すなわち、メダルを手もとにおいておきたいという自分の気持がわかったのです。(5)

私はすでに前に、もの忘れとまちがいとの組みあわせの例を報告したことがあります。たとえば、はじめにはデイトを忘れ、つぎにはけっして忘れまいと肝《きも》に銘じているのに約束の時間をまちがえて行くという例です。これとまったく似た場合を経験したことがあると、友人が話したことがあります。科学のみならず、文芸にも通じた友人でした。彼はこう言いました。「自分は二、三年前に選ばれて、ある文学団体の委員にされるのを承知したことがあった。というのも、この団体が自分の戯曲を上演するのを援助してくれるだろうと思ったからだ。そして、金曜日ごとの会議にはあまり関心をもたなかったが、いつもきちんと出席していた。ところが、数ヵ月前に、F市の劇場で自分の戯曲を上演するという約束をとると、その後は、その会の集まりを〈忘れるようになってしまった〉。きみの著書で、この種のもの忘れについて読んだときには、自分が恥ずかしくなった。あの人々に用がなくなったからといって会議に出ないとは実にはしたないことだと良心に恥じた。そして、こんどの金曜日には必ず忘れずに出席しようと決心した。このことは何度も思いかえして忘れないようにし、実際にでかけていった。ところが、会議室の扉の前に立ってみて驚いた。扉はしまっていて会議はすんでいたのだ。私は曜日をまちがえていた。その日は土曜日だったのだ」

これに似ている例を集めれば、興味深いことでしょう。しかし、話を先へすすめたいと思います。さて、つぎにちょっとお話しする例では、私どもの解釈の正しさは将来確認されるまで待たねばなりません。

この種の例のおもな制約は、いうまでもなく現在時の心理状況が私どもにはよくわからない、あるいは確認のしようがない、ということです。この場合には私どもがくだす解釈は、推測以上のものではなく、私ども自身でもさほど重視することはできません。しかし、あとになって、私どものそのときの解釈が正しかったことを示すようなことが起こります。私はある若夫婦の家に招かれたことがありました。そのときに若夫人が笑いながら最近の経験だといって、こんな話をしました。彼女は旅行から帰ったつぎの日、夫が勤めにでかけていったあとで、未婚の妹をたずねて、むかしよくしたようにいっしょに買物に行ったのだそうです。そのとき、急に通りの向かい側にいる紳士に気づき、隣にいる妹に「ほら、あすこをLさんが行くわ」と叫びました。若夫人はその紳士が二、三週間前から、自分の夫となっている人だということを忘れていたのです。この話をきいた私はぞっとしましたが、それがどんな帰結をもたらすものかについて推測する勇気はありませんでした。何年かすぎて、この結婚が不幸な結末を告げたときいたときに、私はこの小さな物語を思い出したのです。

A・メーダー(18)は、ある婦人が自分の結婚式の前の日に、ウェディング・ドレスを試着してみることを忘れてしまい、夜おそくなってから思い出し、洋裁屋さんをまごつかせたという話を語っています。メーダーはこの忘却と、彼女が結婚後まもなく離婚したこととは関連があると言っています。――現在は夫と別れてしまっているある婦人が、離婚するかなり前から、自分の資産の管理上の書類に未婚時代の姓を署名していた例を、私は知っています。――また、蜜月《みつげつ》旅行中に結婚指輪《マリツジ・リング》をなくしてしまった婦人たちを知っていますが、結婚のその後の経過が、偶然とみえるこの事件にも意味があったことを、教えてくれました。

もっと極端な例がありますが、この結末はもうすこしましなものです。ある著名なドイツの化学者が、結婚式の時間を忘れて教会へは行かず、そのかわりに研究室に行ってしまい、結婚をだめにしてしまったという話です。彼は賢明な人物でしたので、結婚しようという試みは捨ててしまい、独身のままずごし、高齢を保って亡《な》くなりました。

おそらくは、みなさんも、これらの例では、しくじり行為がむかしの人のいう前兆とかの代わりをしていることに気づくことと思います。実際、むかしの人のいう前兆とは、たとえばつまずいたり、倒れたりしたようなしくじり行為の場合がそうなのです。前兆の他の一部分は、たしかに主観的な行動という性格はもたず、客観的な出来事という性格を示していました。しかし、ある特定の事件をみて、それが主観的な行動であるか、客観的な出来事であるかを決定することはいかにむずかしいか、信じられないほどです。行動というものは、実にしばしば受動的な体験という仮面をつけるすべを心得ているからです。

私どものなかで、長い人生経験をふりかえってみることのできる人ならば、おそらくこう言うでしょう。もしも人と人との交際における、ちょっとしたしくじり行為を前兆としてとらえ、まだ表面には出てこない意図の兆《きざし》として利用する勇気と決断とをもったならば、おそらく多くの幻滅やつらい打撃を免れることができたであろう、と。しかし、人々はたいがいの場合はそうはしません。そうすることは学問という迂路《うろ》をへて、ふたたび迷信にまいもどるように思うというわけです。実際、すべての前兆が必ずしも実現されるものではありませんし、またみなさんも、私どもの理論からみて、前兆がすべて実現される必要のないことを理解されるでしょう。

〔1〕ユングによる。
〔2〕ブリルによる。
〔3〕ダットナーによる。

〔4〕メーダー（フランス）、ブリル（イギリス）、ジョーンズ（イギリス）、シュテルケ（オランダ）などの集めたもののなかにも、同じく豊富に見いだされる。

〔5〕ライトラーによる。

（1）第二講参照。

（2）第二講参照。

（3）第二講参照。

（4）Dann aber sind Tatsachen zum Vorschein gekommen...（やがて、その事実は明白になった）と言おうとして、zum Vorschwein gekommen と言いまちがえたのである。

（5）第二講参照。

（6）第二講参照。

（7）Apopos の popo はお尻。a は Oh!（おお）の意味がある。「おお、お尻」の意。

（8）Eischeißweibchen は、Ei（卵、おお）、Scheisse（糞）、Weibchen（小女、女の賤称《せんしょう》）よりなる合成語で、「くそったれ女」の意。

（9）ここではかなり広く心の動きという意味に用いられているが、精神分析的にいえば、Defense mechanism（防衛メカニズム）を含むものである。いわゆる本能的な欲動や感情の動きが自我を危機におちいらせ、不安感を生じるとき、これをのがれようと自我が自己防衛的な活動をするときの防衛手段と考えられている。このメカニズムの提唱はフロイト自身のうちにあるが、とくにその娘アンナによって発展させられた。今日ではさまざまの防衛メカニズムが数えられているが、本書であげられているものは昇華、置きかえ、転換、抑圧、感情転移、反動形成、代理形成、象徴化、退行、同一視（同一化）、逃避などである。

(10) 第二講参照。

(11) 本講冒頭参照。

(12) 本講冒頭参照。

(13) 第二講参照。

(14) 第二講参照。

(15) 第二講参照。

(16) フロイトの主著の一つ。さまざまのしくじり行為を中心とし、本書の第一部に論ぜられているテーマについて、多くの実例をあげて広く考察している。本書の第二部にあたる夢についての考察を公にした大著『夢判断』（一九〇〇年刊）につづいて、この書を書くにいたった動機をフロイト自身は、「その自伝や精神分析運動史のなかで、精神分析はノイローゼという病的な現象の研究から生まれたので、それから得られた結論を正常な人間に及ぼしてみることには、躊躇《ちゅうちょ》させるものがあった。しかし、この正常者における病態的な現象ともいうべき夢の解釈が精神分析ではじめて可能になったということは、正常な人の心理の動きの解明のためにも精神分析が大きい役割を果たしうるだろうと考えて、この種の研究に手をのばしたのだ」という意味のことばで語っている。

(17) （一八七九〜一九五八）。イギリスの精神分析学者。フロイトの最初の弟子の一人であり、イギリスならびにアメリカの精神分析学会の創始者。一九三八年、ナチスの迫害からのがれたフロイトのイギリス亡命にあたっては、ほとんど独力で援助したといってもよい。フロイトの死後は国際精神分析学会の会長として中心人物となっていた。三巻の『フロイト伝』はもっともくわしく、正確な資料にもとづいた伝記とされている。

(18) 精神分析学初期の人。早発性痴呆（今日の精神分裂病）、鬱病、てんかんなどについて一九一〇年前後におこなった精神分析的研究が二、三ある。

第四講　しくじり行為（むすび）

みなさん！　ともかくも、私どものこれまでの努力の成果として、しくじり行為に意味があることを認め、今後の研究の基盤とすることは許されると思います。もう一度強調しておきたいのですが、私どもは一つ一つのしくじり行為のすべてに意味があるのだという主張をするものでもなく、また私どもの目的にとってそう主張する必要もないということです。もちろん、私の主張は確かなものだとは思っていますが。私どもにとっては、さまざまの形式のしくじり行為には、意味がある場合が比較的多いということを証明できればそれでよいのです。しくじり行為のさまざまの形式は、意味をもつという点については、いろいろに異なっています。言いまちがい、書きまちがいなどは、まったく生理的に根拠づけをすることができるかもしれませんが、もの忘れによるしくじり行為〔名前や企図のもの忘れ、置き忘れなど〕の類では、そういう生理的な根拠づけを示すことはできません。特別の理由があるとは思われない紛失もきっとあることでしょう。日常生活のあいだに起こるまちがいは、ある程度までしか私どもの見解に合致しません。今後、私どもが、しくじり行為は二つの意図の干渉によって生じる心的行為であるということを発足点として話をすすめるにしても、この制限については忘れないでいただきたいのです。

これが精神分析の最初の成果です。このように二つの意図のあいだに干渉が起こること、そしてこうした干渉の結果、しくじり行為という現象が生じるという可能性については、心理学はこれまですこしも気づいていませんでした。私どもは心的な現象の領域を大いに拡張して、以前には心理学に属するものとは認められていなかった現象を攻略して、心理学のなかにとりいれたのです。

もうすこし時間をさいて、しくじり行為は「心的行為」であるという主張を考えてみましょう。この主張は、しくじり行為には意味がある、という私どものこれまでの証言以上のものを含んでいるでしょうか。そうは思いません、むしろこの主張は、かえってあいまいで誤解を招きやすいものです。心情活動において観察されるすべてのものは、ときとしては心的現象と呼ばれます。しかし、一つ一つの心的な表出については、それが直接に身体的・器質的・物質的な影響によってひき起こされたもので、その研究が心理学に適さないようなものなのか、それとも、背後のどこかでなにか一連の器質的作用が始まっているような、他の心的過程から導き出されるものかということが問題となるでしょう。私どもがある現象を心的過程だというときは後者をさしているわけです。したがって、私どもの言いまわしとしては、「その現象は意味深いものだ」、「その現象には意味があるのだ」という形式で表現するほうが目的にかなっています。意味ということばで考えられているのは、意義、意図、意向および心的連関の系列のなかにおける位置づけなのです。

しくじり行為に非常に近いが、しくじり行為というにはふさわしくない現象が、数多くほかにあります。私どもはそれを〈偶発行為〉[1]または〈症状行為〉と呼んでいます。これらの行為は、動機のないもの、目だたないもの、重要でないものという性格をしくじり行為と同様にもっていますが、さらに加えて、余分なものという性格をはっきり示しています。しくじり行為とちがうのは、これらの行為と衝突して、そのためにさまたげられるもう一方の意向が欠けている点です。また他の面では、これらの行為は、私どもが情緒の動きの表現だとしている身ぶりやその他の動作との差がはっきりしない点でも、しくじり行為とはちがっています。この偶発行為に属するものとしては、一見なんの目的もなく、着ているものや、身体のどこかに手を触れたり、手近の物にさわったりすることです。また、これらの動作を中止すること、ひとりでに口ずさむメロディーなども、この偶発行為にはいります。私は、これらの現象にはすべて意味があり、しくじり行為を解釈したときと同じやり方で解釈できると考え、この現象こそ、他のもっと重要な心的過程の目印であり、完全な意味での心的行為というべきものだと、みなさんに対して主張したいのです。しかし、私は心的現象の領域をさらに拡張する問題にかかずらうことはやめ、しくじり行為にもどりたいと思います。しくじり行為のほうが、精神分析にとって重大な問題設定を、はるかにはっきりとひき出すことができるからです。

私どもがしくじり行為に関して提示しながら、まだ未回答のままになっている興味ある問題は、一方は妨害する意向、他方は妨害を受ける意向と呼ぶことができる二つの異なる意向が干渉しあう結果、しくじり行為が起こる、ということです。妨害を受ける意向にはとくにこれ以上問題とされることはありません。しかし、もう一つの妨害する意向については、まず第一に、他の意向の妨害者として現われる意向とはどんなものだろうかということ、そして第二には、さまたげるものとさまたげられるものとはどのようなかかわり合いをもつのか、という二点が問題になります。

私どもが、もう一度、言いまちがいをしくじり行為の代表としてとりあげることと、第一の問題より先に第二の問題に答えることを許していただきたいのです。

言いまちがいのときには、妨害する意向と妨害される意向とは内容的に関係をもっていることがあります。前者は、後者に対する矛盾を含み、その修正あるいは補充の意味を内蔵しています。またときには、妨害する意向は、妨害される意向と内容的にはなんの関係もないという、きわめて、興味深く、不可解な場合もあるのです。

この二つの関係のうち、前者に対する例証はすでにあげた実例およびこれに似た実例のなかで容易に発見できます。言いまちがえて反対のことを言うときは、ほとんどすべての例で、妨害する意向が妨害される意向の、反対をあらわしていて、このしくじり行為は合致しがたい二つの意向間の葛藤の表現なのです。「私は議会の開会を宣言するが、むしろ閉会してしまいたいのだ」というのが議長の言いまちがい[2]の意味なのです。ある政治新聞が、買収されたとの非難を受けて、弁明のための記事を掲載しました。編集者はその記事を「読者諸君は、われわれが常に in uneigennützlichster Weise《イン・ウンアイゲンニユッツリッヒスター・ヴァイゼ》〈私利をはかることなく〉公衆の福利を代表してきたことを証せられるであろう」という部分をもりあげて書くつもりでいたのです。ところが、この弁明の文章をまかされた編集者は、in eigennützlichster Weise《イン・アイゲンニユッツリッヒスター・ヴァイゼ》〈私利を求めて〉と書いてしまいました。これは編集者が、「私利をはかることなくと書かなければなるまいが、自分の知るところでは事実はちがうではないか」とおそらく考えていたからなのです。皇帝《カイザー》に、rückhaltlos《リユックハルトロス》〈腹蔵なく〉真実をお話しくだされたい、と言うつもりだった代議士は、大胆すぎはしないかとおそれている自分自身の内心の声にしたがわざるをえないで、rückhaltlos を rückgratlos《リユックグラートロス》（バックボーンなしに）と言いまちがえてしまった[1]ということです。

省略や短縮の印象をあたえるご存じの例では、修正、追加、あるいは継続が問題となっており、これによって第二の意向が第一の意向と並列して勢いを得てきます。「事実はそこで Vorschein《フォルシャイン》〈明白〉となった」と言うつもりが、忌憚《きたん》なく言えばそれは Schweinerei《シュヴァイネライ》〈猥褻《わいせつ》なこと〉だったという考えが働くと、「事実はそこで Vorschwein《フォルシュヴァイン》となってしまったのでした。[3] このことのわかる者は〈五本の指〉で数えるほどしかいない、いやほんとうは〈自分一人だけ〉だという考えが、「〈一本の指〉で数えるほど」と言わせるわけです。[4]――また、私の夫は〈私〉の好きなものはなにを飲み食いしてもよいのだと言った場合[5]もそうです。おわかりのように、この夫人は、夫が好き勝手なことをのぞむのは我慢できないと思っているので、夫は〈私の〉好きなものなら飲んだり食べたりしてよいのですと言ったのです。いわば、これらの例では、すべて言いまちがいは妨害する意向自体から出てくるか、あるいはその意向の内容に結びついているのです。

たがいに干渉しあっている二つの意向の関係が以上のようなものでないときは、奇異な感じをあたえます。妨害する意向が妨害される意向の内容となんの関係もない場合には、妨害する意向はいったいどこから現われてくるのでしょうか。また、どうして、ちょうどそのときに妨害者の役を買って出てくるのでしょう。この場合、答えることができるのは観察だけですが、それによると、妨害は、実はそれよりちょっと前に、その本人をとらえていた思考過程から出てくるものであることがわかります。その思考過程は、ことばに出たかどうかとは無関係に、言いまちがいとなってのちに尾をひいてきます。ですから、この妨害は実際は後退発音と呼ばれてしかるべきですが、必ずしも口に出されたことばの後退発音ではないのです。このときにも、妨害するものと妨害されるものとのあいだには連想上の関連がないわけではありません。ただ、それが内容的なものとしてあたえられるのではなく、人為的に、ときとしてはひどく強制的な連絡路を通って結ばれているわけです。

私自身で観察した簡単な例をおききください。いつだったか、私は景色《けしき》のよいドロミーテン（アルプス地帯の一地方）で二人のウィーンの女性に会ったのです。彼女たちは旅支度でした。私はしばらく道づれとなり、旅の楽しさや苦しさなどを話しあっていました。と、その婦人の一人が、日中《ひなか》をこうやって過ごしていると、いろいろ不愉快なことがあると言い出したのですから、「ほんとうに、すこしも愉快ではありませんわ。一日じゅうこんな陽《ひ》の下を歩くのですから、ブラウスも肌着《はだぎ》も汗びっしょりです」。ところで、こんな文句を言っている途中で、ちょっと口ごもってから、「でも Hose《ホーゼ》〈パンティー〉について着がえをすれば……」と言ったのでした。私どもはこの言いまちがいを分析しませんでした。しかし、みなさんはすぐおわかりになると思います。この婦人は、ブラウスも肌着もパンティーもと、なにもかも数えあげて言おうとしたのです。しかし、礼儀正しくという気持から、パンティーに言及するのはやめたのでした。そこで、内容的になんの関係もない文句のなかに、言おうとして言わなかったことば Hose が Hause《ハウゼ》〈家〉に代わって、類似音をもつことばの歪《ゆが》みとなって現われたのでした。

ところで、私どもは、どのような意向が軌道をはずれて他の意向の妨害者となるのかという問題に長くふれずにおりましたが、この主題にもどりたいと思います。さて、これらの意向は非常にさまざまのものではありますが、私どもとしては、これらのあいだの共通点を見いだしたいと思っています。

この目標を立ててそれぞれの実例を検討しますと、三群に分かれることがわかります。

第一群は、妨害する意向を語り手が自分で知っているばかりではなく、言いまちがいをする直前に自分でもそれに感づく例です。たとえば Vorschwein《フォルシュヴァイン》 という言いまちがいの場合、[6] 語り手はその事件に関しては Schweinereien《シュヴァイネライエン》（猥褻なこと）という判断をくだしたばかりでなく、いったんはそれを口に出そうとしたがやめてしまったということを認めているのです。

第二群は、これとは別で、語り手は妨害する意向が自分の意向であったことを認めますが、言いまちがいをする直前にその意向が、自分の心のなかで活動していたことはまったく知らない場合です。ですから、語り手はその言いまちがいに対する私どもの解釈を受けいれはしても、ある程度はそれに驚いてしまうわけです。このような態度の好例は言いまちがいの場合より、他のしくじり行為についてもっとたやすくみられます。

第三群は、妨害する意向の解釈が語り手によって激しく拒否される場合です。語り手は妨害する意向が言いまちがいをする前に自分の心のなかに働いていたことを否定するばかりでなく、そのような意向はもともと自分にはまったく関係のないことだと主張します。乾杯に際して、「おくびをしよう」と言った例と、[7] 私が、その語り手に妨害する意向を指摘したとき、語り手から無礼なほど激しく拒否された例を[8] 思い出してください。ご存じのとおり、私どもはこの例の解釈にあたっては、語り手と一致するまでにはいたっておりません。私は、乾杯の辞で言いまちがいをした人の反対には一顧もあたえず、私の解釈をはっきりと固持するものです。

ところで、みなさんは、その語り手がそんなことはないと言うのをきいて、そのしくじり行為を私のように解釈することを断念し、精神分析以前の意味での純生理的な行為であるというようにとってはいけないだろうか、と迷っておられることでしょう。みなさんが尻ごみなさる理由は、私にはよくわかっているつもりです。私の解釈にはつぎのような仮定があります。語り手の心のなかには自分自身では気づいていない意向がいろいろと出現するが、私は間接証拠によってその意向を推察できるのだという仮定です。きわめて新奇でもあり、重大な結果にもなりかねない仮定を前にして、みなさんは躊躇《ちゅうちょ》しています。しかし、私にはその気持もわかるので、そのかぎりでは無理もないと思います。しかし、私がはっきりさせたいことは、もしもみなさんがこのように多数の例から得られたしくじり行為の解釈を論理的に貫き通そうとするならば、いま述べたような一見奇妙にみえる仮定を認める決意をしなければならないのだということです。もし、それがおできにならないとすれば、やっと手に入れかけた、しくじり行為の理解もふたたびあきらめるほかはありません。

これらの三群をひっくるめるもの、すなわち、言いまちがいに共通のものを、もうしばらく考察してみましょう。幸いなことに、これはかなりはっきりしています。第一群、第二群では、妨害する意向は語り手によって承認されています。第一群では、なおそのうえに、妨害する意向は言いまちがいの直前に姿をみせています。しかし、二つの例のいずれの場合も、それが〈押えつけられ〉ているわけです。〈語り手がその妨害する意向を口に出すまいと決意したすぐあとに、言いまちがいが起こるのです。言いかえれば、押えつけられた意向が、語り手の意志に反してことばとなって口をついて出ています。語り手のよしとした意向の表現を変更させて、あるいはその表現と入りまじって、あるいはこれとすっかり入れかわって〉ことばに出てくるのです。これが言いまちがいのメカニズムなのです。

　第三群についても、私どもの立場をまもりながら、いま述べたメカニズムとみごとに一致させることができます。これらの三群のものは、それぞれにある意向の押しのけられる程度がちがうにすぎない、ということを仮定すればよいのです。第一群では意向は現にそこにあり、語り手が口に出す前に気がついてとりのけるわけですが、言いまちがいはその償いとして生じます。第二群では押えつける作用はずっと以前に行なわれ、妨害する意向は、語り手がしゃべる前にもう意識されなくなっています。しかし、その意向はそのためにけっして阻止《そし》されてしまうのではなく、言いまちがいを起こす原因の一つとして働いているのです！　しかし、この事情によって、第三群の過程は説明が容易になります。大胆ですが、つぎのように仮定してみましょう。つまり、しくじり行為のなかにはかなり以前から、おそらくははるか以前から押えつけられていたために気づかれず、したがって語り手が直接否定してしまうような意向が現われることもあるということです。しかし、みなさんご自身では第三群の問題には手をふれないとしても、他の諸例の観察をすれば、〈なにかを言おうとする意図が現存するのを押えつけることが、言いまちがいを起こす不可欠の条件なのだ〉という結論をくださざるをえないはずです。

私どもは、いまや、しくじり行為を理解するうえで大きな進歩をしたと主張してよいでしょう。私どもは、しくじり行為が、その意味と意図とを認めることのできる心的行為であり、二つのたがいに異なる意向の干渉から生じることを知ったばかりではありません。そのほかにも、この二つの意向のうちの一つは他の意向を妨害することを通して姿を現わすために、その遂行に一種の抑制を受けたにちがいないことも知ったわけです。妨害者となる前に、自分自身がある妨害を受けているに相違ないのです。しくじり行為と呼んでいる現象の説明には、これだけではもちろんまだ不十分です。疑問がたちどころにつぎつぎと起こってくるのがみえます。私どもは一般的にいって、理解を深めるにつれて、かえって新しい疑問の糸口が出てくることを予感するのです。なぜ、もっと簡単にゆかないのかという疑問も出てくるでしょう。ある意向を遂行するかわりにこれを押えつけようとする気持が起こった場合、この押えつけが成功して、その意向がまったく表面に出ないこともあると思います。また、押えつけが失敗して、もとの意向がそのまま姿を現わすこともあるのです。しかし、しくじり行為は妥協によって生じます。二つの意図のどちらをとっても、なかば成功、なかば不成功ということなのです。妨害される意向はまったく抑圧されてしまうわけでもなく、特殊の場合をのぞけば――まったく無傷のままで遂行されるわけでもないのです。私どもはこのような干渉、あるいは妥協の結果が実現されるためには、特別な条件があるにちがいないと考えます。その条件がどのような種類のものであるかは予想もできません。私どもにわからないこの間の事情は、しくじり行為をさらに深く研究してゆけばわかるようになるとも言いきれないのです。そのようなことをするより、さしづめ心的活動のこれ以外のよくわかっていない領域を究《きわ》めることが必要ではないかと思います。これらの領域で私どもはしくじり行為と類似のものに出会うわけですが、そうなってこそ私どもがしくじり行為をよりいっそう深く解明するうえに必要な仮定を立てる勇気もわいてきます。さらに、もう一つ。私どもが精神分析の領域でたえずしているような、ささいな徴候の処理には危険がともなっているということです。この種のささいな徴候を無制限に利用しているものに、結合性パラノイアという精神病がありますが、このささいな徴候という基盤の上にたてられた結論が、全部が全部正しいものであるとは私も主張しません。この危険を防いでくれるものは、ただ私どもの観察の基盤をひろげることであり、心的活動のさまざまの領域から類似の印象を集めてくることで、そのほかのことではないのです。

したがって、しくじり行為の分析はここでやめることにいたします。しかし、なお一つだけ注意しておきたいことがあります。私どもがこれらの現象を処理してきた仕方を、手本として忘れないでほしいということです。この実例によって私どもの考えている心理学の意図がどんなものであるかがわかると思います。私どもは現象をただ記述したり分類したりしようとしているのではありません。現象を心のなかのいろいろな勢力の角逐《かくちく》のしるしとしてとらえること、すなわちときには協力し、ときには対抗しながら、ある目的を目ざして働いているもろもろの意向の表現としてみることを望んでいます。私どもは心的現象の〈ダイナミックな把握〉(10)を求めているのです。私どものこのようなダイナミックな考え方によれば、意識にとらえられた現象は、ただたんに仮定されたにすぎない意向にくらべると、影がうすくならざるをえないのです。

それゆえ、しくじり行為の問題にこれ以上深く立ち入ろうとは思いません。しかし、この領域を広く遍歴してみれば、そこに既知のものを再発見したり、いくつかの新しい事実を探しだすことができるでしょう。この際、私どもがよりどころとするのは、はじめにあげた三群です。第一群は言いまちがいで、これには書きまちがい、読みまちがい、聞きまちがいという副次的な形式も含まれます。第二群はもの忘れで、それはもの忘れする対象〔固有名詞、外国語、企図、印象〕によってさらに細分されます。第三群はとりちがい、置き忘れ、紛失です。思いちがいは、私どもの考察の対象となるかぎりでは一部はもの忘れに、また一部はとりちがいに属するものです。

私どもは言いまちがいについては、すでにかなり深入りして論じましたが、なお付言したいものがいくつかあります。言いまちがいには、たいしたことではありませんが感情的現象が結びついており、この現象は興味をそそるものがないでもありません。言いまちがいをしたいと思ってする人はいないでしょう。また自分自身の言いまちがいはよくわからなくても、他人の言いまちがいはけっして聞き落としません。また言いまちがいは、ある意味で伝染性をもっています。言いまちがいをしないで、言いまちがいについて論じることはむずかしいことです。ほんのちょっとした形のもので、隠れた心的過程に特別の解明をあたえることができないような言いまちがいでも、その動機を見ぬくことはむずかしいことではありません。なんでもよいですが、たとえば、なにかの動機で長母音を短母音のように発音した場合、そのためことばの意味がとりにくくなったというようなことがあれば、すぐにこのあとにくる短母音を長く発音します。前の言いまちがいを償うつもりで、また言いまちがいをするわけです。また、ある複合母音を不明瞭にしまりなく発音したというような場合、たとえば eu《オイ》 または oi《オイ》 を ei《アイ》 と言いまちがえたときも同じです。その人はきっと ei《アイ》 を eu《オイ》 または oi《オイ》 と変えて、償いをしようとします。そのときの話し手には、母国語に対する自分の取り扱い方がいいかげんなものであるという印象をあたえたくないという顧慮が、決定的に働いているようにみえます。第一の言いまちがいを償う意味をもつ第二の歪みには、つぎのような意図があります。はじめの歪みを聞き手に気づかせるようにし、しかも、それは自分でも気づいているのだということを信じこませようという意図です。もっともしばしばみられ、もっとも単純でもっともとるにたらない言いまちがいは、目だたない品詞にあらわれる短縮と音の先行からなるものです。たとえば、かなり長い文章を言うときに、意図している主旨からいえばあとにくるはずのことばを、先に言ってしまうことがあります。この音の先行という言いまちがいは、その文章を早く言い終わりたいという焦慮がどこかにあるという印象をあたえ、一般にまちがえた文章あるいは会話そのものに抵抗があることを証明しているのです。

こうして、私どもは、言いまちがいについての精神分析的見解と通俗的な生理学的見解とが境を接してまじりあっているような限界例に達しました。このような場合には、私どもは、話の主旨をさまたげる意向がそこにあると仮定します。その意向があることは指摘できますが、意向の意図するものがなんであるかは指摘しえないのです。この場合に、その意向がひき起こす妨害は音の影響の結果か、あるいは連想にひきつけられる結果生ずるものであって、話の主旨から注意を他に転じさせようとしたものだと考えられます。

しかし、このように注意力が混乱したことも、連想傾向が働いたということも、この過程の真相を明らかにするものではありません。これらは、話の主旨をさまたげる意向が存在することを暗示はするのですが、すべてにわたりはっきりした他の言いまちがいの場合とはちがって、その意向の本態は、今度だけは、この種の、目だたない品詞にあらわれる短縮と音の先行からなる言いまちがいの結果からは察知することができないのです。

さて、書きまちがいに話を移しましょう。書きまちがいは言いまちがいとよく一致していますので、なにか新しい観点を期待することはできません。しかし、落ち穂を拾うくらいのことはできるでしょう。よくみられる書きまちがい、すなわちことばをつづめてしまうことや、あとにくる字、とくに最後にくる字を先に書いてしまうことなどは、一般にそれを書くことに気のりがしていないこと、または早く書き終えてしまいたいという焦慮があることを暗示しています。書きまちがいがはっきりした効果を示しているときには、妨害する意向の本態や意図がわかります。手紙のなかに書きまちがいを見つけたときには、発信者がなにか落ち着いていないことを示しますが、その心のなかになにが起こっているかは必ずしも確認できません。書きまちがいは言いまちがいと同じく、当人には気づかれないでいることがよくあります。とすると、つぎのような事例がみられるのは不思議なことです。すなわち手紙を投函する前にもう一度目をとおす習慣のある人がいます。ところが、そういうことをしない人でも、ふといつもとちがって読みなおしてみると、はっきりした書きまちがいを必ず発見し訂正する機会があるということです。これはどう説明したらいいでしょうか。しかも、この種の人たちは、手紙を書き終えたときに、書きまちがったことを知っていたようにみえるのです。そんなばかなことは信じられません。みなさんはた

書きまちがいの実践上の意味に関しては、ある興味ある問題があります。

ぶん殺人犯Hの例を記憶していられるでしょう。彼は自分が細菌学の研究者だといって、研究所から危険性のたかい培養菌を手に入れ、これを自分の身近な人たちに用いて、このもっとも近代的な方法で消してしまおうとしたのです。ところで、この男はあるとき、自分に送られた培養菌はすこしも効果がないといって研究所長に対し抗議を申し送りました。彼は、そのとき一つの書きまちがいをしたのです。「私はこれをMäusen《モイゼン》（はつかねずみ）やMeerschweinchen《メーアシユヴァインヒエン》（モルモット）に用いてみましたが……」と書くところを、「Menschen《メンシエン》（人間）に用いてみましたが……」とはっきり書いてしまったのです。この書きまちがいは研究所の医師たちの目にも異様にみえたのですが、私の知るかぎりでは、そのことから医師たちはなにか特殊の結論を出すことはしなかったようです。

さて、みなさんならばどう考えますか。医師たちは、この書きまちがいを一つの自白だと認めて当局に訴え、捜査を始めさせるべきではなかったでしょうか。もしそうしたとすれば、殺人犯は未遂のままで手錠をかけられたのではありますまいか。この場合には、しくじり行為について私どもがもっているような見解を医師たちが知らずにいたことが実際的な手落ちの原因となっています。もっとも、このような書きまちがいは、私としても大いに怪しいとは思いますが、それを自白として利用するとなると重大な障害があることは否めません。それほど事態は簡単ではないからです。書きまちがいは、たしかに間接証拠とはなりますが、それだけで捜査にふみきるには不十分でありましょう。その男が他人に病菌をうつしてやろうというたくらみをもっていることを、この書きまちがいは示していることは確かですが、このたくらみがはっきりした危険きわまる企図として価値をもつか、あるいはたんなる実害のない空想から出たものであるかは決定できるものではないからです。このような書きまちがいをした人間が主観的にりっぱな理由をあげて、この空想を否定し、自分のまったく関知しないことだと拒否することもありうるわけです。私どもはあとで心的な現実と物的な現実との差異について論じてみるつもりですが、そのときには、みなさんは、この可能性をいまよりずっとよく理解することでしょう。しかしこのこともまた、しくじり行為があとから思いもよらない意義を示すようになった例といえるでしょう。

　読みまちがいの場合には、言いまちがいや書きまちがいとは明らかに区別される心的状況に遭遇することがあります。たがいに競い合う二つの意向の一方は感覚的興奮によって置きかえられているので、それだけこのほうの抵抗は弱くなります。読まなければならないものは、書こうと思っているもののように、自分自身の心的活動の所産ではないからです。したがって大多数の読みまちがいは完全な代理形成なのです。読むべき語を他の語で置きかえるわけですが、原文のことばと読みまちがいの効果とが内容的な関係をもっているとはかぎらず、語の類似によるのが通例です。angenommen《アンゲノンメン》 を Agamemnon《アガメムノン》 と読んだリヒテンベルクの例[11]などは、この群に属する最適の例でしょう。

読みまちがいをひき起こす妨害する意向について知見を得ようと思えば、読みまちがえられた原文には手をふれずに、つぎのような二つの質問から分析的な検討を始めることです。一つは読みまちがいをした結果、いちばんはじめに心に浮かんできた思いつきはどのようなものであるか、どのような状況でそのような読みまちがいが起こったかということです。ときとすると、後者の知識だけで、十分に読みまちがいを明らかにすることもできます。たとえば、生理的要求を感じながら勝手のわからない町を歩いていた人が、二階に出ている大きい看板に Closethaus《クロゼットハウス》〈手洗所〉と書いてあるのをみつけて、どうしてあんな高いところに看板があるのかしらと不思議に思って、もう一度読みかえすと、それは Corsetthaus《コルゼットハウス》〈コルセット店〉と書いてあったという例もあります。

こうした例とはちがって、原文の内容とは無関係な読みまちがいの場合には、立ち入った分析を必要とすることもあります。しかも、その分析には精神分析の技法上の訓練を必要としますし、それに対する信頼なしにはできません。しかし、多くの場合には読みまちがいの解明は容易です。置きかえられた語をみると、Agamemnon《アガメムノン》の場合と同じように、妨害が出てくる源になっている考えの範囲がすぐに露呈するからです。たとえば、現在のような戦時（第一次世界大戦）下では都市の名や司令官の名、および耳にたこができるほど聞かされる軍隊用語などは、それにちょっと似かよった構造の語をみさえすれば、すぐに読みまちがえをしてしまいます。人の関心をひき、注意をひくものが、こうして自分に関係のうすいものや関心の少ないものの代わりとなります。思想の残像が新しい知覚を曇らしてしまうというわけです。

読みまちがいのときにも、読んでいた原文自体が妨害する意向をよび起こし、その結果として多くの場合、その反対語に読みまちがえてしまう、という別種の事例もないわけではありません。なにか読みたくないものを読まねばならなかったときなどには、分析の結果、読んだものを否定したいという強い願望があって、そのために読みまちがえてしまったのだとわかることがあります。

これまで述べた比較的しばしば起こる読みまちがいの例では、しくじり行為のメカニズムのなかで重大な役割を果たした二つの契機がはっきり現われないときがあります。この二つの契機とは、二重の意向の葛藤《かっとう》と、その一方が押えつけられて、しくじり行為の結果によって償いを受けることです。読みまちがいのときには、事情はその反対だというわけではなくて、読みまちがいを招く思想的内容の侵入のほうが、その思想的内容が以前に受けた圧迫よりも目だつようになるということなのです。この二つの契機がもっとも明白に現われるのは、もの忘れによるしくじり行為のさまざまな状況の場合です。

ある企図をもの忘れする場合には、論議の余地がありません。その解釈は、私どもがお話ししたように、素人《しろうと》のかたにも異論はないはずです。この計画を妨害する意向はいつでも、実行したくないという、反対の意図ですが、なぜ、その意図が、他のもっとあからさまな現われ方をしないのかが問題として残ります。しかし、反対意志が存在していることは疑う余地がありません。往々にして、この反対意志をいやおうなく押し隠してしまう動機をある程度察知できることもあります。反対意志はいつもこのしくじり行為を通じて目的を達するだけで、自分は隠れたままでいますが、もしも反対意志が公然と姿を現わせば追放されることは確実でしょう。計画とその実行とのあいだに、心的状況の重大な変化が起こり、そのためにその計画の遂行が問題とならなくなったとすれば、計画をもの忘れしてもしくじり行為とはなりません。私どもはもはや計画のもの忘れをべつに奇異にも思わず、それを思い出すことは無用のこととみるようになります。この場合には、計画は永久に、あるいは一時的に消滅してしまいます。計画のもの忘れをしくじり行為と呼ぶことができるのは、計画がこのように途中で中断したものでないことが確かな場合だけです。

計画をもの忘れする例は一般的にいえば、その形式がいつも同じであり、その意味も実にはっきりしていますから、その点からいっても私どもの研究にとっては興味をもたせるものではありません。それでも、このしくじり行為の研究から新しく学ぶものが二点あります。一点は、すでに述べたことですが、もの忘れ、すなわち計画の不実行はその計画に好意的でない反対意志があることを示しているということです。しかし、反対意志には、私どもの研究したところでは、一つは直接的、また一つは間接的という二種類のものがあります。間接の反対意志として私どもが考えていることは、つぎの一、二の例をみればよくわかります。

たとえば、保護者が被保護者を第三者に推薦《すいせん》することを忘れた場合(12)です。これはもともとその被保護者に対して関心をもっていないこと、したがって推薦する興味がないということなのです。ともかく、被保護者はこのもの忘れをこのような意味に解釈すると思います。しかし、実はもっと複雑な事情があるのかもしれません。計画の実行に反対する意志は、被保護者とは別の側から現われて、まったく別のところを攻撃しているのかもしれないのです。反対意志は被保護者だけを相手にする必要はなく、推薦が効果をもつであろう第三者に向けられることもありうるからです。ですから、みなさんは、ここにも、私どもの解釈を実際に適用する場合に、どんな懸念があるかがわかるでしょう。もの忘れを正しく解釈しても、被保護者が疑い深くなりすぎて、自分の保護者に対してひどく不法なことをしはせぬかということです。

また必ず行くことを約束し、自分でもそう決心していたデイトを忘れた例(13)では、その人に会うことに対して直接に嫌悪《けんお》感をもっていたのが、たいていの場合の理由だと思います。しかし、この分析をしてみると、妨害する意向は相手の人自身に対してではなく、デイトの場所に、またこの場所に結びつくある苦痛な記憶に向けられていたことが明らかにならないともかぎらないのです。

また手紙を投函し忘れた例(14)では、反対の意向が手紙の内容にもとづいていることもありえます。しかし、手紙自体はなんでもないものなのに、この手紙のなかに、以前に書いた別の手紙を思い起こさせるようななにかがあり、この以前の手紙が反対意志の現われる直接的な足がかりとなり、そのために反対意志に屈したのかもしれないのです。その場合には、この反対意志は、当然に反対意志に値する以前の手紙から、こんどの、なんのとがもない手紙に移されたのだというわけです。こんなわけですから、私どもの正しい解釈といえども、これを適用する場合には控え目に慎重にしなければならないことはおわかりでしょう。心理的には同価値でも、実地に移すとずいぶん多義的になることがあるものです。

このような現象は、おそらくみなさんにはひどく異常なもののようにみえるでしょう。みなさんは、「間接的」反対意志はすでに病的な特質をもつ過程だと仮定したくなっているのではないでしょうか。しかし、私はこの種の反対意志は正常で健康な状態のなかでも現われることを保証できます。それにしても、私の言うことを誤解しないでください。私はけっして、私どもの分析的解釈がたよりにならないものだ、ということを告白しようとしているのではありません。いま述べた意図のもの忘れがいろいろに解釈されるのは、その実例の分析をおこなわないで、私どもの一般論的な前提にもとづいて解釈するときだけにみられるものなのです。当の本人について分析をおこないさえすれば、いつでも、それが直接の反対意志なのか、それとも別のどこからか出ている間接的なものなのかは、十分に確実にわかるのです。

第二の点はつぎのようなことです。意図を忘れる場合には反対意志があるからだということが多くの例について実証されたとなると、私どもは、たとえ被分析者が私どもの推論する反対意志を承認せず否定しても、そういう一連の例にこの解釈を拡張してゆく勇気が出てくるということです。

この種の例としては、借りた書籍を返し忘れたり、勘定や借金を支払うのを忘れたりする例をたくさんあげることができます。私どもはその人に対し、その本を自分のもとに置きたい、借金を払いたくないという意向があるのだよ、と大胆に言えますが、本人はこの意図を否定はするものの、さてそれでは自分の行為に対して別の説明をあたえることはできないのです。そこで、私どもは、さらにつづけて、きみにはその意図があるのだが、ただそれがわかっていないだけなのだ、しかし、その意図はもの忘れという結果を通じて自分の秘密をあらわしている、この事実だけで十分なのだと申します。当人は自分はただ忘れただけだとくりかえし主張するかもしれませんが、みなさんは、このような状況はすでに前にも一度みたことのある状況だとお感じになるでしょう。

しくじり行為についての私どもの解釈が正当なことはしばしば実証されていますが、この解釈を一貫して貫こうとすれば、どうしても人間には当人が知らないままに活動している意向があるものだ、との仮定をせざるをえないようになります。この仮定によって、私どもは実生活のうえでも心理学のうえでも支配的となっている見解に対して反論しようとするものです。

固有名詞や偽名や外来語のもの忘れも、同じくその原因を、直接あるいは間接にその名前に向けられている反対意向に帰することができます。この種の直接的嫌悪については前に一度、いくつかの実例をおみせしたことがあります。しかし、間接の原因となると、この場合は非常にたくさんありますので、それを確定するためには慎重に分析をしなければなりません。

たとえば、望んでもいないのに押しつけられているこの戦時下では、以前の多くの好みを放棄せざるをえませんが、固有名詞を思いのままに想起することさえ、奇妙な連想のためにひどくそこなわれています。先日、私には、なんでもないメーレン（スロバキアの一地方の名）の町 Bisenz《ビゼンツ》の名を思い出せないことがありました。分析したところ、それは直接的な敵意があってのことではなく、オルヴィエート（中部イタリアの町）にある Bisenzi《ビゼンツィ》という宮殿に発音が似ているためであることがわかりました。私はこのイタリアの町が好きで、いくども滞在したことがあったのです。

ここではじめて私どもは、名前を思い出すことに反対する意向の動機として、一つの原理に遭遇します。この原理はのちに、ノイローゼの症状発生の原因として大きな意義をもつものであることが明らかになりますが、その原理と申しますのは、不快な感情と結びついているため、それを思い出すと不快感がよみがえってくるようなものは、記憶がこれを思い出すことを好まないということです。想起あるいはその他の心的行為にともなう不快を回避しようとするこの意図は、不快からの心理的逃走でもあり、私どもはこれを名前のもの忘れのみならず、怠慢、誤解（見当ちがい）などのような多くのしくじり行為に対する究極的に有効な動機だと認めざるをえません。

しかし、名前のもの忘れは、精神生理学的にとくに容易に生じるようにみえます。したがって、不快の動機が混在しているとは思われない場合にも起こります。ある人に名前を忘れる傾向があったとしましょう。分析による検討を加えることによって、その人が名前をもの忘れするのは、名前そのものが好きでなかったり、その名前から不快なことを予想したりするためばかりではなくて、その名前が自分とかなり関係の深い別の連想圏に属しているためであることがはっきりすることがあります。いってみれば、その名前はその圏内にしっかりと保持されたままになっており、いま起こっている別の連想を拒むわけなのです。記憶術という特技を思い起こしてください。名前を忘れないために意図的につくりあげた連関のために、かえってその名前を忘れるという事実にぶつかって、みなさんは奇異の感をもたれるでしょう。

これに関連するきわめていちじるしい実例は人名です。人名は各人各様にまったく異なる心的な重要度をもっていることは当然です。たとえばテオドールという名前をとってみましょう。みなさんがたのある人にはなんの意味もない名前でしょう。しかし、ある人にはその人の父、兄、友人の名前だったり、または自分の名前である場合さえもありえます。その場合には、分析的研究が教えるとおり、前者の人々は、だれか別の人がその名前をもっているということを忘れる危険はありませんが、後者の人々には、自分に親しい人のためにとってあるこの名前を他人が使うのは惜しいと思う気持があるわけです。ところで、この連想による抑制作用が、不快原理[15]の効果や、さらに、ある間接的なメカニズムと合致すれば、一時的な名前のもの忘れの原因となるようなコンプレクスをつくる、と考えることは適切だというべきです。しかし、これらの錯綜《さくそう》した事情も適切な分析をすれば、あますところなくあらわにすることができます。

　不愉快なことを思い出すまいとする意向の作用を、名前のもの忘れよりもっとはっきり示してくれるのは、さまざまな印象や体験を忘れる場合です。もちろん、そのすべてがしくじり行為に属するものではありません。私どもの日常の経験を尺度としてみて、奇妙でおかしいと思えるようなとき、たとえば、ごく最近のしかも重要な印象を忘れた場合とか、それを忘れたために、よく記憶されている連関に隙間《すきま》ができてしまうというような場合だけがしくじり行為に属します。私どもはなぜ、またどのようにしてもっとも深い印象を残しているにちがいない、幼少時の出来事のような体験を忘れることができるのか、ということは別の問題です。この場合には不快な感情の動きに対する防衛[16]が一つの役割を演じてはいますが、それだけではまだまだすべてを説明しつくしていないのです。不愉快な印象が忘れられやすいことは疑いえない事実です。いろいろな心理学者がこの事実を注目してきていますし、大ダーウィン[17]もこのことから強い印象を受け、自分の理論にとって都合のよくない観察は、とくに注意してノートをとっておくという「黄金律」をたてたといわれています。自分に都合の悪い観察となると、なかなか記憶に残りにくいものだということを、彼は確信していたのです。

不快な記憶を忘れることによって防衛する、というこの原理をはじめて聞いた人は、自分の経験では不快なものこそ忘れがたく、自分の意志に反してくりかえし思い起こされてきて、苦悩の種子となるものだ、たとえば心痛事や侮辱のようなものがそれだ、という抗議をきまってするものです。この事実もまた正しいことですが、この異議の申し立ては適切ではありません。心的活動の場はたがいに対立する意向の戦場であり闘技場である、あるいはそうしたダイナミックな言い方でない表現をすれば、矛盾するもの、対立するものから成るものだという事実をすみやかに考慮することがたいせつです。ある特定の意向の存在が証明されたからといって、それに対立する意向の存在を排除することにはなりません。二つのものが共存する余地はあるのです。結果がどうなるかは、対立する二つの意向がたがいにどういう関係にあるのか、一方の意向からどのような作用が出、他方の意向からはどのような作用が出るかにかかっているのです。

紛失や置き忘れが関心をひくのは、それがとくに多義的だからです。しくじり行為をひき起こす役をするもろもろの意向が多種多様にあるからです。ある品物をなくしてしまいたいと思うことはすべての例に共通にみられますが、どんな根拠で、どんな目的でそうするのかという点ではさまざまです。私どもが品物を紛失するのはその品物が傷ついたとき、よりよいものと交換したいと思うとき、その品物が好きでなくなったとき、自分との関係が悪化してしまった人からもらったものであるとき、いまとなっては考えたくない事情のもとで入手したものであるとき、などの場合です。品物を落とすとか、傷つけるとか、こわすとかいうことにも、同様の目的が働いていることがしばしばあります。社会生活のなかでも経験されることですが、不自然に生まれた私生児のほうが、正しい結婚生活で生まれた子どもよりも虚弱であることが知られています。これはもらい子殺しのするような、ひどい取り扱いをしたためだというわけではないのです。育児の注意をすこしないがしろにしたというだけで十分説明がつきます。物の保管も子どもの保護とまったく同じことです。

ところが、品物はその価値がすこしもそこなわれていないのに、なくなってしまうことがあります。とくに気になる別の損失をさけるために、その品物を運命のままにゆだねて犠牲にすることを意図する場合がそれです。分析してみると、このような運命が起これかしと願うことは、私どものあいだにも非常に多いものであることがわかりますし、私どもの紛失が、実は自発的な犠牲であることも多いのです。同じように、紛失はまた、反抗や自己懲罰の役をさせられることもあります。要するにこういうことは、品物を紛失によって遠ざけようとする意向にひそむ、もっと先のほうの動機はなかなか見ぬけないということです。

とりちがいは他の過失と同じく、断念しなければならない願望を充足するために用いられることがしばしばあります。このようなときは、その意図は偶然の幸いという仮面をかぶって隠れてしまっています。たとえば、私の友人の一人に起こったことですが、いやでたまらないのに汽車に乗って、郊外に人をたずねなければならなかったときのこと、乗りかえ駅で汽車をまちがえ、もとへもどる汽車に乗ってしまった例があります。また旅行しているあいだに、ある途中の駅でしばらく滞在していたいと思いながら、やらなければならないことのためにそれもできないというときに、接続列車を見のがしたり、乗りおくれたりして、やむをえず望みどおりにその土地に滞在しなければならなくなったりした例などがそれです。また、私の患者の一人にあったことですが、私が愛人に電話することを禁じていたのに、「まちがえて」「思いにふけりながら」、私に電話しようとしたときに交換手に言いまちがえ、思いもかけずに愛人宅に電話してしまったことがありました。直接的なとりちがいについての、意味深い、みごとな実例としては、ある技師が物品毀損《きそん》の事件について観察した例があります。

「ついこのあいだのことですが、私は多くの同僚といっしょに、工科大学の実験室で複雑な弾性に関する一連の実験ととりくんでいました。私たちがすすんでひき受けた仕事ですが、予期した以上の時間がかかることになりそうでした。ある日、私は同僚のF君と実験室にはいったのですが、この男は、こんなに長時間くぎづけにされるなんて今日はなんて不愉快なんだ、家にはほかにもすることがたくさんあるのに、と言っていたのです。私としても同調するほかはないので、なかば冗談にその前の週にあった事件を暗にさしながら、『機械が働かなくなってくれれば、仕事を中断して早く帰れるんだけど』と言いました。

仕事の分担をきめて、F君は圧縮器《プレス》のバルブを調節する係になったのです。注意してバルブをあけながら、圧液を貯水タンクからゆるやかに水圧プレスのシリンダーに流しはじめたのでした。実験のリーダーは圧力計のそばに立っていて、ちょうどよい圧力になったところで、『やめ』と叫びました。この命令をきくと、F君はバルブをつかんで力いっぱいに左まわしに「バルブは例外なく右まわしにまわして締めるものです」まわしてしまったのです。そのために、貯水タンクの全圧がいっきょに圧縮器にかかり、導管は調整されないままでしたから、管の連結部はたちまち破裂してしまいました。――どうということもない機械の故障でしたが、ともかくその日の仕事はやめということになり、帰宅せざるをえないはめになったのです。

　そのうえに、非常に特徴的なことは、その後すこしたってから、このことについて話しあったとき、私があのときたしかに言ったと記憶していることばを、わが友F君は絶対に思い出せないことでした」

このことから推測すると、みなさんの家の使用人の手がみなさんの家の品物をこわしたりするのは、必ずしも害意のない偶然だけではなさそうです。同時に、だれかがけがをして危ない目にあうようなことがあっても、それがいつも偶然であるのかどうかという点については、疑問の余地があると考えることができるわけです。このことについては、おりにふれていろいろと観察例を分析してみて、その価値を吟味されたらよいと思います。

さて、みなさん！　これだけ申し上げても、しくじり行為に関して言わねばならないことのすべてを言いつくしたわけではありません。研究し、論議すべきものはまだまだたくさん残っています。しかし、もしみなさんが、しくじり行為についてのこれまでの説明をおききになって、いままでいだいておられた、しくじり行為に関する見解に動揺をきたし、ある程度まで新しい仮定を認める心構えができたとすれば、私は満足するものであります。その他の点では、まだ十分に明らかにされていない問題はそのままにしておきましょう。私どもの学説のいっさいをこのしくじり行為の研究によって証明することはできませんし、またなんの証明もなしにこの資料だけをよりどころとするわけにもゆかないのです。しくじり行為が私どもの目的にとって大きい価値をもっているのは、それが非常にしばしばみられる現象であることと、自分自身についてもたやすく観察できる現象であることとです。また、それが出現したからといって病気を前提にする必要がないという点でもあります。

終わりに、みなさんにまだ答えがあたえられないままになっている疑問の一つにだけ触れておきましょう。多くの例で私どもがみてきたように、人々はしくじり行為をよく理解し、しくじり行為の意味を見通しているかのようにふるまっています。それなのに、なぜ人々はこのしくじり行為を一般に偶然的なもので、意義のない、無意味なものだとしてしりぞけ、その精神分析的解明に激しく反対することができるのか、という問題についてです。

みなさんのおっしゃるとおりです。これは注目すべきことであり、説明を必要とすることであります。しかし、私はみなさんに説明をあたえることはよしましょう。むしろ、みなさんをゆっくりとご案内して、私がよけいなことを申し上げなくても、ひとりでにその説明が頭をもたげてくるような、いろいろの事情をお話しいたしましょう。

〔1〕一九〇八年十一月のドイツ国会でのこと。

(1) しくじり行為と本質的なちがいはみられないが、しくじり行為が無意識的な意図によって、意識的な意図がさまたげられるために起こる行為であるのに対し、偶発行為は意識的な意図もはっきりはしていないで、偶然になんの気なしになされる行為である。しかし、無意識の心理の動きを表現する点は同様である。当人がその行為によって語るものは、「他人には知らせず、むしろ自分の胸のなかにだけ秘めておきたいもの」(フロイト)である。症状行為がもっともよくみられるのはノイローゼ患者の治療中である、とフロイトは言っている。フロイトの『日常生活の精神病理』には「症状行為と偶発行為」の一章（第九章）があり、多くの例があげられている。品物の置き忘れなども、症状行為であることがしばしばである。フロイトは、治療費を払わなかった患者の家の方向にゆく電車に自分が「うっかりして」乗りちがえ、何回も乗ってしまった話を書いている。

（2）第二講参照。

（3）第三講参照。

（4）第三講参照。

（5）第二講参照。

（6）第三講参照。

（7）第二講参照。

（8）第三講参照。

（9）いろいろな表象または概念をつなぎあわせて、一つのまとまった妄想をつくりあげることを特色とする妄想病。

（10）心的な現象を、たんに並列的または記述的に外からとらえて観察することにあきたらず、人間の行為の原動力となり、これを規定するのにあずかっているさまざまの傾向、欲求、欲動、あるいは本能などが統合されてゆく過程、すなわち動機づけの過程を重視する見方。たがいに競い合ったり、協力したりしあう心的な力の相互関係を重視し、心の深層にまで立ち入った考え方をする心理学という意味では、深層心理学的把握でもある。

（11）第二講参照。

(12)第三講参照。
(13)第二講参照。
(14)第三講参照。
(15)快・不快原理ともいう。欲求・欲動などが発散を求めて、心的な緊張が高まっているときは不快感が感じられる。緊張をやわらげるときは快感が感じられる。個体の行動はできるだけ快を求め不快をさけようとする原理にしたがってなされる、とするのがフロイトの考えであった。フロイトは、快・不快原理はリビド（第九講注（3）参照）の要求およびその修正を代表するものであるとしている。これと並ぶ原理として、死の本能の傾向を示す涅槃《ねはん》原理がある。また現実世界の影響によって、快・不快原理にもとづく内的な要求の充足は修正を求められ、現実適応を結果させられるが、その根底にあるものは現実原理であるとしている。健康な個体の行動はこの三原則の統合の結果とみられるといってよい。
(16)意識しては容認しがたい感情や衝動あるいは本能的欲求などが前景に現われようとするとき（精神分析でいう危険）に起こる不安をさけようとして、個体がとる態度（または心的メカニズム）をいう。衝動または本能的な欲動に対する防衛と感情に対する防衛とがある。
(17)チャールズ・ダーウィン（一八〇九～八二）。イギリスの生物学者で、進化論の首唱者。フロイトは学生時代、ダーウィンの『種の起原』を読んで感激し、以来、ダーウィンに変わらぬ尊敬をささげていた。

第二部　夢

第五講　いろいろな難点と最初の接近《アプローチ》

みなさん！　以前、ある種の神経質者の病気の症状には意味があるという発見がなされました。[1]この発見をもとにして、精神分析の治療操作の土台は築かれたのです。この治療の最中でしたが、患者が自分の症状の代わりに自分の夢の話をしたことがありました。そこで、夢にも意味があるのではないかという推測が成り立つようになったのです。

しかし、私どもはこうした経過を夢から始めて、逆にたどってみたいのです。そして、ノイローゼの研究の準備として、まず、夢が意味をもつことを証明しようと思います。逆の道をとるのも、まちがいではないはずです。というのは、夢の研究はノイローゼ研究のもっともよい準備となるばかりでなく、夢そのものが実にノイローゼ的な症状であり、しかもすべての健康な人たちにみられるノイローゼ的な症状であるという点で、私どもにとって、はかりがたい利益をもつものだからです。ほんとうに、そればかりではなく、もしすべての人が健康であり、ただ夢をみるだけだとしても、私どもはノイローゼの研究によって得られる洞察《どうさつ》のほとんどすべてを、その人たちの夢から得ることになるでしょう。

そこで、夢は精神分析の研究対象となります。夢もまたしくじり行為と同じように、ありふれたとるにたりない現象であり、一見したところでは、実際的な価値もないようにみえます。夢は健康な人にも現われるという点でも、しくじり行為と共通しています。しかし、その他の点では、私どもの仕事の条件としてはしくじり行為の場合よりも、むしろ悪いのです。しくじり行為は学問的に無視されていただけですし、私どももしくじり行為を気にしてはいませんでした。結局、しくじり行為をとりあげてみても、べつに恥ずかしいことではなかったのです。世の中にはもっと重要なことがあるかもしれませんが、しくじり行為の研究からも、おそらくなにかの役にたつことは出てくるかもしれないという声をよくききました。ところが、夢をとりあげることは非実用的で、よけいなことであるばかりでなく、まさに非難にさえ値することなのです。そんな研究をするのは非科学的だという反感を呼び起こし、そんなことをする人間は神秘主義に傾いているという疑いをさえ起こさせました。「医学者が夢に夢中になるとはどうしたことか、神経病理学や精神医学の世界においては、より重要なことがいくらもあるはずだ。ときには、りんご大にもなって脳という精神活動の器官を圧迫している腫瘍《しゅよう》や、脳溢血《のういっけつ》、組織の変化を顕微鏡で指摘できるような慢性炎症などがそれだ。やめたまえ。夢などは、あまりにもとるにたりない、研究の価値のないものではないか」と言われるのがおちです。

加えて、夢の構成そのものが、精密な研究という要請にあいません。夢の研究ではその対象すら不確実なのです。たとえば妄想《もうそう》でも、夢とちがって明瞭《めいりょう》な一定の輪郭をもって現われます。「余《よ》はシナの皇帝である」と、患者は声高く叫びます。ところが、夢ではどうでしょう。夢はたいてい、人に語ることができません。また、夢にみたことを語っているときでも、みたままを正確に話したという保証はあるでしょうか。いや、むしろ、話しているあいだに変わりはしないでしょうか。記憶に不確かな点があって、やむをえずなにか虚構を加えていることはないでしょうか。多くの夢はたいてい思い出すことができず、小断片にいたるまで忘れ去られています。このような資料の解釈をもとにして、科学的な心理学や患者を治療する方法がうちたてられるものでしょうか。

判断のなかに或る種のゆきすぎがあれば、私どもはどうしても懐疑的になります。研究の対象としての夢に向けられるこうした抗議は、明らかにゆきすぎています。重要性をもたないという点は、しくじり行為のところでもすでに述べたとおりです。とるにたりない前兆のなかにも大事なことが姿を見せていることがあるのは、すでにおききおよびのとおりです。夢の不確かさという点については、それは夢の他の性質と並ぶ一つの性質なのだし、私どもは、事物にこれこれの特徴をもてと、勝手に押しつけることはできません。明瞭できちんとした夢だってあるのです。一方、精神医学の対象のなかには、夢と同じように不確実性という性格をもっているものもあります。たとえば、尊敬すべき徳望ある精神医学者たちが研究対象としている強迫観念[1]の多くの症例のような場合です。私は医師としての診療をしているときにぶつかった最近の症例を思い起こします。ある女の患者がつぎのように言いました。「私はなにかを――子どもかしら――いや、犬かしら――なにか生きものを傷つけたような、傷つけようと思ったような気がするのです。たぶん、橋からつき落とした――いや、ちがったかしら……」。夢の記憶があいまいだという難点を取り除くには、夢をみた人が語るままをその人がみた夢とみなし、本人がなにか忘れたり、変更を加えたりしているかもしれないという顧慮をすべてなくしてしまえばいいわけです。最後に、夢が重要なものでないとは、けっして一般論として主張できないことを言っておきます。私どもの経験からでもわかるように、夢からさめたときの気分はその日いっぱいつづくことがあります。ある精神病が夢をみたのと同時に発病し、この夢に由来する妄想が固着してしまう例も、医師の観察した症例中にあります。また、夢が大きい事業を始めるきっかけをつくったということも、歴史上の人物たちについて報告されています。そこで、私どもは、夢に対する科学界の軽蔑《けいべつ》がどこから起こってくるかという点を問題にしてみましょう。

私は、これを、むかし夢を過大評価したことに対する反動だと思います。過去を再現することはおわかりのようにやさしいものではありません。しかし、これだけはまちがいなく確かなことでしょう――冗談ですみませんが――それは、三千年前の私どもの先祖たちも私どもと同じように夢をみただろうということです。

私どもの知るかぎりでは、古代の諸民族は夢に大きい意義をあたえており、これを実生活に応用できると考えていました。夢から未来のお告げをとりだし、夢のなかに前ぶれを求めたのです。当時のギリシア人や東洋人にとっては、夢占い師をともなわない出征は考えられませんでした。今日、航空機による偵察《ていさつ》なしに戦争ができないようなものです。アレキサンダー大王は、征路に出るときは有名な夢占い師を従えました。当時はまだ陸つづきではなかったテュロスの町（シリアにあるフェニキア人の都市。当時のペルシア海軍の根拠地で、島の上にあった）が大王に激しく抵抗したので、大王はその攻囲を断念しようかとさえ思ったのです。そのとき一夜、大王は勝利に酔って踊っているサテュロス（ギリシア神話に出てくる山羊の足をした森の神）たちを夢にみました。その夢を夢占い師に話したところ、夢はこの町の陥落を告げているのだ、との答えでした。そこで大王は攻撃を命じ、テュロスを占領しました。エトルリア（イタリアのトスカナ地方の古名）人やローマ人のあいだには未来を占うのに他の方法が用いられていましたが、夢判断もギリシア・ローマ時代を通じておこなわれ、高く評価されていたのでした。夢判断を取り扱った文献で、現存する主要なものにダルディスのアルテミドルス（ギリシア人の夢占い師。『夢判断』の著書がある）の書があり、これはハドリアヌス皇帝（ローマ皇帝。在位一一七〜一三八）のころのものとされています。その後、なぜ夢の解釈の術が衰え、夢が信用を失うようになったのか、私にはわかりません。これは、人知がひらけたということには、さほど関係がないようです。というのは、暗い中世期には古代の夢の解釈よりも、もっと不条理なものが忠実にまもられていたのですから。夢に対する関心がだんだん低下して迷信となってしまい、教養のない人々のあいだでだけ主張されるものとなっていったということは、事実としていえるでしょう。夢判断で現在もなお誤って用いられている例は、宝くじの当選番号を夢によって知ろうとすることです。

これに反し、現代の精密科学では夢をくりかえし問題としました。しかし、いつの場合も、自己の生理学的な理論を夢の場合に応用しようというだけのことだったのです。夢は医学者たちにとって、心的行為としてではなく、むしろ身体的な刺激が心的活動に現われたものだとして受けとられていました。ビンツは一八七六年に、「夢はすべて無益なものであり、むしろ病的な身体的過程である。あたかも、低い不毛の砂漠のはるか上に青い天空があるのと同じように、夢の上には不滅な世界の霊が超然と高く立っているのだ」と言っています。モーリィは夢を、正常人の調和のとれた運動とは対照的な小舞踏病[2]の人のぎごちない痙攣《けいれん》になぞらえました。古いたとえによれば、夢の内容は「音楽にくわしくない人の十本の指がピアノの鍵盤《けんばん》の上を走る」ときに鳴る音のようなものだ、とされています。

解釈とは隠れている意味を見いだすことですが、夢の働きの、いま述べたような評価では、解釈についてはなにも言及されておりません。ヴント、ヨードル（一八四九〜一九一四。ドイツの哲学者・倫理学者。ウィーン大学教授）その他、近代の哲学者たちの夢の記述をみてください。彼らは夢を軽視しようとする意図をもって、夢の生活と覚醒《かくせい》時の思考との偏《かたよ》りを数えあげることに満足し、夢のなかでの連想の崩壊、批判の中止、あらゆる知識のしめだしなど、能力低下の目印となることを指摘しています。夢の知識に対して精密科学がなした唯一の価値の高い寄与で、私どもが感謝しているものは、睡眠中に作用した身体的な刺激が夢の内容にどんな影響を及ぼすかという研究です。これについては、先日亡くなったノルウェーのムーリィ・ヴォルト氏の夢の実験的な研究についての二冊の分厚い本〔一九一〇年と一九一二年にドイツ語に翻訳〕が刊行されています。これは、肢体《したい》の位置をかえてみたときに夢の内容がどうなるかを研究しただけにすぎません。しかし、この本は夢の精密な研究の模範として賞讃されています。

私どもが夢の意味を見いだす研究をしようとしていると聞いたら、精密科学はどんなことを言うだろう、とみなさんはお考えでしょうか。精密科学はそれについてすでに述べてしまっていると答えるでしょう。しかし、私どもはそんなことを恐れはしません。しくじり行為に意味があったとすれば、夢にもあってよいはずです。ところで、しくじり行為に意味がある場合は非常に多いのに、精密科学はそれを見落としていたではありませんか。それでは、古代人と民衆との偏見に宗旨《しゅうし》をかえて、古代の夢占い師たちのあとにしたがいましょう。

まず第一に、私どもはこの課題の方向づけをし、夢の領域を展望しなければなりません。夢とはそもそもなんでありましょうか。それを一つのテーゼとして定義することは困難です。また強《し》いて私どもは夢をとくに定義しようと思ってはいません。どなたもよくご存じの資料を指示すればそれでよいのです。しかし、夢の本質的な点は明らかにしておきたいと思います。夢の本質的なものはどこにあるのでしょう。私どもの扱う夢の領域内には、あらゆる方面にわたって驚くほど多種多様なものがあります。けれども、私どもがすべての夢に共通なものとして指摘できるものこそ、おそらく本質的なものではないでしょうか。

そのとおりです。いっさいの夢に共通な第一の点は、夢をみるときには私どもが眠っている、ということです。夢をみるのは明らかに眠っているあいだの心的活動です。さめているときの心的活動と類似点もありますが、大きい差異もあるのです。この点ではすでにアリストテレスの定義もあります。おそらく夢と眠りとのあいだにはもっと密接な関係があるでしょう。私どもはときどき夢のために目をさまさせられることがあります。またひとりでに目がさめたときや、無理に起こされたときに夢をみていることも非常にしばしばあります。ですから、夢は眠りと目ざめとの中間状態のようにみえます。そこで、私どもは眠りを問題にしなくてはなりません。さて、眠りとはなんでしょうか。

これは、今日でもなお異論の多い生理学的あるいは生物学的な問題です。私どもはそれについて結論をくだすことはできません。しかし、眠りの心理学的特質を叙述することは許されるでしょう。眠っているときには、私は外界についてはなにも知ろうとは思いませんし、私の関心は外界からひっこんでしまっています。この状態が眠りです。私は、外界から身をひき外界の刺激を遠ざけてしまうことによって眠りにはいるのです。また、外界の刺激のために疲れたときも、私は眠りこみます。ですから、眠りにはいるときには外界に向かって、「そっとしておいてくれ。私は眠りたい」というわけです。子どもは逆に、「まだ眠りたくないんだ。疲れてなんかいないし、もっとなにかしていたいんだよ」と言います。とすると、眠りの生物学的な意向は休養であり、心理学的な特質は現実世界への関心の中絶であるようにみえます。いやいや生まれてきた世界に対する私どもの関係は、中断の時をもつことがなくては維持しきれないものがあるようです。それで私どもは、ときどきはこの世のものとなる以前の状態、いわば母胎内の存在にもどるのです。すくなくとも、胎内にあったときと非常によく似た状態をつくりだします。それはあたたかく、暗い、刺激のない状態です。窮屈そうにえびのように身体をまるめ、胎内でとっていたのと同じ姿勢で眠る人もいます。この世界は、私ども成人の生命全部をかかえこんでいるのではなく、私どもの目ざめている三分の二の時間をかかえているにすぎないようにみえます。眠っている三分の一の時間はまだ生まれない状態でいるわけです。ですから、毎朝の目ざめは新しい誕生のようなものでもあります。睡眠をとったあとの状態を「まるでいま生まれたばかりのようだ」と言ったりしますが、おそらく、そのときは新生児の一般感情に関して非常にまちがった前提をおいていることになるでしょう。というのも、新生児はむしろ逆に出産に際して非常に苦しく感じている、と考えるべきだからです。また私どもは生まれてくることを、「この世の光を見る」とも言っております。

これが眠りというものであれば、結局、夢は眠りのプログラムにはのっていないものになりますし、むしろ好まれない付属品のようにみえます。そこで、私どもは、夢のない眠りを、最良の眠り、ただ一つの正しい眠りと考えるわけです。眠っているときに、心的活動はあってはならないものです。心が波だっているとなれば、胎児の安静状態をつくりあげることはできなくなります。ところが、心的活動が残るということはどうにも免れがたいものなのです。この心的活動の残りこそ夢だというわけです。そうだとすれば、夢に意味がある必要はない、ということも真実であるように思われます。しくじり行為の場合は、夢の場合とはちがっています。しくじり行為はなんといっても、覚醒時の活動です。しかし、眠っているときには心的活動はすっかり停止しており、ただその残りのあるものだけが押えきれなかったというのですから、その残りが意味をもつ必然性はありません。それのみならず、意味があっても、それ以外の心的活動が眠っていては役にたたないわけです。夢は攣縮《れんしゅく》に似た反応のようなもので、身体的な刺激をあたえられたときに直接起こる心的現象にすぎないのです。したがって、夢は覚醒時の心的活動の残りで眠りをさまたげるもの、ということになります。そこで、精神分析にはふさわしくないこんなテーマは、いますぐに捨てる計画を立ててもよいことになるかもしれません。

しかし、たとえ夢がよけいなものだとしても、実在はしているのですから、私どもは夢の実在を説明しようと試みてもよいわけです。なにゆえ心的活動は眠らないのか。おそらくはなにものかが心に休養を許さないのでしょう。もろもろの刺激が心に働きかけ、心はそれに反応せざるをえないのです。つまり、夢とは、眠っているあいだに働きかける刺激に対して心が反応する仕方なのです。私どもはここに夢を理解する一つの道が通じているのに気がつきます。

ところで、私どもは、眠りをさまたげようとする刺激、すなわち私どもが夢によって反応するような刺激はどういうものであるかを、さまざまな夢をもとにしてさがすことができます。それをさがしあてれば、私どもはあらゆる夢の第一の共通点を解明したことになるでしょう。

すべての夢について、共通な点がほかにもあるでしょうか。あることははっきりしていますが、それをとりだして記述することはとても困難なことです。眠っているときの心的過程は、覚醒時のそれとはまったく別の性格をもっています。私どもは夢のなかでいろいろ体験をしますし、また体験をするものと信じていますが、眠りをさまたげる刺激以外のものは、おそらくなにも体験していないのです。刺激は主として視覚像《イメージ》として体験されます。この体験には感情が同時にともなっていることもあり、思想がそのなかを貫いていることもあり、視覚以外の感覚の体験をすることもありますが、そのおもなものは視覚像です。それゆえ、夢について語ることの困難の一部は、この視覚像を言語に翻訳しなければならないということです。描くことはできるかもしれないが、どう言ってよいかはわからないと、夢をみた人が私どもによく言います。しかし、そういったところで、夢は、天才にくらべた場合の精神薄弱者の心の活動のように、低下した心的活動ではありません。夢は質的に異なる別種の心的活動です。しかし、そのちがいがどこにあるかを言うのは困難です。G・Th・フェヒナー(3)はあるとき、夢が「心のなかで」芝居を演じている舞台は、目ざめているときの表象活動の舞台とは異なるものだという推測をしたことがありました。もちろん、その推測はよく理解できず、彼がなにを考えていたのかもわかりませんが、夢が多くの場合に異様な印象をあたえることは事実なのです。ですから、この場合、夢の活動を音痴《おんち》のかなでる音楽と比較することはできません。というのも、ピアノは偶然に鍵盤《けんばん》に触れても、メロディーにこそなりませんが、いつも同じ音色でこたえてくれます。覚醒時とはちがった心的特殊性をもつという、すべての夢に通じる第二の共通点は、たとえ理解はできないにしても注意深く心にとめておきたいものです。

このほかになおも共通点があるでしょうか。私には見あたりません。このほかには、いたるところで、あらゆる点で相違が目につくばかりです。夢のなかで感じているみかけのうえの持続時間、明瞭さ、感情の関与する様子や安定性などについても、相違ばかりが目につきます。こういうすべての相違点は、夢を、刺激に対して余儀なく起こる、貧弱な、攣縮《れんしゆく》様の防衛としてかたづけてしまう場合には、解明を予期できません。夢の次元についてみても、ほんの一つ、または二、三のイメージしかもたない夢や、わずか一つの考え、いやそれどころかただの一つのことばしか含まれないような短い夢が一方にあれば、また他方には、内容がひどく豊富で一編の小説となっていて、とても長くつづいたように感じられる夢もあります。現実の体験と同じようにはっきりしており、目ざめたあとでもまだ夢とは思えないようなものもあります。また、なんともいえないほどかすかで、はっきりせず、ぼうっとした夢もあります。さらには、同じ夢のなかで、非常にはっきりした部分とほとんどとらえがたいような不明瞭な部分とが交互に入りまじっていることもあります。夢によっては、非常に意味深長であったり、すくなくとも話の筋がはっきりとしていたりします。なかには生彩に富んでいて、幻想的でうるわしいとさえ思える夢もありますが、他方、まったく錯乱していて、まるで精神薄弱者のように不条理で途方もない夢もあるのです。私どもにまったくなんの感動もあたえない夢もあれば、あらゆる感動が高まって、苦痛を感じたり、ときには泣いたりしてしまう夢もあります。また、不安のあまり目がさめたり、驚嘆したり、恍惚《こうこつ》となったりする夢もあります。多くの場合、夢は目ざめると急激に忘れられてしまうか、たとえ日中はどうにか保たれていても夕方にはだんだん色あせてゆき、思い出しても隙間《すきま》だらけとなるというようなものです。また、小児のときの夢のように、三十年すぎても新しい体験のように記憶に浮かぶものもあります。夢はいろいろな人間に会うときと同じように、ただ一回だけ現われて二度とはみられないこともあれば、そっくりそのまま、あるいはすこし様子が変わるだけでくりかえしてみられることもあります。要するに、この夜ごとの心的活動は厖大《ぼうだい》なレパートリーを自由にこなしており、心が日中につくりだすことのできるものはなんでもやってのけるのですが、だからといって、昼の心的活動と同じようにはけっしてつくることはできないのです。

このような夢の多様性を解明するために、この多様性が眠りと目ざめとのあいだのさまざまな中間段階に、すなわち、眠りの不完全さのさまざまな段階に対応するものだと仮定することによって、その理由を証明することができるかもしれません。しかし、そう仮定すれば、夢の価値、内容、鮮明度が増すにつれて、「いま夢をみているのだ」ということも、ますます明白になってくるはずです。というのも、そのような夢をみているときは目ざめに近づいているからです。この論法にしたがえば、はっきりと筋の通った夢の断片のすぐ隣にばかげた不明瞭な断片がつづき、それからまたはっきりした夢がつづくということは起こりようがないことになります。そんなに急激に心がその眠りの深さを変えることはできないと思います。(4) というわけで、この仮定はなんの役にもたちません。そもそも夢の説明というものはそんな簡単なものではないのです。

とりあえず、私どもは夢の「意味」を明らかにすることをあきらめ、そのかわり、いろいろな夢に共通な点から出発して、夢をよりよく理解するための道をひらきたいと思います。私どもは、夢と睡眠状態との関係から、夢は眠りをさまたげる刺激に対する反応だ、と結論しました。すでにお話ししたように、このことはまた厳密な実験心理学が私どもの味方をする唯一の点でもあります。実験心理学は、眠っているあいだにあたえられた刺激が夢の中心に現われることを証明しています。この種の研究は、先にその名をあげたムーリイ・ヴォルトの研究にいたるまで多数なされています。そして、私どもはだれでも、おそらく自分自身でおりにふれて観察することによって、この成果を確かめることができる立場にあるのです。私はここに、やや古い実験ですが、二、三選んで報告してみたいと思います。モーリイは、自分自身が被験者となってこの種の実験をしてみました。夢をみている自分にオー・デ・コロンをかがせてもらったのです。すると彼は、カイロのヨハン・マリア・ファリナの店（オー・デ・コロンの製造で有名な香料店）におり、それにつづいてさらにばかばかしい冒険をする夢をみたのでした。つぎにうなじのところをつねってもらいました。すると、彼は、発疱膏《はっぽうこう》（皮膚の刺激剤の一種で、血管壁に作用させ、その局所に水疱をつくらせる目的の軟膏剤）を貼《は》られた夢をみ、子どものときに治療を受けたことのある医師がその夢に現われたのでした。また、額に水を一滴たらしてもらうこともしてみました。そのときには、彼はイタリアに来ており、汗を激しくかき、オルヴィエート（ぶどう酒の産地として知られるイタリアの町）の白ぶどう酒を飲んでいる夢をみました。

これらの、実験的につくられた夢のいちじるしい特徴は、他の〈刺激夢〉を参考とすれば、おそらくはもっと明瞭に理解できるでしょう。すぐれた観察者だったヒルデブラントが報告している三つの夢があります。いずれも目ざまし時計の音に対する反応です。

「第一の例。ある春の朝のこと、私は、緑の野を通ってぶらぶら散歩しながら隣村まで行くと、たくさんの土地の人たちが、礼服を着て讃美歌の本を腕にかかえながら教会に行くのが見られた。そうだ！　今日は日曜日だった。朝の礼拝はすぐ始まるのだろう。私もそれに加わろうと思ったが、すこしのぼせているので、教会のまわりの墓地で頭を冷やすことにした。いろいろの墓碑銘をそこで読んでいるうちに、鐘を鳴らす人が塔に登ってゆくのが見えた。塔の高いところには礼拝の開始を告げるための小さい鐘が見える。しばらく鐘は静止していたが、やがて揺れ始めた——そして突然その澄んだ音がひびきわたった——その音があまりにも冴《さ》えてひびきわたるため、私の眠りは終わりを告げてしまった。その鐘の音は目ざまし時計の音であった」

「夢と刺激の組み合わせの第二の例。明るい冬の日のことだ。街は雪に深くおおわれている。私は橇《そり》旅行に参加する約束をしていたのだ。長く待たされてから、ようやく橇が戸口についたという知らせがあった。やっと乗る準備ができた。——毛皮が敷かれ、足おいがかけられ、私は自分の席にすわった。しかし、勇んでいる馬の手綱をとって出発の合図をするまでにはまだまだ時間があった。ついに手綱がひかれた。力づよく振られる鈴が有名なトルコの軍楽を奏し始めたが、その強い楽の音のために私の夢の網の目は破られてしまった。これもまた、目ざまし時計の鋭い音にほかならなかったのだ」

「さらに第三の例。調理場係の女中の一人が何ダースもの皿を柱のように高く積みあげ、それをもって廊下を食堂のほうへ歩いてゆくのが見えた。彼女が腕にかかえた陶器皿の柱は、いまにも重心を失いそうに危なげに思えた。『気をつけなさい。もってるものをみんな落としてしまうよ』と私は注意した。もちろん、いつもの口ごたえがかえってきた。『こんなことはもう慣れてますよ』。しかし、私は心配になって、歩いてゆく女中のあとを目で追っていた。言ったとおりだ。女中は戸口の敷居のところでつまずいたのだった。——もろい器《うつわ》は床《ゆか》に落ち、がちゃーんと音をたてて、粉々になり、破片は床の上に散らばった。しかし、——私はすぐ気がついたが、このいつまでもつづいている音はどうも、ものの砕ける音ではない。正真正銘のベルの音だ。——目がさめてわかったのだが、このベルの音は目ざまし時計が時を告げている音だったのだ」

これらの夢はたいへん小ぎれいにまとまり、意味もととのい、筋も通っていて、普通の夢のようではありません。ですから、私はこの夢に異議を申し立てようとは思いません。これらの夢に共通な点は、いつも場面の結末が音になり、目がさめるときになって、その音が目ざまし時計の音だと気がつく、ということです。つまり、私どもはここで夢がどうしてつくりだされるかということを知るばかりでなく、ほかのこともわかるのです。すなわち、夢では目ざまし時計は認識されていない——この時計は夢に現われてこない——、目ざましの音をほかの音で代理させている、そして夢は眠りをさましてしまう刺激を解釈している、しかも毎回ちがったように解釈している、ということがわかるのです。これはなぜでしょうか。それにはなんとも答えられませんが、なにかその時しだいのようにも思えます。夢で、目ざまし時計の刺激を解釈するのに、なぜほかの音ならぬ鈴の音や鐘の音、はては皿の砕ける音などに解釈されたのか、理由をあげて答えられてこそ夢が理解できたというものです。まったくこれと似た言い方で、モーリイの実験に対してもつぎのように抗議しなければなりません。加えられた刺激が夢のなかに現われるのはわかるが、なぜほかならぬこの形をとって現われるかはわからないではないかという抗議です。眠りをさまたげる刺激の性質のなかには、その理由がないことはわかります。ですからモーリイの実験でも、刺激の直接的効果には、無数の別の夢の材料、たとえばオー・デ・コロンの夢[5]に出てくるばかばかしい冒険のようなものが混入しています。そしてこれらの材料については私どもには説明がつかないのです。

それでもみなさんは、目ざめをともなう夢が、眠りをさまたげる外部刺激の影響をつきとめる最上のチャンスをあたえるのではないかと考えようとなさるでしょう。ほかの夢の場合には刺激の影響を確かめることはもっとむずかしくなることが多いようです。というのも、私どもは必ずしも、いつも夢をみて目をさますわけではありません。ですから、朝、目がさめてから、夜みた夢を思い出すときに、夜なかに働きかけて眠りをさまたげていたはずの刺激をどうやって見いだせばよいのでしょうか。特別の事情のもとではありますが、いつか私はこのような音の刺激をあとになって確認できたことがありました。ある朝、私はチロル地方（オーストリア西部のアルプス山脈を含む高地）の山でローマ法王が亡くなったという夢をみたことを意識しながら、目がさめたことがあったのです。私にはその夢の説明はできませんでした。

そのとき、妻が「今朝明けがたに、町じゅうの教会や礼拝堂からひびきわたったものすごい鐘の音を聞きましたか」とたずねたのです。いや、私はなにも聞いていませんでした。私はぐっすり眠っていて音を受けつけなかったのですが、この報告によって自分の夢を理解できたのでした。夢についてそのように教えられなくても、このような刺激が眠っている人に夢をみさせるということは、はたして多いものでしょうか、少ないものでしょうか。ひょっとしたら、そういうことはかなりしばしばあることかもしれず、あるいはほとんどないかもしれません。刺激がもはや証明できないときには、夢が刺激の結果だという確信も得られません。いずれにせよ、眠りをさまたげる外界からの刺激は夢のごく一部分を説明できるにとどまり、反応としての夢のすべてを説明することはできないのです。そのことがわかってからは、私どもは、眠りをさまたげる外部刺激を高く評価することをやめてしまいました。

だからといって、私どもはこの理論をまったく捨ててしまう必要はないのです。それどころか、この理論はさらに発展することもできるのです。なにが眠りをさまたげ、またなにが私どもの心に夢をみるようにさせるのかは、明らかにどうでもよいことです。いつも外界からの刺激があるわけではないとしますと、代わって、内臓からくる、いわゆる身体的刺激が登場するでしょう。これは当然考えられる推測ですし、夢の成立についての通俗的な見解にも合致します。「夢は胃《い》の腑《ふ》からくるものだ」（日本流にいえば、「夢は五臓六腑の疲れ」）とはよく聞くことばです。しかし、残念なことにこの場合も、夜なかに働きかけたかもしれない身体的刺激は目がさめたあとではもはや証明できず、したがって証拠がなくなっているという場合もしばしばあると推測されます。もちろん、私どもは、夢が身体的刺激からくるという考えを支持する経験がいかに多いかを見のがそうとは思いません。内臓の状態が夢に影響をあたえうることは一般に疑えないところです。ある夢の内容と、膀胱《ぼうこう》がはちきれそうになっていることや性器の興奮状態との関係は明らかで、見誤られることはありません。このような見通しのきく例から、一歩をすすめると、すくなくとも夢の内容から、身体的刺激が作用していたことを推測できる別種の例をとりあげることになります。夢の内容をみると、身体的刺激が加工され、あることを表現し、解釈しているとわかるような夢です。夢の研究者シェルナー〔一八六一年〕は、夢が器官刺激によって生じることを強く主張し、いくつかのみごとな例を提示しました。彼は、たとえば「ブロンドの髪の、おだやかな顔色をした美しい男の子たちが二列になり、たがいに闘志をかきたてて向かい合い、跳《と》びかかってつかみ合うかと思うと、また離れてもとの位置にもどる、そして同じことをくりかえしている」夢を観察して、この二列の男児を歯であると解釈しているのです。この話はそれ自身としても興味あることですが、この夢をみた人はこの場面のあとで、さらに夢のなかで、「一本の長い歯が顎《あご》からひきぬかれる」のをみているのです。このことは夢の解釈を十分に裏づけるもののように思えます。また「長く、幅がせまく、まがりくねった小道」を腸の刺激と解釈するのも合格点があたえられるようにみえますし、シェルナーの「夢はとくに刺激をおくり出している器官を、それに類似した対象によって表現しようとする」という主張を裏づけるものです。

したがって、私どもは体内の刺激は夢にとっては外部の刺激と同じ役割をすることがあることを承認しなければならないかもしれません。しかし、残念なことに、体内刺激を重視することにもまた外部刺激の場合と同じ反論を浴びせられます。かなり多くの例では、夢を身体的刺激として解釈することは不確実ですし、証明もできないからです。夢によっては、その一部分に体内の器官からの刺激が関係していたのではないかと疑いをもたせる夢もあります。結局は、体内からの身体的刺激も、夢について説明できることといえば、外部刺激と同じように、夢のなかで刺激に対する直接反応にあたるものはなにかをいうにとどまります。ですから、夢の残りの部分がどこからくるかは、やはりわからないままにとどまっているのです。

さて、この刺激作用の研究にあたって現われてくる夢の活動の特異性を注意してみましょう。夢というものは、たんに刺激を再現するものではなく、これを加工し、刺激をほのめかし、ある連関のなかにはめこみ、他のなにものかで代理をするのです。これは夢の働きの一面で、私どもの関心をそそらずにはいません。というのも、この面からみていけば、夢の本質によりいっそう近づくことができるだろうと思われるからです。だれかがなにかに鼓舞されてなにかをしたとしても、その鼓舞が仕事のすべてを説明しつくすものではないからです。たとえば、シェイクスピアの『マクベス』は、三つの国の王冠をはじめていただいた王の即位のお祝いに書かれた作品です。しかし、この歴史的機縁が劇作の内容と一致するものでしょうか。また、劇作の偉大さと謎《なぞ》とを明らかにしてくれるものでしょうか。おそらくは、眠っている人に働く外的ならびに体内的刺激も、夢をうながすだけのことであり、夢の本質はなにもこの刺激によって明らかになるものではないのです。

夢のもう一つの共通点、すなわち心的な特殊性は、一方ではとらえがたいものであり、また他方ではこれをさらに研究していくための手がかりをすらあたえてくれません。夢のなかでの私どもの体験の大部分は視覚の形式でおこなわれます。この点に関して刺激はなにを説明しているでしょうか。私どもが体験するのは、ほんとうに刺激なのでしょうか。それなら目を刺激して夢がひき起こされるのはごく稀《まれ》なことであるのに、なぜ体験は視覚的なのでしょうか。あるいは、私どもが演説の夢をみたとしても、眠っているあいだに対話、あるいはこれに似た騒音が私どもの耳にはいったということが証明されるでしょうか。いや、こういうことは証明できない、と私ははっきり断言いたします。

夢の共通点からは、もうこれ以上はすすむことができないとなれば、こんどは、相違点を調べてみたらどうかと思います。夢は意味がわからないことがしばしばありますし、錯乱しており、不条理なことが多いのですが、意味があり、率直で、筋の通った夢もあります。後者の意味深長な夢が無意味な夢を説明してくれるかどうかをみてみましょう。

私が最近きいた筋の通った夢を報告しましょう。それはある若い男の夢です。

「私はケルントナー通り（ウィーンの目抜き通り。聖ステファン教会や国立オペラ劇場がある）を散歩していた。そこでX氏に会ったのでしばらくいっしょに歩いたあとで、一人でレストランにはいった。二人の女性と一人の紳士が私のテーブルについた。はじめは私はそれに憤慨し、彼らの顔を見ようとはしなかった。そのうちにそのほうを見たら、彼らはかなり礼儀正しい人たちだということがわかってきた」

以上の話に加えてこの男は、夢をみる前夜に、自分は歩き慣れたケルントナー通りで、実際にX氏にも会ったのだった、と言いました。この男の夢の他の部分は、事実から直接に思いあたることはなく、かなり以前の体験とある類似性をもつにすぎませんでした。

もう一つの率直な夢はある婦人の夢です。

「夫が『ピアノの調律をしなくてもよいのかな』ときいた。私は『むだですわ。ともかくピアノ線をたたく槌《つち》の皮をはりかえなくてはだめよ』と言っている」というのです。

この夢はその前の日に、ほとんどそのまま夫妻のあいだにかわされた会話の再現でした。

これらの二つの平凡な夢から、私どもはなにを学びとったものでしょうか。日中の生活、あるいは日中の生活に関連のあるものが夢のなかに再現されているということにほかなりません。もしもこのことが夢一般についていえることだとすれば、これは問題です。しかし、それは論ずるまでもなく、少数の夢についてだけ当てはまることなのです。多くの夢では、前日の出来事に結びつくものはなにもみられず、意味のない不条理の夢でしかなく、それについてはこの面からはなんの光明もあたえられません。ここで、私どもがただ、新しい課題につきあたったということを知るだけです。私どもは夢が語るところを知りたいと思うばかりではなく、もしも夢がいまあげた例のようにはっきりしたことを語っているのだとしたら、なぜ、またなんのために、熟知していることやつい最近に体験したことが夢に再現されるのかも知りたいのです。

いままで私どものしてきたような吟味をなおもつづけるのは、みなさんも私同様に倦《あ》きたことでしょう。解決に通じる一本の道さえもどうひらいていけばよいのかわからないとすれば、この問題にいくら関心をもっても、なんの役にもたちません。それはよくわかっています。しかし、このような道はこれまでなかったのです。実験心理学は、刺激のもつ意義に関して、夢のきっかけをあたえるものとしての非常に価値のある勧告をあたえただけで、ほかにはなにもあたえてくれません。哲学にはなにも期待できません。近ごろは哲学はただお高くかまえて、精神分析の対象は知能的には低級のものだといって責めるだけです。神秘学からはなにかをかりようとは思いません。物語や民衆の意見では、夢は意味が豊かで意義深く、未来を予見するものだとされていますが、その論は容認しがたいものですし、もちろん証明はできません。ですから、私どもの手はじめの努力は五里霧中《ごりむちゅう》の状態であるといってよいのです。

しかし、これまでは目を向けることをしなかった側面から、まったく思いもかけないヒントが出てきます。それはけっして偶然の産物ではなく、古くからの知識の沈澱物《ちんでん》ともいうべき慣用語です。もちろん、よく用心して利用しなければなりません。この慣用語の一つに、私どもが、奇妙にも「覚醒夢」(7)と呼んでいるものがあります。覚醒夢とは空想「空想の産物」です。これは非常に一般的にみられる現象で、健康な人にも病気の人にもみられ、自分自身についても研究してみることができます。この空想の産物で目につく点は、それが「覚醒夢」という名をもっていることです。ところが、覚醒夢は夢の二つの共通点をもっておりません。眠っているという状態については名称からしてすでに矛盾していますし、第二の共通点については、覚醒夢のなかでは体験したり幻覚を感じたりすることはなく、ただなにかを心に描くだけなのです。覚醒夢は、空想していることについて知っており、みているのではなく思考しているのです。この覚醒夢は思春期前、ときには早くも幼児後期にすでに現われて、成年期までつづき、その後はなくなってしまうこともあり、ずっと後年までなくならないこともあります。これらの空想の内容は、非常にはっきりした動機によって支配されています。覚醒夢のなかの情景や出来事では、利己的な欲求、野心、権力欲あるいはその人のエロチックな願望が満たされるのです。若い人々のあいだでは、野心がおおむねその先頭をきり、女性のように自己の野心を恋の成就にかけている人たちのあいだでは、エロチックな空想が先になります。しかし、男性のあいだでもエロチックな要求が背景にはっきりみえることもあります。英雄的な行為やさまざまな成功はすべて女性の讃嘆と好感とを求めるためなのです。覚醒夢は、非常に多様な変化の多い運命をたどります。短時間で消え去って新しいものがこれに代わることもあり、あるいはそれが固定されて、長い物語に発展してゆき、生活事情の変化に応じて変わってゆくこともあります。覚醒夢はいわば、時とともに歩み、時によって新しい状況の影響を立証する「時のしるし《スタンプ》」をもらうのです。覚醒夢は文学的な創造の原料となるものであり、覚醒夢から作家は変形、粉飾、短縮などによっていろいろな情景をつくりだし、これを自分の短編小説・長編小説・脚本にもりこむのです。覚醒夢の主人公は、直接に自分の姿が現われるにせよ、別人の姿をかりるにせよ、いつも自分自身なのです。

おそらく、覚醒夢という名は、それを現実との関連においてみるときは、夢と同じようにリアルでないということを暗示するために名づけられたものでしょう。しかし、ひょっとすると、このように両者が夢という名前を共通にもっているのは、私どもが求めていて、まだわからない夢の心的な性格の一つにもとづいているのかもしれません。

私どもが、夢と覚醒夢の呼び名が似ている点を意義深いものとして利用しようとするのは、一般的にいって不当であるといわれるかもしれません。この点については、もうすこしあとで明らかにしてみましょう。

〔1〕ヨゼフ・ブロイアーの一八八〇～八二年の発見。この点については、一九〇九年、アメリカで私のおこなった精神分析学に関する講演『精神分析学について』および『精神分析運動の歴史について』（イマゴ版全集第四巻）を参照されたい。

(1) 個体の意識内に、当人にとっては条理に合わない、好ましくないと判断されるような観念が浮かび上がり、これを意識的に追い払うことができないもの。この観念を追い払うために、やむをえずおこなう行為は強迫行為である。

(2) 神経障害の一つで、不随意的に腕や脚や顔面筋など身体の各部に急激な筋の攣縮《れんしゆく》を起こし、そのためにへたな舞踏のような運動をみせる病気。心因的にもみられることがある。「聖バイツの舞踏」の名もある。

(3) （一八〇一～八七）。ドイツの物理学者・哲学者。実験心理学または感覚生理学の祖となる。刺激と知覚との関係を示すフェヒナーの法則でよく知られている。

(4) 最近の脳生理学では、眠りの深さについてのこのようなフロイトの主張は許されないようになった。

(5) 本講参照。

(6) イングランド王（在位一六〇三～二五）にして、スコットランド王（在位一五六七～一六二五）であったジェームズ一世のこと（一五六六～一六二五）。この王のもとに、グレート・ブリテンがはじめて同君連合のもとに置かれた。

(7) 睡眠中でないのに、空想や想像にふけっていると、現実の外界の影響はうすれ、あたかも夢をみるように放心状態となり、その思考が強く視覚的な性質をおびてくることがある。覚醒夢の内容は願望充足などの傾向が強い。「白日夢」「白昼夢」ともいう。

第六講　夢の解釈のいろいろな前提と技法

みなさん！　先に述べたように、私どもは夢の研究をすすめるためには、なにか新しい道、新しい方法を必要としています。そこで、私はみなさんにつぎの提案をしましょう。すなわち、〈これからの研究のために、夢は身体的現象ではなく心的なものである〉ことを仮定したいのです。この仮定が、なにを意味するかはみなさんもご存じのとおりですが、いったいこの仮定にはどんな理由があるのでしょうか。理由はなにもありません。しかし、このような仮定を立ててはいけないということもないわけです。事情はこうです。もし夢が身体的な現象であれば、夢は私どもにはなんの関係もありません。夢は心的現象だと前提されるときだけ私どもの関心をひくようになります。すなわち、私どもは、夢が心的な現象であるという前提をして研究をすすめ、そうするとどうなるかをみてみようというのです。このような仮定を固執してよいかどうか、また、その仮定を、それはそれなりに研究の結果だと主張してよいかどうかということは、私どもの研究の結果が決定してくれるでしょう。

いったい、私どもが研究をつづけて到達しようとする目的はなんでしょうか。私どもの望むものは、一般に学問の世界において求められているもの、すなわち現象を理解し、諸現象間に連関をつけ、究極においてはこの諸現象に対する私どもの支配を拡大することにあるのです。

それゆえ、私どもは、夢は心的な現象である、という仮定のもとに研究をつづけます。とすると、夢は夢をみている人の作品であり、表明であるということになります。しかし、それは、私どもが理解できるようなことはなに一つ語らない作品であり、表明であるということにもなりましょう。さて、もしも私がみなさんに対して私自身についてのわけのわからないことを述べたとすれば、みなさんはたぶん私に質問をなさるでしょう。とすれば、なぜ私どもも、これと同じことをしてはならないのでしょうか。すなわち、〈夢をみた人に向かってあなたの夢はどんな意味をもっているのかときくこと〉をです。

私どもは、すでに一度、これと同じ状況におかれたことを覚えていられるでしょう。しくじり行為の研究で、言いまちがいの一例を検討したときのことです。ある男が「事実はそこでVorschwein《フォルシユヴァイン》となった」と言いまちがえたときに、ある人が――幸いなことに私どもではなく、精神分析とは縁のない人でしたが――その男に対して「こんなわけのわからないことを言って、なにを言いたいのか」とたずねました。その男はすぐに「それはSchweinereien《シユヴァイネライエン》（猥褻なこと）ではないか」と言うつもりだったのが、自分の気持を押さえ、それをぼかして「事実はそこでVorschwein《フォルシユヴァイン》になった」と言ってしまったのだと言いました。そのおりにも、私はみなさんに、このように質問するのが精神分析的探究の手本《モデル》なのだと申しました。精神分析は謎の解答をできるだけ被験者自身に言わせるようにする技法をまもるものだということが、いまこそおわかりになるでしょう。そういうわけで私どもは、夢をみた人自身に夢がどんな意味をもっているのかを言わせたいのです。

しかし、ご存じのように、夢の場合にはそう簡単にはまいりません。しくじり行為の場合でも、いくつかの事例はうまくゆきましたが、きいてもなにも答えない例もありました。それどころか、私どもがほのめかしてやった解答さえ、怒ってはねつけた人すらいたのです。夢の場合にはうまくゆく例などはまったくありません。夢をみた人はいつもなにも知らないと言います。私どものほうでもこれという解釈はもっていないわけですから、彼としてもその解釈をはねつけることすらできません。そうなると、私どもは自分の試みをふたたび放棄しなくてはならないのでしょうか。夢をみた人はなにも知らず、私どももなにも知らず、まして第三者はなにも知るはずがないのですから、解釈することなどは見込みがなさそうにもみえます。そうです、もしご希望ならばみなさんはこの試みをおやめになってもかまいません。しかし、やめたくないとおっしゃるのならば、私といっしょにこの道を歩きつづけましょう。私がみなさんに言いたいのは、つまり、夢をみた人はその夢がなにを意味しているかを知っているのだ、〈ただ自分が夢の意味を知っていることを知らないで、そのために自分が知らないと信じているだけなのだ〉ということです。

みなさんは私に対して、「きみはまた一つ仮定を導入した。こんな簡単な連関のなかにもう二つめの仮定を導入してしまったのだ。きみの操作の信憑《しんぴょう》性をすっかり低くしてしまったではないか」と注意されるでしょう。夢は心的な現象だという前提、さらに、人間には自分が知っているとは知らずに知っている心的事象があるものだなどという前提。みなさんはこの二つの前提が含んでいるあやふやな点だけに注目してくだされればよいので、この前提からひきだされる結論に関心をおもちになる必要はありません。

ところで、みなさん、私がここまでみなさんをひっぱってきたのは、みなさんをだましてなにかをとり出してみせたり、隠してみせたりするためではないのです。なるほど、私は「精神分析学入門のための初歩的講義」という題目をかかげてはおきました。しかし、それだからといって、困難な点は隠し、隙間《すきま》を埋め、疑問点はぬり隠し、初心者向きに話をうまくとりつくろい、みなさんがなにか新しいことを覚えた、と安心して信じられるようにしむけるつもりはありません。それどころか、みなさんが初心者だからこそ、私はみなさんに私どもの学問をあるがままの姿で、平坦《へいたん》でないところも、生硬なところも、まだ未熟なところも、懸念のあるところもそのままにおみせしようと思ったのです。これはどの学問においても同じであり、ことに発達の初期の段階にある学問の場合には、これ以外の道がないことも私は知っているつもりです。私はまた、一般には学問上の教育にあたって、勉強しようとする初心者に対しては、このような難点や不完全な点を隠すように努めていることも知っています。しかし、精神分析ではそうではありません。私は二つの前提を実際に立てましたが、その一つの前提は他の一つの前提に包含されています。もし、すべてがあまりに面倒くさく、不確実だと思われるかた、もっと確実ですっきりした演繹《えんえき》に親しみを感じられるかたは、これからさきの同行を願わなくともよいのです。私は、ただそのようなかたは、心理的な問題には、はじめから関与しないほうがよいと思っています。心理学の問題には、すぐ歩いてゆけるような、確実で安全な道などは見いだされはしないというおそれが、はじめからあるからです。なにか実際に提示できる内容をもっている学問なら、聴衆や追随者を求めたりするのはよけいなことです。その学問の成果が世の中に承認されるかどうかは、その学問の成果そのものにかかっています。学問は、その成果が世の中に承認されるまで待っていればよいのです。

しかし、みなさんのうちで、この問題をさらにつづけて検討してゆこうと思われるかたがたには、先の二つの仮定は同じ価値をもつものではないことを忠告しておきましょう。夢が心的現象だという第一の仮定は、私どもが今後の研究の結果によって証明しようとしている前提であります。第二の前提は、他の領域では証明ずみのものであり、私はただこれを自由に、その領域から私どもの問題に転用しようというだけのことです。

私どもが、夢をみた人に対して仮定してみようとする事実、つまり人は自分が知っていることをまったく知らないというようなことがあるのは、どこでどの学問の領域で証明されたでしょうか。これはまことに心的活動に関する私どもの見解を変えてしまうような、注目すべき、意想外の事実で、おおい隠す必要もありません。ついでにいえば、この事実は命名すると、なくなってしまいますが、あくまで現実の存在であることを主張するもので、いわば「形容の矛盾《コントラディクチオ・イン・アドイエクト》」(2)なのです。このこともまったく隠す必要のないことです。人々が、この事実についてなにも知らなかったり、この事実に深く顧慮しなかったりしたとしても、この事実の責任ではありません。このような心理的問題が、この事実にとって決定的な観察や経験から遠ざかっている人人によってこきおろされるのは、私どもの責任ではないのと同じく、この問題自身の責任でもないのです。

この事実の証明は、催眠現象の領域でもたらされました。一八八九年、私がナンシー（フランス東部の町）でリエボー(3)とベルネイム(4)のきわめて印象深い示説教育を参観したときに、私はつぎのような実験をつぶさに見ることができたのです。一人の人間を夢遊状態(5)にし、できるかぎりの幻覚を経験させてから目をさまさせました。はじめのあいだは、彼は催眠状態(6)中の経過についてはなにもわかっていないようにみえました。そこでベルネイムは、催眠状態中に彼になにが起こったかを話すように求めたのです。その男はなにも思い出せないと主張しました。しかし、ベルネイムは要求しつづけ、強制し、「きみは知っているのだ。それを思い出さなければいけない」と命令するのでした。するとどうでしょう。その人物はしばらくためらっていましたが、考えこみはじめ、はじめは暗示された体験の一つをおぼろげながら思い出し、つづいて他のものも思い出し、回想はだんだん明瞭になってゆき、いよいよ完全なものとなり、最後にはあますところなく思い出したのでした。しかも、彼は催眠状態後に思い出したのですし、そのあいだ、だれからもなにも教わっていません。ですから、彼が最初から催眠状態中の出来事を知っていた、という結論は当然でしょう。ただ、催眠状態中の出来事の記憶は彼の力では思い出せなかっただけのことです。彼は自分が知っていることを知らず、その出来事を知らないと信じていたのです。ところで、私どもが夢をみた人について推測した事実も、これとそっくりといえます。

みなさんはこのような事実が確かめられたことに驚いて、私に対し、こう質問なさるでしょう。「きみは、この証拠をなぜもっと早く、しくじり行為の話のときに、ひきあいに出さなかったのか。つまり、言いまちがいをした男には、本人はなにも知らず、またそんなことはないと否定しても、なにか言いまちがいをするだけの意図があったにちがいない、と言っていたあの話のときにだ。ある人が自分で体験したことについて、心のなかにたしかにその記憶をもっているはずなのに、なにも知らないと思いこんでいることがあるとすれば、その人が自分の心のなかのほかの心的過程についてもまったく知らないことがあっても、おかしくはない。あのとき、こうした論証をしていれば、われわれはきっと強い印象を受けて、しくじり行為をもっとよく理解することができただろうに」。たしかに私はこれを引用しようと思えばできたのですが、もっと必要に迫られるところにくるまで出し惜しみをしていたのです。しくじり行為の一部は自然に解明されました。しかし、他の一部は私どもに、諸現象間の関連を明らかにするためには、このような当人の知らない心的過程があることを仮定すべきだということを勧告していたのでした。夢の場合には、どうしても説明をほかからもってこなければならないことになってしまいましたし、そのうえ、私としてはこの場合ならば、みなさんも比較的すらすらと催眠法からの転用を認めるのではないかと計算したからです。しくじり行為をするときの状態は、みなさんには正常な状態と考えられているにちがいなく、催眠状態とはなんの類似点もありません。ところが、催眠状態と夢をみるための条件である睡眠状態とのあいだには、はっきりと親近関係があります。げんに催眠状態は人工睡眠とさえいわれています。私どもは、催眠状態に入れようとする相手に対しては「眠りなさい」と言いますし、この暗示は自然な眠りのときの夢にも比せられます。この両者の心的状況は、実際に類似性があるわけです。自然の眠りでは、私どもは自分の関心を外界のものからいっさい遮断《しゃだん》させます。催眠状態での眠りのときにも同じく全世界から自分の関心を遮断してしまいますが、ただ例外として催眠法をかける人とのあいだだけにはラポート(7)を保っています。ついでにふれると、いわゆる乳母《うば》の眠り——乳母は子どもとだけはラポートを保っており、他のことでは目ざめないのに、子どもだけからは目をさまさせられるという眠り——は正常な眠りのなかで催眠状態の眠りと好一対をなすものといえましょう。ですから、催眠状態のある事態を自然の眠りに転用して考えてみることは、けっして大胆な冒険ではないと思います。夢をみた人も自分のみた夢についての知識をもっているのですが、本人だけではそれに到達できないので、知っているとは思っていないだけなのだという仮定は、べつに雲をつかむようないいかげんな話ではありません。ともあれ、夢の研究にいたる第三の道がここに開かれていることは記憶していてほしいのです。まず、第一の道は眠りをさまたげる刺激、第二の道は覚醒夢、そして第三の道がいま述べた催眠状態における暗示された夢です。

さて、大いに意を強めて私どもの本題にもどりましょう。要するに、夢をみた人がその夢に関して知っているということは、大いにありうることです。問題は当人に知っていることを気づかせて、それを私どもに報告できるようにしてやることでしょう。私どもは、夢をみた人がその夢の意味をただちに私どもに報告するというようなことは要求しませんが、その夢の由来、夢が出てくる源となる思考や関心の範囲を見つけだすことはできるだろうと言っているのです。みなさんもご記憶のことと思いますが、しくじり行為の場合、当事者がどうしてVorschwein《フォルシュヴァイン》というようなまちがったことばを言うことになったか、と聞かれたはずです。(8) そして、その質問に対して最初に浮かんだ答えが解明の糸口をあたえてくれました。

夢の場合の私どもの技法も、この実例をまねた、非常に簡単な技法です。私どもは、夢をみた人にどうしてそんな夢をみるようになったかとたずね、彼がその場ですぐに言うことをその説明として受けとろうと言うのです。彼が知っていようと知っていまいと、そんな相違には目もくれないで、どちらの場合でも知っているものとして取り扱います。

たしかにこの技法は非常に簡単です。しかし、私は、これがみなさんの激しい反対をひき起こしはしないか、と心配しているのです。みなさんはこうおっしゃるでしょう。「また新しい仮定か。もう三回目だ。しかも、いちばん本当らしくない仮定だ。夢をみた人に夢について思い浮かぶことはなんだときいたとき、彼がはじめに思いつくことがのぞんでいる解明をもたらすというのかね。しかし、彼にはなにも思い浮かばないかもしれないし、またなにが思い浮かぶかはだれにもわからないことだ。われわれにはこの期待がなにを根拠にしているのかわからない。もっと批判的になったほうがよいだろうね。それはあまりにも神さまにたよりすぎているというものだ。そのうえ夢は、一語だけの言いまちがいなどとはちがって、たくさんの要素から成っているではないか。いったいどの思いつきを根拠にすればよいのか」

副次的なことについては、すべてみなさんの言われるとおりです。夢がたくさんの要素から成っている点は言いまちがいと異なる点です。この点は技法上の考慮を入れなければなりません。そこで、私はみなさんに夢を諸要素に分解してしまい、それぞれの要素について別々に検討を加えることを提案したいのです。こうすれば言いまちがいとの相似性は回復されることになりましょう。しかし、みなさんが、夢の要素の一つ一つについてたずねられた当人が、なにも思い浮かばない、と答えることもあるはずだと言われれば、それもそのとおりです。私どもがこの答えを承認する場合もありますが、それについてはあとで述べましょう。ただ注意しておきたいのは、私ども自身が特定の思いつきをする、そのような場合があるということです。しかし、一般的には私どもは、夢をみた人間がなにも思い浮かばない、と主張するときには反論し、せきたてて、なにか思いついていることがあるはずだ、と命令するのです。すると、――結果は私どもは正しかったということになります。彼は夢についてある思いつきをもたらします。それが私どもにはどんなものであろうと、どうでもよいのです。この思いつきは、ある種の、まあ歴史的なとでもいえるような報告になりがちです。彼は言うでしょう。それは昨日起こったことだ〔私どもが先にみた二つの「率直な夢」の場合[9]のように〕とか、あるいは、それはすこし前に起こったことを思い起こさせる……、などと。このようにしてみて、夢が最近の日々の印象に結びつけられる場合が、私どもがはじめに考えていたよりは意外に多いことに気がつきます。最後に、彼はその夢からもっと隔たった時期の、あるいはひどくむかしの出来事さえ思い出すようになるでしょう。

　ところが、大事な点については、みなさんは考えちがいをしているようです。「夢をみた人がその場ですぐに思いつくことが、まさに求める説明をもたらすとか、そこにいたる糸口をあたえるとか考えるのは恣《しい》意的な仮定であって、むしろ思いつきはまったく随意的なものであり、求めている説明とは関係がないものだ、それをおまえがそんなふうに期待するとすれば、それはおまえの神だのみのあらわれというものだ」と、もしもみなさんが考えておられるとすれば、みなさんはひどい誤りをおかしていることになります。以前に一度、私はみなさんに遠慮なく注意したことがありました。それは、精神の自由と任意性に対する根深い信念がみなさんの心のなかにしみこんでいるが、その信念は科学的なものではなく、心的活動を支配している決定論の前には屈服しなければならない、と申し上げたことです。私は、夢についてたずねられた人が思い浮かべたのはこのことであって、他のことではないという事実を尊重してほしいと願うものです。しかし、私は一つの信念をしりぞけて他の信念を押しつけようとしているのではありません。たずねられた人に生じた思いつきは、任意的なものでも、不確かなものでもなく、私どもが求めるものとなんの関連がないものでもない、ということは証明できます。ほんとうにそうなのです。私はさきごろ、実験心理学がこのような証明をもたらすことができたと聞きました。もっとも、このことをあまり重視しているわけではありませんが。

いまお話ししている問題は、重要な意味をもつことですから、とくに注意してほしいと思います。私がある人をうながして、夢のある要素に対してどんなことを思いついたかを語らせるのは、その人が〈出発点となる表象を確保した〉うえで、自由な連想のおもむくままに語ってほしいと求めているからです。つまり、そのやり方は注意力の特別な置き方を求めているのであって、ものごとを省察する場合とはまったくちがっており、むしろ省察などするなということを要求しているのです。このような心の置き方が楽にできる人もあります。が、そうしようとしても、ひどく無器用でできない人もいます。もし、私どもがこの出発点となる表象も捨ててしまい、たとえば固有名詞か数字などを自由に思いつくままに連想させるというふうに、思いつきの性質と種類だけを決めてやるようにすれば、連想の自由はさらに高度のものとなりましょう。この場合の思いつきは、私どもの技法を用いたときの思いつきよりも、よりいっそう自由奔放なものであり、予測しがたいものであるにちがいありません。しかし、この思いつきは重大な心構えによって、いつもきびしく決定されていることは明らかです。ただ、この心構えはそれが活動している瞬間には、私どもにはわかっていません。それはちょうど、しくじり行為のときの妨害する意向や、偶発的行為をひき起こす意向が私どもにわからないのと同じことです。

私や私のあとにつづく多くの人たちも、特定のよりどころもなしに名前や数字を思いつかせて、その研究をくりかえしおこない、そのうちのあるものは発表もされています。この研究は頭に浮かんだ名前に関して連想をひきつづきたぐってゆくようにするという操作です。ですから、その連想もまったく自由というわけではなく、夢の要素に対する思いつきのときと同じく一度は束縛を受けますし、その束縛は連想をおしすすめる力があるかぎりつづきます。と同時に一方では、こうして思い出された名前の動機づけや意義は明らかにされています。実験は何度やっても同じ結果を示し、その報告はただ豊富な資料であるというにとどまらず、さらにくわしく論究してみなければならないもののようです。おそらくは、数字を自由に思い浮かべてみる連想法がもっとも証明力をもつものでしょう。このような連想は、非常にすみやかにおこなわれ、しかも驚くべき確かさで、隠されている目標に向かってつきすすんでゆくので、私どもを呆然《ぼうぜん》とさせるくらいです。ここに私は、この種の名前の分析の例だけを報告したいと思います。都合のよいことに資料がわずかですみますから。

ある青年を治療しているうちにこのテーマが話題になり、思いつきには選択の自由があるようにみえるけれども、実際にはどんな名前であれ、それを思いつくときには被験者の手近の事情、特異性およびその瞬間の状況に強く制約されていることがわかるものだ、と私は話しました。その青年は疑っているので、私は彼に、すぐ自分でやってみることを提案したのです。私は彼が人妻や少女たちと、あらゆる種類の関係をいろいろともっていることを知っていたので、一人の女の名前を思いつけば、あとはそれこそたくさん出てくるだろうと考えたのです。彼はこの提案に同意しました。ところが、私が驚いたことには、いや、彼のほうが驚いたのかもしれませんが、女性の名が雪崩《なだれ》のようにおそってくると思いきや、彼はしばし沈黙し、やがて、ただ一つ Albine《アルビーネ》 という名を思いつくが、ほかにはなにも浮かんでこないと告白したのです。「奇妙ですね、この名前と君とはどんな関係があるのですか、アルビーネという名の娘さんは何人ぐらい知っているのです」ときくと、不思議なことに、彼はアルビーネなどという娘は一人も知っていませんでしたし、この名前についての連想はそれ以上すこしもすすめられないのでした。分析は失敗だったといってもよさそうです。しかし、そうではありません。分析はすでに完成していたのでした。ですから、彼はもはやなにも思いつく必要はなかったのです。この青年はちょっとないくらいに色が白かったので、私は治療のための会話のときに、冗談まじりに幾度かAlbino《アルビーノ》（スペイン語で皮膚の色素が欠乏した人）と呼んでいたのでした。私どもは、彼の体質に女性的な要素があることをはっきりさせようとして、一生懸命になっていたのです。つまり、彼にとっては、自分自身がこのアルビーネ、すなわちこの時期の彼にとってもっとも関心をいだいている女の子だったというわけです。

これと同じく、突然に頭に浮かぶメロディーも、当人はその活動について気づいていなくても、その人の心を奪うだけの必然性をもったある思考の動きに制約されており、その動きに属していることがわかります。メロディーの場合には、そのメロディーを思いつかせるのが歌詞であることもあり、それを知ったときの事情であることもありますが、こうした関係を示すことは容易です。しかし、私は、この主張を実際に音楽の素質のある人にまで及ぼすことは控えなければならないでしょう。私には、この種の人についての経験はなにもないからです。彼らの場合は、メロディーが浮かぶときには、その音楽的な内容が決定的な因子になっているのかもしれません。しかし、多いのは音楽の素質のない人の例です。たとえば、私の知っているある青年が、しばらくのあいだ『美《うる》わしのエレーネ』（オッフェンバック作曲のオペレッタ。一八六四年作）のなかの「パリス王子の歌」のいかにも魅惑的なメロディーに憑《つ》かれたようになっていたことがあります。分析してみたところ、彼の関心のなかでそのころイーダとエレーネという二人の女性が、たがいにはり合っていたということがわかりました。

ですから、まったく自由に頭に浮かんだと信じている思いつきもこのような制約を受け、一定の連関のなかに位置づけられているとすれば、発端となる一つの表象に束縛されている思いつきは、これに劣らず制約されていると結論できるでしょう。実際に思いつきは、その発端となる表象によって私どもが加えた束縛のほかに、もう一つ強い感情をともなう思想や関心の領域、すなわち〈コンプレクス〉[10]に左右されているのだ、ということを認識することができます。このコンプレクスの働きは、その瞬間には本人にはわからない、つまり無意識的なものなのです。

このような束縛性をもった思いつきは、精神分析の歴史のうえでは注目すべき役割を果たした、非常に教えられるところの多い実験的な研究対象です。ヴント学派は、いわゆる連想実験について報告していますが、この実験では、被験者は彼に向かって呼びかけられた〈刺激語〉に対して任意の〈反応語〉でできるだけ速やかに答えることを命じられます。

それによって、刺激語があたえられてから反応語を言うまでの時間間隔や、反応としてあたえられた答えの性質、同一のまたは類似の試みをあとでくりかえした際に、あるいは起こるかもしれない誤りなどを研究することができるのです。ブロイラー[11]とユング[12]の指導のもとに、チューリヒ学派[13]は連想実験のときの諸反応の説明をしました。被験者の連想反応のなかになにか奇妙な点があったときには、あとから連想によってその点を説明するように被験者に要求したのです。すると、この際の奇妙に思われた反応は、きわめてはっきりと被験者のコンプレクスによって決定されていることが明らかにされました。ブロイラーとユングはそれによって実験心理学から精神分析への橋わたしをはじめてやったのです。

こういう話をおききになると、みなさんはつぎのようにおっしゃるかもしれません。「自由な、とらわれない思いつきといっても決定されているものであり、自分たちがこれまで考えていたように恣意《しい》的なものではないということをいまは承認しよう。また夢の要素についての思いつきに対してもこのことを認めよう。しかし、それはわれわれにとって重要なものではないではないか。きみは夢の要素に対する思いつきが、ほかならぬこの要素の心的背景を形づくっており、われわれには未知のものによって決定されているのだ、と主張しているわけだ。このことは証明されていない。夢の要素に対する思いつきは、夢をみた人のコンプレクスの一つによって規定されたものだということを予期はするが、それがなんの役にたつのだろうか。それはわれわれに夢を理解させてくれないで、連想実験と同じように、いわゆるこのコンプレクスについてわからせるだけではないか。それと夢とはどんな関係があるというのか」

まことにそのとおりです。しかしみなさんは、ある重大な点を見落としています。ついでながら、私はその点を考えたからこそ、連想実験をこの叙述の出発点に選ばなかったのです。この実験では、反応の決定要因の一つ、すなわち刺激語は私どもが任意に選べます。この場合、反応は刺激語と被験者の呼びさまされたコンプレクスとを媒介するものです。ところが、夢ではその刺激語の代わりをするのは、夢をみる人それ自体の心的活動に由来するもの、つまり夢をみる人には未知の源泉から発しているものなのです。したがって、それ自身きわめて容易に「コンプレクスの後裔《こうえい》」となりえます。ですから、夢の要素に結びついて、さらに浮かんでくる思いつきもまた、その要素のコンプレクス以外のものによっては規定されていないのです。したがって、これらの思いつきによって夢の要素のコンプレクスを発見できるようになるだろうと期待しても、空想に走りすぎることはありません。

私どもが、この場合にかけている期待が事実そのとおりであることを、他の例によっておみせいたしましょう。

固有名詞のもの忘れは、もともと夢の分析の例にとって手本となるものです。ただ、夢の解釈の場合には二人の人に分割されることが、このもの忘れでは一人でやらなければならないだけのちがいです。私がある名前を一時的にもの忘れしたとしても、私は自分がその名前を知っているのだということを確信しています。これと同じような確信を夢をみる人ももっているのだということは、ベルネイムの実験[14]という迂路《うろ》をへてはじめてわかりました。しかし、知っているのだが、もの忘れしてしまった名前はどうしても出てきません。どんなにがんばって考えてみたところで、この場合は役にたちません。それは経験が教えてくれます。しかし、代わりの名前を一つあるいはいくつか思いつくことはできます。代わりの名前が自然に浮かんだ場合に、はじめてこの状況と夢の分析の状況との一致が明らかになります。夢の要素はほんとうのものではなく、ほかのなにものかの代わり、すなわち、私にはわかっていなくて夢を分析することによって見つけだすべき、本来のものの代理物なのです。また両者の相違点は、名前をもの忘れした場合には、代わりの名前は、すぐさまほんとうの名前でないとためらわずに認めますが、夢の要素の場合には、それが代理物であるということを認めるのはなかなか困難だという点にあります。さて、名前をもの忘れした場合にも、代わりの名前から、意識されていない本来のもの、すなわち忘れていた名前に達する道はあるのです。注意をこの代わりの名前に集中し、それを出発点としてさらに思いつきがつぎつぎと浮かぶようにしていけば、多少のまわり道はありますが、忘れた名前にたどりつきます。この場合に、自然に思い浮かんだ代わりの名前は、努めて呼び起こした代わりの名前と同じように、忘れた名前とは関係があり、忘れた名前によって規定されていることを発見するのです。

　この種の分析の一つを披露《ひろう》しましょう。

　ある日、私はMonte Carlo《モンテ・カルロ》が首都になっているリヴィエラ海岸（南フランスの地中海海岸）に沿う小国の名が出てこないことに気づきました。なんともしゃくにさわりますが、どうにもできません。そこで、この国についての私の知識を思い起こしてみました。ルシニャン家から出たアルバート大公のこと、そのご婚礼のこと、大公の深海研究熱、そのほか私の思い浮かぶかぎりのことを考えてみましたが、なんの役にもたたないのです。そこで、私はこのような考え方をやめ、どうにも思いつけない国名の代わりに代理の名前を思いつくままに並べてみたのです。それはすぐ出てきました。Monte Carloそのもの、ついでPiemont《ピエモント》（北イタリアの地方名）、Albanien《アルバーニエン》（アルバニア）、Montevideo《モンテヴィデオ》（ウルグアイの首都）、Colico《コリコ》（北イタリアの町）などです。Albanienはいちはやく私の注意をひきましたが、まもなくMontenegro《モンテネグロ》（ユーゴスラビアの一地方）がとって代わりました。おそらく白と黒の対立からでしょう。[15] そのうちに、私はこれらの代わりの名前のうち、四つには同じmon《モン》というシラブルが含まれていることに気がつきました。すると、私は突然に忘れていた名前を思い出し、Monaco《モナコ》と叫んだのでした。代わりの名前は実際に忘れていた名前から出ています。はじめの四つの代わりの名前は、第一シラブル（Monacoをシラブルでわけると Mon-aco となる）から出ていますし、最後のものはシラブルの順と最末綴字のO《オー》を再現しているのでした。そのほか、私はなぜこの名を一時忘れていたのかもわかりました。モナコはミュンヘン（ドイツ、バイエルン州の首都）のイタリア名[16]で、このミュンヘンが阻止《そし》する働きを及ぼしていたのです。

この例はたしかにみごとではありますが、簡単すぎるかもしれません。他の例の場合には、最初の代わりの名前に対してかなり多くの思いつきを求めなければなりませんから、夢の分析との類似性はいっそうはっきりしたものになると思われます。実際に私はそのような経験をしたことがあります。ある外国人がイタリアのぶどう酒をいっしょに飲まないかと誘ってくれたことがありました。レストランに行ってからのことですが、彼はとてもいい味だったと覚えているぶどう酒を注文しようとして、そのぶどう酒の名を忘れてしまったのです。忘れた名前の代わりにこの外国人が思いついたたくさんの名前から、私は、このもの忘れはヘートヴィヒという婦人に対する顧慮からきているのだと推定することができました。そして、彼もこの酒をはじめて飲んだのはヘートヴィヒという婦人の家の集会のときだったということを思い出したのです。彼はそのとき幸福な結婚をしていましたが、ヘートヴィヒはそれより前の時代、あまり思い出したくない時代に知っていた人だったのです。

名前のもの忘れのときにできることは、夢の解釈のときにも成功するはずです。つまり代わりのものからそれにともなう連想を通じて、押えられている本来のものにたどりつくということです。私どもは名前を忘れる場合の実例によって、夢の要素に対する連想についても、そうした連想は夢の要素とその無意識的な本来のものによって決定されている、と仮定してさしつかえないでしょう。私どもは、こうして、私どもの技法の正しさを証明するために若干のことを示すことができたと思っています。

(1) 第三講参照。
(2) Contradictio in adjecto「長い点」とか「冷たい火」というような矛盾をいい、「無知の知」もその一種とみなしている。
(3) (一八二三〜一九〇四)。ベルネイムとともにナンシー学派を指導し、催眠法の研究者として知られるフランスの精神医学者。
(4) (一八三七〜一九一九)。フランスの精神医学者。催眠法および暗示性についての研究をおこない、彼の催眠状態中の事件の追求の実験は、フロイトの回想の強制法と自由連想法の発想の機縁となった。
(5) 睡眠中に目ざめないままで床から離れ、歩行したり、さまざまの行動をする状態。神経質な小児などにはよくみられる。てんかんの一種としてこの状態になることもある。
(6) 催眠法により暗示性の高められた半醒半睡ともいうべき状態。
(7) 治療者と患者との感情的結合関係。両者の関係には、好感、嫌悪感などさまざまあるが、普通にはラポートは心理治療に好都合な陽性感情をともなうものをさしている。
(8) 第三講参照。
(9) 第五講参照。

(10) 観念複合体ということもある。父親に対して愛憎の入りまじった複雑な感情をともなう観念群をさす父コンプレクス、エディプス・コンプレクス、去勢コンプレクスなどというように、強い感情をともなった観念の集合体である。この概念を精神分析学に導入したのはユングである。

(11)（一八五七〜一九三九）。スイスの精神医学者。精神分析学発展の初期には、フロイトと交わり、精神分析学の影響を受け、精神分裂病の症状の解明などを試みた。のち、フロイトと離反した。早発性痴呆に対して精神分裂病という名称の提唱者として有名。

(12)（一八七五〜一九六一）。ブロイラーの門下で、ブロイラーと同じく創始期の精神分析運動に加わり活躍した。フロイトとともに一九〇九年に渡米、精神分析学のアメリカにおける普及に努めた。のちフロイトと別れ、アドラーとフロイトの説の統合を試み、無意識の系統発生説、夢の拡大解釈など独自の心理学をたてた。心理学者・精神医学者としてよりは、思想家的な立場の人と考えられている。

(13) ブロイラー、ユングなどを中心とする学派。精神医学界では、精神分裂病などについて大きな貢献をしている。

(14) 本講前半参照。

(15) Albanien の語根アルブス Albus は白、Negro の語根ニガー Niger は黒を意味する。

(16) ミュンヘン München は zu den Mönchen の意で、モナコ Monaco は Mönch と同じ語源である。

第七講　夢の顕在内容と夢の潜在思想

みなさん！　すでにおわかりのように、しくじり行為を研究したのは、けっしてむだなことではありませんでした。私どもは、この努力によって二つのものを――もちろんみなさんがご承知の前提をおいてですが――手に入れました。それは、夢の要素についての見解と夢の解釈の技法です。夢の要素については、それが本来的なものでなく、他のあるものの代理物であるという見解をもっています。代理物とは、夢をみた人は自覚していないが、しくじり行為の場合の意向と同じく、その人の心のなかにはその知識が存在しているはずのあるものの代理物をさしています。私どもは、以上の見解をこのような夢の要素から成り立っている夢全体に及ぼして考えてよいと思っています。私どもの技法は、こうした要素についての自由連想によって、別の代理物を浮かび上がらせ、それにもとづいて隠れているものを推測しうるようにするということなのです。

私はみなさんに、私どもの術語の変更を提案します。それによって私どもの仕事はもっと容易になるでしょう。隠されているとか、手がとどかないとか、本来的なものではないとかという代わりに、正しい記述を用いて、夢をみる本人の意識にとっては、到達不能である、または〈無意識〉(1)であるということにします。それは、みなさんがたに、もの忘れしたことばやしくじり行為の妨害意向との関係を暗示するものを意味するにすぎません。すなわち、〈そのとき無意識である〉ということです。当然のことですが、この無意識に対立させて、夢の要素自体と連想によって新しく獲得した代理表象は〈意識的〉と呼んでよいでしょう。こう命名したところで、いまのところ、まだなんらの理論構成もそこには結びつけられてはおりません。しかし、「無意識的」ということばを適切で理解しやすいことばとして使用することには、非難されるいわれはないと思います。

一つ一つの要素についての私どもの見解を夢全体に及ぼしてみますと、夢は全体として或る他のもの、すなわち無意識的なものの代理であり、夢の解釈の課題はこの無意識的なものを発見することであるということになるでしょう。そこから、すぐ導き出されてくるのは、夢の解釈の仕事をしているときにしたがわなければならぬ三つの重要な原則です。

第一には、一見、夢がもっているようにみえる意味には心をわずらわさないこと。たとえそれが、わかりよいものだろうと、不条理のものだろうと、はっきりしたものだろうと混乱したものだろうとです。それは、けっして私どもの求めている無意識的なものではないからです「この原則には、おのずからやがて制限が加えられざるをえないことになりますが」。

第二には、われわれは夢の解釈の仕事をそれぞれの要素に対する代理表象を呼び起こすだけにとどめ、その代理表象について熟考したり、なにか適切なものを含んではいないかなどと吟味したりせず、また、それらの表象がいかに夢の要素からかけ離れていても気にしないこと。

第三には、隠されており、求められている無意識的なものがみずから姿をみせるまでは、じっと待つこと。前に述べた実験における、忘れられていたモナコということばのようにです。(2)

いまや、私どもは、夢をどのくらいよく覚えているか、覚えていないか、とりわけどのくらい正確に思い出すか思い出せないかなどということは、まったくどうでもよいことであることがわかりました。覚えている夢は本来のものではなく、本来のものの歪《ゆが》められた代理のものです。この代理物は、私どもが別の代理物を呼び起こして、本来のものに接近すること、すなわち夢の無意識的なものを意識化することに必ず役だちます。したがって、私どもの記憶が正確でなかったとすれば、それはこの代理のものがいっそう歪曲《わいきょく》されているということであり、これにもなにかの動機があるはずです。

夢を解釈する仕事は他人の夢についてだけでなく、自分の夢についてもおこなえます。それどころか自分の夢についてのほうがむしろより得るところが多くあり、その過程もいっそう説得的であるという結果が出ます。ところが、自分の夢について解釈してみると、この仕事に対してなにか抵抗するものがあることに気づくのです。もちろん、さまざまな思いつきはたしかに得られますが、しかし、それらの思いつきがすべてそのままますなおに受けとれないのです。思いつきを吟味し、また選択したくなるのです。なにか思いつくと、いや、これは適切ではないな、これはここにあるはずのものではないぞ、と私どもは言うのです。また、別の思いつきが起こると、これはあまりにも無意味だとし、つぎの思いつきでは、これはまったく枝葉末節的なことだとかたづけるわけです。私どもはこうして、思いつきを、それがまだはっきりしないうちに、いま述べたような反論によって、窒息《ちっそく》させてしまい、最後には思いつきをすべて追い払ってしまうこともしかねないでしょう。要するに、一方では出発点としての表象、つまり夢の要素自体にあまりにとらわれすぎてしまい、他方では、してはならないはずの選択をして自由な連想の成果をじゃましてしまうのです。夢の解釈を自分一人でせず、自分の夢を他人に解釈してもらうようにすると、私どもには、もう一つ別の動機があって、自分の夢を自分で解釈するときには、してはならないはずの選択に利用していることにはっきりと気がつくでしょう。ですから、私どもは時には、この思いつきはあまりにも不愉快なことで、とても報告したくないし、報告できることでもないと自分に言ってきかせることがあるのです。

このような反対的動機は、私どもの仕事の成果をそこなうおそれがあることは明らかです。この動機を防がなければなりません。それには、自分自身の夢を解釈する場合は、この動機にはしたがわないという固い決意をもつことです。また他人の夢を解釈する場合は、夢をみた人に、きみは思いつきに対し、つぎの四つの反論のどれが起こっても、必ずすべての思いつきを報告しなければいけないと、不可侵の原則を言いわたすことです。その四つの反論とは、あまりにもとるにたらない、あまりにもばかげている、ここには関係はない、ひとに話すにはあまりに不快だ、というものです。相手はこの原則をまもると約束しますが、私どもは、相手が機会さえあればこの約束を破ろうとするのに腹が立つこともあるでしょう。そんな場合、私どもは、自由連想の正しさを十分な権威をもって保証したにもかかわらず、彼にはよくわからなかったのだという解釈を、まずするでしょう。そして、彼をとにかく理論的に味方にしてしまおうと考えます。彼に著作物を読ませたり、講義をきかせたりして、できれば自由連想についての私どもの見解の信奉者としてしまおうとするのです。しかし、もっとも確信がもてるはずの自分自身の夢の場合でさえ、ある種の思いつきに対して同じような批判的な反論が心のなかにわき起こり、あとになって、いわば第二審ではじめて取り除かれるのだということを考えてみれば、このようなよけいなことはする必要はないのです。

夢をみた人がいうことをきかないのに腹を立てるかわりに、この経験を、なにか新しいものを学びとるために利用すればよいのです。その場合、相手が前もって心の備えをしていなければいけないほど、いっそう重要なことが学べます。夢の解釈の仕事は、それがぶつかる〈抵抗〉にさからって遂行されるものです。この抵抗の現われがあの批判的な反対なのです。この抵抗は夢をみた人の理論的信念とはなんの関係もありません。いや、われわれはそれ以上のものを教えられるのです。というのは、このような批判的反論はけっして正当化されるものではないということを経験するのです。その反対に、押えつけなければならないと思う思いつきこそ、〈例外なく〉、もっとも重要で、無意識的なものを発見するうえに決定的な意味をもつものであることが明らかになるのです。思いつきにこの種の反対がついてまわるとすれば、とりもなおさず、その思いつきが銘記すべきものだということなのです。

この抵抗はまったく新しいもので、私どもの前提にもとづいて見つけた現象でありながら、この前提に含まれていませんでした。この新しい因子が私どもの考慮のなかにはいりこんできたことは意外ですし、必ずしも愉快なことではありません。私どもはすでに、この因子が私どもの仕事を楽にすることはないだろうと予感しているのです。この因子は、あるいは、私どもの夢をめぐる努力をすべてだめにしてしまうような結果に導くかもしれません。夢のようなつまらないものの解釈が、簡単な技法ですまないで、そこにこんな困難があろうとは！　しかし、他面、この困難こそ私どもを興奮させ、この仕事は労力をはらうに値するものだと考えさせる面もあるのです。私どもは、夢の要素が意味している代理物から、夢の要素のなかに隠されている無意識的なものにおしすすもうとするときには、きまって抵抗に会います。だからこそ私どもは、代理物の背後には意味深いなにものかが隠されていると考えてもよいのです。隠されているものを、隠しとおそうとするためでなければ、こうした困難はなんのためにあることになりますか。子どもが固く握った手を開かず、そのなかにあるものを見せようとしないときは、きっと、もっていてはいけないもの、なにか悪いものをもっているときではありませんか。

抵抗というダイナミックな観念をこの事態のなかに導入してくると同時に、私どもはまた、この要因が量的な変動を示すものであることを考えなければなりません。それは、大きい抵抗もあれば小さい抵抗もあるということです。そして、この差異が私どもの夢の解釈の作業中に現われることは、私どもも覚悟しています。おそらくこの差異によって、夢の解釈の仕事に際して経験することも異なったものになるのだと思います。すなわち、たいていの場合はほんの一つ、あるいは二、三の思いつきで夢の要素からその無意識的なものへたどりつくことができるものですが、長い連想の鎖をつないでみたり、多くの批判的な反対を克服せずにはたどりつけない場合もあるのです。差異は抵抗の大きさが異なっていることと関連があると私どもは考えるのですが、おそらくこの考えは正しいと思います。抵抗がわずかであれば、代理物は無意識的なものからそう遠く離れてはいないことになりますし、大きい抵抗は無意識的なものの歪曲を大きくしますので、当然、代理物から無意識的なものへの退路も大きくなるということになります。

いよいよ、実際に夢をとりあげて、私どもがこの技法に託している期待が満足させられるかどうかを、試してみる時期がきたようです。よろしい。しかし、どんな夢を選んだらよいのでしょうか。これを決めることが、私にとってどんなにむずかしいか、みなさんにはわかっていただけないでしょう。しかも、私はみなさんにどうしてむずかしいかという点をお話しすることができないのです。全体として、たいして歪められていない夢があるにちがいありません。それが手はじめの夢としてはよいでしょう。しかし、歪みの少ない夢とはどんなものでしょうか。よく筋の通った、混乱していない夢がそうでしょうか。すでに二つの例(3)をお話ししましたが、筋の通った夢が歪みの少ない夢だと考えたら、たいへんなまちがいをすることになります。検討の結果では、これらの夢はひどく歪められていることがわかっているからです。ところで、もしも私が特別の条件をつけずに、任意に一つの夢を選び出してきたとすれば、みなさんはおそらく、ひどい幻滅を感じるにちがいありません。夢の一つ一つの要素について、あまりにもたくさんの思いつきに気づいたり、記録したりしなければならないので、私どもの仕事もまったく見通しのつかないものとなってしまうかもしれません。夢を書きとめておき、その夢について心に浮かんだ思いつきを全部書きつけたものと比較してみると、思いつきのほうが、もとの夢の文章の何倍かの量になることもよくあります。ですから、分析用には短い夢をたくさん選び出し、そのどれもがなにかを語り、あるいはなにかを証拠だててくれることを示せば、それがもっとも目的にかなうやり方のように思われます。すこししか歪められない夢をどこに求めたらよいかは、経験もべつに教えてくれません。とすれば、私どもはいま述べたように短い夢をたくさん選んで分析してみようと決心することに落ち着くでしょう。

ところで、私どもは、このほかにも、もう一つ都合のよいやり方が行く手にあるのを知っています。それは夢全体の解釈を手がけるかわりに、夢の個々の要素を解釈するだけにとどめ、一連の例について私どもの技法を適用した場合、それらの要素がどう説明されるかを追究してみることなのです。

a　ある婦人が語ったことですが、子どものときに〈紙製のとんがり帽子をかぶった神さま〉の夢をよくみたそうです。みなさんは、夢をみた本人の助けをかりずにどうしてこの夢を解くことができますか。この夢は、まったくばかばかしくみえます。ところが婦人の話を聞けば、もはやばからしいことではなくなってしまうのです。彼女は、子どものころ、食卓につくときには紙製のとんがり帽子をかぶるのがならわしでした。というのも、兄弟姉妹の皿に自分の皿よりもたくさんごちそうが盛られているのではないかと、盗み見する癖《くせ》があり、どうしてもやめられなかったためだからです。帽子は目隠しの役をしていたことになります。ともあれ、この夢の一つの歴史的な由来がなんの困難もなくあたえられたわけです。この夢の要素の解釈、またそれとともにこの短い夢全体の解釈は、婦人がひきつづいて語った思いつきに助けられて、たやすく明らかになります。「神さまはすべてを知り、すべてを見ておいでだと聞かされていました。そこで、この夢は、たとえみんなが私をじゃましようと思っても、私は神さまのようにすべてを知り、すべてを見ているわ、という意味だと思います」と、彼女は語ったのでした。この夢はあまりに簡単すぎるかもしれません。

b　ある疑い深い婦人患者が長い夢をみました。夢のなかで、ある人が彼女に私の書いた「ウィット」に関する本の話をし、それをひどくほめたというのです。次いで或る「運河《カナール》」のことを語りました。「〈おそらくは運河のことが出ている別の本だったのか、それとも運河と関連するなにか……自分にはわからない……まったくぼんやりしたものでした〉」と。

さて、みなさんは、夢の要素の「運河」は漠然《ばくぜん》としすぎているので解釈のしようがないと考えておいででしょう。困難と思われるのももっともですが、漠然としているために困難なのではなく、漠然としているのは別の根拠からなのです。それが解釈も困難にしています。しかし、この夢をみた婦人は運河についてなにも思い浮かばないし、もちろん私もなにも話すべきものをもちあわせてはいません。

しばらくたって、といっても、ほんとうは翌日なのですが、彼女は「あることを思いあたりました。〈おそらく〉運河に関係あることでしょう」と言いだしました。はたして、それは彼女の聞いたことのあるウィットだったのです。ドーヴァーとカレーのあいだ（英仏海峡）の船上で、知名な著述家が、一人のイギリス人と話をしていました。そのイギリス人が、ある話のときに、Du sublime au ridicule, il n'y a qu'un pas《イル ニャ カン パ》.（偉大から滑稽《こっけい》へは一歩しか差はない）という文章を引用したのです。すると著述家は答えました。Oui, le pas de《ル パ ド》 Calais《カレー》.（いかにも。カレーからは一歩ですな）彼はこれで、フランス人は偉大でイギリス人は滑稽だと思う、と言うつもりだったのでしょう。しかし、Pas de Calais《パ ド カレー》（カレー海峡。英仏海峡のフランス語の一つの呼び方。pasは一歩の意であると同時に海峡の意）はともかくKanal《カナール》（運河）なのです。つまり英仏海峡はドイツ語ではArmelkanal《エルメルカナール》であり、フランス語ではCanal la Manche《カナール ラ マンシュ》なわけなのです。[4] この思いつきが夢となにか関係があると考えてよいのでしょうか。いかにもそうです。私はこの思いつきが、実際に謎《なぞ》のような夢の要素に解決をあたえていると考えます。それとも、みなさんは、このウイットが夢をみる前から「運河《カナール》」という要素に対する無意識的なものとしてすでに存在していたかどうか疑わしい、といわれるのですか。みなさんはこのウイットはあとから見つけてきて、つけ加えたものだと仮定できますか。つまり、この思いつきは、夢をみた婦人がうわべはぎょうぎょうしく讃嘆してみせるが、かげにはいつも疑い深い気持が隠されていることを証明するものなのです。[5] この抵抗はたぶん、つぎの二つのものに対する共通の原因なのでしょう。すなわち、この思いつきがなかなか心に浮かばなかったこと、およびこれに対応する夢の要素があれほどはっきりしないものとなったということの二つです。夢の要素とその無意識的な面との関係をここでみていただきたい。夢の要素は無意識の切れはしの一つのようなもので、無意識的なものへの一つのほのめかしといってもよいのです。それを切りはなしてみては、まったくわけがわからなくなるのです。

c　ある患者がかなり長くつづく夢をみました。〈特殊な形をした Tisch《ティッシュ》（テーブル）を囲んで自分の家族のものが何人か掛けています〉。このテーブルを見て、彼は、このような家具を見たのはある家庭をたずねたときだったな、と思い出しました。それから彼はさらに考えをすすめて、その家庭では父と息子《むすこ》のあいだに特別な関係があったこと、そしてすぐにもともと同様の事情は自分と父親とのあいだにもあるのだ、ということを付言しました。つまり、テーブルはこの並行関係を示すために用いられたのです。

この夢をみた人は、夢の解釈をずっと前からよく知っていました。そうでなければ、テーブルの形などという小さなことを研究の対象とすることに腹を立てたことでしょう。私どもは、実際に、夢のなかのものはなにひとつ偶然的なもの、どうでもよいもの、とは考えず、このようななんの動機もないようにみえる小さなことの解明から、夢の意味がわかってくることを期待しているのです。みなさんは、まだ、夢の働きが、「自分と父とのあいだも彼らの場合と同様だ」という考えをあらわすのに、テーブルを利用したことを怪しんでおられることでしょう。しかし、その家族の姓が Tischler《ティッシユラー》ということをおききになれば、それもおわかりになるでしょう。夢をみた人は、自分の家族たちにこのテーブル（Tisch）を囲んで席をとらせることにより、自分たちもまたティッシュラー（Tischler）なのだ、と語っているのです。

それにしても、このような夢の解釈の報告には、いやおうなしに秘密をうちあけなくてはならないことに、みなさんは気づかれると思います。さきにちょっとお話ししておいたように、実例を選ぶことの困難さもこれでおわかりでしょう。この例を他の例ととりかえることは容易ですが、この秘密漏洩《ろうえい》をさけるためには、代わりに別の秘密漏洩をしなければならなかったでしょう。

いまこそ、前から用いるつもりなら用いられた二つの術語を導入してよいときだと思います。私どもは、夢の物語るものを〈夢の顕在内容〉と呼び、いろいろ思い浮かぶことを追求して到達できるはずの隠されているものを〈夢の潜在思想〉と呼ぼうと思います。そのうえで、いま述べた諸例に現われた顕在性の夢の内容と潜在性の夢の思想とのあいだの関係に目を向けてみましょう。この両者の関係はひどく多種多様です。aの例とbの例とでは顕在的要素は潜在思想の一成分でもあるのですが、しかし、そのほんの一小部分にすぎないのです。無意識的な夢の思想のなかにある、大きい心的な合成物のなかから、その一小部分だけが顕在の夢にはいりこんだのです。そのはいりこむ様子は、まるで一大合成物の一破片として、あるいはそのほのめかしとして、見出し文句として、電文の略号のようなことばとして、と言ってもよいでしょう。夢の解釈の仕事は、bの例でみごとに成功しているように、夢の断片やほのめかしから全体を完成させてゆかねばなりません。夢の働きは歪曲にあるといってよいのですが、その歪曲の一つの仕方は断片やほのめかしによる代理形成です。cの例では、さらに別の関係が認められますが、その関係はつぎにもっと純粋明瞭な形で表現されています。

d 夢のなかで、〈ある知り合いの婦人をベッドのかげからひきだした（hervorziehen《ヘアフォルツィーエン》）〉というのです。彼は最初の思いつきから、自分でこの夢の要素の意味を見つけだしました。すなわち、この婦人が〈好き（Vorzug《フォルツーク》 geben《ゲーベン》）〉なのだ、という意味です。[6]

e 別の男は、〈自分の兄が箱のなかにとじこめられている〉夢をみました。最初の思いつきでは、箱は〈戸棚〉（Schrank《シュランク》）に代えられ、つぎの思いつきでは、兄は〈節約した生活をしている〉（sich《ジッヒ》 einschränken《アインシュレンケン》）という解釈があたえられました。

f ある男が〈山に登って、非常にひろびろとした景観（Aussicht《アウスジヒト》）を楽しんだ〉夢をみました。この夢はまったく合理的で、おそらくなにも解釈すべきものなどないようにみえます。ただ、みなさんは、この夢がどんな追憶に関連して生じたのか、また、なぜそれが回想されたのかを察知さえすればよいと思われるでしょう。ところが、それはみなさんの誤りなのです。この夢も筋道のさっぱりわからない他の夢と同じように、解釈を必要とすることがわかってきます。夢をみた男は、登山についてはなにも思い浮かべず、自分の知人の一人が『展望』（Rundschau《ルントシャウ》）という雑誌を発刊して、西欧と東洋との関係を問題にしていたことを思い起こしました。夢の潜在思想は、ここでは夢をみた当人と雑誌『展望』の発行者との同一視なのです。

みなさんは、ここに夢の顕在要素と潜在要素との関係について、一つの新しい型を発見したことになります。ここでは、顕在要素が潜在要素の歪曲などではなくて、むしろもとの語義から出発して潜在要素を表現したものであり、造型的、具体的な形象化なのです。もちろん、ここにもまた歪みが生じます。私どもはそのことばについて、どのような具体的な形象から出たものであるかをとっくに忘れていますから、形象によって代理されると、それからはもとのことばを見いだしかねるのです。顕在夢が主として視覚像からなっており、思想や言語からなることは少ないということを考えれば、みなさんは、いま述べたような関係は夢の形成にあたって特別な意味をもつことを察知することができるでしょう。また、多数の抽象的思想に対して、顕在夢のなかで、これを隠す役目を果たす代理の形象をつくりだすことが、このようにしてできるようになる、ということもおわかりでしょう。これは判じ絵の技法と同じものです。このような潜在要素の表現が気のきいた外見をとるのはどういうわけかは別な問題ですので、ここではふれる必要はありません。

顕在要素と潜在要素との関係の第四型は、この関係のきっかけが技法のなかにはいってくるまでは、まだ黙っていなければなりません。したがって、両者の関係についてすべてを数えあげたことにはなりませんが、私どものいまの目的にはそれで十分なのです。

さて、みなさんは、一つの夢全体を解釈してみようという勇気をおもちでしょうか。はたして、私どもにそれをやってみてもよいだけの態勢がすでにととのっているかどうか、ひとつ試してみましょう。当然のことですが、ひどくわかりにくいものはさけて、夢の性格をよくあらわしているものを私は選んでみようと思います。

　まだ若いのですが、結婚してかなりたつ婦人が夢をみました。〈夫といっしょに劇場の座席にすわっています。片側の平土間《ひらどま》席は全部空席でした。夫は彼女に、「エリーゼ・Lもその許婚者《いいなずけ》といっしょに来たかったのだが、三枚で一フローリン五〇クロイツァー（一八九九年から一九一八年まで使われた貨幣。一フローリン五〇はたいした金額ではない）という悪い席しかなかったし、それさえ彼らは手に入れることができなかった」と言いました。彼女はそんなことはべつに不幸なことではないと思いました〉という夢です。

　この婦人が私どもに最初に告げたことは、夢のきっかけとなったものが夢の顕在内容のなかでふれられているということでした。夫は実際に、エリーゼ・Lという、夫人とほぼ同じ年ごろの知り合いの婦人が目下婚約中であることを話してきかせていたのです。夢はこのニュースに対する反応でした。このようなきっかけが前の日にあることを証明できる夢が多いことは、私どものよく知っていることですし、このきっかけを夢をみた人からひきだすのに、なんの困難もないのです。この婦人は、顕在夢の他の要素に対しても同じような報告を提供しています。片側の平土間席が空席だったというのは、なにに由来するでしょうか。それは前の週に現実に起こった事件をほのめかしているのです。彼女はある芝居の演《だ》しものを見に行こうと思い、〈早々と〉切符を手に入れました。ところが、あまり早目に求めたので予約発売の手数料を払わなければなりませんでした。劇場に行ってみると、自分の心配が杞憂《きゆう》にすぎず、〈平土間席は片側がほとんど空席でした〉。切符は見物の当日に買っても十分にまにあったのです。彼女の夫はここぞとばかり彼女の〈せっかち〉をからかいました。——一フローリン五〇クロイツァーというのはどこからきたのでしょう？　それはこの話とはまったく縁のない関連からきていますが、しかし同じように前日あった出来事をほのめかしています。すなわち、夫の妹が夫から一五〇フローリンもらいました。するとこのおばかさんは、せっかちにもさっそく宝石店へ駆けつけ、財布をはたいて装飾品を買ってしまったのです。——さらに三という数は？　これについて夫人は、花嫁となるエリーゼ・Lが、十年も前に結婚した自分よりも三ヵ月しか若くないということは思いつくが、それ以外はなにも浮かばないと言いました。しかし、二人なのに三枚の切符を求める、などというのは、ナンセンスなことではないでしょうか。これについて、夫人はなにも言いません。彼女はそれから先は、思い浮かべることも、くわしい報告をすることも、いっさい拒んでしまったのです。

彼女の思いつきはわずかでしたが、それでも、夢の潜在思想を推測させるだけの資料は提供しています。彼女がその夢に関して報告したなかのあちこちで時間の規定が現われており、これが材料のさまざまの部分をつらぬく共通性の根底にあるという点が注目をひくのです。彼女自身は劇場の入場券を〈あまり早く〉から心配しすぎ、〈早まって〉求めてしまったので、よけいな金を使わなければなりませんでした。義妹も同じような仕方で急ぎすぎ、〈あわてて〉金をもって宝石店にゆき、なにか〈一刻も待ちきれない〉かのように、すぐその金で装飾品を買ったのでした。「早すぎた」とか「あまりに急ぎすぎて」とかいう点に、自分より三ヵ月〈若い〉だけの友人がいまりっぱな夫をもつようになったというニュースを加え、さらに義妹に対する非難のなかに現われている「そんなに急ぐのは〈ばか〉なことだ」という批判をたしてみると、つぎのような夢の潜在思想がおのずと構成されてきます。そして、この構成にとっては、顕在する夢はひどく歪められた代理物なのです。

つまり、「あんなに結婚を急いだのは自分が〈ばか〉だったのだ！ エリーゼの例でもわかるように、もっとおくれてからでも夫をもつことはできたのに」というわけです「急ぎすぎは、切符を買うときの彼女の態度や義妹が装飾品を買うときの態度にあらわされています。劇場に行くことは、結婚の代理物になっています」。これが夢の主要な思想だと思います。

これほど確実ではないのですが、この分析で、夢をみた婦人の言明を無にしたくありませんので、解釈をさらにつづけてみると、つぎのように言えると思います。「金を払えば百倍もよい夫をもつことができたろうに！」と「一五〇フローリンは一フローリン五〇クロイツァーの百倍です」。もしこの金を持参金に置きかえることが許されれば、とりもなおさずそれは持参金で夫を買いとるということになります。装飾品も、よくない席の切符も、夫の代理物ということです。もしあの「三枚の切符」という要素がなにか夫と関係をもっていれば、なお願ったとおりの解釈になるわけですが、私どももそこまではわかりません。私どもはただ、この夢が表現しているのは、彼女が夫を〈高く評価していない〉ことと、〈結婚が早すぎた〉ことを悔やんでいることだ、と推測するだけなのです。

私の判断では、みなさんは、このはじめての夢の解釈の成果に満足するよりは、驚かされ、困惑されていることと思います。それは、あまりにも多くのことが私どもに一時におそいかかってくるので、これを処理しきることができないからです。この夢の解釈の教えるところは汲《く》みつくせないほど多いことに、私どもはすでに気がついています。では、確実に新しい洞察《どうさつ》と認められるものを急いでとりだしてみることにしましょう。

第一。潜在思想のなかで、早まったという要素に強いアクセントが置かれていますが、顕在する夢ではそれがまったくみられないという点が注目に値します。もし分析をしなかったとすれば、この契機がなんらかの役割をもっていることは予想もできなかったにちがいありません。したがって、主要な点そのもの、すなわち無意識的な思想の中心そのものが、顕在する夢のなかには出てこないことがありうるようです。このために、夢全体から受ける印象は根本的に変えられざるをえないのです。

第二。夢のなかでは、一フローリン五〇クロイツァーで三枚という意味のわからない組み合わせがみられます。私どもは、夢の潜在思想のなかに「〔結婚をそんなに急いで〕ばかだった」という命題を推測しました。この「ばかだった」という思想が、顕在夢のなかへ不条理な要素をとりこむことによって表現されている、ということを否定できるでしょうか。

第三。比較してみればわかることですが、顕在要素と潜在要素との関係はけっして単純なものではなく、一つの顕在要素がいつも一つの潜在要素に置きかえられるものでもありません。むしろ、この関係は、ある顕在要素は複数の潜在要素を代表し、また逆にある潜在要素は複数の顕在要素によって置きかえられるというように、両群間の集団関係でなければならないのです。

この夢の意味と、夢をみた婦人の夢に対する態度については、同じように驚くべきことをたくさん言わなければならないでしょう。婦人は夢の解釈を承認はしますが、その解釈に驚いているのです。自分が夫をそう軽んじているとは意識していなかったし、なぜ夫を軽んじなければならないかもわかっていないのです。ですから、そこにはまだ理解のできないことがたくさんあります。事実、私どもはまだ夢を解釈するのに十分な準備をととのえていないのです。そこで、さらに指導を受け、準備をととのえなければならないと思います。

（1）ここでは特定の意味ではなく、「意識されていない」という意味に用いている。しかし、フロイトの重要な概念である「無意識」に、それが連なるものであることを同時に主張しているわけである。
（2）第六講参照。
（3）第五講参照。
（4）ともに英仏海峡の異名で、Ärmel も Manche も、洋服の袖のような細長いものをさしている。
（5）このウィットに関する本も、もう一つ突っこみがたりませんね、という意味であろう。
（6）Vorzug は vorziehen の名詞化。Vorzug geben も hervorziehen と音も綴りもよく似ているので、この意味がつきとめられた。

第八講　小児の夢

みなさん！　私どもはあまり先を急ぎすぎたようです。すこしだけあともどりをしましょう。先に私どもは、夢の歪《ゆが》みという疑問を精神分析の技法で克服しようとする試みをする前に、この難問はさけて通ることにして、歪みのない夢、あるいは歪みがあってもごくわずかだけという夢をとりあげて問題にするほうが最上の策かもしれない、と申しておきました。そうすると、私どもは、またしても私どもの認識の発展の順序から離れることになります。現実には、夢の解釈の技法を一貫して適用し、歪められた夢の分析をおこなったあとではじめて、私どもはこの種の歪みのない夢の存在に気づいたからです。

私どもが求めているような歪みのない夢は小児の場合にみられます。この種の夢は短く、明確で、首尾一貫し、わかりやすく、あいまいでなく、しかもまた疑う余地のない夢です。しかし、小児の夢がすべてこの種のものだと思いこんではいけません。夢の歪みもまた、かなり早くから——小児期に始まるからです。五～八歳の小児たちの夢で、後年の夢にみられる特色をすでにもっているものが記録されています。しかし、心的活動がはっきりはじまる四歳か五歳までに年齢をかぎれば、みなさんは幼稚型とでも名づけられる特色をもった夢をぞくぞくと見つけることができます。そしてこれより年長の小児の夢にも、この種の夢がぽつりぽつりあるということもわかるでしょう。いや、成人の場合でさえ、ある条件のもとでは典型的な幼稚型の夢に似た夢がみられることがあるのです。

　さて、この小児の夢によって私どもは非常に容易に、しかも確実に夢の本質を解明することができます。そしてこの解明が決定的なものであり、すべての夢にあてはまることを証明しうるようなものになることを、私は期待したいのです。

(1)　この種の夢を理解するには、分析も、特別の技法の応用も不要です。自分の夢を物語る小児にきいてみる必要もありません。ただし、小児の夢を理解するためには、小児の生活についてすこしは話してもらうことを必要とします。いつも日中の体験が先にあって、それが夢を説明してくれるものだからです。夢は日中のこの体験に対する睡眠中の心的活動の反応なのです。

　いくつかの例をあげてみて、それからさらにいろいろな結論をひきだしてみましょう。

　a　生後二十二ヵ月のある男の子が、祝賀の意をあらわすために、一籠《かご》のさくらんぼをある人に贈りなさいと言われました。おまえにもすこしはさくらんぼをやるからと約束はされても、この幼児は明らかに不服そうでした。つぎの朝、この幼児は自分のみた夢について話しました。「He〔r〕mann《ヘルマン》（人名）[1]がさくらんぼをみんな食べてしまった〉」というのでした。

b　三歳三ヵ月の一幼女がはじめて湖水を船でわたることになりました。船を降りるときに、幼女は船から降りるのをいやがり、激しく泣きました。湖水をわたる時間が彼女には短かすぎるように思われたからです。つぎの朝、彼女は言いました。「〈私は昨夜、湖をわたったの〉」。たぶん、私どもはこの船旅の時間はずっと長かったと補足してもよいだろうと思います。

c　五歳三ヵ月の男児が、ハルシュタットのエシェルンタール(2)へピクニックに連れてゆかれました。この子は、ハルシュタットはダハシュタイン山の麓《ふもと》にあると知っていて、この山にはかねてからとても興味をもっていました。アウスゼーにある住まいから見るとダハシュタインが美しくながめられ、望遠鏡を使うと、ジモニーの小屋《ヒュッテ》がその頂上に見えたのです。この子もこの小屋を望遠鏡でよく見ようとして何度も骨折ったようですが、よく見えたかどうかはわかりません。ピクニックのはじめのころは、この子は期待に胸をふくらませ、ほがらかな気分でした。新しい山が見えるたびに「あれはダハシュタイン？」とたずねました。ところが、そうじゃないよといわれる回数が多くなるたびにだんだん不機《ふき》嫌《げん》になっていき、最後にはまったく口をきかなくなり、ちょっと登って滝を見に行こうと誘っても、いやだと言うようになりました。みんなは、この子は疲れすぎたのだと思いました。翌朝のこと、彼はひどくうれしそうに「〈昨夜はジモニー・ヒュッテにいた〉夢をみたよ」と話しました。この男の子はジモニー・ヒュッテに行けるという期待を胸にピクニックに参加していたのです。細かいことについてきいてみましたが、以前からこの子がきかされていたことしか言いませんでした。それは、このヒュッテへは六時間もかかって段々を登ってゆくのだということでした。

この三つの夢は、私どもが望んでいることを十分教えてくれるでしょう。

(2)　これら小児の夢が無意味なものでないことはわかります。それは、〈理解のできる、十分に根拠のある心的行為〉であります。私が夢に関する医学的な判断としてみなさんに提示したものを思い起こしてください。音楽を知らない人の指がピアノの鍵盤《けんばん》をすべるというあの比喩《ひゆ》です。これらの小児の夢が、この見解とはまったく相反することは、みなさんもきっと見落とされていないことでしょう。しかし、成人なら同じような場合、痙攣《けいれん》状の反応でしか示されないのに、小児は眠っているあいだに完璧《かんぺき》な心的活動を示すというのでは、これまたあまりにもおかしなことではありませんか。小児のほうが、大人《おとな》よりもずっとより深く眠っているということは信ずるにたる根拠があります。

(3)　これらの小児の夢は夢の歪みを欠いています。ですから、解釈の必要はないのです。顕在夢と潜在夢とは合致しています。〈したがって、夢の歪みはけっして夢の本質を形づくるものではないわけです〉。みなさんは心の重荷がとり去られたことでしょう。しかし、もっとくわしく考えてみれば、この夢でも、わずかではありますが、夢の歪み、すなわち顕在夢の内容と夢の潜在思想とのあいだに、ある種のちがいがあることが認められます。

(4) 小児の夢は残念な気持、憧《あこが》れ、満たされなかった願望などをあとに残すような日中の体験に対する反応なのです。〈夢はこの願望に、直接的であらわな充足をもたらします〉。

内外からの身体的刺激が、睡眠をさまたげ、夢をみさせる役割を果たしていることについて、私どもが先に論議したことを思い出してください。この点についてはまったく確かな事実がわかったわけですが、このような仕方では、夢のうちのわずかなものだけしか説明できませんでした。小児のこのような夢では、身体的刺激の作用を示すものはないのです。この点では迷うことはありえません。夢はすっかり理解でき、たやすく見通すことができるからです。しかし、だからといって私どもは、夢は刺激から生じるという説を捨てる必要はないのです。問題となるのはただ、眠りをさまたげる刺激には身体的刺激のほかに心的な刺激があることを、なぜはじめから忘れてしまっていたのかということです。成人の眠りをさまたげるのは、たいていこの心的な興奮であることを、私どもはよく知っているではありませんか。心的な興奮は、成人が眠りこむのに必要な心的状態、すなわち外界から関心をしりぞかせてしまうことのじゃまをするのです。そうなると、成人の場合は、できれば生活をつづけて中断せず、自分のやっている事物に関して仕事をしつづけたいと思います。それで眠らないわけです。つまり、このような眠りをさまたげる心的な刺激は、小児の場合は満たされなかった願望であり、小児はこれに対して、夢を通じて反応しているわけです。

(5)　ここから、私どもは最短距離を通って夢の機能の解明を手に入れたいと思います。心的な刺激に対する反応としての夢には、この刺激を処理するという価値があるはずですから、刺激はかたづけられ、眠りはつづけられることができます。夢によるこの処理がどのようなダイナミズムによって可能になるかについては、私どもはまだ知っていません。しかし、夢がよく非難されるような〈眠りの妨害者ではなく、眠りの守護者であり、眠りの妨害のかたづけ役である〉ことはすでにわかっています。夢をみなかったらもっとよく眠れただろうにと思うことがよくありますが、それは正しくありません。実際、もし夢の助力がなかったとしたら、私どもは眠るなどということはできなかったでしょう。私どもがともかくある程度まで熟睡できるのは、むしろ夢のおかげなのです。騒音をたてて私どもの安息をさまたげる連中を追い払うために、夜警がすこしぐらい騒々しい音をたてるのはやむをえないのと同じで、夢も多少じゃまになるのは仕方がありません。

(6)　願望が夢を誘発すること、そして、この願望の充足が夢の内容であること、以上は夢の主要な性格の一つです。同じように不変なもう一つの性格は、夢は単純にある思想を表現するものではなく、幻覚的な体験で、この願望を満たされたものとして表現する、ということです。〈湖を船でわたりたい〉というのが夢をひき起こす願望の内容であり、夢そのものの内容は〈私は湖を船でわたっている〉ということになります。潜在夢と顕在夢との差異、すなわち夢の潜在思想の歪みは、このように小児の簡単な夢にもやはりあるのです。つまり、〈思想を体験に置きかえること〉がそれです。夢を解釈する場合にはなによりもまず、このわずかな変化をもとにもどさなければなりません。もしこれが夢のもっとも普遍的な性格であることをはっきりさせることができれば、すこし前にお話ししたような夢の断片、〈私は兄が箱のなかに入っている夢をみた〉(3)は、「兄は節約した生活を送っている」と翻訳すべきではなく、「兄は節約すべきだ、〈節約してほしいものだ〉」と翻訳すべきです。ここにあげた夢の普遍的な二つの性格のなかでは、後者のほうが明らかに第一の性格よりも異論なく承認されそうであります。夢をひき起こすものは、つねに願望でなければならず、憂慮や計画や非難ではありえないということは、私どもがもうすこし吟味の手をのばしてから、はじめて確認できることでしょう。しかし、夢の別なもう一つの性格、すなわち、夢はこの種の刺激を単純に再現するのではなく、一種の体験によってその刺激を廃棄し、かたづけ、解消するのだという点は、このこととは無関係になっているわけです。

(7) 夢のこの性格に関係して、私どもは夢としくじり行為との比較をとりあげてみることができます。しくじり行為の場合には妨害する意向と妨害される意向とを区別し、両者の妥協がしくじり行為であるとしたのでした。夢もまたこの同じ図式に合致します。妨害される意向とは、夢の場合には眠ろうとする意向以外にはありません。妨害する意向となるものは心的刺激です。あるいはなにがなんでも解消を求める願望だということもできます。それ以外の眠りをさまたげる心的刺激を、私どもはこれまでに知っていないからです。夢もまた妥協の産物なのです。私どもは眠っていますが、眠りのなかで願望がかたづけられていくのを体験します。願望は満たされるのですが、それでも眠りはつづいているのです。両者ともに、その一部は目的を達し、一部は放棄されています。

(8)　ここでみなさんに思い出していただきたいのは、非常にわかりやすいある種の空想の産物が〈覚醒夢《かくせいむ》〉と呼ばれている事実から、夢の諸問題を理解する道がひらけてくることを期待したことです。ところで、実際、覚醒夢は願望の充足、すなわち野心やエロチックな願望など、私どものよく知っている願望の充足なのです。ですから、たとえ生き生きと表象されたにしても、それは思考されたものであり、けっして幻覚的に体験されたものではありません。夢の二つのおもな性格の一つである、確実性のうすいという性格は覚醒夢に保持されていますが、もう一つの性格、すなわち眠っているときにみるという性格は、覚醒状態では実現されないものなので、覚醒夢にはまったく欠けております。ですから、覚醒夢という慣用語のなかには、願望の充足という夢の性格が予想されるわけです。

ところで、夢のなかの体験が、睡眠状態という条件下で可能になる変形された表象であり、「夜の覚醒夢」であるならば、夜の刺激をとり去っても、夢の形成される過程は願望の充足をもたらすことができるのを、私どもは覚醒夢ですでに理解しています。というのは、覚醒夢も願望の充足と結びついた活動であり、むしろ人は願望の充足のためだけに、よく覚醒夢をみるからです。

覚醒夢ばかりでなく、他の慣用語にも同じような意味をあらわしているものがあります。周知の諺《ことわざ》にいう「豚は橡《とち》の実の夢をみ、鵞鳥《がちょう》はとうもろこしの夢をみる」とか、「鶏《にわとり》はなんの夢をみるか？　きびの夢だ」などです。この諺は、私どもや小児よりずっとくだって動物までゆき、夢の内容は欲求の充足だと主張しています。たとえば「夢のように美しい」「夢のなかでさえ思いもよらぬ」「どんな大胆な夢のなかでさえ想像だにしなかった」などというたくさんの言いまわしも、同じことを示唆《しさ》しているようにみえます。明らかにこれらの慣用語は私どもに味方しているのです。たしかに不安な夢や苦痛な内容、あるいはなんということもない内容をもった夢もありはします。しかし、そのような夢は夢についての慣用語を生みはしなかったのです。なるほど、「悪」夢という言い方はありますが、この夢も、夢だけについてみれば、やはり「行儀のよくない」願望充足にほかなりません。豚にせよ鵞鳥にせよ、そういう動物が自分で殺される夢をみる、ということを私どもに確約してくれるような諺はないからです。

願望充足という夢の性格が、夢について書いた人たちによって気づかれなかった、ということはもちろん考えられません。むしろ、彼らもこの性格にはしばしば気づいたのですが、彼らのだれ一人としてこの性格を普遍的なものと認めて、夢を解明する際の要点だとすることを思いつく人がいなかったのだと思います。私どもには、なぜ彼らがこのことを思いつかなかったか想像がつきますので、のちにその点にもくわしく立ち入ってみましょう。

それはさておき、私どもが小児の夢を評価することからいかに多くの啓発されるものを手に入れたかをみてほしいものです。しかも、ほとんどなんら苦労するところなくです！　眠りの庇護《ひご》者としての夢の機能のこと、二つのたがいに競い合う意向から夢が成り立っていること、そのうちの一つは不変なもの、すなわち、眠りの要求であり、他方は心的な刺激を満たそうと努める要求であること、夢は意味の豊かな心的行為であるという証明、夢のおもな二つの性格は願望の充足と幻覚的体験であること、などがそれです。その際に私どもは、自分たちが精神分析をしているのだということをあやうく忘れるところでした。私どもの仕事はしくじり行為と結びつけて考えた以外には、特別の特徴をもつものではありませんでした。精神分析の前提について知らないどんな心理学者でも、小児の夢にこのような解明をあたえることはできたでしょう。それなのに、なぜだれもこれをしなかったのでしょうか。

もしも幼稚型の夢のような夢しかなかったとすれば、問題はすぐ解決され、私どもの課題も解決されていたと思います。それも、夢みる人に問いかけてみたり、無意識をひきあいに出したり、自由連想などを要求したりすることもなしにです。ところが、私どもの仕事は明らかにまだつづけられているのです。

すでにくりかえし経験したように、普遍妥当的とみられる諸性格はある種の限られた夢についてだけしか確かめられませんでした。ですから、問題は、小児の夢から結論された普遍的な諸性格がもっとも広く根拠のあるものかどうか、充足されないままに残った日中の願望と夢の顕在内容との関係をはっきり認められず、筋道の通らない夢にもこれらの一般的性格があてはまるかどうか、ということなのです。私どもはこれらの別種の夢は、大きく歪められているので、さしあたり判断することをひかえます。ですから、私どもとしては、この歪みを解明するには、小児の夢を理解したときには必要でなかった精神分析の技法を必要とするのだ、と予想しているわけです。

ともあれ、歪みを受けず、小児の夢のように容易に願望の充足として認めることができる一群の夢があります。それは一生を通じて、至上命令的ともいえる力をもつ身体的要求、すなわち飢え、渇《かわ》き、性の欲求などによってひき起こされる夢、つまり内部からの身体的刺激に対する反応としての願望充足であるといってよい夢です。

私は生後十九ヵ月になる女の子の一つの夢をメモしておりますが、その夢は彼女の名前が付記されているメニュー〔アンナ・F……さん、いちご、すぐり、オムレツ、パンがゆ〕の夢です。これは、夢に二度も出てくる果物《くだもの》（いちごとすぐり）のために消化不良を起こし、病気となったために一日絶食させられた苦しさに対する反応なのでした。同じとき、この子の祖母も遊走腎(4)の懸念のために一日絶食したのですが、その夜みたのは、客に招かれて最上の好物を腹いっぱい食べたという夢だったそうです。この祖母の年齢は、孫の年を加えるとちょうど七十になるのでした。空腹にならざるをえない囚人や、旅行や探検などで食物なしに耐えなければならない人々について観察すると、このような欠乏条件のもとではいつもきまってその欲求を充足させる夢をみることを教えられます。

たとえば、オットー・ノルデンシェルド（一八三二～一九〇一。スウェーデンの極地探検家）は、その著の『南極』〔一九〇四年発行〕のなかで、自分といっしょに越冬した隊員についてつぎのように報告しています〔第一巻、三三六ページ〕。

「われわれの心の奥で考えていることを知るうえに非常にはっきりした指標になったものは、夢だった。夢をこんなに多く、しかも生き生きとみたことはかつてないことだった。いつもは、ほとんど例外的にしか夢をみない仲間ですら、毎朝、私どもがこの空想の世界での昨夜の経験（夢のなかの話）をたがいに交換しあうときになると、長い物語をするのだった。夢という夢はすべて、いまはずっと遠く離れてしまっているあの外の世界のことであったが、いまのわれわれの事情にもうまくあっていることもしばしばだった。……ともかく食べること、飲むことが中心点であり、これをめぐる夢がもっとも多かったのである。ある一人はこの点でとくに抜きんでていて、夜ごとに豪華な午餐《ごさん》会に出てゆくのであったが、毎朝、『三品も出る昼食をしてきたぞ』と語るときは、心からうれしそうであった。他の一人はタバコの夢、それも山のようなタバコの夢をみた。また他の男は帆をいっぱいに張って広い海の上をこちらに進んでくる船を夢みていた。もう一つ報告しておかなければならない夢がある。郵便配達夫が郵便をもってきて、なぜこんなにおくれて、待たせてしまったかをながながと釈明する夢である。郵便物をまちがって配達してしまい、それをとりもどすために自分はたいへんな苦労をした、というのである。もちろん、われわれは、このほかにも、もっとありそうもないことを夢にみた。しかし、すべての夢が空想に欠けていたという点は、私の夢にも他のものが語る夢にも非常に目だつことであった。これらの夢をみな採録すれば、心理学的には非常に興味深いことだろう。ともあれ、眠っていると、われわれのだれでもが、激しく熱望したものをすべてあたえられるのであるから、みながいかに眠りを待ちのぞんだかは容易に了解されることであろう」

デュ・プレルから別の例を引用してみましょう。

「ムンゴー・パーク（一七七一〜一八〇六。イギリスの探検家）はアフリカ旅行中に死ぬほどの渇きに苦しんだが、たえず水の豊かな故郷の谷や沃野《よくや》の夢をみた。マグデブルク（ドイツのザクセン州の都市）の星形陣地《シュテルンシャンツェ》で飢えに苦しんでいたトレンク（一七二六〜九四。ドイツの軍人。冒険的な生活を送りパリで処刑される）も、ありあまる食べものに囲まれている夢をみたし、フランクリン（一七八六〜一八四七。イギリスの探検家）の第一次探検隊員（第一次探検は一八一九〜二二年におこなわれた）であったジョージ・バック（イギリスの探検家。一七九六〜一八七八）も、激しい物質欠乏のために餓死に瀕《ひん》したとき、いつも同じように豊かな食事の夢をみた、ということである」

夕食に強く辛味をきかした食物を食べた人は、夜になって渇きをおぼえて、とかく自分が水を飲んでいる夢をみがちなものです。もちろん、食べものや飲みものへの激しい要求は夢によって解消はされません。このような夢からのどが渇いて目がさめ、こんどはほんとうの水を飲まなければならないのです。夢の働きはこのような場合には、ほんとうは大したことはありませんが、それでも目をさまして行動を起こさせようとする刺激に対して、眠りを保持しようとするために夢が招集されているのだ、ということは同じようにはっきりしています。これらの欲求がもっと弱いものであると、欲求充足の夢がしばしばこれを取り除いてくれるというわけです。

同じように、性的刺激の影響を受けて見る夢も満足をあたえることができますが、この種の満足にはひと言ふれておく価値があるだけの特異性が示されています。性欲の性質が、飢えや渇きよりは対象に依存することが少ないので、その満足が夢精をともなう夢のなかで現実に得られることもあります。性欲には対象に関連してあとに述べるような難点があるので、しばしば、この現実の満足が、はっきりしない、あるいは歪められた夢内容と結びついていることもあります。夢精をともなう夢のこの特異性は、オットー・ランクが指摘したように夢の歪みを研究するうえで好対象となるのです。ところで、成人の欲求充足の夢は、欲求充足をさせることのほかに、別のもの、すなわち純粋に心的な刺激源から生じ、したがって、それを理解するためには解釈を必要とする別のものを含んでいるのが常です。

それはそうとして、私どもは幼稚型の成人の願望充足の夢は、先にあげた至上命令的な欲求に対する反応としてだけ生じる、と主張するつもりはありません。疑いもなく心的な刺激源に由来するある種の圧倒的な状況に影響されている、短くてはっきりした夢があることも、私どもはよく知っています。たとえば旅行とか、自分にとってたいせつな意味をもつ興行とか、講演や訪問などの準備をしているときにみる、いらいらした夢です。これは自分の期待が早くも成就するのをみる夢です。つまり、前夜に実際の体験に先だってその目的を達してしまい、劇場にいたり、訪問先の人と話をしていたりする自分をみる夢です。また、うまく名づけたものだと思いますが、不精な夢もあります。これは、もっと眠っていたいと思う人が、すでに起きて洗面をすませていたり、あるいはもう学校に来ていたりするなどを夢にみるのですが、現実にはまだ眠っているのです。つまり、現実に起きているのではなく、夢のなかで起きているというわけです。私どもが、夢を構成するときにいつでも関与していると認めた、眠っていたいと思う願望は、これらの夢でははっきりと現われ、夢の本質的な形成者であることが夢のなかに現われてきます。眠っていたいという欲求が他の大きな身体的な欲求と同等の地位に身を置くことは、当然のことです。

私はここでみなさんに、ミュンヘンのシャック画廊にあるシュヴィント（一八〇四～七一。オーストリアのロマン派画家）の絵の複製をお見せしましょう。この画家が、夢の成立をそのときの支配的な状況に左右されるものとして、いかに正しくとらえているかを示したいのです。『囚人の夢』

という題の絵ですが、その内容は釈放されること以外のなにものでもないのです。窓からぬけだして自由の身になりたいとは、まったくうまくできています。この囚人の眠りをさましてしまう光の刺激が侵入してくるのは、この窓からなのですから。上下に重なりあって肩車をくんでいる小人たちは、彼が窓の高さまでよじのぼろうとすれば、彼自身がつぎつぎにとらねばならない、姿勢をあらわしています。もし私の考えがまちがいではなく、この芸術家にひどく作意を押しつけることにならないとすれば、一番上にいて格子《こうし》を鋸《のこぎり》でひいている、つまり囚人がしたいと思うことを実行している小人は、囚人自身と同じ人相をしています。

小児の夢と幼稚型の夢とを除いたほかのすべての夢は、すでに述べたような夢の歪みを受けていて、私どもの進路をはばみます、これらのすべての夢が私どもが考えているように願望の充足であるかどうかは、さしあたって私どもには断言できません。夢の顕在的な内容からは、その夢がどのような心的刺激を源としているかを推論することはできないのです。また、それらの夢が同じようにこの刺激の除去、あるいは解消に努めているということも証明はできていません。その夢は解釈されなければならないからです。すなわち、翻訳し、歪みをもとにもどし、顕在内容を潜在内容に置きかえなければ、幼稚型の夢にみられたことが、すべての夢に対しても当てはまるかどうかは判断をくだせないのです。

（1）He（r）mann は、ヘルマンという人名のほかに、「あの人」という意味にもなる。

（2）この c に出てくる固有名詞は、オーストリア西部のザルツブルク州にある観光地の名。ここには、湖、塩泉、町、山、谷などが散在している。なかでも、ダハシュタインは標高二九九六メートルの山で、よく知られている。

（3）第七講参照。

（4）腎臓を固定する役目をする組織がゆるみ、腎臓が正常な位置から移動するようになっている異常の一種。先天的な場合もあり、後天的には、度重なる妊娠などで生じる場合もある。

第九講　夢の検閲

みなさん！　私どもは、夢の発生、本質、機能を小児の夢の研究を通じて学びました。〈夢は、眠りをさまたげる〔心的な〕刺激を幻覚的な充足によってとりかたづけるものです〉。成人の夢で、私どもが解明することができたのは、わずかにそのうちの一群の夢だけ、すなわち、私どもが幼稚型の夢と名づけた夢だけでした。これ以外の夢がどのようになっているかを、私どもはまだ知りませんし、また理解してもいないのです。私どもは暫定的に一つの結論をくだしてはいますが、この意義を私どもはけっして軽視しようとは思いません。ある夢が私どもに完全に理解できたときには、その夢はいつでも幻覚的な願望の充足であるということが証明されたのです。この一致は偶然ではありませんし、無関心でいてよいものでもありません。

他の種類の夢については、私どもはいろいろと熟考したすえに、しくじり行為の解釈にならって、夢はある未知の内容の歪められた代理物であり、夢を理解するためにはこの未知の内容にまで夢をひきもどしてみなければならない、と仮定しました。ですから、この夢の〈歪み〉を検討し、理解することが、私どものつぎの課題となります。

夢の歪みこそ、私どもに夢を異様なもの、理解しがたいものと感じさせるものなのです。夢の歪みについてはいろいろと知りたい点があります。第一には、それがなにに起因しているかという点、すなわち歪みのダイナミズム、第二には、歪みがどんなことをするのかという点、そして最後には、歪みはどのようにしてつくられるかという点です。私どもはまた、夢の歪みは夢の仕事のつくりだしたものだということもできます。そこで、私どもは夢の働きについて述べ、夢の働きをそのなかに働いているもろもろの力に還元してみようと思うのです。

さて、みなさん、つぎのような夢の話をおききください。この夢は私どもの仲間の一婦人が[1]記録しています。その報告によると、この夢は、名望高い、教養豊かな一老婦人がみた夢だそうです。この夢の分析は試みられていません。報告者の婦人は、精神分析者にとって解釈の必要のない夢としています。夢をみた老婦人もこれを解釈しませんでしたが、彼女はその夢を評価し、あたかもその夢をどう解釈すべきかわかっているかのような判定をくだしているのです。すなわち、彼女は、「昼も夜も子どもの心配をするほかにはなんの余念もないような五十女が、こんないやらしい、ばかばかしいことを夢にみるとは」と述べています。

さて、それは〈愛の奉仕〉の夢なのです。彼女は陸軍第一病院に行き、入口の歩哨《ほしょう》に向かって、「二等軍医の×××〔自分でも知らない名前を呼んでいた〕にお会いしてお話をしたい。私はこの病院で奉仕をしたいのです」と言った。奉仕ということばを彼女は強調して話したので、下士官にはそれが、「愛の奉仕」のことだなと即座にわかった。彼女が年をとった女性だったから、下士官はちょっとためらったが、通してくれた。しかし、彼女は、二等軍医のところへは行かないで、大きな暗い部屋へたどりついた。その部屋では、長いテーブルのそばにたくさんの将校や軍医たちが立ったり腰かけたりしていた。彼女は一等軍医に向かって自分の気持を申し出た。彼はちょっと話しただけで、すぐ彼女の言うことを了解した。その夢のなかで彼女のしゃべった文句は、「私だけではなく、ウィーンに住むたくさんの人妻や娘たちも決心しているのです。兵士と士官の別なく兵隊さんたちのために……」というのだった。このとき、夢のなかではつぶやき声が起こった。しかし、彼女のことばがその場にいる人たちに正しく理解されたことは、一部の士官が困惑した顔つきをし、ある者は意地悪い表情を浮かべたことで、彼女にもわかった。老婦人はさらにつづけて言った。「私たちの決心が変に聞こえますことはよく知っています。しかし、私たちはほんとうに真剣なのです。戦っている兵隊さんに、命が惜しいか惜しくないかなどと、たずねられはしませんでしょう」。しばし重苦しい沈黙があった。一等軍医は腕を彼女の腰にまわして言った。「奥さん、実際こんなふうになる場合を考えてみてください……」〔つぶやき声が聞こえた〕。彼女はだれもかれも同じなのだな、と思いながら、その腕から離れて答えた。「まあ、私は年とった女ですから、そんなふうにはなりませんでしょう。それに一つ条件がまもられなくてはなりませんわ。年齢というものを考えてみなくてはいけません。年をとった女が、ひどく若い方などと……〔つぶやき声が聞こえた〕恐ろしいことですもの」——一等軍医は言った。「よくわかりました」。数人の士官がほがらかに笑った。そのなかには若いときに彼女に求婚した男もまじっていたのであった。婦人は、二等軍医のところへ行けば全部かたづくのだから、そこへ連れて行ってくれるように、と頼んだ。しかし、非常に驚いたことに、自分が二等軍医の名前を知らないことに気づいたのであった。それでも、一等軍医は非常にうやうやしい態度で、その部屋から直接に上の階に通じる細長い螺旋《らせん》階段をのぼって二階に行くように、と指示してくれた。階段をのぼっているあいだに、彼女は一人の士官が「えらい決心をしたものだ、若くても婆さんでも、そんなことはどっちでもいい。えらいぞ！」と言うのを聞いた。さっさと自分の義務を果たすのだという感情で、彼女ははてしない階段をのぼっていった。

同じ夢を、彼女は数週間のあいだになお二回もくりかえしてみたが、この婦人の言うところでは、とるにたりない変化があっただけでほとんど同一の夢だったというのだった。

この夢の経過は、日中に浮かべた空想に対応しているのです。ただいくつかの裂け目があり、また内容の個々の点については、問いただせば明らかになったと思われる箇所もありますが、ごらんのとおりそのままにしてあります。私どもにとって興味のある点は、この夢が多くの隙間《すきま》を残している点です。それも記憶の欠損ではなく、内容の欠損である点です。夢の内容は三ヵ所で消え失せたように切れています。この欠損が生じている部分はつぶやき声で中断されているのです。私どもは分析をしませんでしたから、厳密にはこの夢の意味についてなにか意見を言う権利はありません。しかし、そこにはいくつかのヒントがあたえられていますから、それによってある結論を出すことは許されそうです。たとえば「愛の奉仕」ということばです。さらにつぶやき声で中断される直前の話の部分は、どうしても補ってみる必要があり、しかもこの部分をどう補足すべきかは実にはっきりしています。これを補ってみますと、老婦人は愛国的な義務を果たすために、将兵の区別なく軍人の愛の要求を満足させるべく、わが身を捧げる決心をしている、という内容の空想が生じてくるのです。これはたしかにひどくいとわしい破廉恥《はれんち》な性的空想の典型ですが――夢のなかにはまったく現われてきません。話の前後からおして、この空想を告白しなければならなくなってくると、顕在夢のなかではちょうどそのとき、はっきり聞きとれないつぶやきが起こり、なにかが失われてしまうか押えつけられてしまうのです。

これらの空想のいとわしさこそが、それらの部分を押えつけた動機であったと申しましても、ほぼそれが正しいことをみなさんはお認めになるでしょう。ところで、みなさんはこの出来事に類似したことをどこに見つけたらよいとお思いですか。いまの時代では、これを遠くまで求めてゆく必要はありません。それには、どれでもいいから政治新聞を一部手にとってみられることです。本文のところどころが抜け落ちていて、白紙のままになっているのを見つけられるでしょう。ご存じのとおり、それは新聞検閲のしわざなのです。この空白になった箇所には、検閲官の気に入らないことが書いてあって、そのために削除されたというわけです。みなさんは、そこが一番おもしろいところだったろう、「最高の箇所」だったのに惜しいことをしたと思われるでしょう。

なかには、刷りあがった文章に検閲の力が及んでいない記事もあります。それは、記者があらかじめ検閲にふれる箇所を予想して予防線をはり、その部分をおだやかに書いたり、あるいは変更を加えて、書きたいと思っていたことを遠まわしにほのめかすだけでがまんしている場合です。新聞には空白こそできませんが、表現が妙にもってまわっていたり、あいまいだったりして、検閲をあらかじめ念頭において書かれたことが読者にも察知できます。

さて、この対比をよく頭に入れておきましょう。夢のなかの会話で抜かされた部分、すなわち、つぶやき声で隠されてしまった部分もまた、夢の検閲の犠牲になったのだ、と私どもは言いたいのです。私どもは直覚的に判断して〈夢の検閲〉云々《うんぬん》ということばを使いますが、これが夢の歪みに一役を買っています。顕在夢に欠損がある場合は、すべて夢の検閲がその責めを負うべきです。私どもはさらにすすんで、夢のある要素が他のはっきりした要素のなかにはさまって、とくに弱く、ぼんやりと怪しげにしか思い出せないときには、いつでもそこに検閲が現われていた、と認めるべきであると思います。きわめてまれにではありますが、この検閲が非常にあからさまに、生地のままで姿をみせることがあります。「愛の奉仕」の夢の例にみるような検閲がそれだ、といってもよいでしょう。しかし、検閲が生地のままに現われる第一の型にくらべて、本来のものの代わりに、これを弱めたり、おおよそのところにとどめたり、ほのめかしたりする検閲の第二の型のほうが、はるかにしばしば力をふるいます。

夢の検閲の第三の型については、新聞の検閲のやり方とは対比できませんが、これまでに分析をしてみた夢の唯一の実例についてこれを示すことができます。「一フローリン五〇クロイツァーであまりよくない客席の切符三枚」という夢を思い出してください(1)。この夢の潜在思想には、「急ぎすぎて、あまりにも早まって」という要素が前景に出ていました。それはつまり、あんなに〈早く〉結婚したのは、ばかだった——あんなに〈早まって〉芝居の切符の心配をしたのは、ばかだった——義妹があんなに〈急いで〉装飾品を買ったのは、笑うべきことだった、ということでした。夢の思想のなかの、この中心的要素は一つも顕在夢のなかにははいっていません。劇場へ行くこと、切符を手に入れることが顕在夢の中心に置かれていました。このようなアクセントの置きかえ、内容となる要素の編成がえによって、顕在夢は夢の潜在思想とは似ても似つかぬものとなります。ですから、だれも夢の潜在思想が顕在夢の背後にあることなど考えもしなくなるのです。このアクセントの置きかえは夢の歪みをつくるおもな手段であり、そのために、夢をみた人自身すら、それが自分のつくりだしたものであることを認めたがらないような奇怪さを夢にあたえることになります。

つまりは、資料の脱漏《だつろう》、変容、編成がえが夢の検閲の働きであり、夢の歪みの手段なのです。夢の検閲そのものこそ、いま私どもが研究の対象としている夢の歪みの首謀者、または首謀者の一人というわけです。変容と編成がえを私どもはまた、〈置きかえ〉ということばで総括することにしています。

夢の検閲の作用について以上のようなお話をいたしましたところで、こんどは検閲のダイナミズムについて考えてみましょう。みなさんはこの表現を擬人的にとりすぎて、夢の検閲官として厳格な小人閣下や霊が脳内の小部屋に住んでいて、検閲の職務をおこなっていると思ったりなさらないように願います。といって、局在論的にとりすぎて、このような検閲の作用をいとなむ「脳中枢」があり、その中枢を傷つけたり取り除いたりすれば、この作用もやむのではないか、などとお考えにならないでください。さしあたっては、検閲ということばは、ダイナミックな関係を表現するための一つの便利な術語にすぎないのです。このことばでは、どのような意向によって、またはどのような意向に対して、このような検閲の影響が及ぶのかを問題にしてさしつかえないのです。私どもは、以前に一度、おそらくは夢の検閲とも知らずに、夢の検閲にふれる経験をしたことがあるのだといっても驚くことはないと思います。

というのは、実際にそのような場合があったのです。私どもが自由連想法という技法を応用しはじめたときに、一つの驚くべき経験をしたことを思い出してください。[2] 私どもが夢の要素から、夢の要素が代理している無意識の要素へたどりつこうと努力していたとき、この努力がある〈抵抗〉につきあたったことを感じました。この抵抗の強さはいろいろであり、あるときは巨大なものだが、あるときはごくわずかなものだとお話ししておきました。抵抗がごくわずかな場合には、私どもは解釈をすすめるのに、わずかな中間項を通りぬけさえすればよかったのです。しかし、抵抗が大きい場合には、夢の要素から長い連想の鎖をたどって、ひどく離れたところまで連れ去られていってしまいます。しかも、その途中で、思いつきに対する批判的反論として現われるあらゆる困難を克服しなければならなかったのです。夢を解釈するときに抵抗となって行く手をさえぎるもの、それを私どもは夢の検閲として、こんどは夢の働きのなかへもちこまなければなりません。解釈のときの抵抗は夢の検閲の対象化にすぎないのです。また、検閲の力は、夢の歪みをひき起こすだけで消耗してしまい、そのあとはなくなってしまうものではなくて、持続的な制度として、その歪みを保持しつづけようとする意図をもって存続します。そのこともこの抵抗は証明しているのです。なお、解釈のときの抵抗が要素ごとにその強さを変えているように、検閲によってひき起こされた歪みも、同一の夢のなかでその要素ごとに程度を異にしています。顕在夢と潜在夢とをくらべてみますと、夢の顕在内容のなかで、ある潜在的要素は完全に消し去られ、ある潜在的要素は多かれ少なかれ変容され、またある潜在的要素は変わらないどころか、ひょっとすると強化されていることがわかるのです。

しかし、私どもが検討を加えてみようと思ったのは、どのような意向がどのような意向に対して検閲を加えるのか、ということでした。さて、この問題は夢を理解するためにも、いやおそらくは人間の生活を理解するためにも根本的な問題なのですが、私どもに解釈できたかずかずの夢を概観すれば、たやすくこれに答えることができます。検閲する側の意向とは、夢をみた人の目ざめているときの判断によって承認される意向であり、夢をみた人がたしかにそうだ、と感じる意向であります。もしみなさんが、自分の夢について正しくおこなわれた解釈を拒否するとすれば、みなさんは、夢の検閲がおこなわれて夢の歪みが生まれ、そのために解釈を必要とさせた動機と同じ動機から拒否していることは確かなのです。先にあげた五十歳の婦人の夢を考えてみてください。彼女は自分のみた夢を解釈したわけでもないのに、いやらしいものと思っています。もしもドクトル・フォン・フーク夫人（精神分析学者。女性心理ならびに児童心理学を専攻）がぬきさしならぬ解釈をしてきかせたとしたら、彼女はもっともっと憤然としたことでしょう。そして、まさしくこの非難に値するという判断を自分でくだしたために、夢のなかでは、もっとも品の悪い部分がつぶやき声で置きかえられているのです。

しかし、さしあたりは、夢の検閲の対象となる意向を、心のなかにある法廷自体の立場から記述してみなければなりません。その場合、検閲の対象となる意向は徹頭徹尾、非難に値する性質のものであり、倫理的、美的、社会的な見地からは下品なものであり、人があえて考えようとはしないもの、あるいは嫌悪《けんお》の念をもってでなければ考えられないようなものであるとだけはいえます。なかでも検閲を受け、夢のなかで歪んだ表現をとっている願望は、放縦で無思慮な利己主義の表明なのです。しかも、夢をみる人の自我はどの夢のなかにも現われ、たとえ顕在内容のなかではたくみに身を隠すことを知っていても、すべての夢で主役を演じているのです。夢のこの「聖なるエゴイズム」は、たしかに眠ろうという心構え、すなわち外界から関心をしりぞけることにほかならない心構えと無関係ではありません。

すべての倫理的な束縛から解放された自我は、性的欲望のいっさいの要求、すなわち、むかしから私どもの美的教育によって非とされてきた性的欲求や、あらゆる倫理的拘束《こうそく》の要請に反する性的要求と合致することを心得ています。快感を求める欲求――これをリビドと私どもは呼んでいますが(3)――はその対象を好き勝手に選びます。いや、禁ぜられたものをもっとも好んで選ぶのです。リビドは、たんに人妻を対象に選ぶのみならず、人間としての約束を通じて神聖なものとされている対象、すなわち男性では母親や姉妹、女性では父親や兄弟をさえ、近親相姦《そうかん》の対象として選ぶのです〔本講のはじめに述べた五十歳の婦人の夢も近親相姦の夢で、そのリビドはまぎれもなく息子《むすこ》に向けられています〕。人間の本性からは遠いものと信じられている情欲が、夢をひき起こすのに十分なだけの力をもっていることがわかります。憎悪《ぞうお》もまたほしいままに荒れ狂います。人生において最愛の近親者たち、すなわち両親、兄弟姉妹、配偶者、わが子に対する復讐《ふくしゅう》や死の願望すらけっして珍しいことではありません。これらの願望は検閲を受けてはいますが、まことに地獄から湧《わ》きあがってくるかのようにみえます。目ざめているときの解釈にしたがえば、これらの願望に対しては、どれほどきびしい検閲といえどもきびしすぎるとは思えないのです。

しかし、この願望の内容が邪悪だからといって、夢そのものに非難を浴びせてはいけません。みなさんは、夢が眠りを妨害からまもるという無害な、いやそれどころか有益な働きをもっていることを忘れないでください。このような邪悪さは夢の本質ではないのです。正当な願望や切実な身体的欲求の充足と認められるような夢もあることは、みなさんもよく知っているはずです。この種の夢には、たしかになんの歪みもありません。この種の夢は歪みを必要としないし、自我の倫理的および美的な意向をそこなうことなく、その機能を果たすことができるのです。

みなさんは、夢の歪みが二つの要因に比例するということを考えつづけておられることでしょう。すなわち、夢の歪みは、一方では、検閲を受けるべき願望がよこしまなものであればあるほど、他方では、そのときの検閲の要求がきびしければきびしいほど、大きくなるのです。ですから、厳格な教育を受けた慎《つつし》み深い若い娘は、私どものような医師なら、なんということもない無害なリビド的願望だと認める夢の活動、そしてその娘自身にしても十年もたてば私どもと同じように判断するにちがいない夢の活動を、仮借《かしゃく》のない検閲を加えて歪めてしまいます。

ところで、私どもの夢の解釈のこうした成果について、慨嘆するのはまだ早いようです。私どもはそれを正しく理解するところまではいっていない、と私は信じています。しかし、それはともかくとして、なによりもまず、ある種の攻撃を防いでおく義務が私どもにはあります。解釈の成果に攻撃を加えることは、けっしてむずかしいことではありません。私どもの夢の解釈は、先にもお話ししたように、つぎのような前提のもとになされています。すなわち、夢にはそもそもなんらかの意味があるということ、夢をみているときには無意識的な心的過程が存在するという考えを催眠法による睡眠から正常な睡眠に移して考えてみてもいいということ、すべての思いつきは決定されているということ、以上三つの前提です。もしもこの前提のうえにたって、私どもが夢の解釈を納得できる結論に導くことができたとすれば、この前提は正しかったのだ、と推論するのは当然だと思います。しかし、もしもこの成果がたったいま私が述べたようなものになったとしたら、どうでしょうか。その場合には、おそらくつぎのように攻撃者は言うにちがいありません。「そんなことはありうべからざる、ばかげた、すくなくともきわめて信憑《しんぴょう》性のない結論だ。だから、前提にまちがったところがあったのだ。夢はやはり心的な現象ではないのか、それとも正常な状態のときには無意識的なものはなにも存在しないのか、それとも精神分析の技法にどこか欠陥があるのか、そのいずれかである。きみたちがかかげた諸前提にもとづいて発見したと自称している、あんな途方もない結論よりも、もっと単純でもっと満足のゆくような仮定は立てられないものか」

もっと単純で、しかももっと満足できるものですって！　しかし、そうだからといってそれが必然的により正しいとはかぎりません。すこし時をかしてください。事態は、まだ断定をくだしうるほど熟してはいないのですから。とにかく、私どもの夢の解釈に対する批判をもっと強めてみましょう。解釈の成果がはなはだ不愉快でいとわしいということは、それほど重大なことではありません。その人の夢を解釈して、この種の願望傾向があると指摘されたその当の本人が、十分な根拠をあげて、なにがなんでもその願望傾向を否定しようとすることのほうが、もっと強い論拠になるのです。

ある人はこう言うでしょう。「なんだって？　きみは、妹の結婚支度や弟の教育につかった費用を私が惜しんでいるということを、私の夢から証明しようとするのか。そんなことはありえないよ。私が働いているのは、弟妹のためだし、人生においての私の楽しみといえば、亡き母に長男として約束したとおり、彼らに対する義務を果たすことだけなのだ」。また、別の夢をみたある婦人はこう言うでしょう。「私が主人の死を願っているですって。とんでもないばかばかしいことを！　私はこのうえもないしあわせな結婚生活を送っているのですよ——あなたは本当になさらないでしょうけど——夫が死ぬようなことがあったら、私がこの世にもっている幸福のすべてがなくなってしまうのと同じですわ」。また、他の人は反論してこう言うでしょう。「僕が妹に対して性的な欲望をもっているですって？　こいつはお笑いだ。妹なんかまるで問題じゃありませんよ。僕たちは仲が悪くて、僕は妹とは何年も口をきいていないのですよ」

夢をみた人が指摘された意向を認めなかったり、拒否したりしたところで、私どもは、それをまともにはとらないでしょう。私どもは、それこそまさに夢をみた本人が自分では気づかない事柄なのだということができるのです。ところが、彼らが、指摘されたこのような願望とはまさに反対のことを心のなかで感じており、しかも、この反対の願望が心を占めていることをその生活行動によって私どもに証明することもあります。それには、私どもは当惑せざるをえないわけです。こうなってくると、夢解釈の研究のすべてを、その結果からみて不合理なことがはっきりしたとして、捨ててしまうべき時点に到達したのでしょうか。

いや、まだまだそうではありません。このようなかなり強い論証にしても、私どもが批判的な論駁《ろんばく》を加えてゆけば破れてしまいます。心的生活のなかに無意識的な意向があると仮定すれば、意識的な生活のなかでこれと反対の意向が支配的であるからといって、それはなんら無意識的な意向がないと言いきるだけの証明力をもつものではないのです。おそらく、心的生活のなかには対立的なもろもろの傾向、すなわち矛盾の共存を容《い》れる余地があるのでしょう。いや、もしかすると、一方の活動が支配権をにぎることこそ、これと対立する活動が無意識にあることの条件なのかもしれません。したがって、夢の解釈の結論は単純ではなく、またまったく不愉快なものだ、という最初に私どもに向けられた攻撃は、まさにそのとおりなのです。

それに対して、第一に反論を加えておくべきことは、みなさんが、単純に単純にと唱えてまわってみても、それだけでは夢の問題を一つとして解くわけにはいかないということです。みなさんは、どうしてもここには複雑な事情があることを認めなければなりません。第二に、みなさんが感ぜられる快、不快の感情を科学的な判断の動機に利用するのは、明らかに不当だということです。夢の解釈の結果が、みなさんにとって不愉快だとか、それどころか恥ずかしいとか、いやらしいとかいったところで、それがどうしたというのでしょう。私が若い医者だったころ、シャルコー先生[4]がこれと同じような場合に、「それはそうだったってかまわない」と、よくおっしゃっていたのを聞いたことがあります。つまりこのことばは、この世界に現実にあるものを知ろうとするなら、謙虚な気持になって、共感や反感はちゃんと抑制していなければいけないということなのです。もしある物理学者が地球上の生物は短期間のうちに死滅してしまうはずだということを証明したとすれば、みなさんは、そんなことがあるものか、そんな見解は不愉快だといって、あえて反抗する勇気がおありですか。みなさんはおそらく黙ってしまい、他の物理学者が登場して、先の物理学者の前提か計算がまちがっているのを証明するまで待つでしょう。もしもみなさんが自分にとって不愉快なものを拒否するならば、みなさんは夢を形成するメカニズムを理解して、それを克服するのではなく、かえって夢のメカニズムと同じことをくりかえしていることになるのです。

そうなると、みなさんはおそらく、検閲を受けた夢の願望がもつ、いとわしい性格から目をそむけるようになるでしょうし、また人間の資質のなかで、悪にそれほど広い余地があたえられているなどということは、やはり本当らしくない、という主張にたちもどってしまうでしょう。しかし、みなさんは自分の経験からみたとしたら、そんなことが言えるとお思いですか。私はなにも、みなさん自身がご自分の目にどううつるか、ということについてはなにも言うつもりはありません。だが、いったい、みなさんは、人間の本性のどこかに利己的な悪が関与していることに反対する義務を感じなければならぬほど、上司や同僚から親切を受けたり、敵に義俠《ぎきょう》心を見いだしたり、社会から嫉妬《しっと》心を向けられずにすんだりしているのでしょうか。また、普通の人間というものは、性生活のあらゆる問題に関して、どんなに抑制力がなく、どんなに信頼できないものであるかを、みなさんはご存じないのですか。それとも、私どもが、毎夜、夢のなかでみるあらゆる逸脱や放埒《ほうらつ》が、目ざめている人間によって日ごと犯罪として現実におこなわれていることをご存じないのでしょうか。精神分析がここでいっていることは、プラトンが言ったことば、すなわち善人とは悪人が現実にしていることを夢にみて満足している人間である、ということ以外のなにものでもありません。

さて、目を個人から転じて、今日なおヨーロッパに荒れ狂っている大戦（第一次世界大戦）に向け、数かぎりない野蛮、残忍、虚偽がいまや文化的世界のなかにはびこっていることを考えてください。みなさんは、ほんの一にぎりの良心をもたない野心家と誘惑者とが、うまくこれらの悪霊をはびこらせることができたのであって、命令にしたがっている幾百万人の人々には罪はない、とほんとうに信じておられるのですか。このような事態のもとでも、なお、みなさんは悪を人間の心的素質からなくすために勝負をいどむだけの勇気がおありですか。

みなさんは、私が戦争を一面的に判断している、といって非難なさるでしょう。戦争は人間のもっとも美しく崇高な面、すなわち英雄的な勇気、自己犠牲、その社会的連帯感をも大いに発揮させるとおっしゃるでしょう。たしかにそうです。しかし、精神分析は一方を主張するために他方を否定するといって、不当な非難を精神分析に対して浴びせる人々と同じ誤りを、みなさんはどうぞおかさないでください。人間の天性のなかにある高貴な性向を拒絶しようなどと思う意図は、私どもにはございませんし、またその価値を過小に評価したこともありません。反対に、私はみなさんに、検閲を受けたよこしまな夢の願望を示すだけでなく、それらの夢の願望を抑制し、見わけがたいものとする検閲があることを指摘しているのです。人間のなかにある悪について、大いに力を入れて長々とお話ししているわけは、他の人たちが悪の存在を否定するために、人間の心的生活はよくなるどころか、かえって不可解なものになるばかりだからです。そこで、もしもわれわれがこうした一面的な倫理的評価を捨ててかかれば、人間の本性のなかにある悪と善との関係に関して、もっと正当な公式をきっと見つけることができるでしょう。

ですから、そうしておくことにしましょう。夢の解釈に関する私どもの作業の成果は異様なものにみえるにちがいないのですが、しかし私どもはそれを捨て去る必要はないのです。おそらくあとになれば、私どもは別の道を通ってこれを理解できるようになるでしょう。夢の歪みとは、夜眠っているあいだに私どものうちに働く、なにかしら忌《い》《ま》わしい願望に対して、自我に容認されている諸意向によっておこなわれる検閲の結果なのであるという説を、私どもはさしあたり固持しておきたいと思います。もちろん、このいとわしい願望がなぜ夜にかぎって活動するのか、またそれはどこに由来するのかということについては、まだまだ研究すべき問題が残っているのです。

しかし、もし私どもがいま、これらの研究の他の成果を強調するのを怠ったとすれば、それはまちがっていることになるでしょう。私どもの眠りをさまたげようとする夢の願望は、私どもにはまだ知られておりません。それは実際、夢の解釈によってはじめて知りうるのです。ですから、それらの願望は先に述べたような意味で、そのときには無意識だったものと名づけることができます。しかしその反面、私どもは、それらの願望は、そのときは無意識であるという以上のものだといわなくてはなりません。夢をみた当人は、夢の解釈によってその願望を知ったあとでも、私どもが現に多くの例で経験しているようにこれを否定するのです。ですから、この場合、はじめに、「私どものボスの健康を祈っておくびをしましょう」(5)という言いまちがいを解釈した際に遭遇したのとちょうど同じようなことが、ここでもくりかえされているわけです。あの場合、乾杯の辞を述べる人は、そのときも、また以前にも、自分のボスに対して、失礼にあたる心の動きを意識したことはない、と怒って断言したものでした。私どもはすでにそのとき、このような断言の価値に疑惑の念をもちました。そして、乾杯の辞を言いまちがえたその本人は、自分のうちにある心の動きにずっと気づいていないのだ、という仮定を立てたのです。強く歪められている夢の解釈にあたっては、いつもこのようなことがくりかえされますので、私どもの見解にとって、それはだんだん意義を増してくるようになります。私どもは、いまではすでに、心的活動のなかには、一般にまったく気づかれず、長いこと気づかれていない、それどころかおそらくはけっして気づかれたことのないような過程や意向があるということを仮定してよいのです。ですから、無意識は私どもにとって、ここに新しい一つの意味をもつことになります。「そのとき」とか「一時的に」とかいうことは、無意識の本質からは消え去ってしまいます。無意識的なものとは、たんに「そのときに潜在的である」というだけの意味ではなくて、〈永久に〉無意識であることをも意味することになります。もちろん、この点については、また別のときにもっといろいろとお話ししなければならないでしょう。

〔1〕ドクトル・フォン・フーク・ヘルムート夫人。

（1）第七講参照。
（2）第七講参照。
（3）性の欲動または本能の根底にあり、性の欲動をひき起こすエネルギーをいう。のちには広くエロスの本能または生の本能の根源にあるエネルギーをさすようになった。これに対して死の欲動のエネルギーをサナトスと名づけている。
（4）（一八二五～九三）。フランスの神経病学および精神医学の碩学《せきがく》。ヒステリー、催眠現象、神経病などに大きい業績をあげている。フロイトは一八八五年に神経学の研究のため、パリのシャルコーのもとに学んだ。この碩学のもとで、彼は心理的にヒステリー症状が起こりうることを学び知った。のちにフロイトの論敵となったP・ジャネもその門下の一人である。
（5）第二講参照。

第十講　夢の象徴的表現

みなさん！　夢を理解するさまたげとなっている夢の歪《ゆが》みは、無意識の許せないと思う願望に対して向けられた検閲活動の結果であることを、私どもは、これまでに見いだしたわけです。しかし、私どもはもちろん、この夢の検閲だけが夢の歪みに対して責任を負うべき唯一の要因である、と主張するものではありません。夢を研究してゆきますと、夢の歪みという結果をきたすものには、なお検閲以外の別の契機が関与していることを発見することができるのです。つまりそれは、夢の検閲が取り除かれた場合でも、やはり夢は理解しにくいものであろうし、夢の顕在内容がその潜在思想と一致することもないであろうということです。

夢を見通しのきかないものとしているこの別の契機、すなわち夢の歪みに関して新しく参与するこの要因は、私どもの技法の欠陥に注意を向けることによって発見されます。すでに正直に申し上げておいたことですが、分析を受けている人が、夢の一つ一つの要素に対して、なにも思い浮かばないということがよくあります。もちろん、このようなことは、分析を受ける人たちが主張するほど、そうたびたびあることではありません。しかし、ほとんどの場合、根強く強要すれば思いつきは浮かぶものなのです。だが、それでも連想が浮かばなかったり、あるいは無理に思い浮かべてみても、私どもが予想したようなものがあたえられないときもあります。このようなことが精神分析の治療中に起これば、それにはある特別な意味があるとしてよいものなのですが、それについてはここではふれないでおきましょう。しかし、そのようなことは、正常な人の夢を解釈するときにも、自分自身の夢を解釈するときにも起こります。この場合、いくら強制してみてもなんの役にもたたないということがはっきりしてくると、ついに私どもも、このような好ましからぬ偶発事は夢の特定の要因について起こるものだということに気づくようになってくるわけです。はじめのころは、分析の技法がうまくゆかなかった例外的のものと思いこんでいたのですが、やがていままで気づかなかった新しい法則性がそこにあることを認識するようになります。

このようにして、この種の「黙して語らぬ」夢の要素を自分で解釈し、自分の手法で翻訳してみようという誘惑を感じるようになるのです。翻訳によるこうした代理形成をあえておこなえば、私どもは満足のゆくような意味を得ることができますが、この作業をあえてする決心をしないかぎり、夢は依然として意味がなく、連関性のないままにとどまります。しかし、まったくよく似ている例を積み重ねていきますと、はじめはおずおずとすすめていた私どもの試みも、やがて十分な確信を得るようになるのです。

以上のすべてを、すこし図式的に述べることにしますが、これも教育的な目的のためには許されるでしょう。これは、ただ単純化しただけで事実をまげているのではありません。

このようにして、夢の要素のうちの一連のものに対しては、いつも一定の翻訳ができるようになります。つまり、通俗的な夢占いの本のなかで、夢のあらゆる事物が翻訳されているのとまったく似たようなものです。しかし、私どもの連想の技法では、同じ夢の要素がいつも同じもので代理されるというようなことはけっしてありません。このことは、みなさんもお忘れではないでしょう。

こういえば、すぐにみなさんは、「このような解釈の方法は、自分たちには自由な思いつきを手段とした前の方法よりも、はるかに不確実だし、はるかに攻撃を加えやすいもののように思われる」と言われることと思います。しかし、問題はそれだけではありません。すなわち、もし私どもが経験を積みながら、この一定不変の代理物を十分に集めてみますと、夢の解釈のこれらの部分は、実際、自分の知識によってこなすべきものであって、夢をみた人の思いつきを借りなくても理解しうるものであるということが、いつかわかってくるのです。夢の解釈のこれらの部分の意味がどこから知られるようになるのかということは、私どもの論述の後半のところで報告いたしましょう。

ある夢の要素とその翻訳とのあいだの恒常的な関係を、私どもは〈象徴〉的関係と呼びます。また夢の要素自体が夢の無意識の思想の〈象徴〉なのです。先に私が夢の要素とそれの本来のものとの関係を検討したときに、三つの関係を区別したことを、みなさんは覚えておられるでしょう。すなわち、全体に対する部分の関係、ほのめかしの関係、および形象化という関係です。そのとき第四の関係のあることもお知らせしておきましたが、べつに名前はつけておきませんでした。(1)この第四の関係がいまお話しした象徴的関係なのです。この関係についてきわめて興味深い論議がなされていますから、象徴性についての私どもの特殊な観察を述べる前に、この論議をとりあげておきたいと思います。象徴性はおそらく、夢についての学説のなかでもっとも注目に値する章となるでしょう。

まず第一に、象徴は恒常的・固定的な翻訳ですから、私どもの精神分析の技法とは遠い隔たりのある古代の夢占いや通俗的な夢判断の理想を、ある程度まで実現しているということです。夢をみた当人はもともと象徴についてはなにも知らないのですから、この人たちに質問をしないままで夢を解釈することも、事情によっては許されるでしょう。もし一般に広くおこなわれている夢の象徴と、それから夢をみた当人の人柄、生活事情、夢をみさせるもとになった印象を知っていれば、われわれは夢をただちに解釈し、すらすらと翻訳できることになります。このような芸当ができるようになると、夢の解釈者はいい気になり、また夢をみた当人を感嘆させるのです。それはいい気持のもので、夢をみた人にいろいろと苦労して問いただしてゆく仕事とはたいへんなちがいです。しかし、そんなことに惑わされてはいけません。芸当をしてみせるのは、私どものすることではありません。

象徴の知識にもとづく解釈は、連想による技法に代わりうる技法でもなく、それと優劣がくらべられるような技法でもないのです。それは連想による技法を補助するものであり、二つあわせてはじめて役にたつ結果が出るわけです。しかも、夢をみた人の心的状況に関する知識についていえば、みなさんは、自分がよく知っている人の夢だけを解釈するのではないということ、一般に夢をひき起こすもとになる日中の出来事について知っていないこと、そして被分析者のもろもろの思いつきこそ心的状況と呼ばれるものに関する知識を提供するものであること、などの諸点を深く考える必要があります。

さらに、のちに述べるはずの諸点と関連して注目すべきことですが、夢と無意識とのあいだに象徴的関係があるということに対して、激しい抗議が起きています。これまで精神分析とともに長い道程を歩いてきた、判断力もあり名望もある人々でさえも、この象徴的関係の点ではついてゆくことを拒否しました。しかし、第一に、象徴性は夢特有のものでもなければ、夢の特徴でもないこと、第二に、夢の象徴性は精神分析によって発見されたものではけっしてないこと〔他の点では精神分析には目ざましい発見が少なくないのですが〕、この二つのことを考えると、人々のこうした態度は、ずいぶんおかしいと思います。夢の象徴性を発見した人としては、この考えが近代に起源をもつものだとすれば、哲学者シェルナー〔一八六一年〕の名をあげるべきで、精神分析はその発見を確認し、そのうえでこれを根本的に修正したのです。

さて、みなさんは夢の象徴性の本質とその実例についてききたいと思われるでしょう。私は、自分の知っていることをよろこんで報告いたしましょう。しかし、みなさんに告白しておきますが、私どもの理解は、私どもが望んでいるほど遠くまでは到達していないのです。

象徴関係の本質は比較対照ですが、しかし勝手気ままなものではありません。この対照には特別な条件が予想されていますが、その条件がどういうものかは言うことができないのです。私どもがある対象あるいは過程をそれと対照しうるようなもののすべてが、夢のなかにそのものの象徴として現われるとはかぎりません。他方、夢はまた手あたりしだいにすべてを象徴化するのではなく、夢の潜在思想のなかのある特定の要素だけを象徴化するのです。いわば、ここには二つの方向からの制約があるということになります。さらにまた、私どもは、象徴という概念も現在のところ明確に限定することができず、代理や表現などとの境界がぼやけており、ほのめかしにすら近似するものがあることを認めなければなりません。象徴の一連のものにあっては、その根底にある対照は明白です。しかし、これと並んで、対照があるとは思われるが、いったいどこに比較の共通点を求めるべきか、すなわち比較上の第三者をどこに求めるべきかを問題にせざるをえないような象徴もあります。その場合、よくよく考えてみれば共通点は発見できるかもしれませんし、またあくまで私どもにとって隠されたままになっているということもあるかもしれません。さらに、もし象徴が一種の対照であるとすれば、この比較対照が連想によってあらわにされないことも奇妙ですし、また夢をみた人がこの対照をなにも知らないことや、知らないままにこれを利用していることもふしぎです。それのみならず、夢をみた当人がこの対照をつきつけられてもけっして認めたがらないのも変なことです。したがって、この象徴関係はまったく特殊な比較対照であり、その根拠はまだ私どもによって十分に明らかにされていないものであることがわかります。おそらく、あとでこの未知のものに対しても言及することができるでしょう。

夢のなかで象徴によってあらわされる事物の範囲はそう広いものではありません。身体全体、両親、子ども、兄弟姉妹、出産、死、裸体など――それにもう一つあります。人間というものの全体をあらわす唯一の典型的な表現、つまり通例の表現は、シェルナーが認めたように、〈家屋〉なのです。シェルナーはこの象徴に対して不当なほど大きい意味をあたえようとしました。

夢のなかでは、あるときは愉快に、またあるときは不安をいだきながら、家の正面をつたって降りることがよくあります。壁面がまったく平らな家は男子です。しかし、手をかけて身体をささえられるような張出しの部分とかバルコニーのついている家は女性です。両親は夢のなかでは〈皇帝〉と〈皇后〉、王と王妃、そのほか敬意をはらわれる人物となって現われます。夢はこの場合、非常に畏敬《いけい》的なものです。子どもや兄弟姉妹に対して、夢はこれほどやさしくはふるまいません。これらのものは〈小動物〉〈害虫〉として象徴されます。出産は〈水〉と関係させて表現されるのが通例です。たとえば、水のなかに落ち込む、水からはい上がる、人を水から救い上げる、自分が水から救い上げられる、などです。すなわち、母親と子どもの関係をもつのです。死ぬことは夢のなかでは〈旅立ち〉〈汽車旅行〉で代理され、死んでいることはいろいろな暗い、畏怖《いふ》を示唆《しさ》するものにより、裸体は〈衣服〉や〈制服〉によって示されます。

以上、ごらんのとおり、象徴とほのめかしによる表現とのあいだでは、限界ははっきりしていません。

このように数えてみたときの数の少なさにくらべて、もう一つ別の領域にある対象や内容には、非常に豊富な象徴的表現があることに驚かされます。その領域とは性生活、すなわち性器、性的過程および性交に関する領域です。夢に現われる象徴の圧倒的多数は性的な象徴です。この場合、一つの注目に値する不均衡が現われます。表現される内容の数は少ないのに、それの象徴の数はなみなみならず多いのですから、いま述べたようなものは等しい価値をもつ無数の象徴によって表現されうるという不均衡です。その場合、象徴を解釈すると、一般に人の感情をそこねるようなことが生じてきます。象徴の解釈は、夢の表現の多様性とは対比的にひどく単調なものになります。このことは、象徴の解釈を経験したものにとっておもしろくないことですが、いたしかたありません。

この講義にあたって、性生活の内容が話題になるのは最初のことですので、私がこの主題をどんな仕方で取り扱うつもりであるか、みなさんに弁明しておかなければなりません。精神分析は事実について隠しだてをしたり、示唆的にほのめかしたりする動機はありませんし、またこの重要な材料を取り扱うことを恥じなければならない必要も認めません。すべて性的な内容をその正確な名前で呼ぶことは正しく、またまともなことだと考えておりますし、こうすることによって、じゃまになる付随的な観念をもっとも早く取り除くことができると信じます。みなさんがた聴衆のなかには男性のかたも女性のかたもおられるからといって、この態度を変えることはできません。王室用学問というものがないように、十五、六の小娘用の学問（王室用学問と同じく手かげんした学問）というものもないのです。またご婦人がたもこの講堂においでになったことによって、自分を男性と対等にみてほしいということを示しておられるのではないでしょうか。

さて、男性の性器に対して、夢は象徴的と名づくべき多くの表現をもっており、それらの表現には対照の共通点がきわめてはっきりしています。まず男性性器一般に対しては、聖なる数としての3が象徴としての意味をもちます。人目にもたち、両性にとって関心のある部分でもあるペニスを象徴的に代理するものは、第一には形のうえで似ているものです。すなわち長くて突き出ているもの、つまり〈ステッキ〉〈傘《かさ》〉〈棒〉〈木〉などです。第二には、ペニスと同じように体内に侵入して傷つけるという点で共通性をもつもの、すなわち〈メス〉〈懐剣〉〈槍《やり》〉〈サーベル〉などあらゆる種類の尖《とが》った武器、また〈小銃〉〈短銃〉およびその形からみてはなはだふさわしい〈輪胴式ピストル《リヴォルヴァー》〉などの飛び道具によって象徴されます。少女の不安をともなう夢では、メスとか飛び道具をもった男性に追いかけられる場面が大きい役割を占めています。これなどはおそらくもっともよくみる夢の象徴で、みなさんが容易に翻訳しうるものの実例だと思います。また、すぐ男性のペニスの代理とわかるものには水を吹き出すもの、すなわち〈蛇口《じゃぐち》〉〈じょうろ〉〈噴水〉などや、伸びちぢみすることができるもの、すなわち〈吊りランプ〉〈シャープペンシル〉などがあります。〈鉛筆〉〈ペン軸〉〈爪《つめ》やすり〉〈ハンマー〉その他の〈道具〉も疑いなく男性の性器の象徴でありますが、これは性器についてよくある観念と関係があるのです。

　重力に反して直立できるというペニスの注目すべき性質、すなわち勃起《ぼっき》という部分現象は、〈気球〉〈飛行機〉および最近では〈ツェッペリン飛行船〉（一九〇〇年以来、ドイツのツェッペリン伯によってつくられはじめた飛行船）によって象徴されるようになりました。しかし、夢には勃起を象徴する、はるかに印象深い別の方法があります。夢はペニスを人間全体のなかでの本質的なものとして、人間そのものを〈飛行〉させるのです。私どもがだれでもしばしば経験している美しい飛行の夢を、一般的に性的興奮の夢、勃起の夢として解釈しなければならないことに胸を痛めないでください。精神分析研究者のなかでは、P・フェーデルン（一九〇三年ころからの、フロイトの初期の弟子。自我心理学を確立）が、あらゆる疑惑に抗してこの解釈を確立しましたが、冷静なことで賞讃されていたムーリイ・ヴォルトも、自分の研究を通じて同じ結論に達しているのです。ヴォルトは、腕や脚を不自然な体位においていたときにみる夢を研究した人ですが、精神分析には縁遠く、おそらく精神分析についてはなにも知らなかったと思われる人です。女性でも飛行の夢をみるではないかという抗議をなさってはいけません。私どもの夢は願望を充足させたいと望んでいるものであること、しかも男性になりたいという願望は、意識すると意識しないとにかかわらず、女性には非常に多くみられることを思い出してください。この願望を男性と同じ感覚を通じて実現することが女性にもできるということは、解剖学に通暁している人をも困惑させることはありますまい。女性もまた事実その性器のなかに、男性のペニスに似た小さいペニスをもっていて、この小さいペニス、すなわちクリトリスは小児や性交を経験する年齢以前の時期においても、男性の大きいペニスと同じ役目をしているのだからです。

男性の性的象徴でありながら、理解できにくいものの部類としては、ある種の〈爬虫《はちゅう》類〉〈魚類〉、とくに有名な〈蛇〉の象徴があります。〈帽子〉と〈オーバーコート〉とがなぜ同じように男性の性器の象徴として利用されるのかは、簡単には推察できませんが、それが象徴的意味をもつことは疑う余地はないのです。最後に、ペニスが足や手などのように他の肢体《したい》によって代理されることを象徴的と呼んでよいかどうか疑問が生じるかもしれません。しかし、私は、全体との関連や、また女性の場合にこれと対応するものから考えて、象徴的だといわざるをえない、と思っています。

女性の性器は、空な腔洞《こうどう》があってなかにものを容《い》れることができるという性質を備えたすべての対象によって、象徴的に表現されます。すなわち、〈凹《くぼ》み〉〈溝《みぞ》〉〈洞穴《ほらあな》〉〈管〉〈瓶《びん》〉〈箱〉〈小箱〉〈トランク〉〈筒〉〈荷箱〉〈ポケット〉などによってです。〈船〉もこの系列にはいります。どちらかといえば、女性の性器よりも子宮と関係をもっている象徴もかなりあります。たとえば〈戸棚〉〈竈《かまど》〉、とくに〈部屋〉です。部屋の象徴性は家の象徴性とつながっています。〈玄関〉や〈ドア〉は性器の入口の象徴となります。〈木材〉〈紙〉のような材料や、それからできている〈机〉や〈本〉のような品物もまた、女性の象徴となるのです。動物のうちでは、すくなくとも〈かたつむり〉と〈貝類〉とは、まちがいなく女性の象徴としてあげることができるでしょう。身体の部位のうちでは〈口〉が、建築物では〈教会堂〉や〈チャペル〉が性器の開口部をあらわします。ごらんのとおり、これらすべての象徴がみな同じようにわかりやすいものというわけにはゆきません。

乳房は性器の一つに数えられなければならないものですが、女性の身体の大きい半球形のもの（尻《お》）と同じく、〈りんご〉〈桃〉、〈くだもの〉一般によって表現されます。男女ともに陰毛は、〈森〉や〈藪《やぶ》〉のようなものとしてあらわされます。女性の性器は複雑な局部構造を示すものですから、それが岩や森や水などのある〈風景〉として表現されることが多いことも納得できるでしょう。一方、男性の性器の威風にみちたメカニズムは、筆舌につくしえないほど複雑なあらゆる種類の〈機械類〉をその象徴とすることになります。

女性の性器の象徴のうちで、ふれておく価値のあるものは〈宝石箱〉です。〈宝石〉や〈宝物〉は夢のなかでは愛人を示すものであり、〈甘いもの〉は性的愉悦の表現であることがよくあります。自分の性器の満足感はあらゆる〈遊び〉によって暗示されます。〈ピアノの演奏〉によっても示唆されます。オナニーのきわめてたくみな象徴に〈滑走〉や〈滑降〉、〈枝をひき裂くこと〉などがあります。とくに注目に値する夢の象徴は〈歯の抜け落ちること〉、あるいは〈抜歯〉です。それはたしかにオナニーの罰としての去勢を意味するものです。夢のなかで両性の交わりを表現するものは、いままで述べたところから予期されるよりは少ないのです。その象徴としては、〈ダンス〉〈乗馬〉〈山登り〉などのリズムをともなった運動の名があげられます。〈車に轢《ひ》かれる〉という暴力的な体験も同じです。また、ある種の〈手仕事〉もそうですし、〈武器をかざしての脅迫《きようはく》〉も当然そうなのです。

みなさんは、このような象徴の応用やその翻訳をあまり簡単に考えてはいけません。その際、私どもの期待に反することがいろいろと現われてきます。たとえば、これらの象徴による表現のなかで性別がはっきりしていないことが多いのは、ほとんど信じがたいほどです。男女の区別なく、性器一般を意味する象徴も少なくはありません。たとえば〈小さい〉子ども、すなわち〈小さい〉息子や〈小さい〉娘がそれです。また他の場合に、男性味の勝った象徴が女子の性器に利用されることもあり、逆のこともあります。このことは、われわれが人間の性観念の発達に関して洞察をもつことがないうちは理解できないことです。多くの場合、このように象徴があいまいなのは見かけだけのものかもしれません。象徴のなかでも、〈武器〉〈ポケット〉〈荷箱〉のようなもっとも顕著なものは、両性的に使用されるという仕方からははずされているからです。

さて、私はここで、表現されているものからではなく象徴から出発して、性的象徴は多くの場合にどんな領域からとってこられるものであるかについて概観をあたえ、さらに共通点が理解しにくいような象徴をとくに顧慮しながら、いくつかの補遺を試みてみたいと思います。この種の不明瞭な象徴の一つに〈帽子〉があります。おそらくは頭にかぶるものが一般にそうなのでしょうが、これは男性的意味をもつのが通例です。しかしときには女性的意味をもつこともありえます。同じく、〈オーバーコート〉は男子を意味していますが、いつも性器と関係をもつものではないようです。なぜかと問うことは、みなさんの自由にまかせましょう。垂れさがった、女性の用いない〈ネクタイ〉は、明らかに男性の象徴です。〈白い下着類〉や〈リンネル〉一般は女性の象徴で、〈衣服〉〈制服〉はすでに述べたように裸体や体の形の代理物となります。〈靴〉〈スリッパ〉は女性の性器ですし、〈机〉と〈木材〉は、なぜであるかの理由は問題ですが、まちがいなく女性の象徴であることはすでに述べたとおりです。〈はしご〉〈坂〉〈階段〉、あるいはそれらを登っていくことは性交の象徴であることは確実です。よくよく考えてみると、登っていく歩行のリズムに共通性があることが目につきます。おそらくは高く登っていくにつれて、興奮が増したり、呼吸が激しくなってくる点もそうでしょう。〈風景〉は女性の性器の表現として、すでに目にとめておきました。また、〈山〉や〈岩〉はペニスの象徴ですし、〈庭〉はしばしば女性の性器の象徴となります。〈くだもの〉は小児ではなく乳房の代理物です。〈野獣〉は官能的に興奮している人間とか、さらに悪《あ》しき欲動、すなわち情欲を意味しています。〈咲きほこる花〉や〈草花〉は女性の性器、とくに処女性をさしています。みなさんは、花が現実に植物の性器であることをお忘れではないでしょう。

〈部屋〉が象徴として用いられることも、私どもはすでに知っています。この表現がさらにつづくと、窓や出入口が体孔《たいこう》の意味をもつようになります。部屋が〈あいているか〉〈閉《し》まっているか〉も、この象徴に加わってきます。部屋を開く〈鍵《かぎ》〉はたしかに男性の象徴なのです。

さて、これらは夢の象徴の資料というべきものであるかもしれません。むろん完璧《かんぺき》なものではなく、これを広げることも深めることもできるでしょう。しかし、みなさんは、もうたくさんだと感じておられるばかりでなく、おそらくはうんざりしておられるのではないでしょうか。みなさんは、「それでは、私は現実に性的な象徴のまっただなかに生活しているというわけなのか、私の周囲にあるすべてのもの、私が身につけている衣服や自分の手にとるもの、なにからなにまで性的象徴にほかならないというのか」と、詰問されるかもしれません。たしかにみなさんが驚いていろいろと質問なさるのも無理はありません。みなさんがまずなさる質問はこうです。「では、私どもはどこからいったい、夢のこれらの象徴の意味を知ったらよいのか、その象徴について、夢をみた人自身はほとんどなにも教えてくれないし、もしまた教えてもわずかだけなのに」

私はつぎのように答えます。それは、いろいろな源泉から知るのです。すなわち童話や神話から、冗談やウィットから、民俗学、すなわち民族の風習、慣習、諺《ことわざ》および歌などに関する学問から、詩語や一般俗語から知るのです、と。これらのなかには、いたるところに同じような象徴的な表現が見いだされています。そして、大部分の箇所では、とくにそれ以上指示されなくてもその象徴性がわかるのです。これらの源泉を一つ一つ追究してゆくと、私どもは夢の象徴性に対応するものを数多く見いだし、その結果、自分の解釈に自信をもつようになるにちがいありません。

人間の身体は、シェルナーにしたがえば、夢のなかではしばしば家という象徴によって表現されることがある、といわれます。その場合、この表現をすすめてゆくと、窓やドアや門は体腔《たいこう》への入口であり、また平べったいままだったり、あるいはバルコニーや張出しがついていてつかめるようになったりしている家の正面も同じく、体腔への入口であります。同様の象徴性は、私どもがごく親しい人に心やすく、altes Haus《アルテス・ハウス》(2)と挨拶《あいさつ》したり、einem eins aufs Dachl geben《アイネム・アインス・アウフス・ダッハル・ゲーベン》(3)と言ったり、Es ist bei ihm nicht richtig im Oberstübchen《エス・イスト・バイ・イーム・ニヒト・リヒテイヒ・イム・オーバーシユテユプヒエン》(4)などと言うときの慣用語のなかにもみられるのです。解剖学では、体孔をそのままLeibespforten《ライベスプフォルテン》〈肉体の門〉と言ったりしています。

　両親が、夢のなかでは皇帝と皇后、または王と王妃として現われるということは、はじめはたしかに意外なことでしょう。しかし、童話のなかには、これに似たことがあるのです。「むかしむかし、〈王さま〉と〈お妃《きさき》さま〉がおられました」ということばで始まる多くの童話は、むかしむかし、父と母がおりましたという意味にほかならない、という洞察が私どもにぼんやりと浮かんでこないでしょうか。家庭のなかでは、私どもは子どもを冗談に王子と呼んだり、長男を皇太子と呼んだりしています。王自身も自分を〈国父〉と称しています。ときには、小さい子どもを冗談に〈虫けら〉と呼んだりしますし、お慈悲をたれて、〈あわれな虫けら〉と言ったりします。

　家屋の象徴性にもどりましょう。夢のなかで家の張出しをつかまえどころに利用することは、よく発達した女の胸を、「あの女は〈つかまえどころ〉があるな」と熟知の俗語で言うのを思い出させませんか。このような場合に、庶民はよく別の言い方で、「あの女は家の前に〈材木〉をたくさんもっている」とも言ったりしますが、それはあたかも、材木は女性や母性の象徴だ、とする私どもの解釈を支持しようとするかのようです。

木材に関しては、まだほかにも言うことがあります。どうして木材が母性的なものや女性的なものを代表するようになったかはわかっていません。しかしこの場合、比較言語学がなにかの役にたつかもしれません。私どもの使用しているドイツ語のHolz《ホルツ》（木材）は、材料、素材を意味しているギリシア語のὕλη《ヒュレー》と同じ語根から出たものであるとされています。材料の一般名だったものがのちになってある特殊な材料だけに使われるようになった例も、さほどまれなことではないでしょう。大西洋にMadeira《マディラ》という名をもつ島（モロッコの西にあり諸島を形成している）があります。この名はポルトガル人がこの島を発見したときにつけたものですが、それは当時この島がいたるところ森林におおわれていたからでした。ポルトガル語ではマディラは木材《ホルツ》という意味なのです。しかし、みなさんは、マディラはラテン語のmateria《マテリア》のすこし変化した形のものであることに気づかれるでしょう。マテリアも材料一般をさすものです。ところが、マテリアはMater《マテル》（母）という語から派生した語なのです。なにかをつくりだす材料は、いわばその品物の母の役割をもつものです。つまり、材木を女性や母性の象徴として用いることには、この古い見解が生きつづけているというわけなのです。

出産は、夢では決まって水に関係があるもので表現されています。水中に落ちるとか、水からはい上がるのは、生むまたは生まれるという意味です。さて、私どもはこの象徴について発生学上の真理を二通り引用できることを忘れてはいません。人間の先祖をも含めて陸棲《りくせい》の哺乳《ほにゅう》動物は、水棲動物から進化してきた——これはかなり古い事実でしょう——ということばかりではなく、個々の哺乳動物、そしてまた一人一人の人間もみな、その存在の第一期を水中ですごしてきたのです。すなわち、母胎のなかでは胎児として羊水《ようすい》のなかで生存し、出産のときにその水中から出てきています。私は、夢をみている人がこのことを知っているのだ、と主張するつもりはありません。むしろ反対にこのことを知っている必要はないという見解です。夢をみた人に、子どものときだれかが話してくれた知識は、たぶんこれとは別のことでしょう。だが、それに対してさえ、私は、そのような知識は象徴の形成にあたってはなんの役にもたたなかった、と主張したいのです。夢をみた人はかつて子ども部屋のなかで、こうのとりが子どもをもってくるのだと聞かされたわけですが、この鳥はどこから子どもたちを連れてくるのでしょうか。沼から、泉からなのです。とすれば、またもや水のなかからということです。私の患者の一人のある伯爵の子息は、子どものころこの話を教えられて、その日の午後いっぱい姿を消したことがあったということです。結局は、城の池のふちに横になっているのを発見されたのでしたが、小さな顔を水面に向けており、赤ん坊が水底に見えるかどうかと熱心にうかがっていたのでした。

英雄の出生に関する神話はオットー・ランクが比較研究をしました——そのなかでもっとも古いのは、紀元前二八〇〇年ごろのアガーデのサルゴン王（バビロニアのアッカド市の王。尼を母として生まれ、葦舟で捨てられたが、のちに女神に愛され王になったという）の神話です——が、そのなかでは水のなかに捨てられ、水から救出されるというものが圧倒的に多い割合を占めています。ランクはこれらの出産の物語が、夢のなかによく出てくるものに類似していることを見ぬきました。夢のなかである人物を水中から救出するときは、自分はその人物の母親、あるいは、たんに母性そのものになっているのです。神話では、子どもを水中から救う人物は、自分がその子の正統な母親であることを告白しています。周知の笑い話ですが、利口なユダヤ人の男の子に、だれがいったいモーゼの母親なのかとききますと、彼はためらわず、王女だ、と答えたのです。そこで「それはちがうよ、王女はただモーゼを水中から救いあげただけだよ」ときかされると、その子は、そんなふうに〈王女〉が言っているだけさ、と答えたというのです。この笑い話の子どもは、この答えで、神話を正しく解釈したことを証明しているのです。

夢のなかでは、旅立ちは死ぬことを意味しています。子ども部屋でのならわしになりますが、子どもが、だれかが死んで、いないのに気づいて、その人の行方《ゆくえ》をきいたときには、〈旅に出ている〉のだと答えるのがならわしです。しかし、夢の象徴は子どもに対して用いられるこの言いのがれに由来するのだ、という考えには私はやはり反対したいと思います。詩人が彼岸《ひがん》のことを、いかなる〈旅人〉もふたたびもどってくることのない未知の国と言っているのは、この同じ象徴関係を利用しているのです。日常生活でも、「死出の旅路」というようなことばは慣用語としてよく使われます。古代の儀式に通じている人は、たとえば古代エジプトの信仰では、死の国への旅という観念がいかにまじめに考えられていたかを知っています。旅行者に旅行案内書のベデカ（世界的に有名な旅行案内の叢書）をもたせるように、死出の旅にたつミイラにもたせた『死者の書』が、たくさん残っています。墓地が住居から隔離されるようになってから、死者のこの「最後の旅」は現実のものとなったのです。

これと同じように、性器の象徴もけっして夢のなかだけに現われるものではありません。みなさんのうち、だれでもきっと、一度は婦人を失礼にも alte Schachtel《アルテシャハテル》（「古い箱」の意味で、オールドミスまたは婆あという悪口）と呼んだことがおありでしょう。そのとき、まさか、自分が性器の象徴を用いていることは自覚なさらなかったと思います。『新約聖書』に「女は弱い〈器《うつわ》〉である」[5]とあります。ユダヤ人の聖典『旧約聖書』には、詩にちかい文体につつんで性を象徴する表現がいっぱいありますが、これらの表現は必ずしも正しくは理解されていませんでした。ですから、たとえば「雅歌《がか》」のなかの性の象徴の解釈では、かなりの誤解がはいりこむことになりました。後期ヘブライの文献では、女性を家屋として表現していますが、そのときのドアは陰門を、それも大きく広げられた陰門をあらわしています。たとえば妻が処女でなかった場合に、夫はもう〈ドアは開かれていた〉と言って嘆くのでした。この文献では、テーブルを女性の象徴として用いていることが知られています。そこで妻は夫について、私は夫のためにテーブルを整頓しておいたのに〈夫はそれをひっくり返した〉と言います。肢体《したい》の不自由な子どもは、〈夫がテーブルをひっくり返した〉ために生まれることになっています。私がこの引証を借りてきたのは、ブリュン（チェコの町。現在のブルノー）にいるL・レヴィの論文『バイブルとユダヤ律法における性的象徴』からです。

夢のなかのSchiff《シッフ》（船）が女性を意味するということを、私どもに信じさせてくれるのは語源学者たちです。彼らは、Schiffということばは、もともとは粘土の容器をさす名であり、Schaff《シャッフ》〈桶《おけ》〉と同じ語だと主張しているのです。竈《かまど》が女や母の肉体であることは、コリント（ギリシアの一都市）のペリアンドロス（コリントの僭主。在位、前六二五～五八五）とその妻のメリッサに関するギリシアの伝説が保証しています。ヘロドトス（前四八四ころ～二五ころ。ギリシアの史家）の記録[6]では、この暴君は熱愛し、そのすえに嫉妬にかられて殺してしまった妻の亡霊を呼びだして、彼女の消息をたずねたといいますが、そのとき呼びだされた妻は、だれにも知られないようにしておきたいある事柄（ペリアンドロスは妻を屍姦した）を隠すために、〈ペリアンドロスが彼のパンを冷たい竈のなかに押しこんだ〉ことを思い出させて、自分がだれであるかをわからせたということです。クラウスの公刊した書『アントロポフュティア』には、諸国民の性生活に関するあらゆる資料が集められていますが、これによると、ドイツのある地方では、お産をした女性を〈彼女の竈はこわれた〉ということです。火をおこすことや、それに関係あるすべてのことには、性的象徴がしみこんでいます。炎はつねに男性の性器であり、火床《ほと》すなわち竈は女性の子宮なのです。

夢のなかで、風景がいかにしばしば女性の性器をあらわすのに利用されるかに、みなさんはきっと驚かれたことでしょう。それならば、みなさんは神話学者たちから、〈母なる大地〉が古代の観念や儀式のなかでどんな役割を演じたか、また農耕の判断がこの象徴性によっていかに規定されていたかを学ばれるとよいでしょう。

夢のなかでZimmer《ツィンマー》（部屋）が、Frauenzimmer《フラウエンツィンマー》（婦人部屋）を表象していることを、みなさんは、Frau《フラウ》（婦人）と言うかわりにFrauenzimmerと言いかえるやり方、つまり人間をその人間のために定められた空間によって代表させるという慣用語のやり方から導き出そうとなさるでしょう。それに似たものとしては、私どもはdie Hohe Pforte《ディー・ホーエ・プフォルテ》（尊い門の意味で、日本語の「みかど」にあたる）と言って、それでトルコのサルタンとその政府をさしています。古代エジプトの支配者Pharao《ファラオ》（王朝時代までのエジプト王の称号）という名前も、「大きい中庭」の意味にほかなりません〔古代オリエントでは、都市の二重の門扉のあいだにある中庭は、古代ギリシアやローマの世界における市場のように、集合所でした〕。

しかし、私は、このような推論はあまりにも表面的すぎると思っています。もっと確かなように私に思えることは、部屋は人間をとりかこんでいる空間として女性の象徴となったということです。家屋というものを、私どもはこの意味で理解しているわけです。神話や詩の文体から、私どもは、〈都市〉〈城塞《じょうさい》〉〈居城〉〈要塞〉も女性をあらわす象徴だ、と認めてもよいでしょう。この問題は、ドイツ語を話さず、理解もできない人々の夢によって、たやすく解決すると思います。私は近ごろでは主として外国人の患者たちを治療していますが、この人たちの日用語にはFrauenzimmerのようなことばがないにもかかわらず、夢のなかで、部屋は同じように女を意味していたことを覚えているような気がします。

象徴関係が言語の国境を越えているということには、ほかにも証拠があるのです。この点は、昔の夢の研究者のシューベルトが主張した〔一八六二年〕ところなのです。しかし私が夢の解釈をした外国人の患者たちは、ドイツ語をまったく知らなかったわけではありませんから、この問題の決着は、自国語しか話さない人について経験を集めることができる他の国々の精神分析学者たちにまかさなければなりません。

男性の性器の象徴的表現のうちで、冗談、俗語、あるいは詩的な慣用語法のなかにくりかえされ、さらに古典詩人によって反復して用いられなかったような表現は、一つとしてありません。しかし、これに対しては、ただ夢のなかにみられる象徴だけが考慮の対象となるばかりではなく、新しい象徴、たとえばさまざまの機能を果たす道具が問題になります。まず第一に鋤《すき》です。だが、それはそれとして、男性的なものの象徴的表現を問題とすれば、それは非常に広く、しかも論議の多い領域に近づくことになりますから、時間の経済という理由でいちおう近づかないでおくことにします。ただ一つ、この系列からははずれますが、3という数字の象徴だけについてはいくらかお話をしておきたいと思います。この数が神聖な数（三位一体や三種の神器）とされるのは、この象徴関係のためであるかどうかはまだ未定です。しかし、自然のなかに現われるもので三部分からなる事物がよく紋章や標章に用いられますが、これがこのような象徴的意味に由来しているのは確かなようです。たとえばクローバの葉です。また三枚花弁の、いわゆるフランスゆりや、おたがいに遠く隔たったシチリア島（イタリア半島南端南端の大きな島）とマン島（アイリッシュ海にある島）との二つの島にみられる奇妙な紋章トリスケレス〔中心点からなかば曲がった三本の脚が出ているもの〕は、男性性器の図案化にすぎないといわれています。

ペニスの模像は、古代においてはもっとも強い〈魔よけ《アポトロパエア》〉とみなされていました。現代の幸運のお守りがすべて性器の象徴、あるいは性の象徴だとたやすく認められるのは、これと関係があります。小さい錫《すず》製のペンダントとして身体につけているコレクションのようなもの、たとえば四つ葉のクローバ、豚、きのこ、蹄鉄《ていてつ》、はしご、煙突掃除夫などを見てみましょう。四つ葉のクローバは、本来象徴として適している三つ葉の代わりになったもの、豚は昔から多産の象徴、きのこは疑う余地のないペニスの象徴です。きのこのなかには男性のペニスとみまごうかたちもないくらいに似ているために、分類学上の名が「淫《みだ》らなペニス茸《だけ》」（和名、すっぽん茸）となっているものもあります。蹄鉄は女性の陰門の輪郭をうつしています。はしごを運ぶ煙突掃除夫もこの仲間に加わりますが、それは、彼が俗に性交と比較されるような仕事をするからです〔『アントロポフュティア』参照〕。彼のもつはしごが、夢のなかでは性的象徴であることを私どもは知りましたが、これには steigen《シュタイゲン》（登る）ということばが明らかに性的の意味に用いられている、ドイツ語の用語法が私どもの理解を助けてくれます。私どもは、den《デン》 Frauen《フラウエン》 nachsteigen《ナハシュタイゲン》〈女のうしろから登る〉ということばを女のあとをつけまわす意味に用いますし、年とった漁色家の意に ein alter Steiger《アイン アルター シュタイガー》(老いた登り手) ということばを用います。フランス語では、階段は la marche《ラ マルシュ》 ですが、狒々爺《ひひじじい》にあたることばはまったくドイツ語と同じような使い方で、un vieux marcheur《アン ヴュウ マルシュウル》〈達者に階段を登る老人〉と表現しています。多くの大きな動物の性交では登ること《シュタイゲン》(Steigen) すなわち雌の上に〈乗ること《ベシュタイゲン》〉(Besteigen) を前提としていますが、このこともおそらく以上のことと無縁ではないでしょう。

木の枝をひき裂くことがオナニーの象徴的表現となっているのは、オナニーの動作に対する通俗的な言いあらわしに一致するばかりでなく、また神話のなかにも広く類例があります。とくに注目したいのは、歯が抜けたり、歯を抜いたりすることが、オナニーの表現に、あるいはもっと正確にいってオナニーに対する罰としての去勢の表現になることです。なぜなら、これに対応する表現は民俗学から見いだすことができるのですが、このことは夢をみる人のうちのごくわずかな人しか知らないはずだからです。私には、あれほど多くの民族のあいだにおこなわれた割礼《かつれい》は、疑いもなく去勢と等価物であり、去勢に代わるものと思われます。現に私どもが知っている報告でも、オーストラリアのある原始種族では、[青年が成人となったことを祝う儀式に] 割礼をおこないますが、ごく近いところに住んでいる他の種族では、割礼の代わりに歯を一本抜くといいます。

私は以上で、この見本的な例を用いる記述を終わろうと思います。以上はほんの見本にすぎません。私どもはこの問題についてはもっと多くのことを知っているのです。みなさんは、私どものようなディレッタントからではなく、神話学、人類学、言語学、民俗学の真の専門家によって提供されたとしたら、この種の蒐集はどんなに内容が豊かで興味深い結果を示すようになるか、想像がおつきでしょう。ところで私どもは、それですべてをつくすとは言えないまでも、多くの問題を考えさせるような、二、三の結論をここからひき出さずにはいられません。

第一に、夢をみる人にとっては夢の象徴的な表現法は自由に用いることができるのに、目ざめているときにはそれを知らず、再認もしないという事実に私どもが直面しているということです。ちょうどみなさんの小間使いが、ボヘミア（チェコ南西部）の村落に生まれ、サンスクリット（古代インドの言語）などは習った覚えもないのに、それを知っていることが発見されたときと同じように、これはおかしいことなのです。この事実を私どもの心理学上の見解で説明しつくすことは容易ではありません。私どもはただ象徴の知識は、夢をみる人には意識されていないものであり、夢をみる人の無意識的精神生活に所属するものだ、ということができるだけです。しかし、この仮定でもまだ十分ではありません。これまでは、私どもはただやむをえないときだけ、一時的あるいは永久になにも知られていない無意識的な意向が存在することを仮定しなければならなかっただけなのです。しかし、いまはもっとすすんで、むしろ直接に無意識の知識、すなわちさまざまな対象間において一方がいつでも他方の代理になるような思考関係、つまり比較対照が問題となるのです。この比較対照はそのつど、新たにたてられるものではなく、すでにできあがっているもの、はっきりと完成されているものなのです。このことは異なった人々のあいだでも、いやそれどころか言語を異にする人々のあいだでも、対比が一致していることからもわかります。

これらの象徴関係の知識はどこからくるのでしょうか。慣用語法からは、この象徴関係のごく一部分が説明できるだけです。他の領域にあるさまざまな類似現象もたいていは夢をみる人には知られていません。私どもでさえ、それを集めるのには苦労しなければならなかったのです。

第二に、これらの象徴関係は、夢をみる人、あるいはこれらの象徴関係を表現させる夢の働きに特有なものではけっしてないということです。実際に私どもは、同じ象徴関係を神話や童話も利用していますし、民衆はそれを俚諺《りげん》や民謡のなかに用い、俗語や詩的空想にも用いるのを知りました。つまり、象徴性の領域はなみはずれて大きく、夢の象徴性はそのごく一部分にすぎないのです。夢から問題全体を手がけてゆくということは目的にかなったことではありません。他のところでは普通に用いられる象徴でありながら、夢のなかではみられなかったり、あるいはごくまれにみられるだけの象徴も数多くあるのです。夢で用いられる象徴で他の領域にも現われるというものは多くはなく、みなさんのご存じのとおり、ほんのそこここに現われるだけなのです。私どもの受ける印象では、ここには昔はあったがいまはなくなってしまった表現法があり、それの一つはここだけに、また他のものはそちらだけに、第三のものはすこし形を変えていくつかの領域にというように、さまざまな領域にさまざまな形で残っているのです。私はこうお話しするときに、ある興味ある精神病患者の空想を思い出さずにはいられません。その患者はあらゆる象徴関係がその遺物であるような〈基本語〉というものを空想していたのでした。

第三に、みなさんの注意をひくにちがいないことは、上述の夢以外の領域における象徴性はけっして性の象徴だけではないのに、夢のなかでは象徴のほとんどすべてが性的な対象や関係を表現するのに利用されているということです。このことも容易に説明できることではありません。もともとは性的な意味をもっていた象徴が、のちになって非性的に用いられるようになったのでしょうか、そしてまた象徴的な表現が弱まって他種の表現となったことなどは、以上のことと関係があるのでしょうか。問題を夢の象徴性だけにかぎって論じると、明らかにこの問題には答えられないわけです。私どもは、正しい象徴と性的なものとのあいだにはとくに密接な関係が成立している、という推測を堅持してさえいればよいのです。

この点に関して近ごろある重要な暗示があたえられました。H・スペルバー〔ウプサラ市の人〕という言語学者が精神分析とは無関係に研究をすすめて、性的な欲求はことばの成立と発達に最大の役割を果たしているという主張をしました。

彼の説によると、「最初の音声は伝達の役目をし、性愛の相手を呼びよせるためであった。語根は原始人の労働の作業にともなって発達した。これらの労働作業は共同作業であったので、リズミカルに言語的表明を反復しながらおこなわれた。性的な関心はこうしているあいだに労働のうえに移しかえられたのである。原始人は労働を性的活動の等価物として、また代理物として取り扱うことによって、いわば労働を受け入れやすいものにしたのである。共同の労働をしているときに発せられることばは、こうして二つの意味をもつようになった。すなわち性的な動作を言いあらわすと同時に、これと同じものとされた労働の活動を言いあらわしたのである。時とともに、その語は性的な意味から切りはなされて、労働に固定されるようになった。幾世代かすぎると、まだそのときには性的意味をもっていた新語についても同じようなことが起こり、他の新しい種類の労働に転用されるようになっていった。このようにしてかなりの語根がつくられたが、いずれも性的なものに由来するもので、徐々にその性的な意味を他のものにゆずっていったものである」というのです。

ここに大略を記した彼の説が的を射ているものとすれば、たしかに夢の象徴性を理解する可能性がひらけてきます。すなわち太古の事情を示すものをまだ多分に保っている夢のなかに、性的なものをあらわす象徴がなぜこんなに驚くほどたくさんあるのか、なぜ一般に武器や道具が男性的なものをあらわし、原料や加工されたものが女性的なものをあらわすのかということがわかってくるでしょう。象徴関係は古代に単語が同一だったことの遺物といってもよいのです。かつて性器と同じことばで呼ばれたものが、いまや夢のなかで性器の象徴として現われているのかもしれないのです。

夢の象徴性について私どもはこれと対比しうるものをあげましたから、みなさんはそれによってまた、精神分析の性格を評価することもできます。この性格こそが、精神分析学を他の心理学や精神医学にはその例をみないような一般的関心の対象にさせたのです。精神分析的研究では、その研究が非常に価値のある解明を期待される他の多くの精神科学、すなわち言語学、神話学、民俗学、民族心理学および宗教学との関係が生じてきます。みなさんは、精神分析の土壌の上に一つの雑誌が成長してきていることをご存じだと思います。それは一九一二年に創刊され、ハンス・ザックスとオットー・ランク(7)によって主宰されている『イマゴ』(8)であります。この雑誌はいま述べた精神分析と諸科学のあいだの関係をとりあげることを主たる課題としているものなのです。この種の関係においては、精神分析はさしあたりあたえる側であり、受ける側であることは少ないのです。精神分析の異様な成果が他の学問領域でも再発見されて、精神分析に対するみなさんの信頼感を深くするという利点を精神分析が得たことは確かですが、しかし、全体的にいって、他の学問領域に適用すれば成果があがるような多くの技術的方法や見解を提供するのは、精神分析のほうなのです。個々の人間の心的活動は、精神分析的検討を加えることによっていろいろと明らかになってきます。こうした個人の心的活動の解明によって、集団としての人間の活動のなかにある多くの謎も解決するか、あるいはすくなくとも明るみにもちだすことができるでしょう。

さて、あの空想された「基本語」は、どういう事情のもとで、もっとも深く洞察されるのか、またどの領域でそれがもっとも多くいまなお保存されているのかについてはお話ししませんでした。しかし、このことを知らなくては、みなさんは対象の意義全体を評価することはできないのです。この領域は、実はノイローゼ学の領域でありまして、ノイローゼ患者の症状その他の現われがこの領域の材料であり、こうした症状やその他の現われを解明し治療するためにこそ、精神分析はつくりだされたのであります。

私のいう第四の観点は、ここでまた出発点にもどり、私どもが見取図をもった道にもどることになります。たとえ夢の検閲がなくとも、夢は私どもにはやはり理解しがたいものであろうというのは、その場合でも夢の象徴言語を覚醒時の思考のことばに翻訳するという課題の前に私どもは立たされるからだ、と先に申しました。いわば、象徴性は夢の検閲と並んで、夢の歪みをつくる第二の独立した契機なのです。しかし、夢の検閲にとっても象徴表現を利用することは便利である、と仮定することはごく自然な想定です。というのは、象徴性も検閲と同様、夢を異様なわかりにくいものにするという結果に導くからです。

夢の研究をつづけていけば、夢の歪みをもたらすうえに関与している別の新しい契機にゆきあたるのではないかという点については、まもなくわかってくるにちがいありません。夢の象徴性というテーマを終わりにするにあたって、つぎのような謎にもう一度ふれておきたいと思います。それは神話・宗教・芸術・言語などにおいては象徴性が広くみられることを疑わないのに、夢の象徴性に対しては、教養ある人々のあいだに、なぜあのように激しい反論が起きたのかということです。あるいはこれもまた、性愛に対する関係にその原因があるのではないでしょうか。

(1) 第七講参照。
(2) 「古い家」の意。「おい、きみ」などと呼びかけるときに用いられる。
(3) 「あの男の屋根にひとつくらわしてやろう」という意味。Dächl は Dächl で屋根のこと。頭、脳天の意味に表現されている。
(4) 「あいつの屋根裏部屋はまともではないぞ」という意味。Oberstübchen は屋根裏部屋のことで、頭の意味に用いられている。
(5) ペテロ前書第三章第七節。
(6) 『歴史』第五巻九二。
(7) フロイトの初期からの弟子。彼の説に最後まで忠実であった少数の者の一人である。
(8) 国際精神分析学協会の機関誌。精神分析の方法を他の精神科学に適用するための研究誌。

第十一講　夢の働き

みなさん！　みなさんは夢の検閲と象徴的表現についてはもう十分おわかりになったのですが、夢の歪みについてはまだ完全に征服してはおられません。しかし、それでもたいていの夢を理解することはおできになります。その場合、たがいに補いあう二つの技法を用いるのです。そして、夢をみた人に思いつきを呼び起こさせ、代理物から本来のものへ迫り、さまざまの象徴に対しては、その意味を自分の知識にもとづいて、はめこんでゆきます。そのときには、ある種の不確かな点も生じますが、それについてはのちに論ずることになりましょう。

さて、先に私どもは、夢の諸要素とそれが意味するものとのあいだの関係を研究し、(1)四つのおもな関係、すなわち、全体のなかにおける部分の関係、近似または暗示の関係、象徴的関係および造形的な言語表現を確認しました。そのときに、不十分な手段によってではありますが試みた仕事をいま一度とりあげてみましょう。こんどは、同じことをもっと大規模にやるわけで、それには、夢の顕在内容を解釈によって発見された潜在夢と比較してみればよいのです。

みなさん、夢の顕在内容と潜在夢の両者を今後はけっして混同しないでください。もし両者を混同しなければ、みなさんは、おそらく私の著書『夢判断』(2)の多くの読者よりも、夢をもっとよく理解したことになるはずです。もう一度、潜在夢を顕在夢に置きかえるあの働きこそ、〈夢の働き〉なのだ、ということをしっかりと思い起こしてください。夢の働きと逆の方向をたどり、顕在夢から潜在夢に到達しようとするのが、私どもの〈解釈の作業〉なのです。いわば、解釈の作業は、夢の働きを取り除くものなのです。明らかに願望充足であると認められる幼稚型の夢でさえも、すこしは夢の働きを受けていたのです。すなわち、それは、願望形式を現実へ置きかえることであり、多くは観念を視覚的形象へ置きかえることでした。この場合には解釈は必要ではなく、ただこの両者の置きかえを逆にたどるだけでよかったのです。幼稚型以外の夢の場合、夢の働きにおいてさらにつけ加えられるものを、私どもは〈夢の歪《ゆが》み〉と呼び、この歪みは私どもの解釈の作業によって、もとにもどすことができるのです。

多くの夢の解釈を比較してみて、私は、夢の働きが夢の潜在思想という材料からなにをつくりだすのかについて、総括的な説明をすることができるようになりました。しかしそれに対して、みなさんがあまり大きな期待をおかけにならないよう望みます。短い説明ではありますが、どうか落ち着いて注意しながら聞いてください。

夢の働きがする第一の作業は〈凝縮〉です。凝縮というのは、顕在夢は潜在夢よりも内容が乏しいということ、つまり、顕在夢は省略を加えられた潜在夢の一種の翻訳であるということです。場合によっては凝縮が欠けていることもありますが、普通には存在しますし、異常に凝縮されていることもしばしばあります。この関係は絶対に逆になることはありません。すなわち、顕在夢が潜在夢よりも広い範囲をもち、内容が豊かだというようなことはけっして起こらないのです。凝縮が生じるのは、⑴ある種の潜在要素が完全に脱落させられるからであり、⑵潜在夢の多くのコンプレクスのうちで顕在夢に移行するのはわずかで、その多くは移行しないからであり、⑶ある共通点をもついくつかの潜在的要素が顕在夢となるときには融合して一つのものになるからです。

もし、みなさんが、この第三の過程だけに「凝縮」という名を使いたければ、それでもさしつかえありません。この過程の効果を実地に示すことは、とくにやさしいのです。みなさんは自分の夢のなかでも、さまざまの人物が凝縮されて、ただ一人の人物となっているのを苦もなく思い出されることでしょう。このような混成人物は、Aのようでもあるが、衣服の様子からみればなんとなくBのようであり、従事している作業からみるとCを思わせる。それでいながらDという人物らしいところもある、という意識の重なりです。そして、この混成人物のなかには、もちろん四人の人物に共通な点が一貫してとくに目だっています。

何人かの人物から一人の人物が混成されるのと同じように、いろいろな物品や場所からも混成物はつくられます。つまり、個々の物品や場所が潜在夢の強調しているものをたがいに共有するという条件が満足されているときに、こうした混成物がつくられるわけです。それは、この共通なものを核とする新しい一時的概念を形成するようなものです。たがいに凝縮された個々のものが重なり合うことによって、一般に輪郭がおぼろでぼんやりした像が生じます。ちょうど、同一の乾板の上にいくつもの写真を撮影したときのようにです。

夢の働きにとって、このような混成物を造成することは非常に重要なことにちがいありません。というのも、必要な共通点がもしすぐに見つからないとなると、たとえばある観念をあらわす言語的表現を選ぶことによって、わざわざ共通点がつくりだされることを私どもは証明できるからです。このような凝縮と混成物とについては、私どもはすでに学んで知っています。それらは、いくつかの言いまちがい[3]の例が成立するときに一役演じていました。婦人と begleitdigen《ベグライトデイゲン》 しようとした青年を思い出してください。言いまちがいのほかにウイットがあります。ウイットの技巧は、この凝縮の技巧に結局は帰するものです。

しかし、それはさておき、凝縮というこの過程は、まったく普通ではない異常なものだといってよいでしょう。夢のなかの混成人物の形成に対応するものは、たしかに私どもの空想の産物中にも数多く見いだされます。経験の世界ではけっしていっしょにならない構成部分を、空想は気軽に合成して、一つの統一体をつくりあげるのです。そこでたとえば、古代の神話や、ベックリン（一八二七～一九〇一。スイスの画家）の絵に出てくるケンタウルス（ギリシア神話に登場する半人半馬の怪物）や、童話のなかの動物のようなものが生まれてきます。「創造的」な空想といっても、けっしてなにも発明できるわけではなく、ただたがいに無縁な構成部分を合成することができるだけのことです。

しかし、夢の働きのやり方で変わっているところはつぎの点にあります。すなわち、夢の働きが用いる資料はいろいろの観念ですが、それらの観念のあるものはいとわしく、認めたくないものであるかもしれませんが、実に正確に形成され表現されているという点です。これらの観念は夢の働きを受けて、他の形式に移しかえられます。そして、観念の翻訳、置きかえにあたっては、他の文字やことばに翻訳するのと同じ過程で、融合と結合という手段が用いられます。このことは注目すべきことでもあり、また理解しがたいことでもあります。というのも、普通一般の翻訳では、原文中ではっきり区別してある部分を重視し、似ているところをこそ区別するよう努力しているからです。ところが、夢の働きでは、これとはまったく反対で、二つのちがった観念を区別しようとせず、ウィットのときと同じように、この二つの観念がそこで落ちあうことができるような、あいまいなことばを探し出し、それによってこの二つの観念を凝縮しようとするのです。この特質をすぐ理解しようと望んではいけませんが、この特質は、夢の働きを解読するうえには、意味深いものとなってくるでしょう。

凝縮は夢を見通しがたいものにしますが、それにしても、夢の検閲の結果、凝縮が起こるという印象は受けません。むしろ、一般に凝縮の理由は機械的または経済的な契機に帰着させられるようです。しかし、いずれにせよ検閲はこれで得をしているのです。

凝縮の働きはまったく桁《けた》はずれのものとなることがあります。凝縮のために、二つのまったくちがっている潜在的な思考過程が、一つの顕在夢のなかで一つになることさえ、時としてあるのです。ですから、私どもはある夢を存分に解釈したと思っていても、実はゆきすぎた解釈をしているのに気づかないことがあります。

凝縮は潜在夢と顕在夢との関係にも影響を及ぼし、この両者の諸要素間のそれぞれの関係はけっして単純なものにならないという結果を生みます。一つの顕在要素は同時にいくつかの潜在要素に対応し、また一つの潜在要素がいくつかの顕在要素にかかわりをもつということ、つまり両者が交差しあう関係にあることもあります。また夢を解釈してみてわかることは、個々の顕在要素に関するいろいろな思いつきは、必ずしも順を追って現われてくるとはかぎらない、ということです。夢全体が解釈され終わるまで、気長に待たなければならないこともしばしばあります。

ですから、「夢の働き」は「夢の思想」をきわめて特異な仕方で書きかえるものであって、一語一語の逐語的な直訳ではありません。また、ことばの子音のほうはいつも移すが母音のほうは必ず落とすというように、一定の法則にしたがって選択するのでもないのです。またあるいは、いつもある一要素が他のいくつかの要素の代わりにとりだされるという、いわば代表と呼べるようなことをやるのでもありません。夢の働きは、それとはちがった、はるかに複雑なことをするのです。

夢の働きの第二の作業は〈置きかえ〉です。これについては、都合のよいことに前にも取り上げたことがあります。(4) ですから、私どもはそれが夢の検閲のしわざであることを知っています。このしわざは二つの現象を示しています。その一つは、潜在要素がそれ自身の構成要素によってではなく、なにかそれとは縁のないようなもの、つまりほのめかしによって代理されるということです。第二には、心的なアクセントがある重要な要素からあまり重要でない要素に移ってゆく結果、夢の中心も別のところに移ったようにみえ、異様に思えるということです。

ほのめかしによって代理するということは、覚醒《かくせい》しているときの私どもの思考にもみられますが、しかし、夢のなかのほのめかしによる代理とはある相違があります。目ざめているときの思考では、ほのめかしはわかりやすいものでなければならないし、代理物はその本来のものに対して内容的に関係がなければなりません。ウィットにもまた、よくほのめかしが使われますが、そこには内容上の連想という条件はなくて、音韻が同じであるとか、ことばの意味がいろいろにとれるとかいう耳なれない外面的な連想が条件となっているのです。それでも、理解しやすいという制約はあくまで欠けていません。もしも、ほのめかしから本来のものへさかのぼって容易に推察できるものでなければ、ウィットとしての効果はないことになります。

ところで、夢の置きかえによるほのめかしでは、この制限は二つともありません。ほのめかしはきわめて外面的で、しかも縁遠い関係をその本来の要素に対してもっているだけで、そのために理解しにくくなっています。ですから、ほのめかしから本来のものへさかのぼることになると、その解釈はへたなウィットか、あるいはむりなこじつけという印象をあたえるのです。夢の検閲がその目的を達するのは、ほのめかしから本来のものへの帰路がどうしても見つからないときだけです。

アクセントの置きかえは、思想の表現の手段としては許されません。私どもが覚醒時の思考でときにこれを許すことがありますが、それは滑稽《こっけい》な効果をねらうためなのです。アクセントの置きかえがかもしだす、とまどいの印象をみなさんに味わっていただくために、つぎのような小話を思い出していただきましょう。「ある村に一人の鍛冶屋《かじや》がいたが、死刑にされるほどの罪を犯してしまった。裁判所では、その罪をつぐなわなければならないと判決をくだした。しかし、その村には鍛冶屋は彼一人だけしかいず、彼はかけがえのない男だった。ところが、いっぽう仕立屋のほうは村に三人もいた。そこで、そのなかの一人を鍛冶屋の身代わりに絞首刑にした」というのです。

夢の働きの第三の作業は、心理学的にはいちばん興味深いものです。それは、思想を視覚像に〈変換する〉作業です。ここで、頭に入れておいていただきたいのは、この変換を受けるのは夢の思想の全部ではないということです。原形を保って、顕在夢のなかでも観念や知識として現われるものもあります。また、視覚像は観念が変換される唯一の形式でもないのです。しかし、それにしても変換は夢の形成における本質的なものです。夢の働きのこの部分は、私どものすでに知っているとおり、恒常不変にみられるものとしては第二番目のもので、個々の夢の要素に対しては「造形的な言語表現」があることはすでに学びました。

この作業が容易でないことは明らかです。その困難さを理解していただくには、みなさんが、新聞の政治問題に関する論説を一連の図解で置きかえるという課題をおひき受けになった場合を考えてみればよいでしょう。つまり、アルファベット文字から象形文字に逆行させられたようなものです。この論説中に名があげられる人物や具体的事象は、容易に、しかもおそらくはかえってぐあいよく絵で代理させることができるでしょう。しかし、抽象的なことばや、前置詞のような不変化詞、接続詞などのような思考関係を示す品詞の全部を、絵で表現することには困難を感じるにちがいありません。抽象的なことばでも、みなさんはいろいろな技巧を用いてなんとか絵にするでしょう。たとえば、論説のテキストを、おそらくあまり耳なれないが、しかし、一段と具体的で表現しやすい構成要素を含む他のことばに置きかえてみようと努力されると思います。おそらくそのとき、たいていの抽象的なことばとは、具体的なことばの色あせたものだなと思われることでしょう。したがって、みなさんは、できるかぎりこれらの抽象的なことばを、その根源の具体的な意味にまでさかのぼってとらえようとなさるでしょう。そうすると、たとえば、あるものを「所有する」《ベジッツェン》(Besitzen) ということばは、実際にそのものの上に坐っている《ダラウフジッツェン》(Daraufsitzen) 姿で表現できるのを知り、愉快になることでしょう。夢の働きもこれと同じことをするのです。表現の精密さを求めることは、このような事情のもとでは無理でしょう。ですから、夢の働きでは、たとえば具体的に表現することが困難な姦通《エーエブルッフ》(Ehebruch すなわち結婚《エーエ》生活の破滅《ブルッフ》) は、他の破滅《ブルッフ》、たとえば脚部骨折《バインブルッフ》(Beinbruch) で代理するということで我慢するわけです。[1] こういうやり方で、アルファベット文字を象形文字に代えようとする場合に、後者の未熟な点を補うのです。

「神罰」(姦通で腕を骨折)

国民兵の妻のアンナ・Mが、クレメンティーネ・K夫人を〈姦通〉の理由で告訴した。訴えによると、Kの夫は戦場におり、Kに月々七〇クローネの送金さえしているという。それなのに、Kは原告の夫カール・Mと法を犯す不倫な関係をつづけている。原告と子どもたちとは〈飢え〉て〈みじめ〉に暮らしているのに、Kは原告の夫Mからすでに〈相当額の金〉をもらっている。Kは原告の夫とともに酒場にゆき、夜おそくまで飲みふけっていた、と原告の夫の友人たちがこっそり原告に教えてくれた。それればかりか、被告人は原告の夫に、おおぜいの兵隊の前で、「では、あんたは『古女房』とすぐに別れて私といっしょになれないの」ときいたことさえあった。Kのアパートの女管理人も、原告の夫がKの居室で寝巻姿でいるのを何度も見たと言っている。

Kは、昨日、レオポルトシュタットの裁判官の前で、自分はMを知らないのだから、特別に親密な関係があるなどということは問題にならない、と〈否認〉した。しかし、証人アルベルティーネ・Mは、Kが原告の夫とキスしているところを自分に見られてひどく驚いていた、と証言した。

すでに以前の審理で、証人として出廷した原告の夫Mは、そのとき被告人との親密な関係を否認したのだった。しかし、昨日、裁判官のもとに一通の〈手紙〉が舞いこみ、そのなかで証人Mは、第一回の審理のときにおこなった供述をひるがえし、昨年六月以来、Kと恋愛関係をつづけていたことを〈認め〉た。自分が前に被疑者との関係を否認したのは、彼女が審理の前に彼のところへ来て、自分を助けてくれ、どうかなにも言わないでくれ、と〈哀願した〉からであるという。そして、証人は書き加えている。「今日はいっさいのことを裁判所に対し告白せずにはいられない気持です。というのも、〈私は左腕の骨を折った〉からです。私には、これが私の犯した罪に対する〈神罰〉のように思えてなりません」と。

裁判官は、犯罪行為自体がすでに〈時効になっている〉ことを確定したので、原告もまたその告訴を〈とりさげ〉、被告人は無罪の判決を受けた。

「なぜ、だから、しかし」等々の思考上の関係を指示する品詞を図解する場合には、先のような補助手段はないのです。それゆえ、テキストのなかのこれらの品詞は絵に変わるときに失われてしまいます。同じように、夢の働きによって夢の思想の内容も、事物と活動という原料に分解されてしまいます。もしも、それ自体としては図解できないある種の関係を、すこしでも精密な絵にして暗示できる可能性が生まれれば、みなさんはそれで満足できるでしょう。それとまったく同じことで、夢の働きは夢の潜在思想の内容を顕在夢の形態上の特異性、すなわち明瞭度や不明瞭度の度合とか、数個の部分への分割などによって表現するのです。一つの夢が分解されて生じる部分夢の数は、ふつう潜在夢のなかの主題の数、すなわち思想の系列の数と一致します。たとえば、主題夢の前にみる短い夢はそれにつづくくわしい主題夢に対して、しばしば序論とか動機づけという関係になりますし、夢の思想中の副文章は、顕在夢中にときどき挿入される場面の転換で置きかえられます。ですから、夢の形式は、それ自体けっして無意味なものではなく、それ自体が解釈を要するものなのです。同じ一夜のうちにみたいくつもの夢は、しばしば同じ意味をもっており、だんだん高まってくる刺激をそれに応じてますますうまく処置しようとする努力を示しています。個々の夢そのものにおいても、とくに困難な要素は「重複」、すなわち幾重もの象徴によって表現されることがあります。

夢の思想とその代理物である顕在夢との比較をつづけてゆくと、私どもは思いもかけないこと、たとえば夢のナンセンスな点や不条理さにもまた、意味があることがわかるようになります。それどころか、この点にこそ、夢に対する医学的な見解と精神分析的な見解との対立が、ほかにみられないほど鋭く現われてくるのです。医学的な見解によれば、夢をみているときの心的活動は批判力をまったく失っているので、その結果、夢はナンセンスなものになるのです。これに反して精神分析の見解にしたがえば、夢がナンセンスなものにみえるときは、夢の思想に含まれている批判、つまり「それはナンセンスなのだ」という判断を表現しようとするときなのであります。すでにみなさんの知っておられる観劇の夢(5)〔切符三枚で一フローリン五〇クロイツァーというあの例〕は、その好例です。こうした形式で表現された判断は、「こんなに早く結婚したのは〈ナンセンス〉なことだった」ということになるわけです。

同じように解釈の作業の場合にも、夢のなかに、ある要素がほんとうに現われたかどうか、それはこのことだったろうか、それとも別のことだったのではないか、などと、夢をみた人から頻繁《ひんぱん》に疑問や迷いをきかされます。そこで、私どもは、こうした疑いに対応するものがなんであるかを知るのです。原則的には、夢の潜在思想のなかに、このような疑問や迷いに相応するものはありません。それらはまったく夢の検閲の結果として起こってくるもので、削除しようとして十分に成功しなかったものとみなすべきものなのです。

もっとも予想外な発見といえるのは、夢の働きが潜在夢のなかの対立を取り扱う仕方です。私どもがすでに知っているように、潜在的材料においての一致点は顕在夢のなかでは凝縮によって代理されます。ところで、対立もまた一致と同じ扱いを受け、とくに好んで同一の顕在要素を通じて表現されるのです。顕在夢における対立を含みうる要素は、あるがままにそれ自身をあらわすこともあり、対立物をあらわすこともあり、またその両者をともにあらわすこともあるのです。どれを選んで翻訳するかは、その意味からみてはじめて決定されます。ですから、「否定」の表現、すくなくとも「否定」の明白な表現が、夢のなかには見つからないというのも、このことと関係があります。

夢の働きのこの奇怪なふるまいに対する好都合な類似は、ことばの発達の過程があたえてくれます。多くの言語学者たちは、もっとも古いことばでは強い――弱い、明るい――暗い、大きい――小さいというような対立は、同じ語根によって表現されているものだと主張しています〔『原始言語の相反的意味の問題』〕。

たとえば、エジプト語の ken は、もともとは「強い」と「弱い」という二つの意味をもっていました。対話の際、このように相反する二つの意味を合わせもつことばを用いるときには、誤解を防ぐために、ことばの調子と身ぶりを加えました。また文書では、いわゆる決定詞といって、それ自身は発音しないことになっている絵を書きそえたのです。すなわち、「強い」という意味の ken のときは、文字のあとに直立している男の絵を、「弱い」という意味の ken のときは、力なくかがみこんでいる男の絵を書きそえたのです。

音韻の同じ原始語をわずかに変化させて、その語に含まれた相反する二つの意味をそれぞれにあらわす表記ができたのは、後代になってからのことです。このようにして「強い」と「弱い」をともに示すkenから、「強い」という意味のkenと「弱い」という意味のkanが分かれて出てきました。

たんに最低の発達段階にあった最古の言語だけにとどまらず、ずっと最近の、いや今日まだ生きて用いられている言語でさえも、この古い相反する意味の併有のなごりを多く保っていると言われています。私はアーベルの著書〔一八八四年〕にしたがって、二、三の例をお話ししておきましょう。

ラテン語には、このように依然として相反する意味を併有する語があります。すなわち、altus《アルトウス》（高い―低い）とsacer《サケル》（神聖な―不敬な）です。

同一の語根を変形したものの実例としては、clamare《クラマレ》（叫ぶ）とclam《クラム》（かすかな、静かな、ひそかな）、siccus《スイクス》（乾いた）とsuccus《スクス》（ぬれた）などがあり、ドイツ語のStimme《シュティンメ》（声）とStumm《シュトウム》（唖）も、この例の一つにあたりましょう。

同系語をたがいに関連させてみれば、実例はたくさん出てきます。英語のlock《ロック》（錠をおろす）とドイツ語のLoch《ロッホ》（穴）やLücke《リュッケ》（隙間《すきま》）、英語のcleave《クリーヴ》（裂く）とドイツ語のkleben《クレーベン》（くっつく）もその例です。

英語のwithoutは本来は、「それとともに」と「それなしに」の両方の意味をもっていましたが、今日では「それなしに」だけの意味に用いられています。withが「つけ加える」の意味ばかりではなく「とり去る」意味をもっていたことは、withdraw（とり去る）やwithhold（あたえない）という合成語からもわかります。ドイツ語のwieder《ヴィーダー》(6)もこれと似ています。

夢の働きのもう一つの特質は、言語の発達過程のなかにその対照が見いだされます。古代エジプト語では、後代の諸国語におけるように、同一のことを示す語の音《おん》の順序を逆にすることがありました。ドイツ語と英語とのあいだにあるこの種の例としては、Topf《トップ》（壺《つぼ》、鍋《なべ》）とpot《ポット》（壺、瓶《びん》）、boat《ボート》（ボート）とtub《タブ》（浴槽、桶《おけ》）、hurry《ハリー》（急ぐ）とRuhe《ルーエ》（休息）、Balken《バルケン》（梁《はり》）とKloben《クローベン》（丸太）やclub《クラブ》（棒）、wait《ウエイト》（待つ）とtäuwen《トイヴエン》（待つ）があります。ラテン語とドイツ語のあいだでは、capere《カペレ》（とる、つかまえる）とpacken《パッケン》（包む、つかまえる）、ren《レン》（腎臓《じんぞう》）とNiere《ニーレ》（腎臓）がその例です。

ここにいくつかの語についてあげてみた、この種の転倒は、夢の働きのなかでいろいろな形で現われます。意味の転倒、つまり反対のもので代理することについてはすでにお話ししました。それ以外にも、夢のなかでは状況が逆になったり、二人の人物のあいだの関係があべこべになったりしていることがあり、まるで「あべこべの世界」にいるようです。夢のなかでは、野うさぎが猟師を撃つことなどもしばしばあります。さらに、事件の配列が逆になることもあって、原因として先行すべき事件が、結果である事件のあとに置かれたりします。それはちょうど、へたな旅役者の一座の舞台で、主人公が倒れてしまってから、やっと舞台裏からその主人公を撃つ銃声が聞こえるようなものです。あるときはまた、夢の要素の順序が全部逆になっているために、解釈をするときは最後のものを一番はじめに、一番はじめのものを最後に置かなければ意味がはっきりしないこともあります。夢の象徴性に関して私どもが研究したときも、水のなかへはいったり落ちたりすることと水から出ることとが、同じことを意味しておりました。つまり、どちらも生む、生まれるという意味でした。階段やはしごを登ることは降りることと同じ意味をもっていました。このことはきっと覚えておられることでしょう。夢の歪みがこのような表現の自由からどのような利益を得ることができるかは、まったく明らかなことです。

夢の働きにみられるこの特徴は、〈太古的〉と名づけられてよいでしょう。この特徴は古代の表現体系、言語および文字にもつきまとっており、解釈する際に同じような困難をともなっているのですが、その点については、いずれ別の批判をするときに関連させて論じてみようと思います。

さて、なお他の二、三の点についてみてみましょう。夢の働きでは、言語的にとらえられている潜在思想を感覚的な像、それもたいていは視覚的な像に置きかえることが、明らかに中心になっています。ところで、私どもの思想はこのような感覚像から生じてきたものであり、その最初の材料とその前段階とは感覚的印象でありました。もっと正確にいえば、感覚的印象の記憶像だったわけです。これらの記憶像に、あとになってから言語が結びつけられ、ついでその言語に思想が結合したのです。つまり、夢の働きは、思想に対してある種の〈退行的〉な処理をほどこし、思想の発展を逆行させます。この退行にあたっては、記憶像がさらに発展して思想となったときに、新しく獲得したものはすべて脱落せざるをえません。

これがつまり、夢の働きなのであると思うのです。私どもが、夢の働きに関して知りえた諸過程に対比してみると、顕在夢に対する興味は、はるかに後退せざるをえません。しかし、顕在夢は私どもに直接的に知られている唯一のものなのですから、これに対して私の考えを二、三述べておきましょう。

顕在夢が私どもにとって重要性を感じさせないことは当然です。顕在夢がうまく構成されていようと、なんの一貫性もなく並んだいくつかのばらばらな像に解体されていようと、私どもには、どちらでもよいことに思えるにちがいありません。夢が一見意味深いような外観を示していても、この外観はやはり夢の歪《ゆが》みによって生じたもので、夢の内容とはなんら有機的関係をもちうるものでないことは、私どもにはわかっているのです。それは、イタリアの教会堂の正面が建物の基本構造や全様式とはまったく有機的な関係がないのと同じことです。時には、夢のこの正面に意味があることもありますが、それは、この正面が夢の潜在思想の重要な成分を、ほとんど、あるいはまったく歪めることなく再現している場合です。しかし、私どもは、その夢に解釈をほどこして、どれほど歪みが起こっているか判断できるまでは、それを知ることができません。夢のなかの二つの要素がたがいに密接な関係に置かれているようにみえても、同じような疑いがあるわけです。この事実には、潜在夢のなかでこれらの要素に対応しているものもまた、密接に組み合わされているとみてよいのではないかということへの、貴重なヒントが含まれているかもしれません。しかし、また一方、思想のなかでは密接に結びついているものが、夢のなかでは、たがいにひき離されていると考えられる場合もありうるのです。

一般に夢を筋の通った構成物として、また実用的な表現として考え、顕在夢の一部分を他の部分から説明しようとすることは慎まねばなりません。夢はむしろ、さまざまの岩塊《がんかい》が接着してつくりあげている角礫岩《かくれきがん》のようなもので、そのとき生じる紋様は、もとの岩石に含まれていたものではありません。実際、夢の働きにはいわゆる〈二次的加工〉という部分があって、その仕事にとって肝心なことは、夢の働きの一次的な成果を組み合わせて、ある全体的なもの、ほぼ調和のとれたものをつくりだすことなのです。そのとき、材料はしばしばまったく誤解されやすい意味にしたがって配列され、必要に応じてはなにかが挿入されることさえあります。

他方ではまた、夢の働きを過大に評価しすぎて、それにあまり多く信を置きすぎてもいけません。以上述べてきた作業で、夢の働きの話はつきています。凝縮、置きかえ、造形的表現、それから夢全体に二次加工を施すことです。それ以上のことを夢はできないのです。夢のなかに出てくる判断の表明、すなわち、批判・驚嘆・推論などは、夢の働きの成果ではありません。これは、ごくまれには夢についてあとから考えたことの表明でありますが、多くは夢の潜在思想の部分であり、多かれ少なかれ変容され、全体との関連に適合させられて、顕在夢のなかに移されたものなのです。

夢の働きはまた、会話をつくりあげることもできません。ごく少数の例外はあげられるにしても、夢のなかの対話は、その人が夢をみた日の昼間に聞いたり話したりした会話の模写だったり、それを組み合わせたりしたものであります。そして、それが夢の材料、夢の誘発者として潜在思想のなかにもちこまれたものなのです。

数の計算ということも、夢の働きではできません。顕在夢のなかでそれがみられても、多くは、数の羅列であり、外観だけの計算であって、真の計算としてはまったく支離滅裂なものです。これまた夢の潜在思想のなかにおける計算の写しにすぎないのです。

このような事情ですから、夢の働きに向けられていた関心が、まもなくそこから離れて、多かれ少なかれ歪められた形で顕在夢となって現われる夢の潜在思想に向かってゆくのも、なんのふしぎもありません。しかし、このような関心の変化があまり極端になり、その結果、理論的な考察のときに、夢一般の代わりに夢の潜在思想だけをとりあげて、潜在思想だけにあてはまるはずのことを夢一般にあてはまるように言うことは、是認するわけにはゆきません。精神分析の成果が濫用されて、このような混同が生じたことはおかしなことであります。「夢」と呼びうるものは、夢の働きの成果、すなわち潜在思想が夢の働きによって移しこまれた〈形式〉だけなのです。

夢の仕事はまったく特殊な過程のものであり、これに類似したものは、これまで心情生活のなかではまったく知られていませんでした。この種の凝縮、置きかえ、観念から形象への退行的な転換はまったく新しい事実であって、これを認識したことだけでも精神分析の努力はすでに十分むくいられているというべきです。みなさんはまた夢の働きに対比されるいろいろな類似現象から、精神分析の研究が他の領域、とくに言語と思考の発達に対していかなる関連をもっているのか、おわかりになるでしょう。みなさんが、夢を形成するメカニズムが、そのままノイローゼの諸症状の発生の仕方のモデルであることをお知りになれば、そのときこそはじめて、これらの洞察《どうさつ》がこれ以上さらにどのような意味をもつかについて、予想することができるようになるでしょう。

そのほか、これらの研究の結果として心理学が受けた新しい利得全体については、まだこれを概観できるところまでにはいたっておりません。私どもはただ、無意識的な心的行為——それこそ夢の潜在思想なのですが——が実在することに対して、どんな新しい証明が出てきたか、また夢の解釈が無意識的な心的生活を知るために、どれほど思いがけぬ多くの示唆《しさ》を約束するものであるかを、指摘するだけにとどめておこうと思うのです。

ところでもう、みなさんに対してこれまでくわしく全体的関連から準備として申し上げてきたことを、さまざまな短い夢の例について、おみせしてよい時期でありましょう。

〔1〕この箇所を校正しているときに、偶然短い新聞記事に気づいた。前記の文章に対して思いがけない解説となるものとして、ここに引用する。

(1) 第七講参照。
(2) フロイトの初期の主著の一つ。一九〇〇年出版。本書の第二部にあたる内容が詳細に論じられている。フロイト自身の夢も述べられていて、彼の幼時の諸問題を知るうえにも重要である。
(3) 第二講参照。
(4) 第九講参照。
(5) 第七講参照。
(6) wieder には「ふたたび、新しく」という意味のほかに、「もとへかえして」という意味もある。

第十二講　夢の分析例

みなさん！　いま、みごとな大規模な夢の解釈に参加していただくよう、みなさんをお誘いすることをせず、またまた断片的な夢の解釈を示すだけなのに失望しないでください。みなさんは、もうあれほど多くの前準備をしたのだから、大規模な夢を解釈する権利はあるはずだといわれるでしょうし、また何千という夢の解釈に成功したのですから、夢の働きと夢の思想についての私どもの主張を実例について教示できるような、すぐれた夢の例を集めることもできたにちがいない、という確信を表明されるでしょう。そのとおりです。しかし、みなさんの願望を充足させるためには、困難な点があまりにも多いのです。

まず、みなさんに正直に告白しなければならないことは、夢の解釈を自分の本業としている人はだれもいないということです。いったい私どもは、どんなときに夢を解釈するようになるのでしょうか。偶然、べつになんということもなく、知人の夢を問題としてみる場合もあるでしょうし、精神分析の作業を学ぶために、ある期間だけ自分の夢を徹底的に研究してみる場合もあるでしょう。しかし、私どもはたいてい、分析治療を受けているノイローゼの人の夢を対象としてとりあげています。ノイローゼの人の夢はすぐれた資料となりますし、けっして健康な人の夢に劣りませんが、私どもは治療の技法上やむをえず、夢の解釈よりも治療上の意図を重視し、たくさんの夢のなかで治療に役だつものだけをとりあげて、それ以外のものは捨ててかえりみないのです。治療期間中にみた夢でも、十分な解釈をあたえられないでしまうものもたくさんあります。それらの夢は、私どもにはまだ未知な多数の心的材料から生じてきたものですから、それを理解できるのは治療が終わってからのことです。また、この種の夢をお話しするとすれば、ノイローゼのあらゆる秘密を暴露することが必要となるでしょう。しかし、私どもの場合には、夢をノイローゼ研究の準備としてとりあげたのですから、そうはゆかないわけなのです。

こうなると、みなさんはこの材料を甘んじて断念され、かわりに健康な人の夢や自分自身の夢を解明してきかせてもらいたい、とお望みになるでしょう。しかし、それは夢の内容の点からいってだめなのです。人は自分自身や、自分を信頼するようにと要求しておいた当の相手である他人を、容赦なくあばきたてるなどということはできません。ところが夢というものは、すでにご存じのとおり、人格の最奥の部分にかかわるものですから、夢をつっこんで解釈するためには、どうしてもそのように容赦なくあばきたてる必要があるのです。このように材料を手に入れることが困難であるほかに、報告に際しては、もう一つ別の困難が考慮にはいってきます。ご存じのように、夢は夢をみた当人にとっても異様にみえるものです。まして夢をみた人物についてなにも知らない他人にとっては、いっそう異様にみえるのも当然なことです。私どもの文献には、すぐれた詳細な夢の分析も乏しくありません。私自身も病歴報告の形で二、三の分析を公《おおやけ》にしています。おそらく、もっともみごとな夢の解釈の実例は、オットー・ランクが報告したものでしょう。これはたがいに関連をもった二つの夢で、ある若い娘がみたものであり、夢そのものは印刷されて約二ページを占める程度のものですが、それについての分析は七十六ページにも及んでいます。この業績について一部始終を紹介しようとすれば、一学期くらいを必要とするでしょう。もし私どもが、かなり長くて歪みも大きい夢をとりあげれば、それだけ多くの解釈を加えなければならず、思いつきや回想からそれだけ多くの材料をひきだす必要も生じます。また、いろいろな多くのわき道にもはいらなければならなくなって、その結果、講義の全体的な見通しがきかなくなり、不十分な点が目だつことになりましょう。ですからみなさんにお願いして、もうすこし楽に手に入れることができるもの、すなわちノイローゼの人の夢からいくつかの小さな断片を報告することで満足していただきたいと思います。というのも、このノイローゼの人の夢の場合は、あれこれと分離して認識することのできるものなのです。いちばん容易に、実際に示すことができるものは、夢の象徴であり、ついで夢の退行性の歪みの或る種の特質であります。

それでは、つぎにあげる夢の一つ一つについて、私はなぜみなさんにこの夢を報告する価値があると考えたかについて、お話ししてゆきましょう。

(1)　この夢は、二つの簡単な情景からなっています。〈伯父《おじ》が土曜日なのにシガレットを吸っている。――一人の婦人が伯父をわが子のように愛撫《あいぶ》している〉

第一の情景について、この夢をみた人［ユダヤ人です］は、「自分の伯父は敬虔《けいけん》な人で、けっしてそのような罪深いことはしない人だし、将来もしないであろう」(1)と述べています。第二の情景のなかの婦人については、彼は自分の母としか思えないというのです。この二つの情景あるいは思想は、明らかにたがいに関係づけることができます。どのようにしてでしょうか。伯父の行動については、現実にはそんなことはしない人だと否定しているのですから、「もしも」という仮定を挿入してみるとわかりやすくなります。「〈もしも〉、あの信心深い伯父が土曜日にシガレットを吸うようなことがあるとすれば、自分だって母に愛撫してもらってもよいはずだ」というわけです。このことはまた明らかに、信心深いユダヤ人にとって、母に愛撫されることは土曜日にシガレットを吸うことと同様に許されないことだ、ということになります。

夢の働きでは、夢の諸思想のあいだの関係はすべて脱落して、夢の思想はその素材に分解されてしまう、とみなさんに申し上げたことを思い出してください。この脱落してしまった関係をふたたび組み立てるのが、夢の解釈の課題なのです。

(2)　夢に関する著述(2)のおかげで、私はある意味で夢に関する諸問題の公然たるコンサルタントになってしまい、数年来、さまざまの方面から手紙で夢の報告を受けたり、夢の判断を求められたりしてきました。私は、もちろんこれらすべての手紙に感謝しています。それには夢に関する資料がたくさん付記されていて、夢の解釈ができるほどになっている場合もありますし、手紙のなかに夢の解釈が書かれている場合もあります。このような範《はん》疇《ちゅう》に属するものに、一九一〇年にミュンヘンに住む医師の知らせてよこしたつぎのような夢があります。この夢をとりあげるのは、夢というものは、それをみた人がそれについて情報をくれないかぎり理解できないものだということを、この夢が証明しているからです。みなさんは、象徴の意味をはめこむことによって解釈することこそ夢の解釈の理想であると考え、夢についての連想という技法をないがしろにしているのではないか、と私は推察いたします。そこで、この有害な誤謬《ごびゅう》からみなさんを解放したいというのが私の願いなのです。

「一九一〇年七月十三日のこと、朝がた、私はつぎの夢をみた。〈チュービンゲン（ドイツのネッカー河畔の学園都市）の街を自転車でくだっていくと、褐色のダクスフント（猟犬の一種）が狂ったような勢いで私のあとを追いかけてきて、私のかかとに嚙《か》みついた。もうすこし走ってから私は自転車を降り、階段の上に腰をおろして、しっかり嚙みついているその犬をひき離そうとめった打ちになぐりはじめた〔嚙まれたことやその情景全体については不愉快な感じはなかった〕。反対側に年とった婦人が二、三人すわってながめており、歯を見せて笑っていた。そこで目がさめたが、これまでもよくあったように、目ざめるこの瞬間に夢の全体がはっきりしてきた〉」

象徴はここではあまり役にたちません。しかし、夢をみた人は私どもにこう報告しています。「私は最近、一人の娘さんが好きになりました。通りを歩いているのをみるだけで、口をきこうにもなんの手がかりもないのです。手がかりがあるとすれば、ダクスフントがいちばん都合がよかったでしょう。私は非常に動物好きですし、この点では、娘さんも似ているようでしたから」。彼はこれにつけ加えて、自分はけんかしている犬を非常にうまくひきわけて、見物人を驚かしたことが何度もある、と言っています。そこで、私どもは、彼の気に入った娘さんが、いつもこの特殊な犬を連れていたことがわかったのです。この少女は顕在夢のなかでは除かれてしまっており、彼女と連想でつながる犬だけが残っています。歯をみせて笑っている年とった婦人は、おそらくこの少女の身代わりに出てきているのです。このほかに彼が報告していることは、この点を明らかにするのには役にたちませんでした。彼が、夢のなかで自転車に乗っているのは、回想された場面のくりかえしです。彼は、自転車に乗っているときにだけ、犬を連れたその少女にゆきあっていたのです。

(3) 自分のたいせつに思う家族の一人を亡くした人は、その後かなり長いあいだにわたって特殊な夢をみます。その夢では、死についての知識と死者をよみがえらせたいという願望とが、はなはだ奇妙に妥協しているのです。あるときには、死者は死んでいるのに、自分が死んでいることを知らないために生きつづけていたりすることもあります。そのとき、もし死者が自分の死んでいることを知れば、死者はまったく死んでしまうのでした。またある場合には、死者はなかば死に、なかば生きており、この生と死というそれぞれの状態には特別な目印がついています。私どもは、この種の夢を単純にばかばかしいといってはなりません。死者をよみがえらせることは、たとえば童話の場合に、ごく普通の運命としてよく起こることですが、これと同じように夢にとっても承認できないことではないのです。私がこの種の夢を分析しえたかぎりでは、つぎのことが明らかになりました。すなわち、これらの夢は合理的な解釈をあたえることができるが、死者を生きかえらせたいという敬虔《けいけん》な願望は、ひどく珍しい手段を用いて働くものだ、ということです。ここで私はこの種の夢の一つをお話ししましょう。この夢は、風変わりでひどくばかげているようにみえますが、この夢を分析すれば、私どもがこれまですすめてきた理論的詳述によって、みなさんがすでに予備知識をもっておられることについて、多くのことをひきだすことができるのです。それは、父親をかなり以前に亡くした一人の男の夢です。

〈父親は死んだが、死体が掘り出された。その顔色は悪かった。それ以来父親は生きつづけているが、夢をみた当人は、父が自分の死んでいることに気づかないよう、あらゆることをする〉〔それから、夢は一見したところではまったくかけ離れた別の夢に移っていきます〕。

父親が死んだことは私どもの知るところです。しかし、その死体があばかれたことは事実ではありませんし、その他のことも、すべて現実のこととしては問題になりません。しかし、夢をみた人は言うのです。自分が父親を葬って帰ってきたときから、歯が一本痛みだした。自分は、「歯が痛むときはそれを抜くべきだ」というユダヤの教えにしたがって、この歯を抜こうと思い、歯科医のもとにいった。ところが、歯科医は「歯は抜いてはいけません。そのままで我慢していなさい。歯の神経を殺すものをいれておきますから、三日たったらまたいらっしゃい。そのときに抜きましょう」と言ったというのです。

「この『抜くこと』が死体をあばくことなのですね」と、夢をみたその人は突然言い出しました。

この人の言ったことは正しいでしょうか。必ずしも全部が全部正しいとはいえませんが、だいたいにおいては正しいと思います。歯が抜かれるのではなく、なにか死んだものが歯から抜かれるのだからです。しかし、これに似た不正確さは、他の経験的事実から、夢の働きにありがちなこととしてもよいでしょう。とすれば、この夢をみた当人は、亡き父と、神経を殺したが残っている歯とを凝縮して、一つのものに融合したのだ、と考えられます。その場合、顕在夢のなかにばかげたものがはいっていてもふしぎではありません。歯に関していわれることのすべてが、父にあてはまるはずはないからです。どこにいったい、この凝縮を可能にした父と歯とのあいだの類似点があるのでしょうか。

しかし、類似点は存在するのにちがいありません。この夢をみた本人が、「歯の抜ける夢をみると、だれか家族のものに死に別れる」という俗説があることを知っていた、とつづけて語ったからです。

私どもとて、この種の俗説は正しくない、すくなくもおどけた意味でしか正しくはない、ということを知っています。それだけに、このたままいわれたテーマが、夢の内容の他の部分の背後にあるのを見いだして、ますます驚かされるわけです。

こちらでは求めていないのに、この夢をみた本人は、父が病気のために亡くなったことや、彼自身と父との関係などについて語りはじめました。父親は長いこと病気で、病人の看護や治療は、息子の彼にとってたいへん費用のかかることだったのです。しかし、その費用は彼にとって多すぎたわけではなく、それに耐えられない気持にはついぞならなかったし、早くけりがついてしまえば、などと願ったこともけっしてありませんでした。彼は父に対してユダヤ人らしい孝行心をもち、ユダヤの律法には厳格にしたがっていることを誇りにしているのです。すると、夢のなかの思想には、矛盾が目につくではありませんか。彼は歯と父とを同一視しています。歯に対してはユダヤの律法の命ずるところにしたがって行動しようとしていますが、その場合、律法は歯が痛んで困るときは抜いてしまえ、と教えているのです。一方、彼は父に対しても、律法の指示するとおりに行動したのだ、と主張しました。父の病気の場合は、律法は、費用がかかって困ってもそれをいとわず、あらゆる困難を身にひき受け、苦痛をあたえるものに対して敵意をもってはならない、と教えているのです。しかし、もしも現実に彼が痛む歯に対するのと似た感情を父に対していだいたとすれば、すなわち、早く父が死んで、やっかいな、苦しい、金のかかる存在にけりをつけてくれればいい、と願っていたとすれば、父と歯との一致は、もっと説得力のあるものになるのではありませんか。

これが、長いこと病気をしている父に対する実際の彼の心がまえであったこと、そして彼が父に対する孝行心を誇らしげに言うのは、こうした追憶を追い払おうとするためであったことを疑うわけにはゆかないのです。この息子のような条件に置かれた場合、生みの親に対してもその死を願う心が起こってくるのが常ですし、しかもそれが、同情的な、たとえば死はかえって救いではあるまいか、などという仮面をかぶっているのが常でありまず。

しかし、みなさんは、私どもがここで夢の潜在思想そのものにおいて、すでに枠《わく》をふみこえたことに気づかれると思います。夢の思想の最初の関心はたしかに一時的に、すなわち夢が形成されるあいだだけ無意識だったにすぎませんが、父に対する敵意の感情は永久に無意識のままだったでしょう。この敵意は、おそらくは小児時代から存在するもので、父の病気のあいだに、時にはおずおずと、また時には姿を変えて、意識にしのび込んできたのでしょう。さらにこのことは、夢の内容にまちがいなく貢献をしている別の潜在思想から確実に主張できます。父親に対する敵意の動きは、夢のなかには一つも見あたりません。しかし、父親に対するこの種の敵意の根源を小児期の生活のなかに追求してみると、父親に対する恐怖は、非常に幼いときから、父親がその子の性的な行為に対して禁圧を加えるために生じることがわかります。思春期になると、この禁圧は社会的な動機からあらためてくりかえされざるをえないわけです。父親に対するこの関係は、この夢をみた人にもあてはまります。父親に対する彼の愛情は、まさしく尊敬と不安との入りまじったものであったし、それは幼時の性的威嚇《いかく》という源泉から流れでていたものなのです。

顕在夢のそれから先の部分は、オナニー・コンプレクス[3]によって説明されます。「父親の〈顔色は悪かった〉」というのは、ここの部分に歯がなくなれば顔色が悪くなる、という歯科医の話をなるほど暗示はしますが、これは同時に、顔色の悪いことは、思春期の青年が過度の性的行為をしていることが人にわかってしまったり、あるいはわかってしまうのではないかと恐れている、ということにも関係があるのです。夢をみた当人が、顕在内容のなかで顔色の悪いことを自分ではなく、父親に押しつけて気休めをしているのも、みなさんがすでにご承知の、夢の働きにおける転倒の一例なのです。〈それ以来父親は生きつづけている〉というのは、歯はそのままにしておくという歯科医の約束とも一致しますが、またふたたび生きかえらせたいという願望とも合致するわけです。まったくずるいのは、「夢をみた当人は〈父がそれに気づかないよう〉あらゆることをする」というところで、私どもがついうっかりひきこまれて、「彼は死んでるんだ」という補足をしたくなるように仕組んであることです。しかし、これについての意味深い唯一の補足は、またオナニー・コンプレクスから説明できます。オナニー・コンプレクスの場合、この青年が自分の性生活を父に隠しておくため、あらゆることをするのは自明なことです。さて、結論として、みなさんの記憶にとどめていただきたいことはつぎのことです。すなわち、私どもはいわゆる歯の刺激による夢は、つねにオナニーとそれに対する罪の恐ろしさとにもとづいて解釈しなければならなかった、ということです。

いまやみなさんは、このわけのわからない夢がどうして成立するようになったかが、おわかりになったでしょう。夢は、人を迷わせるような独特な凝縮をつくりだすこと、あらゆる観念が潜在思考の中心からこぼれ落ちてしまうこと、およびこれらの観念のなかでもっとも意味深長であり、時間的にもっとも離れているものに対し、あいまいな代理物をつくりだすことによって生じたのです。

(4) 私どもはこれまでもくりかえして、ばかげたところや奇怪なところのない、まっとうで、月並みな夢を追ってみようと試みました。それらの夢については、なぜそんなにどうでもよいことを夢にみるのか、という問いが生じてきます。この種の新しい例を示してみましょう。ある若い婦人が一晩のあいだにみた三つの連関のある夢です。

a 〈私は自宅のホールを通り抜けようとして、低く垂れさがっているシャンデリアに血が出るほどひどく頭をぶつけた〉

これは思い出のなごりではありませんでした。現実に起こったことではなかったのです。これについて彼女が報告したことは、別の方向へ導いてゆきました。「ご存じのように、私の髪の毛はひどく抜けおちるのです。きのう母が私に言いました。『おまえ、そんなにどんどん毛が抜けると、頭はお尻のようになってしまうよ』って」。ですから、ここでは、頭は身体のもう一方の末端の代わりなのです。シャンデリアはなんの補助がなくても象徴的に理解できます。すべて伸びることのできるものは、ペニスの象徴です。ですから、このことはペニスと衝突したときに生じる身体下端部の出血が問題なのです。これだけでは、まだいろいろ解釈できるかもしれません。しかし、さらに彼女の思いついたことからわかったのは、月経は男性との性交のために起こるという信念が問題だったということでした。この信念は、未成年の少女たちの多くが信じこんでいる性理論の一部にほかならないのです。

b　〈私は葡萄園《ぶどうえん》のなかにある深い凹《くぼ》みを見ているところだ。私は、この凹みは木を一本ひき抜いたために生じたものであることを知っている〉。これについて彼女は、〈自分のところにはそんな木はない〉ことを指摘していますし、またその木はこの夢のなかには現われてこない、と語っているのです。しかし、この夢はあるほかの思想を表現する役目をしています。その思想は、象徴的な解釈をまちがいなく適用できるものです。この夢は幼稚な性理論の他の一断片に関係しています。すなわち、少女たちは本来は男の子と同じ性器をもっていたのだが、その後、去勢〔木をひき抜くこと〕されたために形の変化が起こったのだ、という信念です。

c〈私は自分の机のひきだしの前に立っている。ひきだしのなかは隅々までよく知っているので、だれかがそれに手を触れればすぐわかる〉。机のひきだしは箱、帽子箱などと同じく女性の性器なのです。彼女は、性交〔彼女はさわっただけでもそうだと思っています〕の証拠は性器を見ればすぐわかるということを知っており、このような証拠が現れることを長いあいだ恐れていたのです。この三つの夢のいずれもが、アクセントを〈知る〉ということのうえにおいている、と私は思います。彼女は、小児時代に性的好奇心からの探究をし、自分の発見に、その当時は得意になっていたことを忘れないでいるのです。

(5) つぎもまた象徴性に関する一断片です。しかしこんどは、前もって心的状況を簡単にお話ししておかなければなりません。ある女性と愛の一夜をおくった男性がありました。彼の述べるところでは、その相手の女性は、愛の交わりにあたっては子どもがむしょうに欲しくてたまらなくなるような母性的性質の人だというのです。しかし、事情が事情なので、授精能力のある精液を射出しても、女性の子宮にとどかないよう、どうしても用心しなければなりませんでした。夜が明けて目ざめたとき、彼女は以下のような夢をみたと語ったというのです。

〈赤い帽子をかぶった一人の将校が街で彼女を追いかけてきた。彼女は逃げまわり、階段を駆けのぼったがまだ追いかけてくる。息せききって住まいにたどりつき、急いでドアを後ろ手に閉めて鍵をかけた。将校は外に立ちどまっていたが、彼女が覗《のぞ》き穴から見てみると、外のベンチにすわって泣いていた〉

みなさんにはおそらく、赤い帽子をかぶった将校に追いかけられて息せききって階段をのぼることが、性交の表現であることはおわかりでしょう。夢をみた婦人がドアをしめて追跡者をしめだしたのは、夢ではよくみられる転倒にあたるものです。実際には男性のほうが性行為の完了をさけたのだからです。同じように、彼女の悲しみは相手の男に移されました。夢では、泣いているのは男になっているのです。しかし、これには同時に射精も暗示されています。

精神分析では、夢はすべて性的な意味をもつ、と主張されているという非難を、みなさんはきっと聞かれたことがおありでしょう。いまこそみなさんは、この非難があたらないものであるという判断をご自分でくだしうる立場に立たれたのです。というのも、みなさんは、飢え・渇き・自由への渇望のような、はっきりした欲求の満足をテーマとした願望の夢をお知りになられましたし、不精な夢・焦燥感の夢・貪欲《どんよく》な夢・利己的な夢についてもお知りになられたのですから。しかし、ひどく歪められた夢は多くの場合――これもまた全部ではありませんが――性的な願望を表現しているということは、精神分析研究の成果として記憶にとどめてよいでしょう。

(6) 私が夢における象徴の応用について実例を集めるのには、特別の動機があるのです。はじめてみなさんと顔を合わせたとき、私は、精神分析では実物に即して説明することがいかに困難であるか、したがって精神分析の指導にあたってみなさんに確信をあたえることがどれほどむずかしいかを訴えました。みなさんもそれ以来、私のお話ししたことにきっと賛成しておられるでしょう。ところで、精神分析の個々の主張はたがいに密接に関連しているものですから、ある点について納得できれば、全体のうちの大部分についてもたやすく納得できるようになるものです。精神分析に小指をつかませれば、手全体をつかまれてしまう、ということができるかもしれません。すでに、しくじり行為の説明がよく納得できたかたは、論理的に他のすべてに対しても信頼せざるをえなくなります。同じようにはいりやすい第二の箇所は夢の象徴的表現です。私はみなさんに、すでにほかのところで発表した、ある庶民の婦人の夢をお話ししましょう。その主人は守衛でしたし、その女性は夢の象徴性とか精神分析とかについては、一度も聞いたことがない人です。ですから、その夢を性的象徴の助けをかりて解釈することが勝手気ままなものかどうか、みなさんはどうぞご自分で判断してください。

「〈……するとだれかが住まいのなかに侵入してきたので、私は不安にかられて、主人の守衛を呼びました。ところが、主人は二人の『ごろつき』と仲よく教会へいってしまいました。教会へゆくには階段をたくさん登ってゆくようになっているのです。教会の後ろには山が一つありました。山の頂上は密林です。主人の守衛はヘルメットと胸当とマントで身をかため、褐色のひげを顔一面にはやしていました。二人のごろつきは、おとなしく主人といっしょにいったのですが、二人とも袋のようにたくしあげた前かけを腰のまわりにからげていました。教会から山へは一本の道がついていたのです。この道の両側には草むらが生い茂っていました。草むらは上にゆくにつれて深くなり、山の頂上では、れっきとした森となっていたのです〉」

ここで応用されている象徴がなんであるか、みなさんは造作なくおわかりでしょう。男性の性器は人物が三人いるということで、また女性のそれは教会、山および森のある風景で表現されています。また、みなさんは性行為の象徴としての階段に、ここでもお目にかかっているわけです。夢で山といわれるものは解剖学でも同じく山、すなわち mons《モンス》 veneris《ヴェネリス》（ヴィーナスの山）、Schamberg《シャームベルク》（恥じらいの山。すなわち恥丘）と呼ばれています。

(7)　またもや象徴をはめこんでみると、解決できる夢です。この夢をみた当人は、夢の解釈に関してなんの理論的な予備知識ももっていなかったにもかかわらず、自分ですべての象徴を解釈したという点で注目すべきものであり、また説得力をもつものとなっています。こうした態度はきわめて珍しいことで、その条件についてはよくはわかっていないのです。

「〈私は父とともにある場所を散歩していた。たしかにそこはプラーテル公園（ウィーン郊外の公園）

であった。というのも、円屋根の建物があり、その前には小さく突き出た玄関があったからだ。そこに繋留《けいりゅう》気球が結びつけてあった。この気球はかなりしぼんでいるようにみえた。父は、これは一体全体なんのためのものか、と私にたずねた。私は変なことをきくなと思ったが、父に説明した。それから二人は中庭のほうにはいっていった。そこには大きなブリキ板が広げてあった。父は、ブリキ板をかなり大きくひき裂いてとろうとして、だれか見てはいないかとまず周囲を見まわした。私は父に、これは管理人に言いさえすれば、文句なしにもらってもよいのだ、と言った。この中庭からはしごが地下の竪穴《たてあな》につづいていた。穴のまわりの壁は、革の肘掛椅子《ひじかけいす》のように柔らかく詰めものがしてあった。この竪穴の先には、長いプラットフォームがあり、そこからまた別の新しい竪穴がつづいていた〉」

夢をみた当人はこれを自分で解釈し、円屋根の建物は自分の性器で、その前にあった気球は自分のペニスであるが、実はインポテンツで悩んでいたのだ、というのです。私どもがもっと突っこんだ解釈をすれば、円屋根の建物は——小児がふつう性器とみなしている——臀部《でんぶ》であり、その前についているもっと小さい玄関は陰嚢《いんのう》なのだといってよいでしょう。夢では父が息子に、これは一体全体なんなのだときいています。すなわち、性器の目的と機能とについてたずねているのです。この事態を逆にしてみることは、なんでもないことです。そうすると、きいているのは息子だということになります。事実、父親はこんな質問をしたことはないのですから、私どもはこの夢の思想を願望として理解するか、条件文とみなして、「もし自分が父に性について説明してくれと言ったら、どうだったろう」と解するほかはないのです。この思想のつづきは別のところで、またすぐ出てまいります。

ブリキ板が広げられていた中庭をけっして象徴的に解してはいけません。これは、父親の営業所から由来しているのです。夢をみた患者の秘密をまもるために、父親が商売しているあるものの代わりに「ブリキ板」と申し上げたのですが、その他の点では夢のことばは変えていません。夢をみた当人は父親の事業に関係していて、そこであがる利益の大部分が不正というにちかい策謀によって生みだされていることに対して、激しい憤りをいだいていました。ですから、上述の夢の思想をつづければ、〔もし自分が父に説明をたのんだとすれば〕「父はきっと取引先の人をだましたように自分をもだますにちがいない」ということになるでしょう。

商売上の不正を表現する役をしている、ひき裂くという行為に対しては、この夢をみた当人自身で第二の説明をあたえて、それはオナニーを意味していると言っています。このことは私どもがすでに知っていたことですが、それればかりではなく、秘密にすべきオナニーがその反対のこと〔われわれはそれを公然とやってよいのだ〕によって表現されていることとも、非常によく一致いたします。この場合に、オナニー行為は最初の夢の光景に出てくる質問のように、父親に移されていますが、このことも私どもの予期するところに合致しています。壁面が柔らかく詰めものがしてあるということをひきあいに出して、彼は竪穴をただちに膣《ちつ》だと解釈しているのです。降りるという動作は、他の場合の登る動作と同じく、膣における性交を描いているものだ、と私は自分なりに解釈します。

第一の竪穴にかなり長いプラットフォームがつづいていて、次いでまた新しい竪穴がつづいているというのを、彼自身は身の上話として説明しています。彼は、ある期間は性交をおこなってきたのですが、やがて障害が生じた結果できなくなり、いまは治療の助けによって、ふたたびそれが始められるようになりたいと望んでいるのです。

(8) つぎに述べる二つの夢は、はなはだ一夫多妻的な素質をもったある外国人のみたものです。自我というものは、顕在内容のなかでは隠れて見えないとしても、夢のなかには必ず現われるものだということの証拠として、この夢を報告したいと思います。夢に出てくる旅行鞄《かばん》は女性の象徴です。

a〈私は旅にでかけるところだ。手荷物は馬車に積んで駅に運ばれる。たくさんの旅行鞄が積み上げられているが、そのなかに見本用の鞄のような大きい黒い鞄が二つある。私はだれかに向かって気休めのように、この黒いのは駅までいっしょにもってゆくだけだ、と言っている〉

彼は実際に、非常にたくさんの手荷物をもって旅行しますが、同時にまた非常に多くの女性の話を治療中にもちこんでいます。二つの黒い旅行鞄は、いまも彼の生活のなかで主要な役割を演じている二人の黒人の婦人に対応するものなのです。その一人は彼を追ってウィーンまで来ようとしていたのですが、彼は私の忠告にしたがって断わりの電報をうったのでした。

b 〈税関の場面。同行者の一人が、タバコを吸いながら自分の旅行鞄をあけて、「なにもありません」と言った。税関の役人は彼のことばを信じたようにみえたが、もう一度鞄に手を入れて、かなり特殊な禁制品をつかみ出した。その旅行者はあきらめて、「仕方ありませんな」と言った〉。彼自身が旅行者で、私は税関の役人なのです。彼はいつも、たいそう正直になんでも告白していたのですが、ある女性とのあいだに新しく生じた関係についてはをつぐんで言わないでおこうとしていたのでした。というのも、話さなくても、私は知っているはずだ、と彼は思ったからです〔そして事実、私は知っていました〕。その事実を白状させられるという苦痛な状況を、彼はある未知の人物におしつけたので、この夢のなかには彼自身は現われないようにみえるのです。

(9) つぎに述べるのは、私がまだ報告したことのない象徴の例です。

〈彼は、二人の女友だちと連れだっている妹に出会った。二人の友だちは姉妹だった。彼は二人に握手を求めたが、自分の妹にはそうしなかった〉

これは、現実の出来事とはなんのかかわりもありません。夢をみた人の考えはむしろ、ある時期にさかのぼります。そのころ、彼は少女たちの乳房がずいぶんあとになって発育するものだということを観察して、どうしてだろうと考えていたのです。二人の姉妹はつまり乳房です。彼はもし相手が自分の妹でさえなければ、それを手でつかんでみたかったというわけなのです。

⑽　つぎは夢のなかにみる死の象徴の一例です。

〈私は二人の人物とともに非常に高くて急な鉄の小橋を渡っていた。その二人の名前はよく知っていたのだが、目がさめると忘れてしまった。急に二人がいなくなり、私は幽霊のような男がリンネルの服をつけ、帽子をかぶっているのをみた。私は、きみは電報配達人かい、ときく。……いいや。御者かい。いいや。私は先に歩いていった〉。夢のなかではひどく不安な感じがあり、目がさめてからその夢を空想でつづけると、鉄橋が突然こわれ、自分自身は深淵《しんえん》に墜落するというものでした。

自分の知らない人とか、名前を忘れてしまったとかいうことが強調される人物は、たいがいはごく身近な人です。この夢をみた当人には二人の兄弟がいますが、もしも、彼がこの二人の死を願ったのだとしたら、彼がそのために死の不安に悩まされることは、まったく当然のことでしょう。電報配達人に関しては、このような連中はいつも不幸の便りをもたらすものだ、と彼は語っています。また、制服の様子からみて、点灯手だったかもしれませんが、点灯手はまた街灯を消して歩く人でもあるわけです。ちょうど、死神が生命の灯《ひ》を消すようにです。御者に関しては、彼はウーラント（一七八七〜一八六二。ドイツの詩人）の詩「カール王の航海」を連想しました。そして二人の仲間と危険に満ちた航海をしたことを思い出していますが、その詩のなかのカール王の役を彼自身が演じているのでした。鉄橋については、最近あった事故と、「人生は吊橋《つりばし》のごとし」というくだらないおざなりの文句を思いついています。

⑾ 死の表現のほかの例としては、〈ある見知らぬ紳士から黒枠《くろわく》のついた名刺を手渡された〉という夢があげられるかもしれません。

⑿ いろいろな観点から、みなさんはつぎの夢に関心をもたれると思いますが、その夢の前提の一つにはノイローゼ的な状態もはいっています。

〈私は汽車に乗っていた。列車は広々とした野原で停車した。もうすぐ事故が起こりそうだ、早く逃げなければ、と思った。列車の車室を全部通りぬけ、ぶつかるものは、車掌でも機関手でも、だれでもかれでも打ち殺してしまった〉

この夢に関しては、彼の一友人の物語ったことについての思い出がつけ加えられています。イタリアのある路線で一人の狂人が半分に区切った車室に入れられて護送されていました。ところが、誤って一人の旅行者がこの狂人のところに入れられ、狂人はこの旅客を打ち殺してしまったのです。つまり、夢をみた人はこの狂人と自分とを同一視しており、その理由として、自分をときどき苦しめている強迫観念をあげています。その強迫観念とは、「事情を知っている者はみな殺してしまわなければならない」というものでした。ところで、彼はまた、この夢の誘因となるもっとよい動機づけを、自分で発見しているのです。彼はその前日劇場で、以前に自分が結婚したいと思っていた娘さんに再会したのです。その娘は彼に嫉妬を起こさせるようなことをしたので、彼はその娘から、自分のほうで身をひいたのでした。もしも結婚するつもりでいたら、嫉妬のあまり、しまいにはほんとうに気が狂っていたかもしれません。つまり、その娘があてにならないことは、自分のじゃまになる人間をみんな嫉妬から打ち殺さなければならないほどだ、と考えているのです。つぎつぎと一連の部屋を抜けてゆくこと、この場合では車室を通り抜けることが、結婚していること〔一夫一婦の関係を、それと反対の内容をもった象徴で表現したもの〕の象徴であることは、私どものすでに学んだところです。

列車が広い野原に停車したことと、事故が起こるぞという恐怖に関しては、彼はつぎのように語っています。「自分がかつて鉄道で旅行をしたときに、駅以外の場所で、これと同じように突然停車したことがあった。同乗していた若い婦人が、『きっと、衝突するのよ。そういうときには、両脚を高くあげているのがいちばんいいんですって』と説明してくれた」。このように「両脚を高くあげる」ことは、彼がその娘さんとの幸福だった初期の恋愛時代、山野へ散歩や遠足をしたとき、しばしばやったことなのでした。このことは、いま彼がこの娘さんと結婚するとすれば、気が狂っていなければいけないということを示す新しい証拠なのです。彼の心理状態の知見から、そんなふうに狂ってしまいたいという願望が、いまでも彼の心のなかにあるということを、私は確信することができたのです。

（1）土曜日は、ユダヤ人にとって安息日なので、この日は野菜しか食べない。もちろん、酒もタバコも禁止されている。

（2）『夢判断』などのこと。

（3）オナニーに対する罪責感のためにひき起こされる不安をともなう観念群。

第十三講　夢の太古的特質と幼稚性

みなさん！　夢の働きとは、夢の潜在思想を、夢の検閲の影響を受けながら別の新しい表現様式に変えることである、という私どもの結論に、もう一度ふれることにいたしましょう。潜在思想とは、目をさましているときの、私どもがよく知っている意識的な観念にほかなりません。しかし、新しい表現様式のほうはさまざまな特質をもち、私どもには理解しにくいものなのです。すでにお話ししたように、この表現様式は、私どもがはるか昔に克服してしまった知的な進化の諸段階、すなわち比喩《ひゆ》的言語の段階、象徴関係の段階、およびおそらくはわれわれの思考言語が発達する以前にあったと思われる諸段階にたちかえるものなのです。ですから、私どもはこの夢の働きの表現様式を、〈太古的〉あるいは〈退行的〉表現様式と名づけたのです。

みなさんはこのことから推論して、夢の働きをもっと深く研究すれば、私どもの知的進化のなかでまだよく知られていない初期のころについて、価値のある解明をすることができるはずだと思われるでしょう。私自身もそう思うのですが、しかし、この種の研究はこれまでのところまだ着手されていません。夢の働きが私どもをつれもどす太古の時代というのは、二重の意味をもっています。ともに小児期のことですが、第一には、個体の太古時代にあたる小児期であり、第二には、あらゆる個体はその小児期において人類の発達の全段階をなにか短縮した形で反復するという意味で、系統発生的太古時代にあたる小児期です。潜在性の心的過程のどの部分が個体の太古時代に由来しており、またどの部分が系統発生的太古時代に由来しているかをうまく区別できるか、という問題について、私はその区別は不可能ではないと思っています。ですから、たとえば、個体がけっして修得したことのない象徴関係などについては、系統発生的太古時代の遺物とみなしてよいと主張できるはずです。

しかし、これだけが夢の唯一の太古的性格ではないのです。みなさんは、自分自身のご経験からきっと小児期についてのはなはだしい記憶喪失に気づいておられることでしょう。というのは、人間の生後五、六歳あるいは八歳ごろまでの体験は、後年の体験とはちがって記憶に残っていないという事実を考えているのです。時としては、生まれてから今日まで断絶した部分がない記憶をもっていると誇る人に出会うこともありますが、しかし、そうでない人、すなわち記憶の欠損をもっている人のほうがはるかに多いのです。私は、この事実をもっとふしぎに思ってよかったはずだと考えます。幼児でも、二歳になればよくしゃべりますし、まもなく複雑な心的な状況に対処できる能力もあらわしてきます。そして、何年たっても話の種になるようなことを言うのですが、自分では忘れてしまっています。しかも、年をとってからのように過重な負担がないので、記憶力は幼年のときのほうがすぐれているのです。また記憶の機能を、特別に高度な、あるいは困難な心的作業だとする理由もありません。むしろ反対に、知的にはひどく低い人でもよい記憶力をもった人がいます。

しかし、この第一の注目すべき点に加えて、第二の注目すべき点にふれておかなければなりません。すなわち、最初の小児期全体の記憶が空白ななかで、ばらばらないくつかの記憶がはっきりと保存され、たいていは浮彫りのようにあざやかに浮かび上がってくるのですが、しかも、なぜそのように鮮明に記憶が保持されているかに関してはそれ相応の理由がみつからない、ということです。私どもの記憶は、私どもが後年の生活のなかで遭遇《そうぐう》するさまざまな印象の材料に対しては、ある処理、すなわち淘汰《とうた》をおこないます。なんらかの点で重要なものを保持し、重要でないものはふるい落としてしまうのです。いつまでも保持されている小児期の記憶は、その点ではちがいます。それは必ずしも小児期の重要な体験と対応するわけではありません。小児の立場からみて重要だと思えたはずの体験とさえもけっして対応しないのです。保持されている小児期の記憶がしばしばありふれた、それ自身としては意味のないものなので、どうしてこんなものが忘却からのがれているのかとわれながらいぶかしく思い、自問することさえもあります。

かつて私は小児期についての健忘と、ところどころにこの健忘を破って残っている記憶の残存物との謎に、精神分析の助けをかりて手をつけてみようとしたことがあります。そして私の到達した結論は、小児の場合にも、実はやはり重要なことだけが記憶に残っているのだということでした。この重要なことは、年月をへるあいだに凝縮と、とくに置きかえという、みなさん熟知の過程をへて、記憶のなかでは重要とはみえない他のものによって代表されているにすぎないのです。ですから、私はこの小児期の記憶を〈隠蔽《いんぺい》記憶〉と名づけました。徹底的に分析すれば、すべての忘却されたものを、この隠蔽記憶のなかからひきだすことができるのです。

精神分析による治療のときには、小児期の記憶の欠損を埋めるのはごく普通の課題なのですが、一般に治療があるところまで成功すると——たいていは成功しますが——忘却によって隠蔽されていた小児時代の内容をふたたび明るみに出すことができます。これらの小児期の印象は、けっして実際に忘れられていたのではなくて、ただ手のとどかないところにあり、潜在し、無意識的なものに属していただけなのです。ところで、これらの印象が無意識から浮かび上がってくることが自然発生的にもあります。しかもそのときは夢に結びついて浮かび上がってくるのです。このことから、夢の活動が、潜在的な小児期の体験へ通じる道を知っていることがわかってきます。これに対するみごとな例証は文献にのせられていますし、私自身もこの点で幾分の寄与をいたしました。

あるとき、私はある事情に関連して一人の人物の夢をみました。それは私にいろいろ世話をしてくれたにちがいない人物でしたが、私はその人物をはっきり目の前にみたのです。隻眼で、小柄で、ふとって、猪首《いくび》の男でした。前後の関係から、その人が医師であることがわかりました。目がさめて私は、幸いなことに母がまだ存命だったので、私が三歳になるまで住んでいた土地の医師はどんな人だったか、とたずねてみました。母の申すところでは、その医師は隻眼で、背は低く、ふとって、猪首だったそうです。私は自分でも忘れていたのですが、ある事故のときにその医師に助けてもらったことがあったのでした。つまり、小児時代初期の忘れていた材料をこのように処理することが、夢のもう一つの太古的な特質なのです。

ところで、この知識は、私どもがこれまでに遭遇した謎のうちのもう一つのものについても、ひきつづきいろいろと教えてくれます。夢をひき起こすものがひどく性悪で放埒《ほうらつ》な性的な願望で、夢の検閲と歪みとを必要とするものであったということが洞察《どうさつ》されたとき、みなさんは、どんなにびっくりしてこれを承認したかを思い出されることでしょう。私どもがこの種の夢を、夢をみた当人に解釈してやるときに、その人が幸いにしてその解釈にくってかからないとしても、やはりその人は、自分にはそのような願望は縁遠いし、むしろ意識しているのはその反対のものなのに、どこからそのような願望が自分にやってくるのか、という質問をきっとしてきます。この願望の由来を証明するのには、べつに気おくれする必要はありません。この性悪な願望のうごめきは、過去から、しばしばそれほど古くない過去からきているのです。この種の願望の動きが、いまはそうではないとしても、かつては知られており、また意識されていたことが指摘できます。

　ある婦人は、あるとき十七歳になっている一人娘が目前で死んだらいい、と思っていることを意味する夢をみました。この婦人は、私どもが指導してみると、やはりある時期にはこのような願望をいだいていたことがあるのに気づいたのです。その娘さんは、彼女が短い期間で離別するようになってしまった不幸な結婚から生まれたのでした。この娘がまだ胎内にあったころ、その婦人は激しい夫婦げんかをしたあとで、怒りにまかせて胎内の子を殺そうと思って、こぶしで腹部をなぐったことがあったのです。現在は自分の子どもたちをやさしく、おそらくはやさしすぎるほどに愛している母親でも、子どもをいやいや受胎し、胎内にやどる生命がそれ以上発育しないでくれればよい、と願ったことのある人がどれほど多いことでしょう。母親たちはこの願望を、幸いなことに無害な、さまざまの行為に変えてきました。ですから、愛する者に対する死の願望は、のちになってはひどく謎めいてみえますが、実はその人間とのあいだに昔あった関係に由来しているものなのです。

　お気に入りの一番年上の子が死んだらよいと願っていると、どうしても解釈されるような夢をみた父親も、同じように、かつては自分がそのような願望と無縁ではなかったことを思い出さざるをえないのです。その子どもが乳飲み児だったとき、自分の選んだ結婚に不満を感じていた彼は、自分にとってなんの意味もないこの小さな子が死ねばよい、そうすればふたたび自由になり、その自由をもっと楽しめるだろう、とよく考えたというのでした。これに類似した多くの憎悪の感情に対しても、同じような由来を実証することができます。憎悪の心の動きは、過去に属し、かつては意識されていて、心的生活のなかである役割を果たしていたものの想起なのです。

みなさんはこのことから、ある人物との関係にこのような変化が起こらず、この関係がはじめから安定しているものだったとしたら、この種の願望や夢は起こらなかったろう、と結論したいと思うでしょう。私とて、このみなさんの結論を承認することにやぶさかではありませんが、ここでみなさんにご注意申し上げたいのは、夢を見かけどおりではなく、夢の意味をその解釈にしたがって考慮するようにということです。愛する人物の死についての顕在夢は、ただ恐ろしいマスクをつけているだけで、実はそれとすっかり別のことを意味している場合もあり、また愛する人というのが、ごまかしのために別の人の代わりをつとめている場合もしばしばあるのです。

しかし、この同じ事態は、別のはるかに深刻な問題をみなさんの心のなかにひき起こすことと思います。みなさんは、こうおっしゃるでしょう。「この死の願望も昔はたしかに存在したし、それは思い出してみることによって確認されるけれども、それだけではまだなんの説明にもなっていない。死の願望は久しい以前に克服されているのだし、いまは感情をともなわない、たんなる追想として無意識のうちに存在しているにすぎないものであり、強力な心の動きとしては存在しないのだ。それが存在していると証拠だてるものはなにもない。そうだとすれば、いったいなんのために、それが夢によって思い出されてくるのであろうか」。この問いはまことに正当なものです。それに答えようとすれば、私どもはずっと先まわりをして、夢についての学説中でももっとも重要な点の一つに関して、態度決定を迫られることになるのです。しかし、私はここでの論究の枠をまもり、それ以外のことには手をのばさないようにしなければなりません。しばらくのあいだは、みなさんもこの疑問を捨てておく覚悟をしていただきたいのです。ただ、克服されたはずの願望が刺激となって夢を生じさせることは事実が証明している、ということだけで満足してください。そして、私どもの検討をさらにすすめて、他の性悪な願望も同じように過去から導き出されるものかどうかをみてみたいと思います。

だれかを亡きものにしたい、という願望をもうすこし問題にしてみましょう。これらの願望の大部分は、夢みる人の際限のないエゴイズムに帰してよいものです。この種の願望が夢をつくりだすものであることは、実にしばしばこれを証明することができるのです。複雑な生活関係のなかではよくみられることですが、だれかが実生活のなかで自分のじゃまになると、そのたびごとに夢はすぐにその人を、たとえそれが父親、母親あるいは兄弟姉妹、配偶者その他だれであろうとかまわず、殺そうとするのです。私どもは人間の本質がこのように性悪なものであるということをひどくいぶかしく思いましたし、この夢の解釈の成果を正しいとしてただちに容認する気にはなれませんでした。しかし、ひとたびこの種の願望の起源を過去に探し求めることを教えられてみると、個人の過去のある時期には、このようなエゴイズムや、この種の願望の動きが、近親者に対してすら示されることがあっても、べつに異とするにたりないことをただちに発見します。

このある時期とは、人生の最初の数年間の小児の時代です。この時期には、この種のエゴイズムが、しばしば極端にはっきりした姿をみせることもありますが、通例はその萌芽《ほうが》だとはっきりわかる姿で、もっと正しくいえばそのなごりという姿で現われます。この時代は、のちには例の記憶喪失によっておおわれてしまう時代です。小児は、最初はまさしく自分自身を愛するのです。のちになってはじめて他の人を愛し、他の人のために自分の自我の幾分かを犠牲にすることを学びます。はじめから小児が愛するようにみえる人物であっても、実は彼にとってその人物が必要だし、欠くことができないものだから愛するのです。これまたエゴイズムの動機から愛しているわけです。のちになって、はじめて愛の感情はエゴイズムと無関係なものとなります。事実、小児は〈エゴイズムによって愛することを学びとった〉のです。

小児の兄弟姉妹に対する態度を、両親に対する態度と比較してみると、このエゴイズムという関係からみて教えられるところが多いでしょう。幼児はその兄弟姉妹を必ずしも愛するわけではありませんし、愛してないことをあらわにみせることもあります。幼児が兄弟姉妹を自分の競争者とみてこれを憎むことは疑えないことですし、このような態度がしばしば成人するまで、いやもっとずっとのちまでも絶えることなく保持されていることは周知のとおりです。たしかに、このような心的態度がやさしい態度によってすっかり解消されてしまうこともしばしばあります。いや、憎しみのうえにやさしい態度がおおいかぶさるといったほうがよいかもしれません。しかし、敵意をもった態度のほうが、やさしい態度より早期にみられるのが通例です。これは、二歳半から四、五歳の小児に新しい弟や妹が生まれてきたときに、もっとも容易に観察しうることです。小児はたいがい、ひどく邪険な応対をします。「きらいだよ。こうのとりが、またもっていってしまえばいいのに」などと言うのは、ごく普通のことです。そのうちに、あらゆる機会を利用してこの新参者をけなし、傷つけようとします。時には、あからさまに暗殺しようとする行為さえ全然みせないとはいえません。

年齢の差が小さいときには、強い精神活動が目ざめる際に、早くもこの競争者を発見するわけで、小児はこれに対して身構えるのです。年齢差が大きければ、新しい赤ん坊は最初から興味ある対象物として、いわば一種の生きた人形としてある種の同情を呼びさますことがあります。八歳以上の年齢のひらきがあれば、とくに少女の場合には、やさしい心づかいが芽生え、母親らしい感情の動きが活動しはじめてまいります。しかし、率直にいえば、兄弟姉妹の死を望む願望を夢の背後に見いだしたとしても、その夢を不可解なものとする必要はありません。その原型が幼児時代に、いやしばしば、ずっとのちになっていっしょに暮らしている時代にもあることは、たやすく証明できるのです。

子ども部屋で、子どもたちのあいだに、激しい争いがみられないところなどおそらくないでしょう。争いの動機は親たちの愛情をめぐる競争であり、共同の所有物や居間などをめぐる競争です。敵意の感情の動きは、年上の兄姉にも年下の弟妹にも向けられます。「若いイギリス婦人が自分の母親にもまして憎む人があるとすれば、それは自分の姉だ」と言ったのは、バーナード・ショーだったと思います。しかし、このことばにはすこし奇異なところがあります。兄弟姉妹への憎しみと競争心はどうにかわかりますが、どうして憎しみの感情が娘と母、両親と子どもたちとの関係のなかに侵入しうるのでしょうか。

両親と子どもとのあいだの関係は、子どもの側からみても、疑いもなく、兄弟姉妹に対する関係よりは都合のよいものです。私どももそうした関係を期待しております。私どもは両親と子どもとのあいだに愛が欠けているときには、兄弟姉妹とのあいだに愛が欠けている場合よりも不愉快に感じるものです。いわば、私どもは、兄弟姉妹どうしの場合には世俗のこととして放置しておいたものを、親子の場合には神聖視するわけなのです。それにもかかわらず、日常の観察から、両親と成人した子どもとのあいだの感情関係には、社会によって提唱されている理想と大きな隔たりがあることがわかります。また、そこに多くの敵意がはいりこんできていて、もし孝心とやさしさの感情とで抑制しなければ、そうした敵意があらわに出てきてしまう、ということもわかるのです。

その動機は一般によく知られているとおりで、同性、すなわち母と娘、父と息子とをたがいに離反させる傾向があります。娘は自分の意志を押えつけ、性的自由の断念という社会の要求を自分にまもらせようとする使命をもった権威として母親をみなしており、時としては、この抑圧に反抗する競争相手とさえみなすことがあります。同様のことは、よりいっそう激しい形において、息子と父親とのあいだにも起こります。息子にとっては、父親はいやいや忍耐してゆかねばならぬ、あらゆる社会的強制の権化《ごんげ》なのです。父親は、息子の意欲的な活動や早期における性的なよろこびをさまたげ、家に財産があるときにはその享受をさまたげています。父親の死を待ちかまえている気持は、王位継承者の場合には、悲劇的なものを生み出しかねないほど激しく高まります。父と娘、母と息子との関係は、これにくらべれば危険の度は少ないようです。母と息子との関係の場合には、いかなる利己的な顧慮にもわずらわされない、不変な愛情のもっとも純粋な例をさえ示すものです。

私はなんのために、このような月並みで、周知のことを語っているのでしょうか。それは、人生におけるこのような事実の意義を否認し、社会の要求する理想が、現実に達成されているよりもはるかに多く実現されていると言いふらす傾向が、世の中に明らかにあるからなのです。しかし、この問題をキニク学派(1)の人々にまかせておくよりは、心理学者が真実を語るほうがよいと思います。もちろん、このような真実の否認は、現実の生活に関連しておこなわれているだけです。物語あるいは劇文学では、こうした理想の実現がさまたげられることから生じるものをモチーフとすることが許されているのです。

したがって、多くの人間について、夢のなかで両親、とくに同性の親を亡きものにしたいという願望が暴露されたとしても、ふしぎに思う必要はありません。私どもは、この願望が目ざめているときの生活のなかにも存在するばかりか、時としては、父親のなんの役にもたたぬ苦悩に対する同情という仮面をかぶっている夢の第三例[2]のように、ある他の動機を仮面にかぶっている場合には、意識されてさえいると仮定してよいのです。しかし、敵意だけが単独で両者の関係を支配している、ということはそうそうあるものではなくて、敵意がもっとやさしい感情の背後にしりぞき、それに押えられている場合のほうがはるかに多いのです。敵意は、夢がこれをいわば遊離させてくれるまで待たなければ、はっきりとはわからないものなのです。夢がこのような遊離化によって私どもに拡大して示したものは、私どもの解釈によって現実の生活の関連のなかにしかるべく位置づけられると、また小さく縮んでしまいます〔ハンス・ザックス〕。この夢の願望は、現実生活のなかにそのよりどころとなるものをもたず、成人ならば目ざめているときにはけっしてそのようなことは容認しないような場合にも、やはり夢の願望として見いだされるのです。このことの根拠は、人と人とのあいだ、とくに同性の人々のあいだにおける、もっとも根深く、もっともありふれた疎外の動機が、すでに幼児時代の早期に力を発揮しているということにあります。

私が考えているのは、愛情をめぐる競争は性的な特質というはっきりした色調をおびているということなのです。幼い時代にすでに男の子は、自分のものと思いこんでいる母親に対して特殊なやさしい情を示し始め、その独占をめぐって自分と争う父親を競争者と感じ始めます。同じように幼い女児も母親のなかに、父親に対する自分のやさしい愛情をさまたげ、自分だってりっぱに果たせると思っている地位を占有しているものを見いだしているのです。

このような態度がどのくらい幼い時代にまでさかのぼるものであるかは、観察から学ばなければなりませんが、この心的態度を、私どもは〈エディプス・コンプレクス〉[3]と呼んでいます。それはこのエディプス伝説[4]が、息子であるという状況から生まれてくる二つの極端な願望、すなわち、父を殺すことと母を妻とするという二つの願望を、ほんのわずか弱めるだけで実現しているからです。私は、このエディプス・コンプレクスが両親に対する子どもの関係のすべてをつくしている、と主張するものではありません。親子関係にはもっともっと複雑な場合もあります。またエディプス・コンプレクスが強く形成されていることもあり、それほどでないこともあり、事情が転倒していることさえありますが、とにかくエディプス・コンプレクスは幼時の心的生活にかなり普通にみられる、非常に重要な要因であります。そして私どもは、このコンプレクスの影響とそれから生じてくる発展とを、過大評価するより過小評価する危険のほうが大きいのです。なお、親たちはしばしば性のちがいにひかれて愛の選択をするものですから、父は娘を、母は息子をとくにかわいがったりします。結婚生活が冷却してしまったときなどには、父は娘を、母は息子を、価値のなくなった愛の対象の代理物としたりしますが、この両親の刺激に対して小児はエディプス的態度をもって反応することが多いのです。

精神分析による研究がエディプス・コンプレクスをあらわにしてみせたことに対して、世間が大いに感謝の意を表したというわけにはまいりません。むしろ反対に、これは成人たちのきわめて激しい反抗をひき起こしたのでした。このタブーとされている、禁断の感情関係を否認することに参加しなかった人々は、おくればせながらその償いをするために、エディプス・コンプレクスを解釈し変えてその価値を奪ったのです。私のいまも変わることのない確信によれば、この点ではなにも拒んでみたり、美化してみたりする必要はありません。私どもはただ、ギリシアの伝説自体がのがれがたい宿命と認めているこの事実に親しめばよいのです。

実生活からしめだされたエディプス・コンプレクスが文学の手にゆだねられて、いわば自由な処理にまかされていることは興味深いことです。オットー・ランクはある綿密な研究のなかで、まさにエディプス・コンプレクスこそは無限の変化と緩和と粉飾とを加えられて、言いかえれば私どもがすでに検閲の結果として知っているさまざまな歪《ゆが》んだ形で、劇作に対して豊かなモチーフを提供するものであったことを示しました。ですから、私どもは、幸運にも後年の実生活において両親との葛藤を経験しないですんだような人々がみる夢にも、このエディプス・コンプレクスが現われることがある、と考えてよいのです。また、私どもが〈去勢コンプレクス〉(5)と名づけるもの、すなわち父親が幼児の性行動を威《い》嚇《かく》したり制限したりすることに対する反応も、エディプス・コンプレクスと密接に結びついていることがわかります。

これまでの研究によって、小児の心的生活を研究すべきことを教えられましたので、私どもはいまや、禁断の夢の願望に関連するもう一つの部分、すなわち法外な性的欲望の部分の由来も、同じような仕方で解明されるであろうという期待をもつことができるでしょう。私どもは小児の性生活の発達について研究しようという意欲を感じます。そのとき、まずいくつかの根拠によって、小児に性生活があることを否定し、性愛は思春期に性器が成熟するときになってはじめて起きてくるとする考えは、支持できない誤った考えだということを知るのです。ほんとうは、小児ははじめから内容の豊かな性生活をもっているのですが、それはのちの正常とみなされるような性生活とは多くの点で異なります。

私どもが成人の生活のなかで「性的倒錯」と呼ぶものは、正常のものとはつぎの点でちがっています。すなわち、第一には種《しゅ》の限界〔人間と動物とのあいだの深淵《しんえん》〕を無視していること、第二には嫌悪《けんお》感の限界を越えていること、第三には近親相姦《そうかん》の限界〔血縁者に性的満足を求めてはならないという禁制〕をふみ越えていること、第四には同性愛をなんとも思わないこと、第五には性器の役割を他の器官や身体部位に置きかえていることです。これらの制限は実は最初から存在するものではなく、幼児の発達と教育の過程のなかでおもむろに形成されてくるものです。幼児はこのような制限にはとらわれてはいません。また、幼児は人間と動物とのあいだの深い深淵をまだ知りません。人間は動物とはちがうのだとする自負心は、後年になってからはじめて育ってくるものなのです。幼児は、はじめは排泄《はいせつ》物に対しても嫌悪の念をいだきません。それは教育の影響によっておもむろに修得するものなのです。幼児は性の区別に対しても特別の価値をおきませんし、むしろ男女とも同じ性器をもっていると思っています。幼児はその最初の性的な欲望と好奇心とを、自分にもっとも身近で、他の理由からもっとも愛する人たち、すなわち両親、兄弟姉妹、世話をしてくれる人に向けるのです。そして最後に、幼児では、これはのちになって愛情関係の頂点に達したときにまた発現してくるものですが、性器の部分だけから快感を期待するのではなく、他のさまざまの身体部位にも同一の敏感さがあって、同様な快感を媒介することができ、したがって性器の役割を果たしうるということが明らかになります。つまり小児は、「多形倒錯」(6)的のものと呼ぶことができるのです。小児がこれらの欲望のすべてをごくわずかしか活動させていないのは、一方ではこれらの欲望の強さが後年にくらべて弱いことにもよりますが、他方では教育が小児の性愛の表明をただちに強く圧迫してしまうことにもよります。教育によるこの圧迫は理論化されます。すなわち、成人たちは小児の性愛の表明のある部分は見のがし、また他のある部分は解釈を変えることによって、性的な性質はないのだとし、結局最後にはその全体を否認するような説を唱えるのです。はじめに子ども部屋で子どもたちの性的ないたずらを怒りながら、つぎに子どもが机に向かうと、こんどは子どもの性的な純潔さを弁護する――同じ人がそういうことをすることがよくあります。

子どもたちが放任されているとき、誘惑の影響を受けたときなどには、しばしば倒錯的な性活動をみごとにやってみせることがあるものです。成人がこれを「子どもらしいこと」であり、「たわむれ」だとして重大視しないのは、もちろん正しいことです。というのも、小児は礼節という法廷や法律に対して、一人前で、完全に責任を負いうるものと判断することはできないからです。しかし、それにしても、このようなものはやはり存在しているのです。それはもって生まれた体質の徴表としても、またのちの発達の原因となりこれを促進するものとしても意義をもち、小児の性生活を明らかにし、またそれによって人間の性生活一般を明らかにする鍵をあたえるものです。したがって、私どもが歪められた夢の背後にこのような倒錯的願望の動きをふたたび発見するのは、いわば夢がこの領域でも幼稚型の状態へすっかり退行したことを意味するにすぎないのです。

これらの禁じられた願望のなかでとくに強調する必要があるものとして、近親相姦の願望、すなわち親や兄弟姉妹との性交に向けられた願望があります。人間社会では、このような性交に対してはどんなに嫌忌《けんき》の念がもたれているか、あるいはすくなくとも嫌忌すべきものとされているか、またこれに対する禁圧にどれほどの力が置かれているかについては、みなさんもご存じのとおりです。この近親相姦への恐怖を説明するために、それこそたいへんな努力がされてきました。あるものは自然淘汰《とうた》という見地から、それが心的にはこの禁制によって代表されていると唱えます。つまり同種交配は品種の質を低下させるから、というわけです。他のものは、小児期からいっしょに生活していることによって、性的な強い欲望は家族の人たちには向けられなくなるのだ、と主張しました。両者の場合とも、とにかく近親相姦の回避は自動的に確保されていると考えているのです。しかし、それなら、強い欲望があるときにこそ必要なはずのきびしい禁制がなぜ入用なのか、理解に苦しむことになりましょう。精神分析による検討によって、近親相姦的な愛の選択こそ、むしろ最初の、ごくあたりまえの選択であって、これに対する抵抗はのちになってはじめて始まるのだということがはっきりしたのです。この抵抗を個体心理学から導き出すことはおそらくできないでしょう。

児童心理学に没頭したことによって、夢を理解するために私どもが手に入れたものを総括してみましょう。すなわち、忘却された小児期の体験は夢に現われやすいことを知っただけではなく、また小児の心的生活はそのすべての特質、エゴイズム、近親相姦的な愛の選択などとともに夢のなかに、したがって無意識のなかで存在しつづけているということもわかりましたし、さらに夢は毎夜、私どもをこの幼稚型の段階につれもどすものであることも知ったのです。このようにして〈心的生活における無意識のものとは幼稚型のものにほかならぬ〉ことが確認されたわけです。

それほどまで多くの邪悪さが人間の心のなかにひそんでいるのかという、ぞっとするような印象はここでやわらぎはじめます。小児の場合には、それが現実に活動しているのをみることができるのですが、この恐るべき邪悪なものは、心的生活における、たんなる初期的、原始的、幼稚的なものにすぎないのです。ただし小児の場合には、一部はその活動の範囲が小さいためにこれを見落とすことがあり、また一部は小児に対しては倫理的に高いものを要請しないために重視しないことがあるのです。夢はこの段階へ退行することによって、あたかも私どもの心のなかに邪悪なものを出現させたかのような外観を呈します。しかし、私どもを驚かしたのは、たんに人をあざむく見せかけにすぎません。私どもは、夢の解釈から想像されるほど邪悪なものではないのです。

夢の邪悪な欲望の動きが幼稚性を示すものにすぎないとすれば、すなわち夢が思考と感情において私どもを簡単にふたたび小児にして、倫理的な発達の初期にひきもどすにすぎないとすれば、理性的に考えてみて、私どもはこの種の邪悪な夢を恥じる必要はないことになります。しかし、理性的なものは心的生活の一部分にしかすぎないものですし、そのほかにも心情の世界には理性的でないいろいろのことが起こります。そこで私どもは、道理に合わぬことながらも、なおこのような夢を恥じているのです。私どもはこのような夢を、夢の検閲にゆだねています。しかし、もしこの種の願望の一つが、例外的に歪められないままの形で意識に侵入してくることに成功し、その結果これを認識せざるをえないようなことになった場合には、これを恥ずかしいことだと思い、腹を立てるのです。それのみらず、時としては歪められた夢に対してさえ、あたかもその夢の意味がわかっているかのように恥ずかしく思うことがあります。前にふれたあの上品な老婦人が、自分のみた「愛の奉仕」の夢[7]について、べつに解釈を聞かされもしないのに、自分で判断をくだして憤慨したことを思い起こしてください。この問題はまだ、かたがついているわけではありません。私どもが夢に出てくる邪悪なものを今後もとりあげてゆけば、人間の本性について別な判断と別な評価をするようになる可能性は残っているのです。

　私どもは、研究全体の成果として二つの洞察を得ました。しかし、この二つの洞察も新しい謎、新しい疑いの開始を意味するにすぎません。第一は、夢の働きの退行は様式的な退行であるだけではなく、実質的な退行でもあるということです。この退行は私どもの思想を原始的な表現様式に翻訳するばかりでなく、自我が昔もっていた圧倒的な強さ、および私どもの性生活の原初的な欲動という原始的な心的生活の特異性をふたたび目ざめさせます。さらにまた、もし象徴的関係を知的な所有とみなしてよければ、この退行は昔の知的所有をも復活させるのです。

第二は、かつて支配的であり、独裁的でさえあった昔の幼稚型のものはすべて、今日では無意識的なもののなかに数えなければならないということです。無意識についての私どもの考えはいまや変化し、拡大しているのです。無意識はもはや、そのときに潜在的だったものに対する名称ではありません。無意識とは、独自の願望の動き、独自の表現様式、およびいつもは活動していないが独自の心的なメカニズムをもった特殊な心的領域なのです。しかし、私どもが夢の解釈によってよみとった夢の潜在思想は、この領域に属するものではありません。それはむしろ、覚醒しているあいだにも考えようとすれば考えられたものなのです。けれども、それでいてなお夢の潜在思想は無意識的なものです。この矛盾はどうして解いたらよいでしょうか。この場合、私どもは二つのものを区別して考えることができるのではないか、という気がしてきています。私どもの意識的生活から出てくるもので意識的生活の性格を分けもっているもの――私どもはそれを昼のなごりと呼んでいます――それがあの無意識の領域から出てくる他のものと一つになって、夢を形成するのです。この両者のあいだで夢の働きがおこなわれます。昼のなごりが、あとから加わってくる無意識的なものによって受ける影響のなかに、おそらく退行の条件が含まれているのでしょう。夢以外の心的領域をまだ検討しつくしていない現在、これは、私どもが夢の本質に関して到達しえたもっとも深い洞察です。しかし、まもなく、夢の潜在思想の無意識的性格に別の名称をつけて、かの幼稚な領域から発している無意識と区別するようになるでしょう。

もちろん私どもは、睡眠中に心的活動にこのような退行を余儀なくさせるものはなにか、という疑問を投げかけることはできます。なぜ心的活動は睡眠をさまたげようとする心的刺激をかたづけるのに、退行を必要とするのでしょうか。またもしも夢の検閲をさけるために、いまとなっては理解できなくなっている昔の表現様式を用いて偽装しなければならないとすれば、いまは克服されている昔の心的欲動、願望、性格特徴がよみがえってくること、すなわち様式的退行に付加される実質的退行は、心的活動にとってなんの役にたつのでしょうか。これらの疑問に対し、私どもを満足させると思われるただ一つの答えは、夢はただこのような仕方でだけ形成されるので、ダイナミックに夢の刺激を解消するのにこれ以外の方法はないのだ、ということだけでしょう。しかし、さしあたり、私どもにはそのような答えをする権利はないのです。

(1) ソクラテスを信奉したアンティステネスを祖として生まれた学派。個人と精神の自由を確保するために、社会生活の習慣を無視し、自然生活を営むことを理想とする一種の禁欲主義を奉じている。犬儒学派ともいう。

（2）第十二講参照。
（3）子どもと異性の親とのあいだにみられる特異な親近感情または愛情的な関係、およびそれをめぐる同性の親との競争的・敵対的な感情関係をさす。父親と男児とが母親の愛をめぐって対立しあう関係をギリシアのエディプス伝説になぞらえて、フロイトが唱えたもの。この術語はふつう男女両性に共通に用いられるが、とくに母と女児が父親の愛をめぐって対立しあう関係を、同じくソフォクレスの劇にならい、エレクトラ・コンプレクスということがある。
（4）エディプスはテーベ王ライウスの子。父王を殺し、生母と結婚するというデルポイの神託を受けて、これをさけようと努めたが、ついに神託のとおりになってしまった。そこでエディプスはみずから両眼をえぐって放浪し、アテナイで死ぬ。またエディプスは、スフィンクスの謎を解いたことでも有名。ギリシアの悲劇詩人ソフォクレスには、この伝説をテーマとした『エディプス王』『コロノスのエディプス』の二つの劇作がある。
（5）男児がエディプス・コンプレクス関係に置かれるときにいだく、父のために男根を切りとられるという恐怖に満ちたコンプレクス。女児では切りとられてしまったという幼児的な観念が成立し、男根羨望が生じ、女性心理の特色を形づくるという。
（6）単一の倒錯でなく、さまざまの型の倒錯が共存していることをさす。
（7）第九講参照。

第十四講　願望充足

みなさん！　私どもが歩いてきた道を、ここでもう一度ふりかえってみましょう。私どもは、私どもの精神分析の技法を適用したときに夢の歪《ゆが》みにつきあたりましたので、さしあたりはこの問題をさけて、幼稚型の夢について、夢の本質に関する決定的な知識を得ようとしたわけです。ついでこの研究の成果を武器として、夢の歪みに対して直接攻撃を加え、これを一歩一歩克服してきたのです。いや、そうだと思いたいのかもしれません。ところが、一方の方法で発見したものと他方の方法で発見したものとは必ずしも一致しないのです。そこで、この双方の成果を総合して相互の調和をはかることが、私どものつぎの課題となります。

双方の側から私どもにわかってきたことは、夢の働きとは、本質的には、思想を幻覚的な体験に置きかえることだ、ということでした。このようなことがどうして起こりうるのかはまだ謎につつまれていますが、これは一般心理学の課題であり、ここで論及すべきことではありません。小児の夢から私どもが知りえたのは、夢の働きが意図していることは、眠りをさまたげる心的刺激を願望の充足によって除去することだ、ということでした。歪められた夢については、この夢を解釈することができないうちは、同じことだとはけっして言えなかったわけです。しかし、私どもははじめから、歪められた夢も幼稚型の夢と同じ観点からながめることができるだろう、という期待をもっていました。この期待が最初に満たされたのは、本来すべての夢は――小児の夢であり、幼稚型の材料、すなわち幼児的な心的欲動や心的メカニズムによって活動しているものだ、という洞察をえたときであります。夢の歪みを克服しえたときに、私どもは、夢は願望の充足であるという見解が歪められた夢に対しても妥当なものかどうか、という点の検討をすすめなければなりません。

私どもは、前の講義ではじめて一連の夢を解釈しましたが、この願望充足の点は考慮に入れませんでした。その際、みなさんはきっと、夢の働きの目標だといわれる願望充足はいったいどこにあるのか、という疑問を何度も強く感じたことでしょう。この疑問は重大なものです。それは、素人《しろうと》批評家がよく発した疑問だからです。ご承知のように、人間というものは知的に新しいことに対しては、本能的に身をまもろうとします。この種の新しいことは、すぐに最小限の範囲にまで圧縮され、できれば一つの標語に圧縮されてしまうということも、こうした態度のあらわれなのです。新しい夢の学説にとっては、願望充足がこのような標語となりました。素人はさっそく、どこに願望充足があるのか、とききます。夢は願望の充足であるそうだ、ときくとすぐに、素人はそうたずねます。そしてこの質問をつきつけることによって、すぐそんなことはないではないかという否定的な答えをするのです。素人はすぐに、重苦しく、不安をひき起こすほどの不快をともなった夢の経験を無数に思い浮かべるので、精神分析の唱える夢の学説の主張はほんとうとは思えないものになるのです。歪められた夢では、願望充足ははっきりと目に見えるようなものではなく、それはまずさがさなければならないものですから、夢が解釈されるまでは、これが願望の充足だということはできない、と素人に答えることは容易です。しかし、私どもはまた、これらの歪められた夢の願望は検閲によってしりぞけられ、禁じられた願望であり、このような願望の存在そのものが夢の歪みの原因であり、夢の検閲が介入する動機となったことも知っています。しかし、素人批評家に対して、夢を解釈するまではこの願望の充足についてたずねてはいけない、ということを納得させることは困難です。彼らはこのことをいつも忘れてしまうからです。願望充足の理論を否定する素人批評家の態度は、もともとは夢の検閲の必然的な結果にほかなりません。つまり、検閲された夢の願望を否定する態度の代理的発露にほかならないのです。

もちろん私どもとしても、夢のなかには苦痛な内容をもつものも多く、ことに不安夢(1)というものもあることを説明したいという要求はもっています。ここではじめて、夢のなかでの情動という問題にゆきあたるのですし、これはそのためだけでも研究する価値があるのですが、私どもには残念なことにそれをしていることは許されません。もしも夢が願望充足であるとすれば、夢のなかに苦痛の感覚があることは不可能ではないか、という素人批評家の疑問はもっとものようにみえます。しかし、これら素人批評家たちが考えることをしないできた三種の複雑な問題が、当面の問題となってまいります。

第一。夢の働きが願望を充足することに十分に成功しなかったために、夢の思想の苦痛な感情の一部が顕在夢のなかに残されていることがあります。そのようなとき、分析してみますと、この夢の思想は、それを材料にして形成された夢よりもさらに多くの苦痛をあたえるものであったことが必ずわかるにちがいありません。事実また、その点はいつも証明できるのです。ですから、喉《のど》の渇きの刺激に応じてなにか飲む夢をみても、渇きをいやすという意図を達成しえないように、夢の働きがその目的を達成できなかったこともあるということを認めます。喉の渇きは依然としてありますから、実際に飲みものを飲むためには、目をさまさなければなりません。しかし、それはそれでれっきとした夢であり、夢としての本質からなにものも放棄してはいないのです。私どもは「たとえその力量は及ばざるも、その意図は賞讃に値するものなり」(2)といわざるをえません。すくなくとも明白に認識しうる意図だけはやはり賞讃に値します。このような不成功の例はけっして珍しいことではありません。そこには、夢の働きでは内容の意味を変えるよりも感情を変えるほうが成功するうえに困難が多い、という事情が関係しています。情動ははなはだ抵抗力の強いものであることが多いからです。ですから、夢の働きが夢の思想の苦痛な内容を改変して願望の充足されたものにしたのに、苦痛な情動のほうは相変わらず残っているということが起こってきます。このような夢では、その場合の情動はけっして内容にふさわしいものではありませんので、わが素人批評家諸氏が、夢は願望充足などではない、だから無害な内容のものが夢のなかでは苦痛に感じられることもありうるのだ、ということもできるわけです。無理解な、このような主張に対して、夢の働きのなかにある願望充足の傾向は、この種の夢においてこそ、内容と情動とが分離しているので、もっともはっきり現われてくるのだと私どもは抗議するでしょう。このような誤りが出てくるもとは、ノイローゼがどんなものか知らない人は、内容と情動との結びつきをあまりにも密接なものと考え、内容のほうが変えられても、内容と結びついている情動の発露が変わらないで、もとのままでいることが理解できないからです。

第二。この問題は、素人は同じようにないがしろにしているのですが、第一のものよりもっと重要で、もっと深刻な要因です。願望の充足はたしかに快感をもたらすにちがいないのですが、だれにもたらすのかということが問題になるからです。もちろん、それは願望をもつ人にですが、しかし、夢をみた人については、その人が自分の願望とまったく特殊な関係にあることはよく知られているところであります。夢をみた人は自分の願望を非難し、検閲します。要するに彼はその願望を好まないのです。ですから、その願望の充足は快感をもたらさず、かえってそれと反対のものをもたらすだけになります。経験の教えるところでは、この反対のものは——この点についてはなお説明を要しますが——不安という形をとって現われます。したがって、夢をみた人と、その人の夢の願望に対する関係からみると、いちじるしい共通性によって結びつけられている二人の人物を合体したものになぞらえることができるのです。私はこれ以上のくわしい話をするかわりに、みなさんもよくご存じの童話[3]をお話ししましょう。みなさんはきっとそのなかにこれと同一の関係をみられることでしょう。

幸福の女神がある貧しい夫婦に、おまえたちがもっとも望んでいる願いを三つかなえてやろう、と約束しました。二人は大よろこびで、よくよく考えてこの三つを選択しようとしました。ところで、妻のほうはソーセージを焼く匂《にお》いが隣の小屋から匂ってきたのについひきこまれて、こんなソーセージが二つ欲しいな、と思いました。たちまちとぶように二つのソーセージが現われました。これが第一の願望充足です。主人のほうは怒って、腹立ちまぎれにそのソーセージが妻の鼻先にぶらさがればよい、と願いました。すると、それも満たされました。ソーセージを妻の鼻先からとりさることはできません。これが第二の願望充足です。これはその主人のほうの願望充足です。妻にとっては、この願望充足ははなはだ不愉快です。みなさんはこの物語のおしまいはよくご存じでしょう。夫婦はもともと一体のものですから、第三の願望は、ソーセージが妻の鼻先からとれるようにしてほしい、ということになるしかないのです。

私どもは、この童話を今後も何度も引用するだろうと思いますが、ここではただ、もしも二人の意見が一致していなければ、一方の願望充足は、他方にとっては不快な結果になることがある、という可能性を示すだけにしておきましょう。

さてここまで話がすすんでくれれば、不安夢をもっとよく理解することはそうむずかしいことではないと思います。私どもは、ただもう一つだけ観察を利用して、それに対していろいろな例をひくことができるような仮説を立てる決心をつけさえすればよいのです。その観察というのは、不安夢はまったく歪められないままの、いわば検閲をのがれた内容をもっていることがしばしばあるということです。不安夢は、いわばむき出しの願望充足なのです。もちろん願望充足とはいっても好ましい願望の充足ではなく、いまわしい願望の充足なのですが、検閲の代わりに不安が生じてきたのです。

幼稚型の夢を、許されうる願望の公然たる充足だといえるとすれば、歪められた普通の夢は、抑圧された願望の仮装した充足だといえますし、不安夢は抑圧された願望の公然たる充足であるという公式が成立すると思います。不安は抑圧された願望が検閲よりももっと強烈に現われたこと、抑圧された願望が検閲に対抗してその願望充足を貫きとおした、あるいは貫きとおそうとしつつあったということのしるしなのです。抑圧された願望にとっての願望充足は、夢の検閲者側に立つ私どもにとっては苦痛な感覚をひき起こす機縁となり、それを防衛しようとする機縁となるものにすぎないことがわかります。その際に夢のなかに現われる不安は、ふだんは押えられていたこれらの願望の強さに対する不安であるといってもかまいません。なぜこの防衛が不安という形で現われるかは、夢の研究からだけでは推論することはできません。不安については、別のところで判然と検討しなければならないと思います。

歪められない不安夢にあてはまることは、部分的に歪められた不安夢についても、またその他の不快な夢で、その苦痛の感じがおそらくは不安に近いものと考えられるものにも、あてはまると仮定してよいでしょう。

不安夢は、通例としては目をさまさせる夢でもあります。抑圧された夢の願望が検閲に対抗して、完全には充足させられないうちに、私どもは眠りを中断するのが通例です。この場合は夢の作業は失敗したわけですが、だからといって夢の本質がそのために変わったわけではありません。私どもは夢のことを、眠りをさまたげるものから私どもの睡眠をまもってくれる夜警または眠りの番人にたとえました。夜警も眠っている人の目をさまさせる場合があります。すなわち自分一人だけでは妨害や危険を追い払うのに力がたりないと思うときです。また夢が憂慮すべき雲行きを示すようになり、不安になりかかるときでさえ、うまく眠りつづけられることもあります。私どもはその眠りのなかで「どうせ夢にすぎないのだ」とひとりごとをいって、さらに眠りつづけています。

夢の願望が検閲を圧倒してしまうような事態が起こるのはどんなときなのでしょうか。その条件は夢の願望の側から満たされることもあるし、夢の検閲の側から満たされることもあります。願望は、はっきりしない理由によって、いつか過大の強さをもつようになるかもしれません。しかし、夢の検閲の態度のほうに、この力関係の移動の責任がある場合が多いような印象を受けます。検閲は個々の例ごとにそれぞれちがった程度の強さをもってのぞみますし、また一つ一つの要素をそれぞれ異なったきびしさでとりあげる、ということはすでにお話ししました。私どもは、ここでさらに、検閲は一般にははなはだ変動の多いものであり、同じようにいとわしい要素に対しても必ずしもいつも同じきびしさをもってのぞむとはかぎらない、という仮定をつけ加えておきたいと思います。ですから、検閲は自分に対して不意打ちをかけようとねらっている夢の願望に対して、自分が無力だと感じるような状況に置かれたときは、残された最後の手段として、歪みの代わりに不安をひき起こして眠りの状態を放棄するという手に出ます。

その際、奇妙に感じられるのは、なぜこの邪悪ないまわしい願望が、ほかならぬ夜という時間にだけうごめきはじめて、私どもの眠りをさまたげるのかという点がまだほとんどわかっていない、ということです。おそらくそれは睡眠状態の本性によるものだ、という仮定をおくほかには答えられないでしょう。日中は検閲という重圧がこれらの願望のうえにのしかかっていて、願望は一般になんの影響力をも発揮することができません。夜になると、検閲はおそらく心的活動の他の関心事と同じく、ただ眠りたいという一つの願望に好都合なように停止されるか、またはすくなくともその力を大幅に弱められるのです。禁じられた願望がふたたび活動できるのは、夜分に検閲の力がこのように弱められるからでしょう。

不眠に悩む神経質な人のなかには、この不眠もはじめは自分から望んだものだったと告白する者があります。彼らは夢をみることが恐ろしい、つまり検閲力が低くなってくることが恐ろしいので、眠る勇気が出てこないのです。しかし、だからといって、検閲の廃止がひどい不注意を意味しているものではないことは、みなさんにも容易におわかりになるでしょう。睡眠状態は、私どもの運動性を麻痺《まひ》させます。私どもの邪悪な意図が活動しはじめたとしても、実害をもたない夢をつくりあげる以外には、なにもできないのです。眠っている人がいった「どうせ夢にすぎないのだ」ということば、すなわち、夜に属してはいるが夢の生活には属していないこの理性的なことばは、事態が安心できるものであることを物語っています。そこで私どもはその夢をそのままにしておいて、さらに眠りつづけるというわけです。

第三に、自分の願望にあらがいながら夢をみている人は、それぞれ別な人物でありながら、しかもなんらかの意味で密接に結びついている二人の人物の合体である、という見解を思い起こしてください。そうすれば、なぜ願望の充足によってきわめて不快なこと、すなわち懲罰がおこなわれるのか、ということも理解できるでしょう。ここでまた、あの三つの願いについての童話を引用して説明しますが、皿の上の焼いたソーセージは第一の人物、すなわち細君の直接的な願望充足です。彼女の鼻先にぶらさがったソーセージは第二の人物、すなわち亭主殿の願望充足です。しかし、これは同時に細君の愚かな願望に対する懲罰でもあります。ノイローゼ患者の場合に、私どもはこの童話のなかにだけまだなごりをとどめている第三の願望の動機になっているものを、また発見することになるのです。さて、このような懲罰の意向は人間の心的活動のなかにはたくさんあります。これは非常に強いもので、苦痛な夢の一部分はこの意向に責任がある、といってもよいのです。

おそらくみなさんはここで、自慢の願望充足の学説ももうこれでほとんど出つくしてしまった、とおっしゃるでしょう。しかし、もうすこしくわしくみれば、みなさんはご自分の言うことが正しくないことを認められると思います。のちに引用する夢のあり方の多様性に対比して——他の多くの著者たちの意見もそうですが——願望充足、不安実現、懲罰実現という三つの解決ではあまりにも狭すぎるのです。これにつけ加えておかなければならないことは、不安は願望の直接的な対立物であるということ、そして対立物同士は連想のなかではとくに近い関係をもつものであり、すでにお話ししたとおり、無意識の世界では一致するものだということです。さらに懲罰もまた願望充足だということ、すなわち検閲をするほうの人物の願望充足だということです。

ですから、私としては全体的にいえば、願望充足の理論に対するみなさんの異論には、すこしも譲歩しなかったわけです。しかし、私どもは、どんな歪められた任意の夢に対しても、それが願望の充足であることを実証すべき義務がありますし、この課題をさけようとはけっして考えていません。すでに解釈ずみですが、ここで一フローリン五〇クロイツァーで三枚の悪い座席の切符というあの夢[4]をとりあげてみましょう。この夢からはすでにいろいろなことを学びました。しかし、もう一度その夢を思い出していただきたいと思います。日中に、夫から、自分より三ヵ月しか若くない友人のエリーゼが婚約したことをきいた婦人が、夫といっしょに劇場にいる夢をみました。平土間の片側はがらがらにすいていました。夫は彼女に、エリーゼとその許婚者《いいなずけ》も芝居を見物しに劇場にきたがっていたのだが、一フローリン五〇クロイツァーで三枚という悪い席の切符しか入手できないのでこられなかった、と言いました。自分はそんなことはすこしも不幸ではないと思った、という夢でした。

　私どもは、この夢の思想にはあまり早く結婚しすぎたという憤懣《ふんまん》と夫に対する不満とが関係していると推定しました。では、どうしてこの悲しい思想が改変されて一つの願望充足となったのか、顕在内容のどこにその願望の痕跡《こんせき》がみられるのかということに好奇心を燃やしてもよいわけです。ところで、「あまりに早く、急ぎすぎて」という要素が検閲にひっかかり、夢から除かれたことは、私どものすでに知るところです。客のいない平土間はそのことをほのめかしています。「一フローリン五〇クロイツァーで三枚」という謎のようなことは、その後に学んだ象徴性の助けによってもっとよく理解できるようになっているのです。[1] 3という数は、実際は男性を意味しており、この顕在要素はすぐにも翻訳できます。男性を持参金で買う〔私ほどの持参金があれば十倍もすぐれた夫をもてたのに〕というわけです。結婚は明らかに「芝居を見にゆくこと」で置きかえられています。「あまりに早く切符の心配をしすぎた」というのは、いうまでもなく、あまりに早く結婚しすぎたということの直接の代理です。ところで、この代理の形成は願望充足のしわざなのです。この夢をみた婦人は、友人の婚約の話を聞かされた日に不満だったように、いつも自分の早婚について不満をもっていたわけではありません。むしろ結婚をした当座はこの結婚を誇りにも思っていましたし、自分はエリーゼよりも恵まれているとさえ考えていたのです。うぶな少女たちは、婚約ができると、いままでは禁じられていた芝居を見にどこへでもゆけるのだ、いっしょになんでも見てよいのだというよろこびを、しきりにもらすといわれます。なんでも見たいという気持、あるいは好奇心は、たしかに最初は性生活、とくに両親の性生活に向けられた性的好奇心であり、それが少女たちを早い結婚にかりたてる強い動機となったのです。このようにみれば、芝居を見にゆくことは結婚していることをほのめかす手近な代理物ということになります。早い結婚をしたことに対する現在の憤懣のなかで、彼女は自分の性的な好奇心を満足させてくれたために、自分にとって願望の充足であった時代にたちかえっているわけです。そして、この昔の願望の動きに導かれて、結婚を劇場にゆくことによって置きかえているのです。

私どもは必ずしも、隠されている願望を証明するために、ちょうど便利な夢を探し出してきたわけではありません。他の歪められた夢についても、これと似たやり方で操作しなければならないでしょう。しかし、いまはそれをみなさんにやっておみせすることはできませんので、どんな場合でも成功するだろうという確信を述べるにとどめておきます。しかし、いましばらく夢の学説のこの点を論じておきたいと思います。経験の教えるところでは、この点こそ夢の全理論のなかでもっとも危険な点の一つであり、多くの反論や誤解もこの点に結びついているからです。さらにみなさんはおそらく、夢は満たされた願望であるか、あるいはその反対、すなわち現実化された不安または懲罰であると述べることで、私がすでに自分の主張の一部を撤回しているという印象をもっておられるかもしれません。そして、いまこそ私にその主張をひっこめさせるよい機会だと考えておられるかもしれません。それに、私は自分自身で明白だと思っている事柄については非常に簡単にしか語らず、したがって人を十分に納得させえないという非難も聞いております。

夢の解釈に関して、ここまで私どもといっしょにすすんできており、これまでの成果を受け入れてくれた人々でありながら、この願望充足の問題になると躊躇《ちゅうちょ》してしまい、つぎのような質問をする人はまれではありません。「夢がいつもある意味をもち、しかもその意味は精神分析的な技法によって解明されるものだと認めることはよいとしても、この夢は明証性をもっているのに、なぜいつも願望の充足という公式に押し込まれなければならないのか。なぜ夜の思考のもつ意味が、昼の思考のもつ意味と同じように多様であってはならないのか。すなわち、夢はあるときは充足された願望に合致し、またあるときはきみ自身の言うようにその反対のもの、すなわち現実化した恐れに対応する、というのでは、なぜいけないのか。さらにはまた夢は、ある計画を表現したり、警告や賛否をともなう熟慮、あるいは非難や良心の呵責《かしやく》、目前に迫っている仕事の準備をしようとする試み、などを表現してもよいのではないのか。なぜ願望またはたかだかその反対物だけを表現するにとどまらなければならないのか」

この点での相違などは、他のところで一致していれば、それほど重大なことではないと考えることもできそうです。夢の意味と、その意味を認識する道とを発見したことで十分なはずです。その反対に、もし私がこの意味をあまりにも狭く限定してしまったとすれば、それは後退でしょう。だがしかし、そんなことはありえません。この点に関する誤解は、夢についての私どもの認識の本質に関することであり、ノイローゼの理解にとって、夢が有する価値をあやうくするものだからです。また、商人の生活のなかでは「愛想のよさ」として尊ばれるかもしれないような迎合的なあのやり方は、学問の世界ではふさわしくないばかりではなく、むしろ有害でさえあるからです。

なぜ夢は、いま述べられたような意味で多義的であってはいけないのか、という問いに対する第一の答えは、ありふれた答えですが、「なぜそうであってはいけないのか、自分にはわからない」ということになります。私自身としては、とくにその意味がいろいろに解されることに異論があるわけではないのです。私としては夢が多義的であってもいっこうにかまいません。ただささいな事実で、夢に関するこのもっと幅広い便利な見解、すなわち、実際に夢は多義的であるという見解に反するものがあるのです。

第二の答えとして、夢は多様な思考様式と知的操作に対応するものだという仮定は、私としてもべつに知らないことではない、ということを強調しておきましょう。

私はかつてある患者の病歴のなかで、その患者が三晩つづけてみたのに、それ以後はまったくみることのなかったある夢の報告をしたことがあります。そしてこの夢がこういう現われ方をしたのは、ある〈計画〉が実現したために、もう二度とくりかえされる必要がなくなったためだ、という説明をしたのです。またそののちに、ある告白に対応する夢を発表したこともあります。ですから、私がそれでいて異論を立て、夢はつねに充足された願望にほかならない、という主張をするのはなぜでしょうか。

私がこのような主張をするのは、私どもが努力して得た成果を無にしてしまうかもしれない単純な誤解を許したくないからです。それは、夢と夢の潜在思想とを混同し、ただただ潜在思想にだけ属することを夢そのものについて云々《うんぬん》するという誤解です。すなわち、夢は私どもがさきほど数えあげてみた計画、警告、熱慮、準備、ある課題の解決の試みなどをすべて代理することもできれば、それらによって代償されることもできる、という点はまったく正しいのです。しかしよく注意すれば、みなさんにもわかるのですが、これは夢に変えられてしまった夢の潜在思想についてだけあてはまるものなのです。

みなさんは夢の解釈から、人間の無意識的思考はこの種の計画、準備、熟慮などをとりあげ、それらのものを用いて夢の働きが夢をつくるのだ、ということを知っています。そのときに夢の働きに関心をもたず、人間の無意識的な思考の働きに大いに関心をもたれると、みなさんは夢の働きを見落としてしまって、実際的にはまったくそのとおりなのですが、夢は警告、計画などに対応するものだなどというようになります。精神分析の仕事の場合にも、このような例にはしばしばぶつかります。つまり、私どもは夢の形式をふたたびうちこわして、夢のできる源《みなもと》である潜在思想を、夢の代わりにつなぎ合わせて脈絡をつけようと努めるのです。

そこで私どもは、ことのついでに、夢の潜在思想の評価から、前述のような複雑な心的行為はすべて無意識のうちに起こりうるものだということを知るわけですが、それはなんと偉大で、しかも私どもを途方にくれさせる結論ではありませんか。

しかし、もとにもどって、みなさんが、自分たちは簡略な言いまわしをしてしまったということをはっきりさせるとともに、先にあげた多様性は夢の本質に関係しているにちがいないということを信じさえしなければ、それで正しいのです。みなさんが「夢」について語られるときには、顕在化した夢、すなわち夢の働きの産物を考えているか、それともたかだか夢の働き自体、すなわち夢の潜在思想から顕在夢を形づくる心的過程を考えているか、のどちらかであるにちがいありません。それ以外の意味にこのことばを用いることは概念の混乱であり、災《わざわい》を招くだけです。もしみなさんの主張するところが夢の背後にある潜在思想をさすものならば、はっきりとそう言って、夢の問題をみなさんの使うあやふやな表現法によっておおい隠すことをしないでください。夢の潜在思想は、夢の働きがそれを変えて顕在夢とする素材です。どうしてみなさんは、素材とこれに形をあたえる働きとを混同しようとするのでしょう。そういう混同があるとすると、ただ夢の働きの産物だけを知り、それがどこに由来するか、どうしてつくられるのかを説明できなかった人々にくらべてみて、なんのまさるところがあるでしょうか。

夢における唯一の本質的なものは、思想という素材に働きかけた夢の働きです。ある種の実際的な状況のなかでは、夢の働きをなおざりにしてさしつかえないとしても、理論的な面ではそれを除いてよいということはありません。ですから、精神分析による観察もまた、夢の働きは、ご存じの太古的または退行的な表現法に翻訳することだけに限られるものではないことを示しています。そして、夢の働きは、普通は昼の潜在思想には属していないが、夢を形成する原動力となるあるものを、これらの思想につけ加えるのです。この欠くことのできない付加物はやはり同じように意識されない願望であり、この願望を満たすために夢の内容が変えられるのです。ですから、みなさんが夢によって代理される思想だけを顧慮しているかぎり、夢は警告、計画、準備など、どんなものでもありうるということになります。

夢はまたつねに無意識的な願望の充足でありますが、もしみなさんが夢は夢の働きの成果だとみなされるならば、夢はただただ無意識的な願望の充足だけにすぎないものとなります。それゆえ、夢はけっして単なる計画や警告ではなく、つねにある無意識的願望の力をかりて計画や警告などが太古的な表現に翻訳され、これらの願望を充足するために姿を変えたものなのです。願望充足というこの性格は恒常不変な性格ですが、もう一つの性格は種々に変わりうる可能性のあるものです。しかし、この性格もそれなりには願望であるのですから、夢は日中の潜在的願望を、ある無意識的な願望の助けをかりて、充足されたものとして表現しているわけです。

私としては、これらの事情はよくよくわかっているのですが、みなさんにわかっていただくことに成功したかどうか、となるとわからないのです。またそれをみなさんに証明することにも困難を感じます。そのためには、一方ではたくさんの夢を念を入れて分析しなければならないからであり、他方では私どもの夢に関する見解のうち、このもっとも取り扱いにくく、しかも重要な点を、のちに話すはずのことと関連づけないで、説得力をもって話すことはできないからです。そもそもみなさんは、すべての事柄がたがいに密接な関連をもっているときに、ある一つの事物の本性を深くつきとめることが、他のこれと類似の性格をもつ事物を顧慮しないでできると考えておいででしょうか。私どもは夢にもっとも近いもの、すなわちノイローゼの症状についてはまだ何も知っていないのですから、ここでも、いままでにわかっている知識で満足しなければならないのです。私はもう一つだけ例をあげて説明し、新しい考察をしてみようと思います。

幾度かくりかえして引用したあの夢、一フローリン五〇クロイツァーで芝居の切符三枚という夢(5)をもう一度とりあげてみましょう。私は断言しますが、この夢をはじめにとりあげたときは、べつに底意があってのことではなく、ただ一例としてあげただけだったのです。この夢の潜在思想はみなさんご存じです。すなわち、友人がいまようやく婚約したときいたときに、自分が結婚をあんなに急いでしまったことに対する憤懣、自分の夫に対する軽視、待っていさえすればもうすこしよい夫をもてたろうという考えです。それにこのような思想から一つの夢をつくりあげた願望も、すでに私どもは知っているのです。それは芝居を見にゆきたいという好奇心であり、おそらくは、結婚すればいったいどんなことが起こるのか、いつか経験してみたいという昔の好奇心の分かれたものだろうということです。この見たいという欲望は、小児の場合には両親の性生活に向けられるのが常ですから、幼稚型の好奇心であり、後年になってもなお存在するかぎりは、幼稚型のもののなかに根をおろしている欲動の動きなのです。

しかし、昼間きいた知らせは、この見たいという好奇心をひき起こす機縁となったのではなく、たんに憤懣と後悔との機縁となっただけです。この願望の動きは、さしあたり夢の潜在思想に属するものではありませんでした。私どもは夢の解釈の結果を分析のなかに配置するときにも、この願望の動きを顧慮しないですることができないのです。この憤懣それ自体としては夢をつくりだすだけの力はなかったのです。結婚をあんなに急いだのはばかなことだったという思想だけからは、まだ夢は生じません。これに加えて、結婚のときにどんなことが起こるのか、いつか一度見てみたいものだという昔の願望が呼びさまされたときに、はじめて夢が生じたのです。それからこの願望は結婚を芝居を見にゆくことで置きかえて夢の内容を形づくり、この内容に以前の願望の充足という形式をあたえたのです。「さあ私は芝居にいって、禁じられたものなんでも見ていいのよ。でもあなたはだめ、私は結婚しているけれど、あなたは待たなければならないのよ」というわけです。このようなやり方で現在の状況は反対の状況に変えられてしまい、昔の勝利が最近生じた敗北にとって代わるのです。

ついでに言えば、この好奇心の満足は利己的な競争心の満足とまじりあっています。さて、この競争心の満足は夢の顕在内容を制約していて、夢の内容では、自分は現実に劇場にきているが、友だちは入場できなかったということになっています。この好奇心と競争心とが満足される場面に、背後に夢の潜在思想がまだ隠れている夢の内容のあの部分が、その場面とはぴったりしない不可解な修飾として積み重ねられています。夢の解釈は、願望の充足を描き出すのに役だっているものはすべて顧慮しないで、いま述べたほのめかしから苦痛な夢の潜在思想を再現しなければならないのです。

私がつぎに述べようとしている一つの考察は、いま前景に出ている夢の潜在思想に、みなさんの注意をぜひとも向けてもらおうとするものです。忘れないでいただきたいことは、夢の潜在思想は、第一に、夢をみる人には無意識であること、第二に、完全に理解のできる脈絡のあるものであり、したがって夢の機縁となったものに対する反応として理解されうること、第三に、それは任意の心的欲動または知的操作としての価値をもちうるものであることです。夢をみた人がそのことを認めるか否かにかかわりなく、私はこれらの思想を前[6]よりはもっと厳密な意味で〈昼のなごり〉と呼びましょう。

私は、昼のなごりと夢の潜在思想とを区別します。その場合、私どもがこれまで使っていた呼び方に一致させて、夢を解釈するときに私どもが知りうるすべてのことを夢の潜在思想と呼ぶことにしますが、一方、昼のなごりは潜在思想のごく一部にすぎないものです。そうすると、結局私どもの見解では、昼のなごりのうえに、これも無意識に属していたあるもの、すなわち強力ではあるが抑圧を受けていた願望の動きが付加されたのであって、この願望の動きのみが、夢を形成することができた、ということになるのです。この願望の動きが昼のなごりに及ぼす作用が、夢の潜在思想の他の部分、すなわち、もはや覚醒時の生活にもとづいて理解できる合理的なものとみえる必要はない部分を生み出すのです。

昼のなごりと無意識的願望との関係に対して私は一つの比喩《ひゆ》を用いたことがありますが、ここでも、それをもう一度くりかえすことしかできません。どんな企業体でも、経費を支弁する資本家と、あるアイデアをもっていて、これを実行に移す方法を身につけている経営者とを必要とします。夢の形成にとっては、資本家の役割をするものはつねに無意識的願望なのです。これは夢を形成するのに必要な心的エネルギーを供給します。経営者は昼のなごりで、これは費用をどう用いるかを決定するわけです。しかし、資本家自身がアイデアと専門的知識をもっていることはありえますし、経営者自身が資本をもっていることもありえます。こういう場合は実際面ではいろいろなことが簡単になりますが、しかし、これを理論的に理解することは困難になります。国民経済学[7]では、一人の人がいつでも資本家と経営者とに分けて考えられ、こうして私どもの比喩の出発点となった基本的な状況が再建されます。夢の形成の場合にも同じような変異は起こりますが、その問題をこれ以上追究することはみなさんにおまかせいたします。

この問題では、これ以上先へすすむことはできません。というのは、みなさんはおそらくずっと前から、ある疑念にとらわれていると思われるからです。しかもこの疑念には耳をかたむける価値があります。昼のなごりが夢を生み出す能力をもつことができるためには、そのうえに無意識の願望が加わる必要があるとされているが、この昼のなごりは無意識の願望と同じ意味で、実際に無意識なのであろうか、というのがみなさんの疑念でありましょう。この予感は正しいのです。ここに実は全問題の要点があります。

昼のなごりはこの無意識的願望と同じ意味で無意識なのではないのです。夢の願望は別の無意識に所属しているのです。すなわち、私どもが特別なメカニズムをもち、幼稚型のものに由来していると認めたあの無意識に属しているのです。もし、この無意識の二つのあり方を異なった呼び名で呼んで区別すれば、それはきっと適切なことでありましょう。しかし、私どもは、ノイローゼの現象領域をくわしく知るまでは、それをしないでおきたいと思います。なにしろ、一つの無意識でさえ幻想だとして叱責《しっせき》されているではありませんか。ましてや、もし二通りの無意識を考えてはじめて十分まにあうようになるなどと告白したら、私どもはなんと言われるでありましょうか。

ここで、いちおうお話を打ち切ることにします。みなさんはまたまた不完全なことをおききになったことになります。しかし、この知識にはまだつづきがあって、それは私ども自身か、または私どものあとからくる他の人々によって、やがて陽《ひ》の目をみるようになるであろうと考えれば、希望が湧《わ》くではありませんか。それに、私ども自身にしても、新しい驚くべき知識を十分に学びえたのではないでしょうか。

〔1〕子どものない婦人のこの3の場合の、もう一つの別なわかりやすい解釈については、私は述べまいと思う。その分析も、ここにはなんの資料をも、もたらしてくれないからである。

（1）夢をみているあいだに、その夢のなかの状況に激しい不安を感じ、そのために眠りからさめてしまうような夢をさしている。フロイトは、この場合の不安を感じた内容は欲求の願望充足であり、不安はその偽装の役をも果たすとみている。

（2）ローマの詩人オヴィディウス（前四三〜後一七ごろ）のことば。

（3）スイスの詩人・寓話作家ヘーベル作『三つの願い』。

（4）第七講参照。

（5）第七講参照。

（6）第十三講参照。

（7）本来は、国民を一つの有機的な統一体と見、国民生活の一面としてその経済生活をとらえたもの。家内経済、都市経済、国民経済の三段階を考えるときには、国民経済は中央集権的な近代国家の形成とともに成立すると考えられている。ここでは今日的な意味で経済学的には、というほどに考えられている。

第十五講　不確実な点と批判

みなさん！　夢の話を終わる前に、これまでに得た新しい事実や見解に関して、だれもがいだく疑問や不確実な点にふれておかなければなりません。みなさんのあいだでも、注意深く私の話をきいておられた方ならば、おそらく、そうした点について若干の材料を集められたことでしょう。

(1) 私どもの夢の解釈という作業の結果には、分析技法を正確にまもってもあいまいな点がかなり残っているので、顕在夢を潜在思想に正確に翻訳しようという試みは、結局は失敗に終わるのではないかという印象を受けられたかもしれません。

その理由として、つぎのようなものがあげられるでしょう。第一に、夢の特定の要素について、これをそのままの意味にとればよいのか、それとも象徴的に理解したらよいのかという点がわかりません。というのは、象徴として用いられたものでも、それだからといって、やはりそのありのままの意味をもっていることに変わりはないのですから。そしてこれを決定する客観的根拠がないとなると、夢の解釈はその点では解釈者の恣意《しい》にまかされることになるわけです。第二に、夢の働きでは相反するものが一致することがあるために、ある種の要素をポジティブな意味にとってよいか、それともネガティブな意味にとるべきかがてよいか、つまりそのままの意味にとるべきなのか、それとも反対の意味にとるべきかがいつも未決定のままになってしまいます。ここにも、解釈者の恣意が動きだす機会がいつでもあることになります。第三に、夢のなかではあらゆる種類の好き勝手な裏がえしがおこなわれているので、解釈者としては、夢のなかの好き勝手な箇所でこの種の裏がえしをする自由があることになります。最後に、ある夢について発見された解釈は、それだけが唯一の可能な解釈だと断言できる場合はめったにない、という説をおききになったことを援用されるかもしれません。これでは、同一の夢をいろいろな意味に解することが当然許されるはずなのに、これを見のがす危険をおかすことになります、このような事情のもとでは、解釈者の恣意の働く余地があまりに大きくて、結論の客観的確実性とは相いれないものになるように思われる、とみなさんは結論されるでしょう。あるいは欠陥は夢にあるのではなく、私どもの夢の解釈の不十分な点は、帰するところ私どもの見解や前提が正しくないところにあるのではないか、とお考えになるかもしれません。

みなさんが疑問点として出された材料は、どれもこれも非難の余地のないりっぱなものです。しかし、それだからといってみなさんがくだした二方向の結論、すなわち、私どものするような夢の解釈は解釈者の恣意のままになるものだという意見と、解釈の結果に欠陥があるのは私どものやり方が正しくなかったからではないかという疑問は、どちらも正当なものではないと思います。もしもみなさんが、解釈者の恣意の代わりに、解釈者の熟練、経験、理解力を置きかえようとなさるのであれば、それには私も賛成なのです。このような個人的な要素を私どもはもちろん欠くことができません。とくに夢の解釈のような困難な課題と取り組むときはなおさらのことです。しかし、そのようなことならば、他の学問領域でも同じことではありませんか。ある人が他の人よりもある技法の操作が下手《へた》にならないようにしたり、またはその技法の利用の仕方がうますぎないように調節したりする手段などはありません。たとえば象徴を解釈する場合に、恣意的だという印象を強くあたえるものについては、一般に夢の思想相互間の関連、夢と夢をみた当人の生活との関連、および夢をみるときの心的状況などを考えることによって、あたえられたいくつかの解釈の可能性のうちからある一つの解釈だけを採用し、他の解釈は役にたたないものとしてしりぞけるということで、これを除去することができます。しかし、夢の解釈が不完全だという理由で私どもの主張を正しくないと結論するのに対しては、夢の多義性、またはあいまいさは、むしろ必然的に予期される夢の一特性なのだということを論証してみせれば、そのような異論は力を失ってしまうのです。

　夢の働きとは夢の思想を象形文字に類似した原始的な表現法に翻訳することだ、と申しましたが、そのことを思い出してみましょう。しかし、これらすべての原始的な表現体系には前述のようなあいまいさと多義性とがつきまとっているのですが、私どもはそれだからといって、これらの表現体系の実用性を疑う権利はないのです。

ご承知のように、夢の働きにおいては相反するものが一つになっているという点は、最古の言語の、いわゆる『原始言語の相反的意味の問題』(1)によく似ています。私どものこのような見方は、言語学者R・アーベルにならったものですが〔一八八四年〕、アーベルは、このように相反する意味をもったことばの助けをかりて、ある人が他の人に意志伝達をしたからといって、その伝達があいまいであったと思いこんではいけない、といっているのです。むしろことばの調子とか身ぶりとかによって、相反する意味のうちのどちらを話し手が伝えようと思っていたかという点は、話の関連のなかですこしも疑いないものになっていたにちがいありません。文字で書くときには身ぶりがありませんので、発音しないことになっている絵符号をこの文字につけ加えてこれに代えたのです。たとえば、二つの意味をもつエジプト象形文字の ken が、「弱い」を意味するか「強い」を意味するかによって、それぞれに応じて、力なくかがみこんだ男、あるいはぴんと直立している男の像を書きそえました。ですから、音や記号がいくつかの意味をもっていても、誤解をさけることができたのです。

たとえば、いま述べたもっとも古い言語の文字のように、古代の表現体系では、今日の文字ではとても許されないようなあいまいな点が数多くあることが知られています。一例として、セム族の文字（ヘブライ語、フェニキア語、アラビア語、エチオピア語などの文字）では、ことばの子音しか記されないものも少なくありません。脱落している母音は、読者が自分の知識とか前後の文脈にしたがって挿入しなければならないのです。象形文字というものは、必ずしも全部このとおりというわけではないにしても、大体このようなものです。

古代エジプト語の発音が長いあいだわからなかったのは、このためだったのです。エジプト人の神聖な書物には、このほかにもなおあいまいな点があります。たとえば象形文字を配列するのは、右から左へ、あるいは左から右へと書く人の勝手でどちらでもよかったのです。これを解読するためには、いろいろな人物や鳥などの顔をたよりにして読まなければならないという規定にしたがわねばなりませんでした。ところで、書き手はこの象形文字を縦にも並べることができたのです。比較的小さい物体に書く碑文などでは、見た目にきれいになるように、また碑面にうまく配列されるように、文字の順序を変えることもしたのでした。

エジプトの象形文字の最大の障害は、おそらく字と字との間隔がないということでしょう。絵は同じ間隔で横にたがいに並んでいますから、ある一つの記号が前のことばのものなのか、つぎのことばの初めなのかは、一般にはわかりません。これに反して、ペルシアの楔形《せっけい》文字（字画が楔のような形をした文字。前三千五百年から前一千年ごろまで用いられた）では、斜めに記された楔《くさび》の形が「ことばを区分するもの」となっています。

このうえなく古い言語でありながら、今日でもなお四億の人々が用いている言語と文字はシナ語です。しかし、どうかみなさん、私がすこしはシナ語を知っているなどと思っていただいては困ります。ただ、私は夢のあいまいな点に類似したものを見つけだしたいために、シナ語について教えてもらっただけなのです。私の期待は誤りではありませんでした。シナ語には、私どもをまったく驚かせるような、こうしたあいまいさがいっぱいあるのです。

シナ語は周知のように、多くの字音から成るものですが、その字音はそれだけで単独に発音されたり、二音を複合して発音されたりします。シナ語のおもな方言（北京官話、広東語など）の一つはおよそ四百のこの種の音をもっています。ところで、この方言の語彙《ごい》はほぼ四千にのぼりますから、一つ一つの字音は平均すると十のちがった意味をもつことになります。なかには十より少ないものもあり、そのかわりに十より多いものもあります。ですから、話し手が、ある字音に含まれる十の意味のうち、どれを聞き手に思い起こさせようとしているのかは、前後の関連からだけでは推測できませんから、このような意味のあいまいさをさけるために、多くの手段が使われます。その手段のなかには、二音を結合して一つの合成語（熟字のこと）をつくる方法や、四つの異なった「声調」（四声のこと）を利用する方法があります。

夢と比較するときに、もっとも興味深い事情は、シナ語には文法がないも同然ということです。一字音の語について、それが名詞か、動詞か、形容詞かを断言できるものは一つもないし、性、数、語尾、時制、話法を弁別させるような語の変化もまったくありません。いわば、ことばはなまの素材だけから成り立っているのです。ちょうど私どもの思考言語が、夢の働きによって関係を表現しているものが脱落し、素材に分解されるのに似ています。シナ語では、意味があいまいなときには、その意味の決定は聞き手が理解するままにまかせられ、聞き手はその場合、前後の関連から意味を察知するのです。ここにシナの諺《ことわざ》の一例をメモしておきました。ドイツ語に逐語訳すれば Wenig was sehen viel was wunderbar.です。これはそうむずかしくありません。(2)「人間はそれまでに見たものが少なければ少ないほど、驚くべきものを多く見いだすものである」というのだろうと思います。あるいは、「見ることが少ない者には、驚嘆すべきものが多い」というのかもしれません。どちらをとっても、この二つの翻訳のちがいは、文法的なものにすぎませんのでたいして問題にはなりません。このようなあいまいさはあるにせよ、シナ語は思想を表現する手段として、非常にすぐれたものであることは確かです。それゆえ、あいまいであるということは必ずしも多義的ということになるわけではありません。

さて、私どもは、夢という表現体系にとって、すべての事態はこれらの古代語や古代の文字よりも不利であることを、もちろん、認めざるをえません。なぜかといえば、古代語や古代の文字は、根底において意思の伝達をその使命としているものだからです。換言すれば、どのような方法で、どのような補助手段を用いて理解させるかということが意図されているからです。ところが、まさにこの性質こそが、夢には欠けているのです。夢はけっしてだれかに、なにかを語ろうとするものではありません。夢は伝達の道具ではなくて、反対に、理解されないことをもともとのねらいとしているのです。ですから、夢には多義性や不確定性が多くて、その意味を決定することができないということが明らかになっても、べつに驚いたり困惑したりする必要はないのです。ただ、私どもが比較をしてみた結果、つぎの洞察だけは確かな収穫といってよいでしょう。すなわち、人々が私どもの夢の解釈に信憑《しんぴょう》性がないと主張する根拠にしようとした夢の不確定性こそは、むしろ、すべての原始的な表現体系につねにみられる性格なのだ、ということです。

実際に夢がどこまで理解できるものであるかは、ただ訓練と経験とを積むことによって確かめるほかはないのです。私は、かなりのところまで、理解できると考えていますが、正しい習練を積んだ精神分析者たちのなしとげた結果を比較してみても、私の考えの正しさは確かめられています。素人は、たとえ学者といえども専門外のことでは素人なみなのですが、ある学問的な仕事で難問や不明確な点に直面すると、いかにも熟考したうえでの懐疑なのだぞ、というような見栄《みえ》をはってみせるものであることはよく知られています。私は、それを不当なことだと思うのです。

みなさんはたぶん知っておられないでしょうが、同じようなことはバビロン・アッシリアの碑文の解読の歴史にもみられました。世論が楔形文字の解読者たちを空想家と呼び、その研究をすべて「詐欺」呼ばわりした時代があったのです。ところが、一八五七年に、王立アジア協会が異論の余地のない試みを企てました。協会では名ある楔形文字の研究者のうちから、ローリンソン（一八一〇～九五。イギリスの東洋学者・軍人）、ヒンクス（アイルランドの考古学者）、フォクス・トルボット（一八〇〇～七七。イギリスの考古学者・発明家）およびオペール（一八二五～一九〇五。ドイツ系フランス人の考古学者）の四人に対して、新たに発見された碑銘をそれぞれ別々に翻訳して、訳文を封印した封筒に入れて送ることを依頼したのです。この四つの翻訳を比較した結果は、それらはたいへんよく一致していたので、協会は、従来得られていた成果が信頼しうることを証明するとともに、今後の進歩をも保証するむねを声明できたのでした。[3] 専門外の学者たちの非難はこのときからだんだんやむようになり、それ以後は、楔形文字の記録の解読の正確さはいちじるしく増大するようになったのです。

(2)　第二の疑点は、みなさんもおそらくいだかれたと思われるつぎのような印象と深くつながっています。すなわち、夢の解釈の結果、私どもが否応なく得た解答のなかには、こじつけ、でっちあげ、牽強《けんきょう》付会《ふかい》、したがって無理な、いや、滑稽《こっけい》で、駄洒落《だじゃれ》とさえみえるものが相当数あるという印象です。この種の意見はよく耳にしますので、最近私どもがきいたものを一つとりあげてみましょう。それはこういうことです。

自由の国スイスで、つい最近、一人の師範学校の校長が精神分析を研究したという理由でその地位を追われました。彼はこれに異議を申し立て、ベルン（スイスの首府）のある新聞がこれについての文教当局の見解をのせました。その記事のなかから、精神分析に関係ある文章を二、三ひいてみるとこうです。「さらに、本人が引用しているチューリヒのフィスター博士[4]の著書にみられる多くの実例が、わざとらしく、不自然であるのには驚かざるをえない……。したがって、師範学校長ともあろうものが、この種の主張やインチキな証明を無批判に受けること自体、まったく驚くべきことというほかはない」。この文章は「冷静な判断者」の結論として述べられています。私はむしろ、この冷静さこそわざとらしい「つくりもの」であると考えます。多少の思索と多少の専門的知識もまた、冷静な判断にとって不利をきたすものではないはずだという期待をもって、ここに表明されている意見をもうすこし詳しくみてみましょう。

深層心理学上[5]の微妙な問題について、第一印象で、すみやかに、しかも迷うことなく判断をくだせる人をみるのはまことに胸のすく思いがします。すべての解釈はこのような人にはわざとらしく、無理なものにみえて、気に入りません。つまり、みんな偽りのものであり、そんな解釈ごっこはなんの役にもたたぬと考えるのです。これらの解釈がそうみえるのには、十分な根拠があるにちがいないなどという考えは頭をかすめることすらありません。それを考えれば、つづいて、十分な根拠とはどういう根拠であろうかという問題が結びついているわけです。

いま批判されているこの事態は、根本的には、夢の検閲のもっとも強力な手段であることをみなさんが学びとられた、あの置きかえの結果と関係があるのです。置きかえの助けによって、夢の検閲は私どもがほのめかしと呼んだ代理物を形成します。しかし、ほのめかしのほのめかしたるところは、ほのめかしであることが容易にわからないもの、本来のものへの帰路がたやすくは見つからないもの、また、きわめて特異で珍しい外的な連想によって結びついているものにこそあるのです。これらすべての場合には、隠しておかれなければならないもの、秘めておくことにきめられているものが問題となっているのです。こうしたものの隠蔽《いんぺい》を夢の検閲がなしとげようとしているのです。しかし、隠されたものをさがすのに、それがもともとあるべきところで見つかるなどと考えることはできません。目下職務にある国境監視員のほうが、この点ではスイスの文教当局よりも抜け目がありません。彼らは文書や図面などをさがすときには、書類鞄《かばん》や文書入れなどを調べるだけでは満足しません。スパイや密輸業者などは、このような禁制品を衣服のもっとも気づかれぬところ、たとえば長靴の二重底のあいだのような、けっしてそんなものがはいっていないはずのところにしまっているかもしれない、という可能性を考えに入れます。そして、秘密にされていたものがそこに見つかれば、たしかに、それはまことにさがしもさがしたり、また、見つけも見つけたりということになるわけです。

夢の潜在的要素と顕在するその代理物とのあいだに、きわめてとびはなれた、きわめて特殊な、ときとしては滑稽でウイットのようにさえみえるような結びつきが可能であるということを認めるのは、私どもが通例自分自身では解決できなかった例についての、豊富な経験にもとづいているのです。この種の解釈を独力であたえることは、不可能なことがしばしばあります。いかに利口な人でも、潜在的要素と顕在的代理物とのあいだのこの結びつきを推測することはできません。夢をみた当人が、直接的な思いつきをしてくれて、いっきょに翻訳してくれるか——夢をみた人はこの代理形成をおこなった当人なのですから、こうしたことができるわけです——、それとも夢をみた当人がたくさんの材料を供給してくれたために、もはやそれを解くのに特別な明敏さなどはいらず、いわば必然的にその解決が得られるか、どちらかなのです。夢をみた人が、この二つの方途のうちどちらか一つで私どもを助けてくれなければ、当の顕在要素は、永久に理解できないままになってしまいます。ご了解ねがって、つい近ごろ経験したこの種の一例を追加してみましょう。

私の婦人患者の一人が、治療中にその父親を亡くしました。それ以後、この患者は、機会あるごとに夢のなかで父親をよみがえらせていたのでした。ところで、この種の夢の一つで、ほかにはとうてい利用できないようなある種の関連のなかに父親が現われて、「〈十一時十五分、十一時三十分、十一時四十五分〉」と言ったというのです。この夢の特異な点を解釈した際に彼女が述べた思いつきでは、父親は成長した子どもたちが食事の時間をそろってきっちりまもるのが好きだったという思いつきだけが、この夢の解釈にぴったりあっていました。このことはたしかに夢の要素と関連性はあったのですが、その夢の要素の由来を推定させてはくれませんでした。ところで、当時の治療の状況からみて正当と認められる一つの疑念があったのです。それは、慎重に押えつけられてはいるが、彼女には敬愛する父親に対する批判的な反抗心があって、それがこの夢に関係しているのではないか、という疑念でした。

一見したところ夢とは無関係な思いつきをさらに追求してゆくと、この夢をみた女性はつぎのような話をしました。昨夜、自分がいる前で、いろいろな心理学的な問題が話題になったが、親戚の一人が「〈原人《ウールメンシュ》〉[6]はわれわれ全部のもののなかに生きつづけている」と言ったというのです。そのときに、私はわかった、と思いました。そのことばによって、彼女に、亡くなった父親をもう一度生きつづけさせるよい機会があたえられたのです。つまり、彼女は夢のなかで、父親に正午前の時間を十五分おきに言わせ、父親を〈時計人間《ウールメンシュ》〉に仕立ててしまったのです。

この例に関しては、みなさんはウイットとの類似性があることを否定できないでしょう。夢をみた者のウイットが、解釈する者のウイットとみなされたことも、事実しばしばありました。また別の例で、私どもがウイットを相手にしているのか、それとも夢を相手にしているのか、決定しがたいような場合もあります。みなさんは、同じような疑いが言いまちがいというしくじり行為の場合にも少なからず生じたことを思い出すことでしょう。ある男が、叔父《おじ》さんの自動車《オート》に乗っていたとき、その叔父さんにキスをされたという夢を語ったことがありました。その男は自分で即座にそれに解釈を加えて、それは〈自体愛〉《オートエロティスムス》(7)〔リビド論からくる術語。他人を対象としないで性の満足を得るもの〕を意味すると付言したのです。ところで、この男は私どもをからかおうとして、ふと思いついたウイットを夢だといって話したのでしょうか。私はそうは信じません。彼は事実、そのような夢をみたのです。

しかし、唖然《あぜん》とさせるような、このウイットと夢との類似性は、どこからくるのでしょうか。この類似性の問題から、私は当時、ウイットそのものをつっこんで研究してみる必要性を感じて、自分の本道からすこしばかりはずれたことがありました。その結果、ウイットの発生には意識前の思考過程がちょっとのあいだだけ無意識的加工を受けるままにまかされ、この加工によって意識前の思考過程がウイットになって浮かび上がってくるのだ、ということがわかりました。それは無意識の影響のもとで、無意識の領域を支配しているメカニズム、すなわち凝縮と置きかえの作用を受けるのです。つまり、私どもが夢の働きに関与していることを知ったのと同一の過程の作用を受けるわけです。ウイットと夢との類似性の生じてくる場合には、この共通性にこそ、その類似性の源があるとされるべきなのです。しかし、この思いがけない「夢のウイット」には、ウイットのときのような快感をともないません。なぜでしょうか。それはみなさんがウイットを研究されれば、おのずからわかることでしょう。「夢のウイット」は、ウイットとしてはまずいものだと思います。それは私どもを笑わせもせず、なんの感興も起こさせません。

ところで、ここでまた、古代の夢判断の足跡をたどってみますと、なかには役にたたぬものもたくさんありますが、それと並んで私ども自身でさえとても凌駕《りようが》できないような夢判断の例も残っています。いまここに、歴史的に重要な一つの夢についてみなさんにお話ししましょう。それは、プルータルコスとダルディスのアルテミドルスとでは多少の異同はありますが、この二人がともに報告している、アレキサンダー大王のみた夢[8]です。大王が頑強《がんきよう》に防御をつづけるテュロスの町を包囲していたとき〔紀元前三三二年〕、ある夜サテュロスが踊っている夢をみました。この征路に従軍していた夢占い師のアリスタンドロス（ギリシア人の占星師。前四世紀）は、サテュロス Satyros を σά と Τύρος という二語〔テュロスは汝《なんじ》のもの〕に分けて夢を解釈し、この町は征服できると予言したのです。アレキサンダー大王はこの解釈によって攻撃をつづけることを決心し、ついにこの町を攻略したのでした。いかにもこじつけたようにみえますが、この解釈は疑いもなく正しかったのです。

(3)　ながいこと精神分析者として自分で夢の解釈に従事してきた人々によってもまた、夢に関する私どもの見解に対して反論が唱えられたということを聞かれたら、みなさんはある特別な印象を受けられるだろうと想像ができます。これほど十分な挑発《ちようはつ》が、もし新しい誤説をさそい出すのに利用されないままに終わっていたとしたら、むしろ異常なことだといってもよいでしょう。こうして、概念の混同と不当な一般化とによって、夢に関する医学的な見解と同じように、まちがったもろもろの主張が生じてきたのです。

そうした主張の一つは、みなさんもすでにご存じのものです。それによれば、夢は現在に対する適応の試みであるばかりでなく、将来の問題を解決しようとする試みでもあり、したがって「将来を予想する傾向」を追うものだというのです〔A・メーダー〕。この主張は、夢と夢の潜在思想との混同にもとづくものであり、したがって夢の働きの無視が前提にある、ということを、私どもはすでに引証しておきました。夢のこのような傾向は、一面からいえば、夢の潜在思想もその一つである無意識的精神活動の特性としては、べつに目新しいことではありません。また他面からみても、無意識的精神活動は未来に対して備えをするほかにも多くのことをしているのですから、夢はそれだけでつきるものではないのです。いかなる夢の背後にも「死の契約」がみられるという主張の根底には、右に述べたものよりもっとひどい混同があるようにみえます。この公式が何をいおうとしているのかはよくわかりませんが、この公式の背後には、夢と夢をみた人の人格全体との混同があると私は推測しています。

少数の好都合な例をもとに、不当な一般化をおこなった好例として、つぎの命題をあげることができます。すなわち、どんな夢も二種の解釈を許すものである、その一つは、私どもが示したようないわゆる精神分析的な解釈であり、また他の一つは、いわゆる神秘的・象徴的な解釈であって、欲動の動きには目をとめることをせず、よりいっそう高い心的な作用の表現をめざしているものだとするものです〔ジルベラー〕。この種の夢もありますが、みなさんがこの見解を押し広げて、夢の多数のものに適用してみようとしてもむだでありましょう。

みなさんがこれまできかれたすべてのことから考えて、すべての夢は男性的な流れと女性的な流れとの合流したものとして両性的に解釈さるべきものだ、とする主張〔アドラー〕は、みなさんにはまったく理解できないものに思われるでしょう。もちろん、この種の夢もなくはありませんし、みなさんはこの種の夢が、ある種のヒステリー症状と同様な構造をもっていることをあとで学ぶことができましょう。私が夢の新しい一般的性格に関するこのような発見について述べますのは、このような新発見を警戒するように注意をうながすためであり、すくなくとも、私がこれらの説についてどんな判断をくだしているか、みなさんに疑問の余地がないようにしておきたいからなのです。

(4)　分析的治療を受けている患者は、自分たちの夢の内容を医師の好みの理論に適合させるものである、それで、あるものは主として性的な欲動の動きを夢にみるし、他のものは権力の要求を夢にみ、また別のものは再生の夢さえみるものだという観察〔シュテーケル〕によって、あるときは夢の解釈の客観的価値が疑問視されたこともありました。しかし、患者たちの夢を支配することができる精神分析療法が存在する以前から、人々はすでに夢をみていましたし、また、いま治療を受けている患者たちが治療を受ける以前にも、いつも夢をみていたのだということを熟慮してみれば、この種の観察の重みはずっと小さいものになってしまいます。この新発見のなかで事実に合致するところは、夢の学説にとっては自明のことで、あまり重要ではないということはすぐ認識できます。夢をひき起こす昼のなごりは、覚醒《かくせい》時の生活における強い関心の残ったものです。医師の話や医師のあたえる刺激が被分析者にとって十分に意味深いものとなれば、それは昼のなごりの圏内にはいってきます。そしてそれは、強い感情をともなって、まだ失われずにいる他の日中の関心事と同じように、夢を形成するための心的刺激をあたえることができますし、また、睡眠中に身体的刺激が眠っている人に影響を及ぼすのと同一の作用をすることもあるわけです。夢をひき起こす他の誘因と同じように、医師の刺激によって起こった思考過程も、夢の顕在内容のなかに現われることもあれば、また潜在内容のなかにあることが証明されることもあります。夢が実験的につくりだされる、あるいはもっと正確にいえば、夢の材料の一部分は夢のなかに導き入れることができるということを、私どもはたしかに知っているのです。ですから、精神分析者が患者にこのような影響をあたえるときに果たす役割は、ムーリイ・ヴォルトのように、被験者の手足をある位置におく実験者の役割とけっして変わるものではありません。

私どもは、夢をみる人に〈何について〉夢をみさせるかという点では影響をあたえることはできますが、〈何を〉夢みるかまでは影響をあたえることはできません。夢の働きのメカニズムと夢の無意識的願望とはいかなる外的な影響にも動かされないようになっているのです。私どもは、身体的刺激によって起こる夢の価値を論じたときに、夢の生活の特殊性と独立性とは、身体的刺激または心的な刺激に対する夢の答えとしての反応のなかに示されている、ということをすでに認識しております。ですから、夢の研究の客観性を疑問視しようとする前述の主張には、その根底にまたしても一つの混同が、すなわち夢と夢の材料との混同があるのです。

みなさん、夢の問題について私がお話ししようと思ったのはこれだけのことです。みなさんは私が多くの問題を省略したことを感じておられるでしょうし、私があらゆる点で不完全たらざるをえなかったこともおわかりになったでしょう。しかし、それは夢の現象とノイローゼの現象とが関連しているというところに原因があったのです。私どもはノイローゼ論の入門として夢を研究してきました。そして、それは逆の順序でやるよりは、たしかに正しかったのです。とはいえ、夢がノイローゼを理解する準備となるように、夢の正しい評価は、ノイローゼの現象の知見が得られたのちに、はじめて得られるものなのです。

私はみなさんがこのことについてどう考えられるかは知りません。しかし、私は、みなさんにこれほど大きな関心を夢の問題に向けていただき、大事な時間をこれほどにまで夢の問題に費やしていただいたことをけっして悔いてはいない、と断言してはばかりません。精神分析の存亡にかかわるような、さまざまな主張の正しさをこんなにすみやかに確信させることは、夢以外のものではとてもできません。ノイローゼの症例の諸症状が独自な意味をもつものであり、ある意図に奉仕するものであり、その患者の運命から生じてくるものであることを指摘するためには、数ヵ月、いや、数年に及ぶ緊張した研究を必要とします。これに反して、同一の事態を、さしあたりは不可解に混乱してみえる夢の働きについてうまく証明し、それによって精神分析のあらゆる前提、すなわち、心的過程の無意識性、この心的過程を支配する特殊なメカニズムおよび心的過程のなかに現われる欲動の力を確証するのは、ごくわずかな時間の努力でできるのです。

夢とノイローゼ症状の構造上にみられる非常な類似性と、夢をみていた人を目ざめた理性的な人間に変える変化のすみやかさとを比較対照してみれば、ノイローゼもまた、心的生活のもろもろの力と力とのあいだの調和の変化にもとづくものにすぎない、という確信を得られるのです。

（1）第十一講参照。

（2）この出典は『牟子《ぼうし》』（漢の牟融《ぼうゆう》の作）のなかの「諺云。少所見、多所怪」（「諺《げん》に云《い》う。見るところ少なければ、怪しむところ多し」）と思われる。このことばは、わが国では、一般に「少見多怪」として知られている。

（3）この研究に関しては、ローリンソン、ヒンクス、トルボット、オペール共訳『アッシリア王ティグラト＝ピレゼルの碑文』（一八五七年、ロンドン）が出版されている。

（4）（一八七三〜一九五六）。チューリヒの牧師兼教育家。精神分析に親しみ、フロイトと終始変わらない親交を保っていた。

（5）力動心理学の一つ。行動の原動力としての意識下における動機を問題とする心理学の一派。

（6）原人 Urmensch は、出現、発端、原始を意味する前綴 Ur- と人間 Mensch の合成語。なお、後述の時計人間 Uhrmensch は時計 Uhr と人間 Mensch の合成語。

（7）リビド発達の段階で、愛の対象は、自体愛、自己愛、同性愛、異性愛の順に発展すると考えられる。

（8）第五講参照。

第三部　ノイローゼ総論

第十六講　精神分析と精神医学

一年ぶりで、またみなさんにお目にかかり、この講義をつづけることができますのは、私のよろこびとするところです。昨年はしくじり行為および夢の精神分析的取り扱い方について講義をいたしましたが、今年はノイローゼの諸現象を理解していただくように、みなさんの道案内をしたいと思っております。ノイローゼの諸現象は、まもなくみなさんもおわかりになることとですが、しくじり行為および夢といろいろの共通点をもっています。しかし、あらかじめお話ししておきますが、みなさんは、こんどは昨年と同じ態度を私に対しておとりになるわけにはまいりません。昨年は、私の判断とみなさんの判断とが一致しなければ、一歩も前へ進まないというやり方を重んじておりました。みなさんがたといろいろ論議をつくし、みなさんがたの異論に服し、みなさんとみなさんの「健全な悟性」とを最後の判決をくだす法廷として認めてきたのでした。今後は、もはやそうはゆきません。それも一つの簡単な事態のためなのです。というのも、しくじり行為と夢とは、現象として、みなさんになじみのないことではなく、みなさんも私と同じだけの経験をもっておられる、あるいは私と同じだけの経験をもつことは容易であったものでした。しかし、ノイローゼの現象という領域は、みなさんには未知のものです。みなさん自身が医師でないかぎり、私の報告すること以外にはノイローゼの世界にはいる道はありません。もし判断をくだすべき材料を熟知しているのでなければ、どんなにすぐれた判断をくだしてもなんの役にもたたないわけです。

しかし、こう言ったからといって、私が独断的な講義をして、みなさんに無条件に信じてほしいと要求するかのように、おとりにならないでください。そんな誤解は私をたいへん侮辱するものです。私は、みなさんに確信をもたせようと望んでいるのではありません。ただみなさんの先入観を動揺させるきっかけをあたえたいと思っているだけなのです。もしみなさんが材料を知らないために判断することができないのだとすれば、みなさんはそれを信ずることも非難することもしてはいけません。ただ、みなさんは私のお話しするところに耳を傾け、そのことをよく心にとめておいてくだされればよいのです。確信というものは、そうたやすく得られるものではありません。さほどの努力もせずに得られたような確信は、まもなく価値のない、異論に対して抵抗力のないものであることがわかってきます。私と同じように長年、同一の材料について研究をつづけ、その際に同一でしかも新しい驚くべき経験をみずから体得した者にしてはじめて、確信をもつ権利があるのです。

そもそも、なんのために知的な領域において、このように急速に確信を得たり、すばやく回心をしたり、一瞬にして嫌悪《けんお》感を覚えたりすることが起きるのでしょうか。

coup de foudre《クー・ド・フードル》すなわち「一目惚《ひとめぼ》れ」は、知的な領域とはまるでちがった感情の領域から生じていることにお気づきになりませんか。

　私どもは、私どもの患者にすら、精神分析の信者になってほしいとか、精神分析の支持者になれとかと、求めたりはいたしません。そんなことをすれば、患者は、私どもに疑いの目を向けるようになるだけです。好意ある懐疑こそ、私どもにとっては、患者の側に望みうるもっとも好ましい態度です。ですから、通俗的な見解または精神医学的な見解と並んで、精神分析的な見解をみなさんの心のなかで静かに成長させるようにしていただきたいのです。そうすれば、両者はたがいに影響しあい、優劣を競いあい、ついには一致して、ある決定にいたりうる機会が生ずるでありましょう。

　また一方、私が精神分析的な見解として講義することが思弁的な体系である、などと考えてくださっては困ります。むしろそれは経験であり、観察の直接的な表現であるか、あるいは観察を加工した結果なのです。この加工が十分に、しかも正当な仕方でなされたかどうかは、これからさき学問が進歩してゆくにつれて明らかになるでしょう。しかし、ほとんど二十五年の年月をへて、人生の坂をかなり登りつめたいまになって、私は、自慢話としてではなしに、これらの観察はとりわけ困難で激しい献身的研究の結果だった、と言いきることができます。

　私がしばしば受けた印象からすると、私どもの反対者たちは、こうした私どもの主張の由来をすこしも顧慮しようとはせず、あたかもそれが、たんなる主観的な思いつきであり、そんな思いつきにはだれでも好き勝手に反対することができるとでも思っているようです。反対者たちのこうした態度は、私にはまったく理解できないことです。おそらくそうなる原因は、医師たちがふだんノイローゼの患者とはあまりかかわり合うことをせず、彼らの訴えごとを不注意に聞き流していて、彼らの話から価値あるものをひきだす可能性、つまりは彼らについてつっこんだ観察をする可能性をのがしてしまっているところにありましょう。

この機会にみなさんに約束しますが、私はこれからのちの講義のなかではあまり論争はしないつもりです。すくなくとも個々の人とはいたしません。「闘いは万物の父である」(1)という命題が真理であることを、私は今日まで確信することができないでいるのです。この命題はギリシアのソフィスト(2)たちに由来するものですが、この学派そのものと同様に、弁証法を過大評価している点で誤りをおかしている、と私は思います。むしろ逆に、私には、いわゆる学問上の論争は、だいたいにおいて、はなはだ効果のないものであるように思われます。もっとも、論争がつねにきわめて人格的におこなわれる場合は別ですが。二、三年前まで、私はただ一人の研究者［ミュンヘンのレーヴェンフェルト］(3)と、一度本式の論争をしたことがあるのを誇りとすることができました。その論争の結果、私どもは友人となり、今日にいたるまで変わらぬ友情をもちつづけております。しかし、私はその後久しく論争を試みておりませんが、それはレーヴェンフェルトの場合と同じ成りゆきになるという確信がもてなかったからです。

ところで、学術上の討論をこのように拒否するのは、よほど度の強い異説嫌い、わがまま、あるいは学界で好んで用いられる日常用語でいえば、「固陋《ころう》さ」を表明するものだ、とみなさんはきっと判断なさるでしょう。しかし、私は、それに対してこうお答えしたいと思います。すなわち、もしもみなさんが非常に骨の折れる研究の結果、ある確信を得た場合には、みなさんにも、ある程度この確信を頑固に固執する権利が生ずるでしょう、と。そのうえ、私は自分の研究をすすめるうちに、若干の重要な点に関して自分の見解を修正変更し、新しい見解にとりかえ、そのつど、もちろんそのことを公《おおやけ》に発表してきた、と断言できます。しかし、この私の率直さの結果はどうだったでしょうか。ある人々は私の自己訂正をまったく知らず、もはや私にとって、とっくに以前とはちがう意味をもつようになっている主張を楯《たて》にとって、今日でも私を批判しております。またある人々は、ほかならぬこの私の変化を非難して、だから彼は信頼できないと公言しているのです。自分の見解を二、三度変更した者はおよそ信用することができない、というのは、その人が現在主張していることも当然またまちがっているかもしれないから、というわけでしょう。ところが、一度発表したことを固執したり、それをおいそれと改めなかったりすると、わがままで固陋だと言われるのです。相互に正反対なこうした批判に直面した場合、自分のあるがままを押し通して、自己の判断のよしとするとおりにふるまう以外に、なにができるでしょうか。私はそうする決心をして、私のいっさいの学説を、自分の経験を一歩すすめるたびごとに、どんどん修正することをやめないつもりでおります。しかし、基本的な洞察に関しては、私はこれまでなにも変更する必要を見いだしえませんでしたし、今後もその必要はないだろうと思っています。

では、つぎにノイローゼの諸現象に対し、精神分析がどのような見解をもっているかを、お目にかけることになります。その際、類比のためにも対照のためにも、すでに取り扱ったことのある諸現象に関連させて話を始めるのが、てっとりばやいことでしょう。そこで、私の診察時間中に多数の人がおこなう症状行為をとりあげることにいたします。自分の長い一生の苦悩を十五分くらいでうちあけるために診察室に医師を訪れる人々に対して、分析医はもちろん、どうしてあげることもできません。分析医はかなり深い知識があるわけですから、ほかの医師のように、「どこも悪いところはありません」というような意見を述べて、「軽く水治療法（水浴、灌水などを治療手段とする理学療法）をやったらいかがです」などと助言することはできにくいのです。ですから、私どもの同僚の一人が、きみは自分の診察時間にくる患者をどう処置しているかと問われて、肩をすくめながら、幾クローネンかのいわれのない罰金を科しているのさ、と答えるようなことにもなるのです。そういうわけですから、多忙な精神分析医の場合ですら、診察時間はあまりにぎやかでないのが普通だと聞かされても、べつにみなさんはふしぎとは思われないはずです。

私は、待合室から診察室と治療室とを兼ねた室へ行くあいだのドアを二重にし、それにフェルトを張って丈夫にいたしました。このちょっとした仕掛けの目的につきましては、いもちろん疑問の余地はないでしょう。ところで、私が待合室から呼び入れる人たちは、いつも必ず自分の後ろのドアを閉めるのを忘れます。しかも、ほとんどいつも二重のドアの両方ともあけっぱなしにするのです。それに気づくと私は、はいってくる患者に、それがエレガントな紳士であろうと、大いに着飾った婦人であろうと、かなり無愛想な調子で、もどってドアを閉めるように要求します。これは度のすぎた几帳面《きちょうめん》さという印象をあたえます。時にはそのような要求をして、私自身恥をかいたこともあります。というのも、患者のなかには自分でドアの取っ手を握ることができず、付添いの人に代わって開閉してもらいたがる人もいるからです。しかし、多くの場合は私は正しかったのです。そういうふるまいをする人、すなわち待合室から診察室へ通じるドアをあけっぱなしにする人は、下層階級の人で、無愛想な待遇をされてもしかたがありません。といっても、まあ、先を聞かないうちにそういう人の肩をもたないでください。つまり患者のこうした不注意なふるまいは、待合室にいるのが自分一人で、自分が出て行けば部屋がからっぽになるという場合にだけ起こるのです。ほかの人、すなわち、未知の人がいるときにはけっして起こりません。だれかいる場合、患者は自分と医師との話を盗み聞きされないように、心を配らねばならないことをよく知っていて、二つのドアを丁寧に閉めることをけっして忘れないのです。

そういうわけですから、患者の手ぬかりは、けっして、偶然でもなければ無意味なことでもなく、ましてや重要でないどころの話ではありません。というのはこの行為が、部屋にはいってくる患者の医師に対する間柄を明らかにするものだからです。患者の大多数は、斯界《しかい》の権威者の世間的名声にあこがれて、眩惑《げんわく》され威圧されたがっています。患者はきっと電話で、いつうかがえばすぐ会ってもらえるかと問い合わせ、ユリウス・マインル（オーストリアの食品輸入販売業者）の支店の前のように、治療を求める人々が群がっているさまを覚悟していたことでしょう。ところが、いざ来てみると待合室はからっぽで、そのうえ、家具調度もみすぼらしいのでがっかりしてしまいます。彼は、こんな医者によけいな尊敬を捧《ささ》げようとしたことのしかえしをしようというわけなのです。——そこで待合室と診察室とのあいだのドアを閉めることを怠るのです。彼はそうすることによって、医者に対して、「なんだ、ここにはだれもいないな。自分がここにいるあいだにも、たぶんだれ一人来やしないだろう」と言っているつもりなのです。ですから、即座に彼のこの思いあがった気持にきつい訓戒をあたえて押えておかなければ、治療の話し合いの最中に、無作法で不謹慎なふるまいをするにちがいありません。

このちょっとした症状行為の分析にあたっては、みなさんがすでにご存じでないようなことはなに一つありません。すなわち、この症状行為は偶然のものではなく、ある動機、つまり、意味および意図をもっているということ、それははっきりと指摘しうるある心的な連関の一つであるということ、さらに、それはかなり重大な心的経過のちょっとした徴候であることを示しているということを主張しているのです。しかも、なによりもまず、このように外に示された経過は、それをおこなう当人には意識されていないという主張なのです。なぜなら、両方のドアをあけっぱなしにした患者たちは、この怠慢によって医師である私に対し軽蔑《けいべつ》を示そうとした、ということをだれ一人承認しないでありましょうから。だれもいない待合室にふみこんだときに幻滅を感じたことを思い出す者は少なくないでしょうが、この印象とそれにつづいて起こる症状行為とのあいだの連関は、彼の意識にのぼらないままになっているのです。

さて私どもは、一つの症状行為のこのちょっとした分析を、ある婦人患者についての観察とくらべてみましょう。私ははっきりと記憶に残っているある一つの観察を選びたいと思いますが、それはこの観察がかなり簡単に記述できるからでもあります。このような報告をする場合、ある程度くわしく述べることは必要欠くべからざることなのです。

短い休暇で帰省したある若い士官が、その義理の母を治療してほしいと頼んできたことがあります。彼女はきわめて幸福な境遇にいるのですが、あるばかげた観念のために自分と家族の生活を台なしにしていました。会ってみると、五十三歳になる、どこも悪いところのない、愛想のいい、率直な人柄の婦人で、なんのためらいもなくつぎのような話をしました。彼女は田舎《いなか》で、大きな工場を経営している夫ときわめて幸福な結婚生活を送っているのでした。夫のやさしい心づかいは讃《ほ》めきれないほどだとたたえています。三十年前に恋愛結婚をし、それ以来夫婦のあいだに、心を暗くすることも、いざこざも嫉妬《しっと》の種となることも、まったくありませんでした。二人の子どもは幸福な結婚をしているのですが、夫として、父親としての責任感から夫はまだ隠退しようとはしません。ところが、一年前に、信ずべからざること、彼女自身にも理解のできないことが起こりました。一通の、匿名《とくめい》の手紙が舞いこみ、このすばらしい夫が若い娘と恋愛関係におちいっていると伝えてきたのです。彼女はそれをたちどころに信じてしまい、それ以来、彼女の幸福は破られてしまいました。くわしい経過を話せば、だいたいつぎのとおりです。彼女には一人の小間使いがいました。察するところ、彼女はこの小間使いと頻繁《ひんぱん》すぎるくらいに内輪話をしていたらしいのです。この小間使いはある娘に対して憎悪に満ちた敵意をいだいていました。それは、この娘が、自分よりも育ちが悪かったにもかかわらず、自分よりずっと出世していたからでした。その娘は女中奉公に出ないで、実業教育を受け、この工場にはいったのですが、召集による人手不足のため、よい地位に昇進してしまったのです。彼女はいまは、この工場のなかに寝起きし、あらゆる紳士たちと交際して、「お嬢さん」とさえ呼ばれていました。人生の競争に遅れをとった小間使いは、当然、昔の友人に対してあらゆる陰口をきくようになったのです。

ある日のこと、婦人はお客にきていた一人の老紳士のことを、この小間使いと話し合いました。この紳士が、奥さんと別居して、別の女性と関係をもっていたことは、だれ知らぬものとてないのでした。婦人は、どうしてそんなふうになったのか自分にもわからないのですが、突然、夫にそんな恋愛関係があったりしたら、ほんとうに恐ろしいことでしょうね、と言ってしまったのです。するとその翌日、わざと字体を変えた匿名の手紙が舞いこみ、呪《のろ》うべき昨日の話と同じことを知らせたのです。彼女は、この手紙は意地の悪い小間使いのつくりごとだと推察しました。おそらくそれは当たっていたでしょう。というのは、小間使いが憎んでいたあの「お嬢さん」が夫の愛人だとされていたのですから。婦人は、ただちにこの陰謀を見抜きましたし、また、このような卑怯《ひきょう》な密告がいかに根も葉もないことかという実例も身のまわりで十分経験していたのですが、それにもかかわらず、この手紙は一瞬にして婦人に手ひどい打撃をあたえたのです。彼女は恐ろしく興奮してしまい、すぐに夫を迎えにやって激しい非難を浴びせました。夫は笑いながら、その嫌疑を打ち消し、必要な最善の手段をつくしたのです。彼は家庭医でもあった工場医を呼び、医者はこの不幸な妻の心を静めるため、熱心に努めました。二人のとったその後の処置も、まったく筋の通ったものでした。小間使いは解雇されましたが、いうところの恋敵の娘は解雇されなかったのです。

それ以来、患者は匿名の手紙の内容をもはや信じないほどに落ち着いた、とくりかえし述べていましたが、しかしけっして、しんから、しかも長期にわたって落ち着いたわけではありませんでした。例のお嬢さんの名をだれかが口にするのを聞いたり、街頭でその娘に会ったりするだけで、邪推や心の痛みや非難の気持が発作的に起こるのでした。

以上が、この誠実な婦人の病歴です。彼女の場合には、他の神経質の者とちがって、自分の症例をむしろあまりに控え目に表現したこと、すなわち私どものことばを用いれば、自分の病歴をいつわったということ、および彼女が匿名の手紙の誣告《ぶこく》をやはり心の底では信じていたということを理解するには、さほどの精神医学的な経験を必要とするものではありません。

ところで、精神科医はこのような病気の場合には、どんな態度をとるでしょうか。待合室のドアをあけっぱなしにするという患者の症状行為に対して、精神科医がどういう態度をとるかは、私どもにはすでにわかっております。精神科医はそれを心理学的には興味のない偶然事だといい、それ以上このことにかかわり合おうとはしないのです。しかしこの態度を、嫉妬に苦しんでいるこの婦人の場合にもとりつづけるわけにはまいりません。症状行為は、どうでもよいことのようにもみえますが、しかし症状はある重大な意味をもったものとして頭をもたげてきます。症状は強い主観的な苦悩をともないますし、客観的には家族の共同生活を脅《おびや》かします。つまりそれは、精神医学的に関心をもたざるをえない一つの対象なのです。精神科医はまず、症状をある本質的な特性によって特徴づけようとします。この婦人を悩ましている観念それ自身が、ばかげているとはいえません。実際、年輩の夫が若い娘との恋愛関係をもつということはよくあることです。しかし、それに付随している他のことはばかげた不可解なことです。この婦人患者には、自分のやさしく誠実な夫も世間によくある亭主どもの一人なのだと信じる根拠は、匿名の手紙の主張以外にはまったくなにもないのです。彼女はこの書面には証明力などはないことをよく知っており、この手紙の出所についても十分に満足のゆくまで明らかにすることができるのです。結局、彼女は、自分には嫉妬する理由はすこしもない、と自分自身に言って聞かせることができるわけですし、事実またそう言って聞かせてもいるのですが、しかし、それにもかかわらず、あたかもこの嫉妬が十分に理由があるものだと認めているかのように悩んでいるのです。論理的にも、現実から推論しても論証のできないこの種の観念を、〈妄想《もうそう》〉と呼ぶことにはだれも異論はありますまい。つまり、この善良な婦人は〈嫉妬妄想〉に悩んでいるのです。これがおそらくは、この病例の本質的な特性です。

このように確認してしまえば、私どもの精神医学的な関心は、どうしてもさらにいっそう活発に動くにちがいありません。もしある妄想が現実と関係づけて検討しても取り除くことができないとすれば、その妄想はおそらくは現実に由来したものではないでしょう。とすれば、それはなにに由来するのでしょうか。多種多様の内容の妄想があるわけですが、この症例における妄想の内容がほかならぬ嫉妬であり、他の内容にならないのはなぜでしょうか。どういう人柄の人に、妄想あるいはとくに嫉妬妄想が形成されるのでしょうか。この点について私どもは、精神科医の言うところをそっと聞いてみたいと思うのですが、精神科医は私どもを見捨てて知らぬ顔をしています。

もともと精神科医は、われわれの設定する問題のうち、たった一つにしか立ち入らないのです。精神科医はこの婦人の家族歴を調べて、私どもに、〈たぶん〉つぎのような答をしてくれるでしょう。妄想は、これと類似の精神障害やその他の精神障害がくりかえして現われた家系の人によくみられる、と。言いかえれば、この婦人がある妄想を示したのは、遺伝の結果だ、彼女がその素質をもっていたからだ、と言うでしょう。確かにそういう面もあります。しかし、それが私どもの知りたいことのすべてでしょうか。また、この症例の原因として作用したもののすべてでしょうか。他の妄想でなく嫉妬妄想が現われたのは、どうでもよい恣意《しい》的なことだとか、または説明しがたいことだなどと仮定して、それで満足すべきものでしょうか。また、遺伝的影響の優勢さを唱える命題をネガティブに解して、どのような体験がこの人の心に起こったかというようなことはどうでもよいことで、彼女はいつかは妄想をもつようになるに決まっていたのだ、と考えてもよいのでしょうか。なぜ科学的な精神医学が私どもにそれ以上の解明をあたえようとしないのか、みなさんもその理由を知りたいと思っておられるでしょう。しかし、私はみなさんに、「自分がもっている以上のものをあたえるものは悪人だ」とお答えしておきます。精神科医は、このような症例の解明をおしすすめる道をべつに知っているわけではありません。精神科医は、診断に、そして豊富な経験をもっていても、やはりその後の経過の予後については不確実でしかないことに甘んぜざるをえないのです。

ところで、このような場合に、精神分析ならば、これより以上のことができるでしょうか。できるのです。先にあげたようなやっかいな症例の場合でも、精神分析は、もっと正確な理解を可能にするようななにかを発見できる、ということを私はみなさんに示したいと思っています。

まず、ちょっとしたささいな点にご注意願います。それは、この婦人患者がその前日に腹黒い少女に向かって、夫が若い娘と恋愛関係におちいるようなことがあれば、自分にとっては最大の不幸となるだろうという気持をうちあけることによって、自分の妄想のささえになっている匿名の手紙を、むしろ自分から書かせるようにしむけた、ということです。このようにして彼女は、匿名の手紙を送ることをようやく女中に考えつかせたのです。ですから、この妄想はある点では手紙とは関係がないわけです。妄想は、すでにあらかじめ危惧《きぐ》の念として——あるいは願望としてでしょうか？——患者の心のなかに存在していたのです。

ところで、さらにこのほかわずか二時間の分析で明らかになった別の小さな諸徴候をあわせて考えてみてください。患者は、その話を物語ったあとで、さらにそのほかの考えや思いつきや記憶を報告するように求められましたが、そのときには、非常に強い拒否的な態度をとりました。なにも思いつかない、もうみな話してしまったと主張しますので、二時間後には彼女についての試みは中止せざるをえませんでした。彼女は、「自分はもうすっかり健康になったと思うし、あんな病的な観念は二度と起こることはないだろうと確信する」と断言したのです。もちろん、それは分析を続行することに対する抵抗と不安から言ったものにすぎません。

しかし、それにもかかわらずこの二時間の分析で、彼女は、ある一定の解釈を許すことば、いや、どうしてもそう解釈せざるをえないようなことばをもらしました。しかも、この解釈は彼女の嫉妬妄想の発生を解き明かすうえに一つの明るい光を投じるのです。つまり、彼女自身が一人の若い男性、すなわち彼女を説得して私のところへ診察してもらいにくるようにさせた彼女の婿《むこ》に、ぞっこん惚《ほ》れこんでいたのです。この恋心については、彼女はまったく気がつかないか、あるいはごくわずかしか気がついていませんでした。現に親子の関係にあるのですから、この恋心が無害な情愛という仮面をかぶるのはたやすいことです。私どもの日ごろのすべての経験にしたがって、この貞淑な妻であり、りっぱな母親である五十三歳の女の心的生活のなかに感情移入してみることは困難ではありません。このような恋心はとんでもないこと、あってはならぬこととして意識にはのぼりえなかったのですが、しかも依然として存在しつづけ、無意識的な恋慕の気持として重圧を及ぼしていたのでした。そこで、どうしてもなにかが彼女のなかには起こらざるをえず、なにかしら救済が求められなければならない状態だったわけです。そしてもっとも手近に心を軽くしてくれたのが、妄想性の嫉妬の発生にいつもきまって関与している置きかえのメカニズムだったのです。年とった女である彼女が若い男を愛しているだけではなく、年とった彼女の夫も同じように若い娘と恋愛関係をもっているとすれば、たしかに彼女は不貞だという良心の呵責《かしやく》を免れることができるわけです。つまり夫の不貞を空想することは、彼女の灼《や》けつくような傷手《いたで》を冷やす膏薬《こうやく》だったのでした。彼女自身の恋は彼女には意識されないままでしたが、しかし、彼女にこのような利益をもたらしたこの空想の反映のほうは、いまや強迫的、妄想的となり、意識されるようになったのです。それを否定する論証がすべてなんの実をも結ぶことができなかったのは当然のことでした。なんとなれば、そのような論証はただ鏡像に向けられるだけで、この影を濃くするのに役だち、無意識のなかに隠れていてふれることのできないご本体には向けられていなかったからです。

さて、短時間の、しかもむずかしかった精神分析によって、この症例について理解しえたものを総括してみましょう。もちろん、私どもの探究が正確なものだったと仮定してのことですが、この場合は私はみなさんの判断にしたがうことはできません。

第一に、この妄想はもはやばかげたものでも不可解なものでもありません。それは豊かな意味をもち、りっぱに動機があり、この患者の深い感情をともなった諸体験の連関のなかの一つです。第二に、それは、別の諸徴候からも推知される、ある無意識的な心的過程に対する反応として必然的なものであり、その妄想をいだきやすい性格や、論理的あるいは現実的な論難に対する彼女の抵抗は、とりもなおさずこの関係のためなのです。妄想はそれ自身患者が望んだものであり、一種の慰めです。第三に、それがほかならぬ嫉妬妄想となってそれ以外の妄想にならなかったという点は、疾病《しっぺい》の背後にある体験によって動かしがたく規定されています。みなさんは、彼女がその前日に腹黒い娘に向かって、もし自分の夫が不実なことをしたりすれば、自分にはこれほど恐ろしいことはない、と言ったことを覚えておられると思います。またみなさんは、意味あるいは意図の解明において、状況のなかにあたえられている無意識的なものに対する関係において、私どもの分析した症状行為との二つの重要な類似点を見のがされることはないでしょう。

以上で、私どもがこの症例をきっかけとして提出してもよいとされた、すべての問いに答えたというわけではもちろんありません。この症例にはむしろそれにつづく数多くの問題があり、そのうちのあるものはまだ解決可能にはなっていない問題ですし、また他の問題はぐあいの悪い特殊事情のために解決できなかったものなのです。たとえば、なぜ幸福な結婚生活を送っているこの婦人が婿を恋するようになったのか、また、心を軽くするのに別の方法もありえたはずなのに、なぜこのように自分自身の状態を夫のうえに投影するという形で心を軽くしようとしたのか。このような問いを提起するのは無用なこと、気まぐれなことだなどと思わないでください。私どもはすでに、それに答えることができるような少なからぬ材料を手もとにもっているのです。この婦人は更年期になっており、更年期は女性の性欲を願いもせぬのに急に高めます。これだけでも答えは十分であるかもしれません。あるいは、彼女の善良誠実な夫はかなり以前から健康な婦人を満足させるのに必要な性的能力をもっていなかったとつけ加えてもよいのかもしれません。自分自身は疑う余地のない誠実な夫たちにかぎって、とりわけ、その妻にやさしくし、妻の神経性の病気のときにはなみなみならぬ寛大さを示すものであることは、経験が教えております。あるいはまたさらに、病気の原因になっているこの恋の対象に選ばれたのが、ほかならぬ若い娘婿であるということも、どうでもよいことではありません。自分の娘に対する強いエロティックな結びつきは、結局のところ母親の性的素質に帰するものですが、このように形を変えて継続してゆく方法を見いだすことがしばしばあるのです。おそらく、この際に、人間にとって義母と娘婿との関係は昔から特別デリケートなものと見なされてきたこと、またこれは未開人のあいだでは非常に強いタブー[4]の規定と「禁忌」のきっかけをあたえていたということを[1]、みなさんに思い出していただいてもよいのではありませんか。それは積極的な面でも、消極的な面でも、文化として好ましいとされている範囲を逸脱することがしばしばあるものなのです。ところで、これら三つの契機《モメント》のうちでどれがこの症例で作用するようになったのか、そのうちの二つか、それとも三つのすべてが同時に作用したのか、という点はもちろん私にはなんともいうことはできません。しかしそれは、私がこの症例の分析を二時間以上つづけることが許されなかったためばかりではないのです。

みなさん、私はいま、みなさんに理解していただくだけの準備がまだないことばかりをお話ししてきたことに気づきました。私は、精神医学と精神分析とを比較するためにそうしたのです。しかし、いま一つだけみなさんにおたずねしたいことがあります。それは、この両者のあいだの矛盾について、みなさんがなにか気づかれたことがあったかどうかということです。精神医学は精神分析の技法を応用せず、あるものを妄想の内容に関連させることを怠り、遺伝をひきあいに出して非常に一般的な遠い病因をあげるだけで、まっ先にもっと特殊な、もっと明白な原因を指摘するようなことをいたしません。しかし、精神医学と精神分析のあいだには矛盾や対立があるのでしょうか。むしろ、それは相補うものではないでしょうか。そもそも遺伝的要因は体験のもつ意義と矛盾するものでありましょうか。むしろ両者はもっとも効果的な仕方で両立するのではないでしょうか。みなさんは、精神分析的な研究にさからうようなものは、精神医学の仕事の本質のなかにはなに一つないことを承認してくださるでしょう。ですから、精神分析に抵抗しているのは精神科の医者であって、精神医学ではないのです。

精神分析と精神医学との関係は、言ってみれば、組織学と解剖学の関係のようなものです。解剖学は諸器官の外的形態を研究し、組織学は組織と細胞とからなる器官の構造を研究します。一方の研究は他方の研究をひきつぐものであって、この二種の研究のあいだに矛盾があるなどとは考えられません。ご承知のように、解剖学は今日の科学的医学の基礎とみなされていますが、人間の死体を解剖して身体の内部構造について知見を求めることが許されなかった時代もあったのです。これと同様に、精神分析を用いて心的生活の内的なしくみを知ることは、今日きびしく禁じられているようにみえます。だが、心的生活の深層にある過程、すなわち無意識的過程を十分に知らなくては、科学的に深められた精神医学はありえないという洞察が得られる日も遠くないでしょう。

ところで、精神分析はさまざまな攻撃を受けてきましたが、みなさんのうちには精神分析に味方するかたもおられるでしょう。そういうかたは、精神分析が他の側面、すなわち治療の側面から正当と認められるときがきてほしいとお考えでしょう。ご承知のように、従来の精神医学の療法では妄想をどうすることもできませんでした。では精神分析は、これらの症状のメカニズムを洞察したおかげで、それができるでしょうか。いいえ、みなさん、それはできないのです。精神分析も、これらの疾病に対しては――すくなくとも当分のあいだは――他のあらゆる療法とまったく同じように無力です。なるほど、私どもは病人の心中で起こったことを理解することはできますが、しかし、それを患者自身に理解させる手段はもっていません。私がこの妄想の分析を最初の手がかり以上にすすめることができなかったのは、みなさんご承知のとおりです。だからといって、このような症例の分析は、結局実りのないものだから非難すべきだ、とみなさんは主張なさるでしょうか。私はけっしてそうは思いません。私どもには、直接の効用を顧慮しないで研究をおこなう権利、いや、義務があるのです。最後には——いつ、どこでかはわかりませんが——、知識のばらばらな断片の一つ一つが変じて必ず一個の力に、したがって治療能力になるときがくるでありましょう。

精神分析が妄想の場合と同じように、ほかのもろもろの型のノイローゼおよび精神障害についても無効だとわかったとしても、それはやはり科学的研究のかけがえのない手段として、十分に正当性をもっていると思います。しかし、その場合には、私どもは精神分析を実施することはできない状態に置かれるでしょう。私どもが研究材料にして学びたいと思う人間は生き物であり、自分自身の意志をもっていますので、研究の仕事に協力するにはそれだけの動機が必要となりますから、もし精神分析が効力がないことがわかれば、きっと私どもを拒むと思います。ですから、本日は、つぎの点について報告するだけで私の講演を終わらせていただくつもりです。それは、私どもの精神分析に関する知識がすすめば、それが治療上の能力に変わることを事実によって証明するような、広範な精神障害のグループが存在するということ、および普通なら手をくだしにくい疾患でも、ある条件のもとでは精神分析が、内科的治療の領域における成果にも劣らない成果を収めることができる、ということです。

〔1〕私の著作『トーテムとタブー』（一九一三年刊）を参照。

（1）ギリシアの哲学者ヘラクレイトス（前五〇〇年ころ）のことば。これをソフィストの命題としたのはフロイトの誤りである。

（2）ギリシア語で知者の意。前五世紀、主としてアテナイで雄弁修辞術などの教養をあたえることを職業とした人々のこと。プロタゴラス、ゴルギアスなどが代表者。

（3）フロイトの精神分析学初期の弟子。フロイトの不安ノイローゼの説が不十分であるとして論争をおこなった。

（4）神聖なもの、不浄なものに対して、呪いによって触れることを禁ずる社会的な禁止や制裁。もとはポリネシア語。

第十七講　症状の意味

みなさん！　前回の講義で、臨床精神医学は個々の症状の現象形式および内容にはあまり重きを置かないが、それに対して精神分析はまさにこの点を手がかりとして、まず症状は意味深いもので、患者の体験と関連があることを確認した、ということを述べました。ノイローゼの意味は、はじめは、ブロイアー(1)が発見したもので、それ以後有名になったあるヒステリーの症例を研究して、うまくこれを治癒《ちゆ》させた〔一八八〇～八二年〕のが、その発見のきっかけでした。ジャネ(2)がこれと無関係に同じようなことを証明したのもほんとうです。それどころか、文献的にはこのフランスの研究者のほうが先に発表しました。というのは、ブロイアーは、自己の観察を十年以上も遅れて〔一八九三～九五年〕、私と共同ではじめて公表したからです。ともあれ、その発見者がだれかということは、私どもにはまあどうでもよいことです。ご承知のように、あらゆる発見は必ず一度ならずなされるものですし、どんな発見もいっぺんでなしとげられるものではなく、もともと功績が成功者に帰するとはかぎらないのです。アメリカはコロンブスの名で呼ばれてはおりません。ブロイアーおよびジャネ以前に、偉大な精神医学者リュレーは、精神病者の譫妄《せんもう》状態でさえも、それを解読する方法がわれわれにわかりさえすれば、意味深いものとみなされるにちがいない、という意見を述べています。

正直のところ、私は長いこと、ジャネがノイローゼの症状の解明につくした功績を高く評価するつもりでおりました。というのは、彼はノイローゼの症状を、患者を支配している「無意識の諸観念」の発現としてとらえたからです。ところがジャネは、それ以後は控え目になりすぎてしまい、無意識的なものとは、彼にとって一つの言いまわし、一時の便宜的なもの、「空辞」であるにすぎず、実在のものとは考えなかったと告白するようになったのです。それ以来、私はもはやジャネの言うことがわからないのですが、ジャネはよけいなことをして自分の功績をひどく傷つけたものだと思います。

つまりノイローゼの諸症状は、しくじり行為や夢と同じように意味があり、ノイローゼの症状を示している当人の生活と関連があるのです。そこで私はみなさんがたに、このたいせつな洞察を若干の実例によってくわしく説明したいと思います。だが、いついかなる場合でもそうだということは、私はむろんただ主張できるだけで、証明することはできません。けれども、とにかく自分で経験を探し求める人は、それで確信を得られると思います。

しかし、私はこれらの実例として、ある動機から、ヒステリー症はとりあげず、ヒステリー症に結局は非常に近いものですが、きわめて注目に値する別のノイローゼをとりあげます。このノイローゼについては、すこしく紹介のことばを述べなければなりません。それはいわゆる強迫ノイローゼと呼ばれるもので、万人周知のヒステリー症のように一般的なものではありません。このノイローゼは、もしこんな表現をしてもよければ、それほどしつこく騒がしいものではないのです。これは、むしろ患者だけの私的なことのようにふるまい、また身体に関連した症状を示すことはほとんどなく、その症状のすべては心的領域に生ずるのです。強迫ノイローゼとヒステリーとは、精神分析がさしあたりその研究のうえに築きあげられ、また、その治療上でも精神分析的治療法が大いにその成果をあげているノイローゼ疾患の二つの形式にほかなりません。しかし、強迫ノイローゼは、心的なものから身体的なものへ変わるあの謎《なぞ》めいた飛躍を欠いていますので、精神分析の努力によって本来のヒステリーよりもいっそう見通しのきく、正体のわかったものとなりました。私どもは、それがノイローゼのある極端な諸性格を非常にはっきりと現わしていることを認識したのです。

強迫ノイローゼは、患者が本来自分には関心のない思想に心を奪われ、自分とはなんの縁もない衝動を自分のうちに感じ、しかも、それを実行してもなんの満足感もないのに、どうしてもせずにいられないような行為にかりたてられる、という点に現われます。これらの考え〔強迫観念〕はそれ自体がすでにばかばかしいものであることもあり、その当人にとってはどうでもよいものであることもあり、またまったく児戯に類したものであることもしばしばあります。しかし、いずれの場合でもそれが端緒になって骨の折れる思考活動が始まり、患者は疲労困憊《こんぱい》して、いやいやながらその虜《とりこ》になってしまうのです。患者は、それがあたかも自分の人生において、もっとも大事な課題でもあるかのように、自分の意志に反してくよくよ考え、思いわずらわずにはいられません。患者が自分のうちに感じる衝動も同じように子どもじみたばかげた印象をよくあたえますが、多くの場合、重大な犯罪をおかすように誘惑するというような、きわめて恐ろしい内容をもっています。そこで患者はそんな衝動は自分には関係のないことだと言って否認するばかりでなく、ぞっとしてそれらの衝動から逃げようとし、また自分の自由を禁止、放棄、制限することによって、衝動を実行に移さぬようにしようと身をまもるのです。これらの衝動はこの場合、実際にただの一度も実行に移されることはありません。結果はいつも逃避と用心とが勝利を占めるのです。

患者が実際に実行する行為、いわゆる強迫行為は、まったく無害な、たしかにささいなことです。たいていは日常生活のなかでおこなう動作のくりかえしやその儀礼的な飾りだてにほかならないものですが、しかしそのために、これらの就寝、洗滌《せんじょう》、着衣、散歩などの必要不可欠な動作がきわめて時間をくい、ほとんど終わることのない課題となってしまうのです。病的な観念、衝動および行為の割合は、強迫ノイローゼのそれぞれの型や症例によって異なり、けっして同じようにまざっているわけではありません。むしろ、これらの要素のうちのどれか一つが病像を支配して病名のもとになるのが通例ですが、これらすべての型の強迫ノイローゼに共通な点は見まごう余地なくはっきりしております。

それにしても、これはばかばかしい病気です。いかに極端な精神病的な空想をもってしても、このようなものを構成することはできなかっただろうと思いますし、もし、毎日それを目の前に見ることができないとすれば、とても信じる気にはなれないでしょう。しかし、患者にお説教をし、気をまぎらせて、そんな愚かしい考えにふけるのをやめ、児戯に類したことではなく何か理にかなったことをするように、と言って聞かせれば、それが患者の役にたつなどと思ってはいけません。実は患者自身もそうしたいのです。患者の頭は完全にはっきりしておりますし、自分の強迫症状に対しては、みなさんと同じような判断をくだしています。それどころか、患者はみなさんにそういう判断を話しさえもするでしょう。ただ、患者はほかにどうしようもないのです。

強迫ノイローゼの場合、あくまで行動に移されずにおかないものは、あるエネルギーによってささえられているのです。このエネルギーに比肩しうるものは、私どもの正常な心的生活のなかにはありません。患者のなしうることはただ一つ、置きかえる、とりかえるということだけです。すなわち、ある愚かな観念の代わりになんらかの形で緩和された別の観念をもってくるとか、あるものを警戒したり禁止したりする代わりに、他のものを警戒したり禁止するとか、またある儀礼の代わりに別の儀礼をもってくるとかするだけのことなのです。患者は強迫を置きかえることはできますが、破棄することはできません。すべての症状をその本来の形態から遠くとび離れたものに置きかえることができるというのが、この病気の主要な性格です。

それ以外に目につく点は、心的生活を一貫している諸対立〔対極性《ポラリテート》〕が、患者の病状のなかではとくに鋭くきわだって現われるということです。積極的内容と消極的内容とをもつ強迫と並んで、知的領域において疑惑が頭をもたげ、この疑惑は、普通にはもっとも確実とされているものをさえ、だんだんに食いあらしてゆきます。その結果、全体としてはますます不決断、無気力となり、自由が束縛されるということになってゆきます。そのくせ強迫ノイローゼの患者は、もとは非常にエネルギッシュな性格の人で、異常に自我執着が強いことが多く、人なみはずれて豊かな知的天分をもっているのが通例です。強迫ノイローゼの患者は、たいてい、はなはだ高い道徳的水準にまで達しており、良心的すぎ、普通以上に几帳面《きちょうめん》であることがわかります。性格の諸特質と病気の諸症状とのこの矛盾に満ちた組み合わせのなかに置かれて、なんとかその間の事情がわかるようになるには、相当の研究が必要であることは、みなさんも想像がおつきでしょう。事実また、この病気の二、三の症状を理解し、解釈できるということ以外には、私どもは、さしあたりなにも望んではおりません。

おそらくみなさんは、私どもの議論に関連して、現代の精神医学が強迫ノイローゼの諸問題にどういう態度をとっているかを、あらかじめ知っておきたいと思われるでしょう。しかし、それはまったくみすぼらしいほどのものなのです。それ以上にはなにも言いません。精神医学では、通例は、さまざまの強迫に名をつけるだけで、それ以上にはなにも言いません。そのかわりに精神医学は、このような症状をもっている者は「変質者」だと主張しているのです。しかし、これはあまり満足できる説明ではありません。これは、もともとが一つの価値判断であります。しかし、説明ではなく判決であります。変質した人々には、それこそありとあらゆる異常性が現われると考えるべきでありましょう。このような症状を示す人物は、生まれつき他の人間とはちがっているはずだと私どもは思っているのです。しかし、彼らは他のノイローゼの患者、たとえばヒステリー患者、あるいは精神病者よりももっと「変質的」なのでしょうか。このような特徴づけは、明らかにまたしても一般的すぎます。それどころか、このような諸症状が公共社会のために意義のある、とくに高い能力をもった優秀な人々のあいだにもみられることを経験してみますと、変質という特徴づけがはたして正当であるかどうかを疑うこともできるのです。なるほど、ふつう私どもは、模範とすべき偉大な人物について、彼ら自身の思慮分別と伝記作者の虚構とのために、その内奥の生活をあまりよく知っていません。しかし、それでもある者は、エミール・ゾラ[3]のように真理の狂信者であることがわかっています。そして、彼が生涯のあいだ、いかに多くの奇妙な強迫の習癖に悩まされていたかということを私どもは聞いているのです。[1]

そこで、精神医学では「優秀性変質」という逃げ口上をこしらえました。みごとな逃げ口上です。しかし、精神分析によって私どもは、これらの奇妙な強迫症状は他の病気と同じように、また変質者ではない他の人々の場合とも同じように、永久的に取り除くことができることを経験しました。私自身も幾度かこれに成功しています。

ここでみなさんに、強迫症状の分析例を二例だけご報告したいと思います。一つは古い観察例ですが、これ以上みごとなものを覚えていないほどのもので、他の一つは最近の観察例です。このような報告をするときには、話が非常に長くなり、詳細な点にまで立ち入らなくてはならなくなりますので、その数はごく少数にとどめておきます。

患者は三十歳近い婦人で、強度の強迫現象に悩んでいました。もし悪意のある偶然が私の仕事を無にしてしまわなかったとすれば――その点についてはいずれお話しすることになるでしょう――、私はこの婦人をおそらく治していただろうと思います。ともあれ、この婦人はほかの症状もありましたが、とくにつぎのような注目すべき強迫行為を日に何回もしていたのです。彼女は自分の部屋から隣の部屋に駆け込んでゆき、その部屋のまんなかにあるテーブルのそばの一定の場所に立ち、ベルを鳴らして女中を呼び、どうでもよいような用事を言いつけるか、なにも言いつけないままでひきとらせてから、またもとの部屋に駆けもどるのです。これは重大な病気の症状でないことは確かでしたが、それにしても好奇心を刺激せずにはおきませんでした。そして医者の側からはべつに手をかさなくても、簡単明瞭に文句なくその解明があたえられました。どうして私がこの強迫行為の意味を推測し、その解釈を言いだすようになったのか、われながらまったくわかりません。

私が患者に、「なぜあなたはそんなことをするのですか、それはどんな意味なのですか」ときくたびに、彼女は「わかりません」と答えました。ところが、ある日、私が彼女の心の底にある、大きい根本的な疑念を克服することに成功してからは、彼女はすっかり様子が変わり、その強迫行為に関係あることを物語るようになりました。十年以上も前に、彼女はずっと年上の夫と結婚したのでした。ところが、婚礼の夜に夫がインポテンツであることがわかりました。その夜、夫は何度も自分の部屋から彼女の部屋に駆け込んできては、くりかえし試みましたが、すべては失敗に終わったのです。つぎの朝、彼は腹だたしげに、「こんなことでは、女中が寝床をかたづけるときに恥をかかなければなるまい」と言いながら、たまたま、部屋においてあった赤インキの瓶《びん》をつかんで、その中身をシーツの上にこぼしました。しかしそれは、その種のしみが当然つくべき場所につかなかったのです。

最初のうち、私はこの記憶が問題の強迫行為とどう関係するのかがわかりませんでした。私は一つの部屋から他の部屋へ何度も駆け込むということと、そのほかに女中が登場するということに一致点をみただけだったからです。そのとき患者は、私を隣の部屋のテーブルのところにつれてゆきました。テーブル掛けの上には一つの大きなしみがついていたのです。彼女は、「私は、呼びつけた女中がこのしみを見のがさないような位置に立つのです」と説明しました。こうなれば、結婚初夜の情景と現在の彼女の強迫行為とのあいだに、密接な関係があることはもはや疑う余地もありませんでしたし、そのうえにまたこれによって、いろいろなことを学ぶことができたのです。

とくにはっきりしているのは、患者が自分を夫と同一視していることです。現に、彼女は、一つの部屋から別の部屋へ駆け込むという動作をまねることによって、夫の役を演じています。それから、あくまで同一視という観点に立てば、彼女がテーブルとテーブル掛けとをベッドとシーツの代理にしていることを認めなければなりません。これは恣意《しい》的な現象のようにみえるかもしれませんが、私どもは夢の象徴性の研究をいたずらにしたわけではないのです。夢のなかでも、同じように、非常にしばしばテーブルが出てきますが、テーブルはベッドと解釈することができます。テーブルとベッドは一組となって夫婦関係を意味しますから、その一方は容易に他方の代わりになるのです。

強迫行為が意味をもっているという証拠は、これでもう十分でしょう。この強迫行為はあの意味深い情景の表現であり、反復であるようにみえます。しかし私どもは、この外見だけにとどまっていなければならないわけではありません。両者の関係に立ち入って検討を加えてみますと、私どもはおそらくその先のもの、すなわち強迫行為の意図を解明できるでしょう。この婦人の強迫行為の核心は、明らかに「これでは女中の前で恥をかかなければなるまい」と言った夫のことばとは裏腹に、女中を呼びつけて、しみを見せつけることにあります。つまり夫は――彼女がその役を演じているのですが――女中に対して恥をかかないように、しみは正しい場所につけてあるのです。ですから、彼女はあの場面をただ単に反復していたのではなく、その場面の先をさらにつづけながらこれを修正し、正しい方向に向けていることがわかります。こうすることで彼女は、また同時に、あの夜赤インキによってその場しのぎをする必要があった痛ましい事実、すなわち夫のインポテンツをも修正しているのです。

つまり、この強迫行為の言いたいことはこうです。「いいえ、それは真実ではありません。夫は女中に対して恥をかくことはなかったのです。夫はインポテンツではありません」ということです。彼女はこの願望を、夢の場合のやり方にしたがって、現在の行為のなかで、すでに実現されたものとして表現しています。彼女は夫をあのときの不運からのがれさせたいという気持に奉仕しているのです。

そのほか、この婦人について私がみなさんにお話しできるすべてのことが、この解釈に加わってきます。もっと正確に言いますと、このほかに私どもが彼女について知っているすべてのことが、それ自体では理解しがたいこの強迫行為を以上のように解釈せよと教えているのです。婦人は数年来、夫と別居しており、法律的にも離婚しようという気持と闘っています。しかし、彼女が夫から自由であるなどと言うことはできません。彼女は相変わらず夫に対する貞節を強いられており、誘惑におちいらないために世間からひきこもり、空想のなかで夫の姿を誇張し、弁解しているのです。いや、彼女の病気のもっとも深い秘密は、彼女がこの病気によって夫を世間のいやな陰口から保護し、夫との別居を正当化して、夫が楽な気持で別居生活ができるようにするというところにあります。

こういうわけで、ある無害な強迫行為を分析すると、まっすぐにその病例のもっとも奥深い核心に通ずることになるのですが、しかし同時に、これは強迫ノイローゼ一般の秘密の少なからぬ部分を私どもに示しています。私は、みなさんがもうすこし時間をかけてこの実例を研究されるように望みます。というのは、この実例は、当然すべての症例に要求するわけにはゆかない諸条件をそなえているからです。症状の解釈は、この症例では分析医の誘導や干渉を受けることなしに、患者自身の手によって一挙に見いだされましたし、そのうえ、この解釈は普通の場合とちがって、忘却された小児期に関係なく、彼女が成熟してから生じ、消えがたい記憶となって残っている一つの体験と関連して生じたものでした。私どもの症状解釈に対して通常もちだされるいっさいの批判的な異論は、この特殊例に対しては通用しません。もちろん、いつでもこんなにうまくゆくわけではありません。

さて、もう一つだけ。みなさんは、このあまり目だたない強迫行為が、その婦人患者の内心の秘奥を開いて見せたことに奇異の感をもたれませんでしたか。婦人にとっては新婚の夜の出来事以上に秘奥なことはないわけですが、私どもがまさしくこの性生活の秘密に達したということは、偶然であり、それ以上とくに重大に考える必要はないのでしょうか。

たしかに、それは私がそうした例を選んだ結果であるかもしれません。私どもはあまり早急な判断をしないことにして、第二の実例に目を向けましょう。この第二の実例はまったく別種のもので、しばしばみられる種類の症例の典型、就眠儀礼の一例です。(4)

これは、十九歳になる、よくふとった利口な娘で、一人っ子です。教養と聡明《そうめい》さの点では両親よりもすぐれています。この娘は子どものときには、なかなか元気がよくて、おてんばな子でした。それが最近、これというはっきりした外的な影響もないのに神経質になってしまったのです。とくに母親に対してはひどく怒りっぽく、いつも不満がちで気がふさぎ、優柔不断で懐疑にとらわれやすくなり、最後にはとうとう広場や大通りも一人では歩けないと告白するようになりました。

この娘の複雑な病状には、すくなくとも広場恐怖と強迫ノイローゼという二つの診断を必要とするのですが、こうした病状にはあまりふれないことにして、この娘が就眠儀礼を示すようになって、両親を悩ませている点だけをくわしく論じてみましょう。

人はこう言うかもしれません。「ある意味では、どんな正常者もみなそれぞれ就眠儀礼をもっている。あるいは、それを満たさないとよく寝つけない、という特定の条件をつくることを固守している。つまり、正常者も覚醒生活から睡眠状態への移行をある種の形式にはめこみ、それを毎晩同じ仕方でくりかえしているのだ」と。しかし、およそ健康者が要求する程度の就眠の条件は合理的に理解できるものですし、外的事情からそれを変更する必要が起こったときには、健康者の場合にはたやすく順応してゆき、とくに暇がかかるということはありません。ところが、病的な就眠儀礼は頑固で、きわめて大きい犠牲をはらっても強行されますが、健康者のときと同じように合理的な理由があるような仮面をかぶっていますので、表面的な観察では、ただ細心すぎるという点だけが正常者とちがっているようにみえるのです。しかし、さらにくわしく見ますと、その仮面が短かすぎること、つまり合理的理由だけではどうにも説明できない諸規定や合理的理由とは直接矛盾するような諸規定が、その就眠儀礼のなかに包含されていることに気づくのです。

この娘の患者は、夜、自分がやる用心の動機として、眠るためには静けさが必要であり、騒音をひき起こすようなものはすべて取り除かなければならない、と言うのです。この意図から、彼女は二通りのことをします。すなわち、自分の部屋の大時計をとめ、他の時計はすべて部屋の外へ出してしまうのです。ごく小さい腕時計を枕もとの小箱のなかに入れておくことさえできません。また植木鉢や花瓶は、夜中に下に落ちてこわれて眠りをさまたげることがないように、書きもの机の上にまとめておくのです。

静けさを保つためだというこの処置も、実は表面だけの言いわけにすぎないことを、彼女はよく知っています。小さい時計のカチカチという音などは、たとえ枕もとの小箱の上に時計を置きっぱなしにしたところで聞こえはしないでしょうし、振子時計の規則正しい音はけっして眠りをさまたげるものではなく、むしろ就眠をうながすという経験を私どもはみんなしております。また、植木鉢や花瓶をそのままに置いておけば、夜分にひとりでに落ちてこわれるかもしれないという心配などは、ほとんど起こりえないことも、この娘は認めているのです。就眠儀礼のそれ以外の規定に関しても、静けさを保つのだということは理由にはなりません。それればかりではなく、彼女は自分の部屋と両親の寝室とのあいだのドアを半分あけておくことを要求し、ドアがしまらないようにと、いろいろな品物をあけはなしたドアのところに置いておくのです。これなどは、むしろ逆に眠りをさまたげる物音を起こす原因になるように思えます。

しかし、この娘の就眠儀礼でもっとも重大だとされる条件はベッドそのものに関係しています。ベッドの頭部のクッションはベッドの枠板に触れてはならないというのです。また、枕用の小クッションは、この大きなクッションの上にきちんと菱形《ひしがた》になるように置かなければなりません。そうしてから、彼女は頭をきちんとその菱形の縦軸に沿って置くのです。羽根ぶとん〔オーストリアでドゥヒェントと呼ばれるもの〕は掛ける前に必ずふるいますから、足のほうはひどくふくらみますが、そのあとで彼女は必ずこのふくらみを圧《お》してもとのように平たくしています。

この就眠儀礼のなかで、このほかにもしばしばおこなわれたささいな点については、省略させていただきます。そんなにこまかいことをいちいち話してみても、とくに新しいことを教えられるわけではありませんし、私どもの意図からあまりにも遠ざかってしまうでしょうから。しかし、以上のすべてのことが、そうすらすらと実行されるものではないという点を見落としてはなりません。その際いつも、すべてが必ずしもきちんとすまされていないのではないかという危惧《きぐ》の念から、確かめるためにもう一度同じことがくりかえされるのですが、いろいろなことに疑いが起こってきて、いちいちそれを確かめますから、すっかりすんでしまうまでには一時間も二時間もかかるという結果になります。そのあいだ、この少女自身は眠れませんし、はらはらしている両親のほうもまた眠れないわけなのです。

これらの苦悩の分析は、先に述べた婦人患者の場合の強迫行為の分析のように簡単にははかどりませんでした。私はその娘に暗示をあたえて解釈へのきっかけを提示しなければなりませんでしたが、それらのきっかけはそのつどはっきりと拒否されるか、軽蔑《けいべつ》するような疑惑をもって受けとられるかしました。このように最初は、拒否的反応を示したあとで、しばらく彼女は自分の前に提示されたさまざまな可能性について考え、それに関連する思いつきを集め、記憶を呼びさまし、それに脈絡をつけていましたが、ついには自分自身でやってみて、すべての解釈を認めるようになったのでした。これに応じて彼女はあの強迫的な処置をだんだんととらなくなり、まだ治療の終わらないうちに全部の就眠儀礼を放棄してしまったのです。ですから、分析という作業は、今日私どもがやっているように、個々の症状の意味がすっかり明らかにされてしまうまでは、全体的に関連をつけてそれを徹底的に処理することはしないのだということを知っていただかなければなりません。むしろ、私どもは一つのテーマを何度か途中で捨ててしまわなければならなくなり、他の関連から改めてそのテーマにもどってくるのが安全なのです。ですから、いま、私がみなさんにお話ししている症状の解釈は、さまざまの成果を総合したものであって、こうした結果を出すまでには他のいろいろの仕事に中断されもしますから、数週間あるいは数ヵ月という時間を必要としたのです。

この娘の患者は、時計はその装置からみて女子性器の象徴であるので、夜分に室外に出したのだということをだんだん理解するようになりました。時計については、私どもはこのほかに別の象徴的解釈もあることを知っていますが、この場合の時計は、その周期的な針のすすみと同一の時間間隔とをもっていることによって、性器の役割を受けもつようになったのです。婦人は自分の月経が時計仕掛けのように規則正しいことを自慢してもよいでしょう。ところが、私どもの患者の不安は、とくに時計のカチカチという音によって眠りがさまたげられるという点に向けられていました。時計のカチカチという音は、性的に興奮したときのクリトリスの鼓動と同一視することができます。彼女は悩ましく感ぜられるこの感覚によって、事実、何度となく眠りからさまされていたのでした。このクリトリス勃起《ぼっき》の不安が、ここでは動いている時計を夜分には身近のところに置かないようにせよという命令の形で現われたのです。

植木鉢と花瓶とは、いっさいの入れ物と同じく女性の象徴です。ですから、それが夜中に落ちてこわれないようにという用心には、れっきとした意味がないわけではありません。私どもは、婚約の際に鉢や皿を割るという習慣が広くみられることを知っております。ここにおいでのみなさんはどなたも、一夫一婦という婚姻制度の観点から花嫁に対する要求の代理と解してよいこの風習の一断片を身につけておられます。就眠儀礼のこの部分に関しては、娘はまたある記憶とたくさんの思いつきとを報告しました。かつて子どものころに、彼女はガラス器だったか陶器だったかをもったまま倒れて指を切り、多量の出血をしたことがあったのです。その後、成長して性交の事実について知識を得るようになったとき、結婚初夜に出血をみないで自分が処女であることを証明できなかったらどうしようかという不安の念をもちました。つまり、花瓶をこわさないようにという彼女の用心深さは、最初の性交のときにおける処女性と出血ということに関連したコンプレクス全体の拒否を、つまり、出血しなかったらどうしようという不安と同時に、出血したらどうしよう、という逆の不安を拒否することを意味しているのです。これらの処置は、彼女がそれよりも重要だとした騒音防止とは、それほど深い関係はなかったのです。

ある日、彼女は、自分のしていた儀礼行為の中心となる意味をさとりました。それは、クッションが枠板に触れてはいけないという規定の意味が突然わかったときのことでした。自分にとってはクッションはつねに女性を意味しており、直立している枠板は男性だった、と彼女は言ったのです。ですから、彼女は——魔法のようなぐあいに、と付記してもよいでしょう——男性と女性とをひき離しておこうとしたわけです。言いかえれば、両親を別々にしておいて、夫婦の交わりをさせまいとしていたのです。これと同じ目的を、就眠儀礼をおこなうようになる以前に、もっと直接的な方法で達成しようと努めたことがあります。彼女は不安なふりをしたり、実際に不安な気持を利用したりして、両親の寝室と子ども部屋とのあいだのドアをしめないようにさせたのです。この命令は、彼女の現在の儀礼のなかにもなお相変わらず含まれていました。このようにして彼女は両親たちの様子に聞き耳をたてる機会をつくったのですが、その機会を十分に利用して盗み聞きをしようとしたために、何ヵ月にもわたる不眠症におちいったこともありました。このように、両親のじゃまをするだけではたりず、その後ときどきむりやりにせがんで、ダブルベッドのなかへもぐり込み、父と母とのあいだに寝かせてもらいました。そうなると、「クッション」と「枠板」とは、実際に接触することができなかったわけです。やがて、彼女が大きくなってその体がもはや両親のあいだに楽に寝ることができないようになったとき、彼女は意識的に不安なふりをして、うまく母親と寝場所を代えてもらい、母親が夫のそばの自分の場所を娘に譲るようにさせたのです。この情景はたしかにいろいろな空想の出発点となったものであり、その影響はこの儀礼のなかにも感得されます。

クッションが女だったとすると、羽根ぶとんをふるって、羽根がみんな下のほうへさがってふくらみができるようにするというのも、意味があったことになります。それは女を妊娠させることを意味していたのです。しかし、彼女はこの妊娠のふくらみを撫《な》でてもとにもどしてしまうことを忘れませんでした。彼女は両親の交わりによって子どもがもう一人生まれて、自分の競争者ができることを、数年来、恐れつづけていたのです。他方、大きなクッションが女、すなわち母親であったとすると、小さな枕は娘であると考えることができました。なぜこのクッションを菱形になるように置いて、頭をちょうどそのまんなかの線上に置かなければならなかったのでしょうか。彼女は、菱形はどこの壁にもよく落書きしてあるように、開かれた女子性器をあらわす印だということにたやすく思いあたりました。この場合、彼女自身は男子、つまり父親の役を演じており、自分の頭で男子の性器の代理をしていたわけなのです〔『去勢を表現する断頭の象徴性』参照〕。

処女の娘の頭のなかにそんな汚《けが》らわしい考えがこびりついて離れないとは、とみなさんはおっしゃるでしょう。私もそれは認めます。しかし、忘れないでください。私がこういうことをつくりあげたのではなく、私はたんに解釈したにすぎないのです。実際、このような就眠儀礼は奇怪なものではありますが、みなさんは解釈の結果明らかとなった、儀礼と空想とのあいだの対応関係を否認することは許されないでしょう。しかし、私にとってもっと重要なのは、たった一つの空想が沈澱《ちんでん》してこの儀礼となったのではなく、もちろんどこかでつながっている相当数の空想が沈澱してこの儀礼となった、ということにみなさんが気づいてくださることなのです。儀礼の諸規定が性的願望を、あるときは積極的に、あるときは消極的に再現しており、また、一部は性的願望を代理し、一部は性的願望を防止するために用いられているという点も重要です。

もし私どもが、この儀礼を患者のその他の諸症状と正しく結びつけてみるならば、この儀礼の分析からもっと多くのことがわかるでしょう。しかし、それは私どものとる道ではありません。この娘は父親と一つの性的な結びつきをもっており、その発端は遠い幼時にさかのぼるということをほのめかすだけで、みなさんには満足していただきたいのです。おそらく、彼女はまたこのために、母親に対してあれほど不機嫌な態度を示しているのでしょう。ですから、私どもは、この症状を分析してみて、またまた患者の性生活へと導かれてしまったという点を見のがすわけにはゆきません。おそらく私どもは、ノイローゼの症状の意味と意図とを洞察する回数が増すにつれて、その点についてふしぎに思うこともますます少なくなってゆくでしょう。

こうして、私はここに選びだした二つの実例によって、ノイローゼの症状にはしくじり行為や夢と同じように意味があるということと、ノイローゼの症状は患者の体験と内密な関係があるということをみなさんに示したわけです。みなさんが以上の二つの実例にもとづいて、この非常に意味深い命題を信じるだろうと、私は期待してよいでしょうか。いや、期待はできません。しかし、十分に納得ができたと言えるまで、もっとたくさんの実例を話してくれ、とみなさんは私に要求されてもよいのでしょうか。これまた、要求できません。というのは、個々の症例をくわしく取り扱うということになりますと、ノイローゼ論のこのただ一つの論点をかたづけるだけでも、週五時間で一学期分も講義をしなければならなくなるからです。ですから私は、みなさんに私の主張を証明する見本をおみせしたことで満足することにします。それ以上のことは、文献のなかに出ている諸報告、ブロイアーの取り扱った最初の症例〔ヒステリー〕についての典型的な症状解釈、また、たんなる精神分析医にとどまって、予言者になろうなどとは考えていなかった時代のユングによって試みられた、いわゆる早発性痴呆(5)にみられるまったく不可解な諸症状の目のさめるような解明、およびそれ以来、私どもの雑誌を埋めてきたすべての研究をごらんになるようにおすすめいたします。それこそ、このような研究には、私どもは不足していないのです。ノイローゼの症状の分析、解釈、翻訳に精神分析医たちが大いに心をひかれたために、これにくらべて、ノイローゼのこれ以外の諸問題は、さしあたりなおざりにされがちだったほどです。

みなさんのうちでこのような労をいとわないかたがたは、きっと証明材料が豊富にあるのに驚くでしょうが、同時にまた、ある困難につきあたりもするでしょう。症状の意味は、私どもが学び知ったように、患者の体験との関係のなかにあります。症状がその個人に特有のものであればあるだけ、私どもはこの両者の連関をそれだけ早く組み立てることができると期待してよいのです。その場合、無意味な観念や無目的な行為に対して、その観念が正当なものであり、また、その行為が目的に即応するものであったと認められる過去の情景を見いだすことこそが、私どもの課題となります。テーブルのところに走っていって、女中を呼びつけた例の婦人患者の強迫行為は、この種の症状としては、直接模範となるものといえます。しかし、それとはまったくちがった性格の症状も存在します。しかも非常に頻繁に存在するのです。そのような症状は病気の「定型的」症状と呼ばなければならないもので、いつの場合でもほぼ同じであり、個人差は消えうせてしまっているか、すくなくとも減っています。ですから、その症状を患者の個人的体験と結びつけたり、体験された個人的状況と関係づけてみることはむずかしいのです。

ここでもう一度、強迫ノイローゼに目を向けてみましょう。すでに私どものみた第二例の娘の患者の就眠儀礼でさえ、それ自体数多くの定型的なものをもっており、しかも、それでいながら、いわゆる〈歴史的〉解釈を十分に可能にするような個人的特質をそなえているのです。しかし、これらの強迫ノイローゼの患者のすべては、動作を反復し、リズム化し、他の動作から孤立させるという傾向をもっています。強迫ノイローゼの患者の大部分は、あちこち洗いすぎるくらい洗います。

広場の恐怖〔場所恐怖、空間不安〕にかかっている患者たち[6]、すなわち、私どもがもはや強迫ノイローゼには数えないで不安ヒステリーと呼んでいる患者たちは、その病像においてしばしばうんざりするほどの単調さで同一の癖をくりかえし、とざされた空間、大きな広場、長くのびた通りや並木道を恐れます。知人が同道したり、車があとからついてきたりすると、彼らは安心しているのです。しかし、この同じ性質の土台の上に個々の患者はそれぞれの個人的条件、むしろ気まぐれといってもよいようなものを置くので、これらの条件は個々の症例によってたがいに直接矛盾しあっております。ある人はただ狭い通りだけを恐れますし、またある人は広い通りだけを恐れます。ある人は人通りのない通りだけしか歩くことができないのに、別の人は人通りの多い通りしか歩くことができません。

同じように、ヒステリーも個人的な特性はたくさんありますが、また共通の定型的な症状もあふれるほどもっており、これらの症状は簡単に歴史的体験へ還元されることに抵抗しているようにみえます。もちろん、これらの定型的症状によって、私どもが診断の方針をたてるのだ、ということは忘れてはいけません。

ところで、私どもが実際にヒステリーの症例について、ある定型的な症状の原因を、ある体験または一連の類似の体験に帰着させたとしましょう。たとえばヒステリー性の嘔吐《おうと》を、吐き気を催すような諸印象のせいだとしたとします。その際、もしある別の嘔吐の症例で分析してみた結果、私どもが、一見そこに働いているようにみえる、これとはまったく別種の一連の体験を発見したとするならば、私どもはまごついてしまうでしょう。その場合には、ヒステリー患者は未知の原因によって嘔吐せずにいられないかのようにみえ、分析によって発見された歴史的な誘因は、ヒステリー症状が偶然に生ずる際に、前記のような内的必然性によって利用される口実にすぎないということになるわけです。

そこで、まもなく私どもは、なるほど個人的なノイローゼの症状の意味は体験に関係づけることによって満足のゆくように解明されうるけれども、それよりもはるかに頻繁にみられる定型的諸症状に対しては、私どもの精神分析の技法は役にたたない、という悲観的な見方に達します。そのうえに、私はまだみなさんに、歴史的な症状解釈を徹底的に追究してゆく場合に生じてくるあらゆる困難が、どんなものであるかについて、すこしもお話ししていないのです。私はまたそれをお話ししたいとも思っておりません、というのは、もちろん私としては、どんなことも言いつくろったり隠しだてしたりするつもりはありませんが、それはそれとして、私どもがいっしょに研究をしていこうというそのはじめから、みなさんを途方に暮れさせたり、困惑させたりしてはならないからです。まずはじめに症状の意味を理解することにしたのは正しいのですが、私どもはその結果得たものを手放さずに、一歩一歩、まだ理解されていないことを着実に克服していきたいと思います。つまり私は、定型的症状と個人的症状とのあいだに基本的な差異を認めることはほとんどできない、ということを熟考してみることによって、みなさんに安心していただくように努めましょう。

個人の症状が患者の体験によって明白に左右されているとすれば、定型的症状についても、それ自体定型的で、すべての人間に共通なある体験にそれを還元しうるという可能性は、やはりあることになります。ノイローゼにおいて規則的に反復されるこれ以外の数々の特性も、強迫ノイローゼに現われる反復や疑惑と同じように、病的変化という本性によって患者たちに強いられている一般的な反応であるかもしれません。要するに、私どもは、早まって絶望する必要はないのです。とにかく、今後どのようになるかをみることにしましょう。

私どもは夢の学説においても、これとまったく類似した一つの難問の前に立っているのです。昨年、夢について論じましたおりには、私はこの問題をとりあげることができませんでした。まったく、夢の顕在内容はきわめて多様で、個々人によってその相違が大きいのです。私どもがこの内容から分析によって得られるものについてはくわしくお話ししました。ところが、それと並んで、すべての人に同じように現われる、ひとしく「定型的」と呼ばれる夢があるのです。すなわち、ノイローゼの場合と同一の困難があって、解釈のときにそのさまたげをする同じ形の内容の夢です。墜落する夢、空中を飛ぶ夢、水にただよっている夢、泳ぐ夢、押えつけられている夢、裸になっている夢、その他ある種の不安な夢がそれです。これらの夢は、あるときはこのように解釈され、またあるときはあのように解釈されるということになって、夢の内容がいつも同じ調子で千篇一律なことと定型的に出現することとの説明はつかないのです。しかし、これらの夢の場合でも、ある共通の土台があって、それに各人によって異なる付加物が加わって活を入れられているのだということは観察できます。おそらくはこれらの夢もまた、私どもの洞察を広げてゆくならば、他の夢について得た夢の生活の理解のなかに、無理なくくみこむことができるものと思います。

〔1〕トゥルーズ『エミール・ゾラ。医学・心理学的調査』（パリ、一八九六年刊）参照。

（1）（一八四二〜一九二五）。オーストリアの生理学者でフロイトの精神分析の先駆者。のちに性愛の問題にからんでフロイトと訣別するにいたった。

（2）（一八五九〜一九四七）。フロイトと同期のシャルコーの弟子。ヒステリー、強迫症状、その他の症状の理解に意識下の心的な力を考え、フランス精神病理学の父として大きな影響をあたえている。

（3）（一八四〇〜一九〇二）。フランスの小説家。自然主義小説の理念を確立し、代表作に『居酒屋』『ナナ』『ジェルミナール』などがある。ドレフュス事件に際しては、ドレフュス派の中心となって活躍した。

（4）就寝の際、鍵を確かめ、ガスの元栓をしめ、時計の位置をなおすなど、ふつう人々のする行為で、それをしないと眠れない習慣をさしている。

（5）精神分裂病（ブロイアーの命名による）にほぼ同じ。ドイツの精神医学者クレペリン（一八五六〜一九二六）によって、躁鬱《そううつ》病とともに二大内因性精神病と呼ばれる。

（6）心理的な過程が予想されるヒステリー性メカニズムによる不安を中核とするノイローゼ。不安ノイローゼの場合には、この無意識過程が明らかでないと考えられている。

第十八講　外傷への固着　無意識

みなさん！　前回に私はこの研究を、私どもの疑惑にではなく、発見に関連を求めながらすすめたいと申しました。あの二つの典型的な実例の分析から導き出される非常に興味ある結論のうち、二つのことを私どもはまだまったく述べませんでした。[1]

第一。二人の婦人患者はどちらも、あたかも自分たちの過去のある一定のところに〈固着〉されていて、それからどうして自由になってよいかがわからず、そのために現在と未来とから身を遠ざけているような印象をあたえます。昔、人々が苦しい運命を耐え忍ぶためによく修道院にひっこんだように、彼女たちは病気のなかに身をひそめているのです。第一例の婦人の患者にとって、この宿命をもたらしたものは、現実にはもう放棄されている夫との結婚です。彼女はそのさまざまの症状を通じて夫と交渉しつづけています。私どもは、夫のために弁護し、許し、崇《あが》め、夫を失ったことを嘆くあの声を理解することを学びました。彼女は若いのですし、他の男たちによって熱望される値うちがあるにもかかわらず、夫に対する貞操をまもるために、現実的ならびに空想的〔魔術的〕なあらゆる用心をしたのでした。彼女は知らない人たちの前には姿を見せず、身なりをよくすることもしませんが、同時にまた腰をおろしている安楽椅子からそんなに急には立ち上がることもできません。自分の名前の署名を拒み、だれであれ私から物をもらってはならないのだ、という理屈をつけて、だれにも贈り物をすることができないのです。

第二の婦人患者は若い娘さんでしたが、この場合は、思春期以前にすでに生じていた父親への性的な執着が、彼女の生活に対して前の例と同じような固着をもたらしています。彼女は自分自身でも、こんな病気にかかっているかぎり結婚はできない、という結論を出しているのです。彼女は、自分が結婚しなければならないはめにならないように、そして父親のそばにとどまることができるように、このような病気になったのだということが当然推測できます。

どのようにして、どの道を通って、どのような動機の力をかりて、こういう奇妙な、さらにこんな損な態度を人生に対してとるようになるのか、という問いを、私どもはねつけてはならないでしょう。この態度はノイローゼの一般的な性格で、この二人の患者だけに固有な特殊なものではないと仮定したうえでのことですが。

ところで、事実これは、どのノイローゼにもみられる特徴で、実際上、非常に重要な意義をもつものなのです。ブロイアーの取り扱った最初のヒステリー患者は、これに似た仕方で、重病の父親を看病していた時代に固着させられていました。彼女は回復はしましたが、ある点では、それ以来人生から身をひいてしまったのです。彼女はもちろん健康になり、仕事をする力もありましたが、女としてたどる正常な運命から身をさけてしまいました。私どもの患者たちの場合でも、患者は、病気の症状という形において、そしてそれらの症状から推論すると、自分の過去のある時期のなかで生きている、ということが精神分析によって看取できます。多くの例では、そのうえに患者は、その時期として、はなはだ早期の生活段階、すなわち子どもの時代、いや、おかしく聞こえるかもしれませんが、乳児の時代をすら選んでいるのです。

　私どものノイローゼ患者のこうした態度にもっともよく類似しているのは、ほかでもない目下の戦争（第一次世界大戦のこと）でとくにしばしば生じてきている疾患、すなわち、いわゆる外傷性ノイローゼ[2]です。このような症例は、大戦前にも、列車の衝突やその他の恐ろしい生命の危険があったあとには、もちろんありました。外傷性ノイローゼは、終極的には、私どもが精神分析によっていつも検討し治療することにしている自発性のノイローゼと同一のものではないのです。また、私どもは外傷性ノイローゼを精神分析の観点によって解釈することには成功しておりません。しかし、私は、どこからこうした私どもの手に負えないところが出てくるのかを、いつかは明らかにしうるものと信じています。しかし、私どもは、つぎの一点では両者のあいだに完全な一致があることを強調してもよいでしょう。すなわち、外傷性ノイローゼは、その根底に外傷をひき起こした災害の瞬間への固着があることを明瞭に示していることです。外傷性ノイローゼの患者は、その夢のなかでいつも外傷の起こった情景を反復しているのが通例です。精神分析をすることができるヒステリー性発作が起こるような例では、その発作は、患者がこの外傷の状況に完全に身を置いているのと相応していることがわかります。あたかも、これらの患者にとっては外傷の状況の始末がまだついていないもののようであり、この外傷の状況は、まだ克服されていない現実の課題として、患者の前に立ちふさがっているかのようにみえます。私どもはこの見解をまったくまじめに仮定しているのです。この考え方は、私どもに心的な諸過程についての──私どもが〈経済的〉(3)と名づけている──一つの考察への道を示してくれます。そうです、外傷的という表現は、このような経済的意味以外のいかなる意味ももっておりません。私どもが外傷的体験と名づけるものは、短時間のうちに心的生活のなかの刺激が高度に増大するため、正常のありふれた仕方ではそれをうまく始末する、またはこなしきることができず、その結果としてエネルギーの活動に持続的な障害をあたえざるをえないような体験のことなのです。

この類似性から考えて、私どもは先に述べたノイローゼ患者たちが固着させられていると思われるあの体験をも、外傷的な体験と称したい気持にならざるをえません。そうすると、ノイローゼ的な疾患に対して、一つの単純な条件がきっと考えられるということになってまいります。ノイローゼは、外傷的疾患と同等に取り扱われうるものになり、あまりにも強い感情の結びついた体験を始末することができないために生ずるものだ、ということになります。

実際にもまた、ブロイアーと私が一八九三年から九五年にかけて、私どもの新しい諸観察について理論的な説明をおこなった最初の方式は、このとおりの内容だったのです。私どもの第一例の婦人患者、夫と別居していたあの若い婦人のような症例は、この見解にしたがってみると非常によく説明できます。彼女は夫婦生活を遂行しえないことに我慢ができず、この外傷に固着してしまったのです。しかし、私どもの第二の症例、すなわち、父親に固着している娘の場合は、早くもこの方式では十分に包括できないものがあることを私どもに示しております。一面からみれば、少女が父親に対してあのような愛着をもつことは普通のことですし、しばしば克服されてしまっているものですから、「外傷的」という命名からはその内容がすっかり失われてしまっていることになります。しかし、他方で、患者の病歴をみますと、この最初の性的な固着はさしあたり無害のままに経過したようにみえていて、数年後になってようやく強迫ノイローゼの諸症状のなかにふたたび現われてきたものであることがわかります。つまり、そこに私どもは罹病《りびょう》の条件が錯綜した多種多様のものであることを予見しますが、しかし同時にまた、外傷という見方はまちがいだ、として放棄してしまうこともできないという予感ももつのです。外傷は、なにかある他のところにくみこまれ、従属させられるに相違ありません。

私どもはここでふたたび、たどってきた道を中断いたします。この道は、いまのところは先にすすめないようになっているのです。この先、正しい道をさらにすすんでゆくことができるまでには、私どもはこのほかさまざまの経験をしなければなりません。なお、過去のある特定の時期に固着するというテーマについていえば、このような出来事はノイローゼという枠をはるかにはみでて、ほかの世界にもあるという点を注目しましょう。ノイローゼには必ずこのような固着が含まれていますが、しかし、必ずしもすべての固着がノイローゼであるということにはなりませんし、固着がノイローゼと一致したり、あるいはノイローゼになる途上で固着が起こるとはかぎらないのです。ある過去の事柄への感情的な固着のよい例は悲哀です。悲哀それ自身は必然的に現在および未来からの完全な疎隔をともなっています。しかし悲哀は、素人《しろうと》が判断しても、ノイローゼとははっきり区別されます。これに反し、悲哀の病的な形式と称することのできるノイローゼもあるのです。

人間が、従来の生活の基盤を揺り動かすような外傷的な事件にあって活動をやめてしまい、現在と未来に対する関心をすべて放棄し、いつまでも過去にかかずらわっているということもありますが、しかし、その場合でも、これらの不幸な出来事が必ずしもその人をノイローゼにしてしまうわけではありません。ですから、たとえこの一特徴が一般にいかに通例のものであり、かついかに重大な意味をもっていようとも、私どもはこの特徴をもってノイローゼを性格づけるものとして過大評価しようとは思いません。

さて、こんどは私どもの精神分析の第二の結果をとりあげてみますが、この結果に対してはあとから制限が加えられるという心配をする必要はありません。私どもは、先の第一例(4)の婦人患者が、いかに意味のない強迫行為をしていたかということ、またいかに秘められた人生の思い出がその行為に結びついているかを、彼女が語ったことについて報告したあとで、強迫行為と記憶との関係を検討し、強迫行為の意図をこの関係から推測しました。ところで、私どもはある一つの要因をまったく捨てて顧みないでいましたが、この要因こそは私どもの全注意力をはらう価値のあるものです。強迫行為をくりかえしていたあいだは、その行為があの体験に発するものであるということに、患者はまったく気づいていませんでした。両者のあいだの連関は彼女には隠されていて、彼女は、どのような衝動によってこんなことをしているのかわからない、と正直に答えるほかなかったのです。その後、治療を受け、その影響で、急に彼女はこのような連関を見つけだし、それを報告することができました。しかし、彼女が、自分がそのために強迫行為をおこなっている意図、すなわち苦痛に満ちた過去の一断片を修正し、愛する夫をいちだんと高いところに置きたいという意図については相変わらずなにも知りませんでした。このような動機こそが強迫行為の原動力であったらしいということを彼女が理解し、それを私に告白するまでには、かなり長い時間がかかり、多くの苦心を必要としたのです。

婚礼の夜の失敗後に起きた光景とこの婦人患者のやさしい動機とは、いっしょになって、私どもが強迫行為の「意味」と名づけたものを生み出します。ところが、この意味は、彼女が強迫行為をおこなっていたあいだは、二つの方向、すなわち「由来」も「目的」も彼女にはわかっていませんでした。つまり彼女の心中では心的過程が働いており、強迫行為はとりもなおさず、その心的過程の結果でありました。彼女は正常な心的状態ではこの結果を認識したのですが、この結果の心的前提条件はなに一つ彼女の意識の知るところとはならなかったのです。ベルネイムから、催眠状態から覚醒《かくせい》して五分たったら病室で雨傘を広げよと命じられた被検者は、目がさめてからこの命令を実行しましたが、自分の行動の動機を報告することはできませんでした。彼女はこの男とまったく同じようにふるまったのです。〈無意識的な心的過程〉の存在について言及する場合には、私どもはこのような事態に注目しているわけです。私どもはあらゆる人々に、この事態についてもっと正確な科学的方法で説明してくれるように求めてよいのでありますし、もしそれができたときには、私どもはよろこんで無意識的な心的過程という仮定を断念しようと思います。しかし、それまでは、私どもはあくまでこの仮定に固執するでしょう。そして、もしだれかが、意識的なものとは、この場合、科学的な意味において実在するものではなく、それは応急処置的なものであり、一つの言いまわしである、と異論を唱えるならば、私どもはあきらめて肩をすぼめ、わけのわからないことを言う人だとして、拒否しないわけにはいきません。実在しないものから、強迫行為のように現に実在する結果が出てくるなどということがあるでしょうか！

私どもがあの第二例[5]の娘の患者の場合に出会うのも、根本においては同一のものです。彼女は、クッションはベッドの枠板に触れてはならないという戒律をつくりました。そしてこの戒律をまもらないと気がすまないのです。しかし、それがいったいなにからきているのか、なにを意味するのか、どんな動機のためにこれほどの威力をもっているのかは知りません。彼女がこの戒律そのものをどうでもよいものとみているかどうか、それとも、それに反抗し、怒り狂って、それを踏みこえようと企てているのだろうかということは、戒律の実行とは無関係なのです。彼女はその戒律はまもらずにはいられないのであって、なぜそうなのだろう、と自問してみてもなんの役にもたちません。

しかし、私どもはつぎのような告白をせざるをえません。すなわち、強迫ノイローゼのこれらの症状、つまりこれらの観念と衝動――それは、どこからくるのかはわからないが、とにかく現われてきて、ふだんは正常な心的生活のあらゆる影響力に抵抗して、あたかもどこか未知の世界からきた非常に力の強い客であり、死すべきものの群れにまじりこんだ不死なるものであるかのような印象を患者自身にあたえるのですが――そうした観念と衝動とのなかに、たぶん他の領域の心的活動からは隔離されたある特殊な領域があることが、きわめてはっきりと示されている、という告白です。それらの観念と衝動から、心のなかに無意識的なものが存在することを確信させる、迷うことのない一本の道が通っています。そして、それなればこそ、意識心理学のみにたよる臨床精神医学は、これらの観念と衝動とをなにか特異な変質様式の徴表だと称する以外には、いかんともする術《すべ》がないのです。むろん、強迫観念と強迫衝動それ自身が無意識的なものでないことは、強迫行為の実行が意識されないものではないのと同様です。もし強迫観念や強迫衝動が意識にのぼらなかったとすれば、それらは症状とはならなかったでしょう。しかし、私どもが精神分析によって推論する心的な前提条件や、私どもの解釈を通じてはめこまれる諸連関は無意識的なものです。すくなくとも、私どもが分析作業によって患者にそれらを意識させるまでは、無意識的なものなのであります。

ところで、もしみなさんが、右の二つの症例で確認されたこの事態は、すべてのノイローゼ的な罹患《りかん》のすべての症状について承認されうること、症状の意味はいついかなる場合でも、患者には知られていないこと、また、精神分析が、これらの症状は無意識的な過程からくるものであるが、この無意識的な過程はさまざまの好都合な条件のもとでは、意識化しうるものであることをいつも示したことを考えられるなら、精神分析では無意識的の心情的なものを欠くことができず、感覚的にとらえうるものと同じようにそれを操作するのが通例であることを了解されるでしょう。同時にまた、無意識的なものはただ概念として知っているだけで、一度も分析をせず、一度も夢を解釈せず、ノイローゼの症状を翻訳してその意味と意図とをひきだすこともしたことのない人はすべて、いかにこの問題に判断をくだす資格がないか、ということもみなさんはおそらく理解されるでしょう。

私どもの目的のために、もう一度はっきり申しておきますが、ノイローゼの諸症状に分析的解釈を加えれば、それにある意味を付与することができるということは、無意識的な心的過程が存在するということの——あるいはみなさんがもしそう言いたければ、その存在を仮定することの必要性の——動かしがたい証拠なのです。

しかし、これがすべてではありません。ブロイアーの第二の発見——この発見は私にはさらにいちだんと内容の豊かなものであるとさえ思われ、しかも彼はこれを一人の仲間ももたずになしとげたのですが——のおかげで、私どもは無意識的なものとノイローゼの症状との関係について、さらに多くのものを学ぶのです。それは、症状の意味が通例としていつも無意識的であるということばかりではありません。この無意識性と症状の存在可能性とのあいだにはある種の代理関係があるのです。みなさんは私の言うことがすぐおわかりになるでしょう。私はブロイアーとともにつぎのように主張しようと思います。私どもがある症状につきあたるごとに、この患者には特定の無意識的な過程が存在しており、まさにその過程こそがこの症状の意味を内包していると推定してよい、と。しかし同時に、症状が成立するためには、この意味が意識されていないことが必要なのです。意識的過程からは症状は形成されるものではありません。無意識的過程が意識されるようになるやいなや、症状は消失せざるをえないのです。

みなさんはここに一挙にして治療への糸口を、すなわち症状を消失せしめる道を認識するわけです。事実、このようにして、ブロイアーはヒステリー患者を回復させました。つまり、言いかえれば、その症状から患者を解放したのです。彼は症状の意味を内包していた無意識的な過程を患者に意識させる技法を発見しました。そして、症状は消失したのです。

ブロイアーのこの発見は思弁の成果ではなく、患者の好意によってなされた幸運な観察の成果でした。みなさんは、こんどもまた、この発見を別のある既知の事実に還元することによって理解しようと苦労なさるには及びません。この発見を一つの新しい基礎的な事実として認めればよいのです。この事実の助けをかりて、みなさんは他の多くのことが証明できるようになるでしょう。ですから、この同じことを別の言いあらわし方を用いてくりかえすことをお許し願います。

症状の形成は、表面には出ないでいるある別のものの代理なのです。ある種の心的過程は、正常な場合には意識がその存在を知っているほど広範囲に発展すべきはずだったのです。ところが、そうはなりませんでした。そのかわり、中絶させられ、なんらかの意味で妨害され、無意識の状態にとどまらざるをえなかった過程から、症状が生じたのです。ですから、すりかえのようなことが起こったわけです。このすりかえをもとにもどすことに成功すれば、ノイローゼの症状の治療はその使命を果たしたということになります。

ブロイアーの発見は、今日においてもなお精神分析療法の基礎であります。症状はその無意識的な前提条件が意識されたときに消失するという命題は、その後におこなわれたすべての研究によって実証されています。もちろん、この命題を実行に移してみようとする試みは、思いがけない驚くばかり複雑なことに遭遇いたします。私どもの療法は、無意識的なものを意識的なものに変えることによって効果をあらわし、この変換をなしとげうるかぎりにおいてだけ効果をあげるのです。

ところで、みなさんがこの治療の働きをあまり手軽に考えすぎるという危険に落ちこまないように、とりあえず、ちょっと本題からはずれますが、考えてみましょう。いままで、くわしく述べてきたところによれば、ノイローゼは、まさしく一種の無知、すなわち知っているべきはずの心的な過程を知らないでいることの結果だということになります。それは、悪徳すら無知にもとづくという、あの有名なソクラテスの説(6)に非常に似ていると言ってもよいようです。

さて、分析の経験を積んだ医師には、個々の患者においてどのような心的な活動が意識されないままになっているのかを、推測することは非常にたやすいことです。ですから、自分が知っていることを患者に教えて、患者を彼自身の無知から解放することにより、その患者を回復させるということも、医師にとってむずかしいことではないでしょう。すくなくとも、症状の無意識的な意味の一部分はこうして容易にかたづけられるでしょうが、他の点、すなわち症状と患者の体験との連関については、医師といえども、もちろん多くを推測することはできません。というのも、彼は患者の体験を知らないのですから。彼は患者がその体験を思い出して話してくれるまで待たなくてはなりません。しかしまた、そのような体験の代わりに、それの代理物が見いだされる場合も少なくないでしょう。私どもは患者の身寄りの人たちに、患者の体験についてたずねてみることができます。身寄りの人たちは、患者の体験のうちで外傷的に作用しているものをしばしば見わけることができるでしょう。おそらく、患者の生涯の非常に幼い時期に起こったために、患者自身はなにも知らないような体験さえも、彼らは報告できると思います。そこで、この両方の操作を一つにしますと、病因に関する患者の無知を、短期間にしかもわずかな労力で取り除いてやる見込みが得られるでありましょう。

そうです、もしそのとおりにいけば結構なことです！　私どもはここで、はじめには思いもよらなかった経験をしました。「知る」とはいっても、いつも同じ働きではないのです。心理的にまったく価値の異なるいろいろの種類の知識があります。かつてモリエール（一六二二〜七三。フランスの劇作家）は「同じようでもいろいろちがっている」と言いました。医師の知識は患者の知識とは同じではありませんし、同一の効果を示すことはできません。医師が自分の知識を話して患者に伝えても、それはなんの効果も示さないのです。いや、そういうふうに言うのは正しくないでしょう。それには症状を取り除くという効果はないが、分析をすすめさせるという別の効果はあるのです。抗議を表明するのは、しばしばそのことを裏書きする最初の徴候です。患者はこの場合に自分のいままで知らなかったあること、すなわち自分の症状の意味を知るわけですが、それでいてその意味を知らないことでは前と変わりません。そこで私どもは、無知といっても一種類ではないことを経験するのです。この差異がどこにあるかを示すためには、私どもの心理学的な知識をある程度深化させる必要があります。しかし、症状は症状の意味を知るとともに消滅する、という私どもの命題は、やはりどこまでも正しいのです。ただし、この場合の「知る」は、特定の目標をもった心的作業によってだけ生ずる、患者の心のなかのある内的な変化にもとづいていなければならない、というだけのことです。ここで私どもは、やがて症状形成の〈ダイナミックス〉という概念に総括される諸問題に直面していることになります。

みなさん！　ここで私は、みなさんにお話ししていることが、あまりにもあいまいで、こみいりすぎているように思われはしないだろうか、と問わずにはいられません。私がしばしば前言を取り消したり、制限をつけたり、思考の糸をたぐり出すかと思えばまた中断したりして、みなさんを混乱させてはいないか、という問いなのです。もしそのとおりだとすれば、それはまことに遺憾なことです。しかし、私は、真理に対する忠実さを犠牲にしてまで単純化しようとすることには、強い反感をもっております。そして、対象が多方面にわたりすぎ、もつれあっているという印象をみなさんが強く受けられるとしても、私としてはいっこうかまわないのです。また、私がいろいろの点でみなさんがさしあたり利用しうる限度以上のことをお話ししているとしても、それはべつに損にはならないと思っています。とはいえ、聴講者や読者のみなさんが自分の前に提供されたものを頭のなかで整頓《せいとん》し、短縮し、単純化して、自分が覚えておきたいものだけを抜き出すことを、私は十分知っております。たくさんのことをお話ししておけば、それだけあとに残るものも多い、ということは、ある程度まで正しいでしょう。

私がみなさんにお話ししたことのうちの本質的な点、すなわち症状の意味、無意識的なもの、および両者の関係に関する点を、あらゆる付随的な話は抜きにして、みなさんがはっきりと理解された、と考えさせてください。みなさんはたぶん、こういうこともおわかりになったでしょう。すなわち、私どもの今後の努力は、二つの方向に向かうことになるということ、つまり第一には、どのような経過で人間が病気になり、ノイローゼという生活態度をとるようになるのかという臨床上の問題、第二には、ノイローゼの諸条件から病的症状はどのようにして発展してくるのかという心的ダイナミックスの問題に向かうということです。この二つの問題もまた、どこかできっとふれ合う点があるにちがいありません。

今日もまた、これ以上話を先へすすめずにおきます。しかし、まだ時間がありますので、私どものこの二つの分析にみられる他の特質[7]にみなさんの注意を向けていただきたいと思います。この特質の完全な評価は、これまたあとになってはじめてできるのですが、つまり、それは記憶の欠損あるいは健忘のことであります。すでにお話ししましたように、精神分析的な治療の課題は、病因となっている無意識的なものを意識的なものに置きかえる、という公式に要約することができます。ところで、この公式が患者の記憶の欠損をすべて埋めて、その健忘を取り除くという別の公式に置きかえられるということを知って、みなさんはきっと驚かれることでしょう。それは結局、同じことに帰着するのです。つまりノイローゼ患者の健忘は、症状の発生と重大な関係があるわけです。しかし、私どもの最初の分析例を考察されれば、みなさんは、健忘をこのように評価することは正しくない、とお思いになるでしょう。あの第一の婦人患者は、自己の強迫行為に関連する場面を忘れていなかったどころか、生き生きと記憶にとどめていました。そして、他の忘れられていたことは、この症状の発生に関係してはいないのです。私どもの第二の婦人患者、すなわち、強迫儀礼をもった娘の場合も、これほどはっきりはしていませんが、だいたいにおいてよく類似しております。彼女もまた昔やったことをしたのであって、両親の寝室と自分の寝室とのあいだのドアをあけておくことに固執した事実と、母親を夫婦のベッドの本来の場所から追い出したという事実とを忘れてはいませんでした。しぶしぶとためらいがちにではありましたが、彼女はそのことを非常にはっきりと思い出しています。

ここで奇異に思われたのは、第一例の婦人患者がその強迫行為を数えきれぬくらいくりかえしておりながら、この行為と新婚初夜以後の体験との類似にただの一度も思いいたらなかったこと、および強迫行為の動機を調べるために彼女に直接問いかけたときでさえ、この回想は生じなかったということです。同じことは、儀礼ばかりかその誘因までが毎晩くりかえされた同一の状況に関係をもっている、あの娘の患者の場合にもあてはまります。両方の場合とも、本来の健忘、すなわち記憶の脱落ではありませんが、再生すなわち記憶を浮かび上がらせるはずのある連関が中絶されているのです。

強迫ノイローゼにとっては、このような記憶の障害で十分なのですが、ヒステリーの場合にはちがいます。ヒステリーというノイローゼでは、たいがいの場合まったく大規模な健忘がその特色となっています。通例、一つ一つのヒステリー性症状を分析していきますと、一連の生活印象にゆきあたりますが、この生活印象が再生されるときには、その印象はいままですっかり忘れていたものだった、とはっきり言ってもよいものです。この一連の生活印象は、一方では、きわめて幼い年齢のころにまでさかのぼりますから、ヒステリー性健忘は、私ども正常人の目から心的生活の端緒をおおい隠している幼稚型健忘に直接につづくものと認められます。また他方では、患者の最近の体験すら忘却されてしまっていることがあり、とくに病気が突発したり、悪化したりした誘因が、健忘のためにすっかりのみ込まれていないまでも、食いちぎられていることを知り、私どもは驚くのです。このように新しい記憶の全体像からたいせつな細部が消えうせていたり、誤った記憶によってその部分が代置されたりしていることはありがちなことです。それどころか、分析が終わる直前になってようやく、あれほど長く押えつけられて連関にいちじるしい隙間《すきま》をあけていた、なまなましい体験が、あるていど記憶に浮かび上がってくるということも、普通によくあることなのです。

回想能力がこのように侵害されることは、すでに述べたように、ヒステリーの特徴です。実際、ヒステリーの場合には、記憶のなかに痕跡《こんせき》を残すはずがない状態〔ヒステリー発作〕が症状として現われます。ところが、強迫ノイローゼの場合はそうではないとすると、みなさんはこのことから、こうした健忘はヒステリー性の変化の心理的特徴であって、ノイローゼ一般に共通する特徴ではない、と結論されるかもしれません。しかし、この差異がもつ意義も、つぎのような考察をしてみると限定されることになるようです。

私どもは、症状の「意味」として二種のものを総括しました。つまり、それは症状の源泉と目的ないし理由で、言いかえれば、症状が出てきた源である印象や体験がその一つであり、症状がそれに役だっているところの意図がもう一つのものです。つまり症状の源泉は、外からきた印象に帰せられるのであって、その印象は当然かつては意識されていたのですが、それ以来忘却のために無意識的となったものなのでしょう。ところが、症状の目的、すなわちその意向のほうは、つねに心内の過程であり、おそらくはじめには意識されていたのかもしれませんが、症状の源泉と同じくけっして意識的なものではなく、前から無意識的なものだったのです。ですから、ヒステリーの場合にそうであるように、健忘が症状の源泉、すなわち症状をささえている体験をもおかしたかどうかという点はたいして重大なことではなくなります。症状の目的、すなわち最初から無意識的であったかもしれない意向こそが、症状が無意識的なものに依存していることの根拠です。しかも、それは強迫ノイローゼの場合にも、ヒステリーの場合に劣らずはっきりした根拠なのです。

このように心的生活における無意識的なものを強調したことによって、精神分析に対する批判という悪霊どもを呼び起こす結果になってしまいました。こんなことを奇妙だと思わないでほしいのです。また私どもに対する反論が、無意識的なものが理解しにくいためにすぎないとか、無意識的なものを実証する経験が相対的に不足しているからだ、とか考えないでください。私は、こうした反論はもっと深いところから出ていると考えています。人類は時の流れのなかで、科学のために二度その素朴な自惚《うぬぼ》れに大きな侮辱を受けねばなりませんでした。最初は、宇宙の中心が地球ではなく、地球はほとんど想像することのできないほど大きな宇宙系のほんの一小部分にすぎないことを人類が知ったときです。すでにアレキサンドリア(8)の学問がこれと同じことを告げておりますが、それは、私どもにはコペルニクス(9)の名と結びついているものです。二度目は、生物学の研究が人類の自称する創造における特権を無に帰し、人類は動物界から進化したものであり、その動物的本性は消しがたいことを教えたときです。この価値の逆転は、現代においてダーウィンやウォレス(10)やその先人たちの影響のもとに、同時代の人々のきわめて激しい抵抗を受けながら成就されたものです。

ところが、人間の誇大癖は、三度目の、そしてもっとも手痛い侮辱を、今日の心理学的研究によってあたえられることになります。自我は自分自身の家の主人などではけっしてありえないし、自分の心情生活のなかで無意識に起こっていることについても、依然としてごく乏しい情報しかあたえられていない、ということを、この心理学的研究は証明してみせようとしているのです。人間の反省をうながすこの警告もまた、私ども精神分析家が最初に、しかも唯一の警告者として提起したものではありません。しかし、この警告をもっとも強力に主張し、一人一人の胸に身近にひびくような経験材料によって裏書きすることは、私どもにあたえられた使命であるように思われます。このためにこそ、私どもの学問に対して総反撃が起こり、いっさいのアカデミックな丁重さはかなぐり捨てられ、公平な論理からはまったくはずれた反対論が起こったのです。なおそのうえに、私どもはこの世界の平和を、さらに別の仕方で乱さなくてはならないようにもなったのですが、それについてはまもなくお話しすることになるでしょう。

（1）第十七講参照。
（2）外傷をきっかけとして発生するノイローゼ症状。多くは賠償の問題を根底にもっていて、その解決が症状解消の鍵とされている。フロイトははじめ貯留ヒステリーのなかに数えていた。

(3)心的エネルギーの消耗を押えるという考えを入れてみるときに、理解しやすくなるような見地。フロイトはその心理学の特色として経済的考察と局所的考察とをあげている。
(4)第十七講参照。
(5)第十七講参照。
(6)悪徳すら無知にもとづく、というのは、ソクラテスの根本思想の一つである。
(7)第十七講の二例の分析を参照。
(8)紀元前三三二年、アレキサンダー大王が建設した都市といわれている。古代エジプトの首都で、古代から中世にかけて東方文化の中心地であった。
(9)(一四七三〜一五四三)。ポーランドの天文学者。地動説を唱えて天動説に反対し、近世の科学的世界観を確立した。著書に『天体軌道の回転について』がある。
(10)(一八二三〜一九一三)。イギリスの博物学者・社会思想家。生物生態学および地理学に貢献し、動物分布上有名な「ウォレス線」をたてた。自然淘汰説を唱え、ダーウィンの論文とともにリンネ学会で発表された。

第十九講　抵抗と抑圧

みなさん！　ノイローゼについてさらに理解をすすめるために、私どもは新しい経験を積む必要がありますが、そのうちから二つだけをここでお話しいたしましょう。二つとも非常に注目に値する経験で、その当時はひどくびっくりさせられたものです。もちろん、みなさんは、昨年お話ししたことによって、この二つの経験に対する心の準備はできているはずです。

第一点。私どもが患者の病気を治して、その症状から患者を解きはなそうと企てますと、患者は激しくしかも執拗《しつよう》に抵抗し、それを治療の全期間中つづけるのです。これはひどく奇妙な事実ですので、おそらく信用などされないでしょう。ですから、患者の近親者には、そのことについてはなにも言わないのが一番よいのです。というのは、この人たちは、せいぜいそれを、私どもの治療が長びくことや、うまくいかないことを弁護する逃げことばとしか受け取らないからです。患者もまた、この抵抗を抵抗とは認識しないで、あらゆる抵抗現象をつくりだします。ですから、もし私どもが患者を納得させてそれが抵抗だということをわからせ、この見解を考慮に入れるようにさせることができたとするならば、もうそれだけで一つの大きな成功といえるのです。

まあ、考えてもみてください。症状にあれほど悩み、しかも近親者までもともに悩ませている患者、症状から解放されるためには時間と金銭と心労と自己克服というあれほど多くの犠牲に耐えようとしている患者が、治りたくないばかりに救い手に対して反抗するのです。こんなことは、なんともありそうもないことのように聞こえるではありませんか！しかし、事実はそのとおりなのです。もしだれかが本当らしくないと言って私どもを非難するなら、私どもは、ただこう答えてやればよいでしょう。「これに似たことはないわけではない。耐えがたい歯の痛みを訴えて歯科医を訪れながら、歯医者がむし歯に鉗子《かんし》を近づけようとすると、だれでもその腕にしがみついてしまうではないか」。患者の示す抵抗は非常にさまざまで、きわめて手がこんでおり、それが抵抗とは認識しにくいことがよくありますし、変幻自在に出現の形を変えます。医師にとっては、それを信用しないであくまで警戒をゆるめないことがたいせつです。

私どもは精神分析による治療にあたっても、夢の解釈以来、みなさんよくご存じの技法を応用するのです。私どもは患者に、深く考えずに静かな自己観察の状態に身を置くように指示し、その際におよそ内的な知覚にふれるかぎりのもの、すなわち感情、考え、回想をすべて浮かび上がってきたままの順で報告させます。その際に、私どもは患者に、たとえばそれを口に出すのはあまりに〈不愉快〉だとか、あるいはあまりに〈無分別〉だとか思われても、またはあまりに〈つまらない〉ことでここでは適切ではないことに思われようと、あるいは〈ばかげた〉ことでいまさら言う必要がないと思われようと、とにかく浮かんだ思いつきを取捨選択させようとしたがる、どのような動機にも屈してはならない、とはっきりと警告しておくのです。私どもは患者に、つねに意識の表面に浮かぶことだけにしたがい、自分の見いだしたことにはどんな種類の批判も加えないように厳命しておき、治療の成否、なかんずく治療に要する期間の長短は、患者がこの分析の技法上の基本原則を良心的にまもるかまもらないかにかかっているのだ、ということを申しわたしておきます。私どもは夢の解釈の技法に関して、いまあげたような懸念や異議が起こってくる思いつきこそ、きまって、無意識的なものを発見するきっかけとなる材料を含んでいる、ということを知っているからです。

この技法上の基本原則を確立することによって、さしあたり、この基本原則に抵抗が集中されます。患者は基本原則の規定からのがれようと努めるのです。患者は、あるときは、なにも思いつかない、と言い張ったり、またあるときは、あまりたくさんの思いつきが一度に浮かんできてどう言ってよいかまったくわからない、と主張したりします。その場合、私どもは、患者があるときはこれ、あるときはあれと批判的な反論に屈しているのに気づいて、腹だたしく、驚きを覚えるのです。そしてやがて、患者は自分の話を長時間中断することで、私どもにそうした意中をもらします。「実際は思いつきを口に出せないのです。

耻ずかしいのです」と告白いたします。そしてはじめの約束に反して、耻ずかしいという動機を承認するのです。自分以外の他人に関することなので、報告からはずした、と弁解することもあります。あるいは、自分のいま思いついたことは実際あまり重要ではなく、愚にもつかぬもので、あまりにもばかげているので、まさか先生だって、こんなことを立ち入って考えてみるようになどと言うはずはないでしょう、などとも言ったりします。こんなふうでつぎつぎと言を左右にして、際限がありませんが、これに対しては、すべてを語るということは文字どおりにすべてを語るという意味なのだ、とよく説明してあげなければなりません。

　私どもの手がけた患者で、治療の手が及ぶことを防ぐために、なにかある領域を自分だけしか知らないものとしてとっておこうと試みなかった者は、ほとんどありません。どうみても最高の知識階級に属する人と考えられるある患者は、何週間ものあいだ、恋愛関係を隠して秘密にしていました。それは神聖な原則を破ったことになるのですから、その釈明を求めますと、彼は、そんな恋愛ごとは自分の私事と信じていた、と弁解するのでした。もちろん分析療法は、このような庇護《ひご》権を認めません。たとえばウィーンのような都市で、ホーエ・マルクト（ウィーン中心部の広場）のような広場とか聖シュテファン教会（ウィーン市守護の大聖堂。後期ゴシック建築の代表作）とかに対して、ここでは人を逮捕してはならぬという例外を認めようとすれば、ある特定の犯人をつかまえるのには苦労するでしょう。犯人はこの庇護された場所以外のところに行くはずがありませんから。

私はかつて、客観的にみてその能力が高く尊重されていたある男に、このような例外権を認める決心をしたことがあります。と申しますのは、この人は特定の事柄については口外してはならないという服務上の宣誓をしていたからです。彼はもちろんこの効果に満足でしたが、私は満足しませんでした。私はこのような条件のもとでは、もう二度と分析はすまいと決心しました。

強迫ノイローゼの患者は、過度の良心と、疑惑をこの技法上の原則に向けることによって、この原則をたくみにほとんど役にたたぬものにしてしまいます。不安ヒステリーの患者は、ときには求められていることとは非常にかけ離れているために、分析にはなんの役にもたたないような思いつきだけをもちだして、この原則の不条理なことを論証しようとすることもあります。

しかし、私は、みなさんにこれら技法上の困難な点の処置を手ほどきするつもりではありませんでした。要するに、固い決意と堅忍とによって抵抗を打ち破り、技法上の基本原則に、ある程度服従させることは最後にはできるのです。そうすると、抵抗はあるほかの領域に移ることになります。それは知的な抵抗となって現われ、論証に戦いをいどみ、正常ではあるが精神分析のことを知らない人の思考が分析上の諸説について感じる困難な点や真実らしからぬ点をとらえてきます。その場合、私どもは一人一人の患者の口から、科学的文献のなかで私どもをとりまいて合唱のように鳴りさわぐ、あらゆる批判と抗議とを聞くことになります。ですから、外から私どもに投げかけられる批判には、一つとして目新しいものなどないのです。それこそ、まさしくコップのなかの嵐です。しかし、患者は話がわかるようにみえます。彼らはすすんで、私どもが彼らを教育し、啓蒙《けいもう》し、論破し、より多く教養を積むようになる文献を教える気になるようにしむけてきます。彼らは精神分析が自分を個人的に苦しめないという条件がいれられるならば、よろこんで精神分析の信奉者になるつもりでいるのです。しかし、私どもはこの知識欲をやはり抵抗と認め、私どもの特殊な課題からそれるものとみなして、これを拒絶します。

強迫ノイローゼの患者は、抵抗についてある特殊な術策を弄《ろう》することがあるのを予期していなければなりません。患者はしばしば分析をとどこおりなく進行させますので、分析によって病例の謎はますます明らかになってゆくのに、しかも結局は、この解明に応じて、実際上にはなんの改善、すなわち症状の軽快化も現われてこないのに驚くことがあります。その場合、抵抗は強迫ノイローゼの疑惑のなかにとじこもり、こういう姿勢をとって私どもに対して効果的な反抗をするのです。これによって患者は、およそつぎのようなことを言いたいわけです。「なるほど、それはみなほんとうにみごとで、おもしろい。私も、よろこんで、それをこれからもつづけていきたいと思う。もしそれが本当なら、私の病気も大いによくなるにちがいない。しかし、私はそれが本当だとはすこしも思っていないのだ。

それを私が真実だと思わないかぎり、それは私の病気とは、なんのかかわるところもないのだ」。そういうわけで、長い時日がかかったあげくに、こういうよそよそしい態度に接するのです。そこでいよいよ決戦が始まるのです。

知的な抵抗が、必ずしももっとも悪質の抵抗だというのではありません。私どもは、いつもそれを打ち負かしています。ところが、患者はまた、分析療法を受けつづけながら抵抗力をたてなおす術《すべ》も心得ているのです。そして、この抵抗を克服することは、もっともむずかしい技法上の課題の一つです。

患者は想起する代わりに、いわゆる「感情転移」(1)という手段によって、医師と治療とに対する抵抗に用いられるような態度や感情の動きを、実生活のなかからとりだして反復するのです。患者が男性の場合には、彼はこの材料を、通例は自分と父親との関係からとってきます。そして父親の位置に医師を立たせます。それによって彼は、人格および判断の独立を得ようとする努力、父親と張り合い、あるいは父親に打ち勝つことをその第一の目標とするような野心、それから感謝という重荷をこの生で二度もわが身に負わされる不満から、抵抗をつくりだすのです。そこで患者の意図は、あたかも医師を誤らせ、医師にその無力を痛感させ、医師に対する勝利を得ようとするところにあり、こうした患者の意図が、病気にけりをつけようという、よりよい意図にまったくとって代わっているかのような印象を、私どもはあちこちで受けるのです。

女性たちは、やさしいエロティックな調子の感情を医師に転移して、それを抵抗の目的のために実にたくみに利用する術を心得ています。医師に対するこのような心の傾きがある高さに達しますと、現実の治療状況に対するあらゆる関心や、治療を受けるときに約束をしたはずの義務はことごとく消えてしまいます。そして、いたわりながらであれ、やむをえず医師が申し出を拒絶すると、必ず嫉妬《しっと》を起こすか、大いに憤慨して、そのため医師との個人的な協和をだめにしてしまい、こうして分析のもっとも強い推進力をなくしてしまうのに役だつだけとなります。

この種の抵抗を一面的に非難してはなりません。これらの抵抗は、患者の過去の生活の非常にたいせつな材料をたくさん含んでおり、それをいかにも納得のゆくように再現しますので、技法に熟練していてこれを正しい方向に向けることを心得ていれば、それらは分析の最良の足がかりになるのです。ただし、この材料がさしあたりつねに抵抗の役にたっており、治療に対して敵意を向けていることは注目に値します。それは目ざす変化を防ぐために動員される自我の性格の諸特質、すなわち自我のもろもろの態度であるとも言うことができるのです。その際、これらの性格の諸特質がノイローゼの諸条件との連関のなかで、またノイローゼの諸要求に対する反応のなかで、どのように形成されたかを知り、ふだんはまったく現われないか、またはこれほどの規模では現われない、つまり言いかえれば潜在的と称しうるような、この性格の諸特質が認められるわけです。

みなさんはまた、私どもがこれらの抵抗の出現を、分析の影響力をおびやかす、あたかも予想外の危険とでもみているかのような印象を受けてはいけません。いや、私どもはこれらの抵抗が現われてくるにちがいないことを承知しているのです。もし私どもが抵抗を十分明瞭に起こさせることができず、患者に解明してやることができないときには、私どもはただただ不満を感じるぐらいです。それどころか、結局、これらの抵抗を克服することが分析の本質的な仕事であり、それだけが、私どもが患者に対して何事かをなしえた、ということを保証してくれる作業部分であることを、私どもは了解するのです。

なおこれに加えて、患者は治療中に起こるいっさいの偶発事、すなわち、注意をそらせるようなあらゆる外部の出来事や、分析に敵意をもっている患者の周囲の権威者たちのあらゆることばや、ある偶然の疾患や、あるいはノイローゼに併発する器質的疾患などを、治療を妨害するために利用しつくすということ、そればかりではなく、さらに患者自身の状態がよくなったことさえ、自分の努力を放棄する動機として利用するものであるということをつけ加えて考えられるならば、みなさんは抵抗の形式と手段とについて、まだ完全ではないにしても、おおよそのイメージを得られることになるでしょう。精神分析は、このような抵抗をいつも克服しようと努力しながらおこなわれているのです。私はこの点についても非常に詳細に論じましたが、それは、ノイローゼ患者が症状を取り除くことに対して示す抵抗について私どもの得た経験が、ノイローゼに関する私どものダイナミックな見解の基礎となったことをお伝えしなければならないからです。

ブロイアーと私自身とは、もともとは、催眠法を手段に使って精神療法をおこなっていたのです。ブロイアーの最初の婦人患者は、はじめから終わりまで催眠法をかけられた状態で治療されました。私も、まずはじめにその点でブロイアーにしたがいました。正直に言えば、当時、仕事は分析療法よりも楽に、しかももっと快適に、おまけにずっと短い期間でおこなわれたのです。しかし、その効果はあてにならず、しかも持続しませんでした。それで私はとうとう催眠法をやめてしまったのです。やめてから、これらの疾患のダイナミックスを洞察することは、催眠法を用いているかぎり不可能だったのだ、ということがわかりました。催眠状態は、ほかならぬこの抵抗の存在を医師が認知できないようにしているのでした。催眠状態は抵抗を押しのけて、精神分析の仕事ができるようにある領域をあけて、抵抗をこの領域の境界のところでくいとめますから、抵抗はこの境界をつきぬけてはいってくることができないのです。ちょうど強迫ノイローゼのときの疑惑がそうであるのと同じようにです。ですから、本来の精神分析は、催眠法の力をかりることを断念するとともに始まった、とも言ってよいと思います。

しかし、抵抗を確認することがこのように重要になっているとしたら、私どもはあまりにも手軽に抵抗を仮定していはしないか、と慎重に疑ってみる必要があるでしょう。おそらく実際に、他の理由から連想ができなくなるノイローゼの症例もあるでしょうし、また、おそらく私どもの諸前提に対する反証も、事実、内容的に評価をしてみる必要があるでしょう。私どもは被分析者の知的批判を抵抗として気軽にかたづけてしまっては、まちがいをおかすことになります。それはそうです。しかし、みなさん、私どもはそう軽率に、患者の知的批判を抵抗だとする判断にたどりついたのではありません。私どもは、かような批判的な患者の場合にはいつも、抵抗の現われてきたときと、消滅したあととに観察する機会をもつようにしたのです。抵抗の強さは治療の経過中にたえず変わります。新しいテーマに近づいてゆくといつも抵抗は高まり、そのテーマを処理している最中が一番強く、そのテーマが解決されるとまた抵抗も崩れるのです。ですから、技法上でとくにへたなことをしないかぎりは、私どもはけっして患者が力いっぱいに示してくる抵抗と関係するようになることはありません。それで、私どもは、同じ患者が分析の経過中に何回となく批判的な態度を投げ捨てるかと思えば、また拾い上げてくるものだ、ということを確信することができたのです。

私どもが無意識的な材料のうちから新しく、しかも患者にとってとくに苦痛なある部分を意識にのぼらせようとすると、患者ははなはだ批判的になります。患者はそれ以前には多くのことを了解し、受け入れていたのに、さてこういうときになると、それらの収穫はぬぐい去られたようになくなってしまうのです。患者はいかに高い犠牲をはらってでも反抗しようともがいて、激情にかられた精神薄弱者のような姿になってしまうことがあります。彼を助けてこの新しい抵抗をうまく克服させることができると、その人間はふたたびその洞察力と理解力とを回復してくるのです。つまり、彼の批判は、それ自身として尊敬すべき自主的な働きではなく、感情的態度の召使いであり、自分の抵抗によって指揮されるままになっているのです。なにか自分に都合が悪いことがあると、彼は非常に敏感にそれに対して自己防衛しますので、いかにも批判的であるようにみえることがよくあります。ところがこれに反して、もしあることが自分に都合がよいとなると、こんどは非常に軽々しく信じやすいところをみせるのです。おそらく私どもはだれしも、これと大同小異なのでしょう。被分析者の知性がこのようにはっきりと感情に左右されることを示すのは、私どもが彼を分析中にひどく窮地に追い込むからにほかなりません。

ところで、患者の症状を取り除いて心的過程が正常に経過するようにしてやろうとすることに対し、患者が非常に頑強に抵抗するというこの観察を、私どもはどう考えたらよいのでしょうか。私どもはここに、状態の変化に反抗する強い力を感知することができた、と感じています。それは、かつて強制的にこの状態をつくりだしたものと同じものにちがいありません。私どもがいま、症状を解消する際の経験から再構成できるあるものが、症状の形成の際にも起こっていたにちがいないのです。私どもはすでにブロイアーの観察から、症状が存在するのは、その前提として、なんらかのある心的過程が正常な仕方では完了させられなかったために、症状として意識にのぼってきたのだ、ということを知っています。症状はそこでとまってしまったあるものの代理なのです。こうなれば私どもは、推定された力の作用をどの場所に移しかえなければならないかを知ったわけなのです。

問題の心的過程が意識にまでのし上がってくることに対して、激しい反抗が起こったにちがいありません。そのために、その過程は無意識的なままにとどまったのです。それは無意識的なものだからこそ、症状を形成する力をもっているのです。同じような反抗が、分析による治療中には、無意識的なものを意識的なものに変えようとする努力に対しても、またまた反抗するのです。これを抵抗として、私どもは感得するのです。抵抗を通じて私どもに示される病因となる過程には、〈抑圧〉という名をあたえることにいたします。

さて私どもは、この抑圧の過程について、もっとはっきりした観念をもたなければなりません。それは症状形成の前提条件ではありますが、しかしまた、私どもがこれと似たものをほかには知らない、あるものでもあります。ある衝動、すなわち一つの行為に変わろうとする意向をもったある心的過程を手本にとってみますと、私どもはその衝動がしりぞけられることがあるのを知っており、それを私どもは拒否とか非難とか呼んでいます。その際、その衝動が自由に使用できるエネルギーは奪われ、その衝動は無力になってしまいますが、しかし記憶としてはそのまま存在しつづけることができるのです。この衝動をしりぞけるか否かの決定をくだす全過程は、自我の同意のもとにおこなわれるのです。ところがもし、この衝動が抑圧に屈伏してしまったのだ、などと想像するならば、それはまったく見当ちがいです。もしもそうだとすれば、衝動はそのエネルギーを保持していることになり、その衝動についての記憶などは残っていないことになるでしょう。また抑圧の過程は、自我に気づかれないところでおこなわれるということにもなります。したがって、こういう比較によっては、抑圧の本質は明らかにしえないのです。

抑圧という概念にもっとはっきりした表現をあたえるうえで、どのような理論的な観念だけが役だつものとわかったかを、ご説明してみたいと思います。そのためにはまずなによりも、「無意識的」ということばの純粋に記述的な意味から、このことばの体系的な意味へすすんでゆくことが必要です。それは、つまり、ある心的過程の意識性または無意識性とはその心的過程の一つの属性にすぎず、必ずしも一義的にとらえうる明確な属性ではないと断言することです。このようなある過程が無意識のままにとどまったという場合、意識からこのように遮断《しゃだん》されていたということは、その過程が甘受する運命の一表示にすぎないものであり、運命そのものではないのです。この運命を具体的にわかりやすく説明するために、私どもは、あらゆる心的過程は——あとで述べるような一つの例外があることは認めねばなりませんが——最初は無意識的段階あるいは位相にあり、この段階から、つぎにはじめて意識的な段階に移行するのだ、と仮定することにします。たとえば、写真の映像がはじめは陰画であり、ついで焼き付けられて陽画になるようなものです。だからといって、あらゆる陰画は必ず陽画にされなければならないという法はないように、無意識の心的過程は必ず意識的な過程に変ずる必要もないわけです。私どもとしては、一つ一つの心的過程は、はじめは無意識という心的組織体系に属しており、事情によっては意識という心的組織体系のなかへ移っていくこともある、という表現をするほうが都合がよいのです。

これらの体系についてきわめて大まかにでも考えておくことが、私どもにとっては、もっとも好都合です。つまりそれを空間的に考えておくのです。私どもは無意識の組織体系を一つの大きな控え室にたとえ、そのなかでたくさんの心的な動きが個々の人間のように忙しく動きまわっていると考えるのです。この控え室には、さらに第二の、それよりは狭い、サロンとでもいうべき部屋がつづいていて、そこには意識も腰をすえている、というわけです。ところが、二つの部屋の敷居のところには一つ一つの心的な動きを監査し、検閲する一人の番人がいて、自分の気に入らぬことをするものはサロンに入れません。みなさんもすぐおわかりのように、この番人がそれぞれの心の動きを敷居のところで早くも追い返すか、それともいったんサロンにはいったあとで追いだしをかけるか、ということは大した差異ではありません。それは番人の用心の程度の問題であり、早く気づいて識別するかどうかという問題であるにすぎないのです。

ところで、この比喩《ひゆ》をよく頭に入れておけば、私どもの術語をさらにつくりあげていくことができるようになります。無意識という控え室のなかにいる、いろいろの心の動きは、別の部屋にいる意識の目につくことはありません。これらの心の動きは、当分は無意識のままにとどまるほかはありません。たとえ、それらがすでに敷居ぎわにまで押しせまったところで番人に追い返されたような場合でも、意識されるだけの資格はないのです。私どもは、それを〈抑圧された〉と呼びます。しかし、番人がこの敷居をこえてはいることを許した心の動きであっても、必ずしも意識的になったということにはなりません。意識の目をうまく自分に向けさせることができた場合にだけ、それらは意識的なものになりうるのです。ですから、私どもがこの第二の部屋を〈前意識的〉体系と呼ぶことは当を得ていることになるでしょう。この場合、意識的になるということは、純粋に記述的な意味をもちつづけます。しかし、個々の心の動きにとっては、抑圧という運命は、番人にさえぎられて無意識体系から前意識体系にはいることを許されない、ということです。私どもが分析治療によって抑圧を解除しようと試みるときに、抵抗という形で知り合いになるのが、この番人なのです。

さて、私はもちろん、みなさんがこれらの考え方が空想的でもあり粗雑でもあって、科学的記述としてはとうてい許されないとおっしゃることはわかっております。それが粗雑であることは承知しているのです。いや、それどころか、私どもはこれが正しくないということも知っております。そして、もし私どもがひどくまちがっているのでないとすれば、私どもはこうした考え方に代わるもっとよいものもすでに用意しているのです。それでもなお、それをみなさんが空想的とみられるかどうかは私にはわかりません。さしあたり、それは電気回路のなかを泳ぐアンペールの小人の表象のような補助観念でありますが、観察したことを理解するのに役だつかぎりにおいては、軽蔑《けいべつ》すべきものではありません。二つの部屋と、その境の敷居のところにいる番人、そしてつぎの広間の末端のほうにいる見物人である意識、というこの大ざっぱな仮定によっても、とにかく実情に非常に接近できるにちがいないことを、私はみなさんに保証したいと思います。

また、〈無意識的〉〈前意識的〉〈意識的〉という私どもの名称は、〈下〉意識的、〈副〉意識的、〈内〉意識的などというような、これまでに提案されたり使用されたりしてきた別の名称よりも、はるかに人に偏見をいだかせることが少なく、はるかに是認しやすい、ということをみなさんにぜひ承認していただきたいのです。

ですから、もしみなさんが、ノイローゼの症状を説明するために、私がここで仮定したような心的装置のこのような構造は、一般にも広くあてはまるものであるから、正常な機能をも説明してくれるにちがいない、と言ってくださるならば、それは私にはいっそう意義深いものとなるでしょう。もちろん、みなさんのこのお考えはまちがってはおりません。私どもはいまこの推論をたどってみることができませんが、しかし、病的な事情を研究することによって、正常な心的現象という、よくよくおおい隠されているものを解き明かす見通しがもしつくとすれば、症状形成の心理学に対する私どもの関心は、異常に高められざるをえないでしょう。

それはともかくとして、みなさんには、無意識および前意識の二つの体系、両体系のあいだの関係、および意識に対する両体系の関係について私どもが主張したことがなにを基礎としているのか、おわかりにならないでしょうか。無意識と前意識とのあいだに立っている番人は、実に顕在夢が形成されるときにこうむった、あの〈検閲〉にほかならないのです。私どもが、夢の刺激者がそのなかにあると認めていた昼のなごりは前意識的材料でしたし、この前意識的材料が夜分になって睡眠状態に置かれたときに、抑圧されている無意識的な願望の活動に影響されて、それらの願望の活動と共同して、その活動がもっているエネルギーのおかげで、潜在夢を形成することができたのです。無意識の体系の支配下で、この材料にはある加工——凝縮と置きかえ——がなされました。正常な心的生活、言いかえれば前意識の体系では、そういう加工を知らないか、あるいは例外的にしか許しません。働き方のこの差異は、私どもにとっては両体系の特質を示すものとなったのでした。前意識に付随している意識との関係は、私どもにはただ二つの体系のどちらに所属しているかを示す徴表とみなされるだけのものでした。

夢はもはやけっして病的な現象ではありません。夢は、睡眠状態の条件しだいで、すべての健康人に現われるものです。心的装置の構造に関する右の仮定は、私どもに、夢の形成とノイローゼの症状の形成とを同時に理解できるようにしてくれますが、また正常な心情生活に対しても考慮されるべきものであるという、否《いな》みがたい要求をしてくるのです。一応これだけにして、こんどは抑圧についてお話ししましょう。しかし、抑圧は症状形成の前提条件であるにすぎません。私どもは、症状が抑圧によって阻止されたものの代理物であることを知っています。しかし、抑圧からこの代理形成の理解に達するまでには、なお長い道程があります。この問題の他の側面においては、抑圧の確認に関連してつぎのような疑問が起こります。すなわち、いかなる種類の心的欲求が抑圧に屈伏してしまうのか、いかなる力により、いかなる動機によって抑圧は完遂されるのか、という疑問です。これに対しては、従来はただ一つの回答しかあたえられてはいません。抵抗について検討を加えた際に、抵抗は自我の力から、すなわち私どもに周知の潜在的な性格の諸特性から出ていることをお話ししました。つまり、抑圧をつくりだしたのは、あるいはすくなくとも抑圧に関与したのは、これらの諸力なのです。それ以上のことは、私どもにはまだまったく知られておりません。

ここで、さらに私どもの助けになってくれるのは、私がお話しした第二の経験です。私どもは精神分析から、一般的にノイローゼの症状の意図をなすものをあげてみることができます。それも、みなさんにはすこしも新奇なことではないでしょう。私は、それについてはノイローゼの二症例(3)に関連して、すでにみなさんに示しました。しかし、そうはいっても二つの症例はなにを意味しているのでしょうか。みなさんは、それを二百回、いや数えきれないほど何回でも示せ、と要求する権利をおもちです。しかし、回答はただ一つ、私にはそんなことはできません、と言うだけです。そこで、その代わりにここでもまた、自分自身の経験、あるいはこの点ではすべての精神分析医が一致して語っている証言にもとづいて、信念をもたなければなりません。

みなさんは、私どもがその症状を立ち入って検討した先の二症例の場合には、精神分析が、私どもにこれらの患者たちの性生活という内奥《ないおう》のものを、うちあけてみせたことを覚えておられるでしょう。第一の症例では、私どもはこのほかに、検討された症状の意図またはは意向をとくにはっきりと認識したのでした。おそらく第二の症例では、これらの意図ないし意向は、のちに言及するはずのある契機によって、いくらかおおい隠されていたのです。

さて、私どもがこの二つの実例についてみたのと同一のものを、私どもが分析するかぎりは、他の症例のすべてが示すでしょう。分析をするたびに、そのつど、私どもは患者の性的な体験と願望とにたどりつくでしょうし、またいつも彼らの症状が同じ意図に奉仕していることを確認するにちがいありません。その意図というのが、性的願望の充足であることを私どもは知らされるのです。症状は患者の性的満足に奉仕しており、実生活においては彼らがこと欠いている性的満足の代理物なのです。

第一例の婦人患者の強迫行為を思い出してみてください。この婦人は熱愛している夫と離れており、夫の性的欠陥と虚弱とのために、夫と生活をともにすることができないでいたのです。彼女は夫に対して貞節でなければなりませんので、夫の代わりの男を求めることはできません。彼女の強迫症状は、彼女にその切望しているものをあたえているのです。彼女は夫の能力を高め、夫の虚弱さを、なによりも夫のインポテンツを否認し、修正しています。この症状は夢とまったく同じように、根底においては願望の充足であります。しかも、夢ではいつもそうとはかぎりませんが、彼女の症状の場合はエロティックな願望の充足なのです。

私どもの第二例の娘の患者の場合には、彼女の就眠儀礼が両親の性的な交わりをさまたげ、あるいはその交わりから新しく子どもが生まれてくるのを押しとどめようとするものであることは、みなさんもすくなくとも推定することができたでしょう。またおそらくは、それが根本において自分自身を母親の地位にすえようとする努力であることをも察知されたでしょう。つまり、これまた性的な満足に対する障害の除去であり、自分自身の性的願望の充足なのです。ここに示唆《しさ》されている問題の複雑さについては、まもなく言及することになるでしょう。

みなさん！　私はこれらの主張の普遍性に関して、あとになって割引しなければならなくなるようなことは、前もって防いでおきたいと思いますので、みなさんに以下の点にご注意をお願いしておきます。それは、私がここで、抑圧や症状の形成や症状の解釈に関して言っていることは、すべて不安ヒステリー、転換ヒステリー、[4]および強迫ノイローゼという三つの型のノイローゼに即して得られたものであり、さしあたりは、これら三つの型のものだけに当てはまるものだということです。私どもが〈感情転移ノイローゼ〉[5]として、一つのグループにまとめるのが習慣になっているこの三つの疾患は、精神分析による療法が活動できる領域をも限定しています。

このほかのいろいろのノイローゼは、精神分析によっては、これほどまでに十分に研究されていないのです。あるグループのノイローゼでは、治療の効果があがらないことが、精神分析が重んぜられなかった理由でした。また、精神分析がまだ非常に若い学問であり、準備のために多くの労力と時間を必要とすること、およびこのあいだまでは、まだ精神分析がたった一人の人間の観察にかかっていたことを忘れないでください。それにもかかわらず、私どもはいたるところで、感情転移ノイローゼ以外のノイローゼ疾患をも徹底的に理解しようとしているのです。

私どもの仮定とその結果とがこの新しい材料に適用されてみて、どれほどまでに拡大されたかを、いずれ見ていただくことができると信じていますし、このように研究を続行した結果は矛盾をきたすようなこともなく、いちだんと高次の統一をつくりだす結果になったことを示したいと思っています。ですから、いまは、ここで言われたことがすべて三つの感情転移ノイローゼにだけ当てはまるとしても、さしあたり、一つの新しい報告をさせていただき、症状の重要性を高めさせてほしいのです。罹患《りかん》の諸誘因を比較しながら検討してみますと、つぎのような公式にまとめることができる一つの結論が出てきます。すなわち、これらの人々は、現実が彼らにその性的願望の満足を許さない場合に、なんらかの仕方での〈挫折《ざせつ》体験〉のために病気になるということです。いかにみごとにこの両方の結果が一致するかは、みなさんのお認めになるとおりです。症状は、このときこそ、実生活では得られないものに対する代償的な満足と解することができるのです。

もちろん、ノイローゼの症状は性の代償的な満足であるという命題には、なおあらゆる異論が可能です。そのうちの二つを、本日は、もうすこし論究しておきたいと思います。みなさんがご自身で多数のノイローゼ患者を精神分析によって診断してごらんになれば、おそらく頭を横にふりながら私にこう報告されるでしょう。すなわち、「一連の症例ではこの命題はまったく当てはまらない、それらの症例では、症状にはむしろ、まったく逆に性的満足を排除する、あるいは放棄するという意図が含まれているようにみえる」。私も、みなさんの解釈の正しさに異論をさしはさむことはしないでしょう。精神分析の事態は、私どもの望むよりはすこしく複雑であるのが常であります。もし事態が非常に単純なものならば、それを明るみに出すのにも、おそらく精神分析を必要とはしなかったでしょう。

実際、私どもの第二の症例の娘の患者における就眠儀礼の二、三の特質にも、すでに性的な満足に対して敵意をもっているような、この禁欲的性格が認められます。たとえば、時計をかたづけることは、夜間のクリトリスの勃起をさけるという魔術的な意味をもっています。あるいは容器が倒れてこわれないように用心するのは、処女性をまもるということと同じだというわけです。私が分析することができたベッドでの儀礼をもった他のいろいろの例の場合には、この消極的な性格はそれよりもはるかに顕著でした。その儀礼は、はじめから終わりまで、性的な記憶や誘惑から身をまもるための防衛策から成り立っていました。しかし、私どもはすでに幾度も、精神分析では反対は矛盾を意味していない、ということを経験してきています。私どもはこの主張を拡大して、症状は性的満足を意図するか、あるいは性的満足の防衛を意図しているかのいずれかである、と言えるのです。しかも、だいたいにおいて、ヒステリーの場合にはポジティブな願望充足という性格が、また強迫ノイローゼの場合にはネガティブな禁欲的な性格が優勢である、と言うことができるでしょう。

症状は性的満足にもその反対の目的にも奉仕しうるとすれば、この両面性または両極性は、症状のメカニズムのなかで私どもがまだ論及できなかったある部分に、一つのりっぱな論拠をあたえることになります。つまり症状は、私どもがのちにお話しするように、相反する二つの志向の干渉から生じた妥協の成果であり、この妥協の成立に協力した抑圧者と被抑圧者との両者を同時に代表しているものなのです。その場合、それはどちらか一方の側をより多く代表することになり、一方の影響がまったく脱落するということはごくまれなことです。ヒステリーの場合には、たいてい二つの意図が同一の症状のなかでぶつかっています。強迫ノイローゼの場合には、二つが離れ離れになっていることがしばしばあります。このときには、症状は時間的に二つに分かれ、たがいに相殺《そうさい》しあい、相前後して現われる二つの動作から成り立ちます。

第二の疑点は、これほど手軽にはかたづけられないでしょう。みなさんがかなり多くの症状解釈を概観されるなら、さしあたりみなさんはきっと、性の代償的満足という概念が、この場合にはその極限まで拡大されている、と判断されるでありましょう。みなさんは、これらの症状はなんの現実的な満足もあたえてくれないこと、すなわち、この症状はしばしば、ある性的コンプレクスによってある官能を活発化させたり、またある想像を描いてみたりするにすぎない、ということを強調なさるにちがいありません。さらにまた、その性的満足も、子どもっぽくて、とくに性的満足というだけの価値もない性質をみせていて、まあオナニー行為に類しているか、あるいは私どもがすでに子どもたちにさえ禁じて、その習慣をやめさせるあの汚《けが》らわしい悪習を思い起こさせるということも、みなさんはきっと強調されるでしょう。そのうえ、みなさんはさらに、残忍だとか身の毛もよだつことだとか、あるいは不自然とでも名づけたいような欲情の満足として記述されなければならぬようなことを、性的満足だと言いふらそうとすることに、奇異の念を示されるでしょう。

みなさん！　この最後の点に関しましては、私どもが人間の性生活に根本的な検討を加えて、なにが性的と呼ばれるにふさわしいかを確認するまでは、意見の一致をみることはできないだろうと思います。

(1) 親への感情がなんらかの類似点をもつ人へ置きかえられるように、人から人への感情の置きかえの場合を「感情転移」という。それに対して、特定の対象に向けられる感情が他の対象に置きかえられる現象を「置きかえ」という。愛人への感情がその持ち物に置きかえられ、貴重化されるように。

(2) (一七七五〜一八三六)。フランスの物理学者。彼は、小人が電気回路を泳いで通るものとして電流を想定し、電流と磁場との関係について「アンペールの法則」をたてた。いまでは、小人の代わりにねじの進み方で表わすことが多い。

(3) 第十七講参照。

(4) 心的な葛藤が、身体的な症状、たとえば運動麻痺や知覚障害などとして表現される転換症状を示すノイローゼ。

(5) 医師と患者のあいだに感情転移が起こりうるノイローゼ。転換ヒステリー、強迫ノイローゼ、フォビアなどがおもなもの。

第二十講　人間の性生活

みなさん！「性的なもの」とはどういうものだと理解したらよいのかということは、いまさら疑問の余地はないと考えられるかもしれません。まずなによりも、性的なものとは猥褻《わいせつ》なもの、口にすることをはばかるものです。こんな話をききました。かつてある有名な精神科医の門下生たちが、ヒステリーの症状は性的な事柄をあらわしていることが非常にしばしばあるということを、先生に説得しようと努力したことがあったそうです。そういう目的で、彼らは先生を一人の女のヒステリー患者のベッドのところに連れてゆきました。この患者の発作は、まごう余地のない分娩《ぶんべん》の過程のまねごとでした。ところが、この先生は、「なるほど、だが分娩はなにも性的なことではないよ」とはねつけてしまったというのです。たしかにそうです。分娩はどんなにしてみたところで猥褻なことではありえません。

このような厳粛な事柄に関して、私が冗談を言うとはなんとしたことだ、とみなさんがお怒りになるのもわかります。しかし、それにしても冗談ばっかりではないのです。まじめに考えてみて、「性的」という概念の内容をなしているものはなにか、ということはたやすくは言えません。両性の差異に関連をもつすべてのものというのが、おそらくはそれにあたる唯一のものだと言うことができましょうが、みなさんはそれでは味気がないし、あまりにも包括的すぎる話だと思われることでしょう。みなさんが性行為という事実を中心において考えれば、おそらく快感を得ることを意図して、異性の肉体に、とくに性器領域に関心をよせるいっさいのこと、究極の意味においては性器を結合させて性交の遂行を目ざすいっさいのことが、すなわち性的なものである、とみなさんは言われるでしょう。しかし、その場合にみなさんは、性的なもの、すなわち猥褻なものだとする方程式からそう離れてはおりませんし、分娩は実際、性的なものには属さないことになります。ところで、みなさんが生殖機能を性の中核として考えられるなら、生殖は目的としていないが、しかしたしかに性的であるにちがいない多数のもの、すなわちオナニーや接吻《せっぷん》さえも性的なものから除外してしまう危険をおかすことになります。しかし、定義をしようと試みればいつでも困難におちいることは、私どもがはじめから予期していたことです。ひとつこの性の場合だけは、もっとうまい定義をしてみよう、などという考えは放棄しましょう。私どもは、「性的」という概念が発達するあいだに、ジルベラーのうまい表現にしたがえば、「境界線のひき方のずれ」という結果を生ずるようなことが起こったような気がいたします。私どもとて、だいたいの線では人間が性的と呼んでいるところのものについて、見当がついていないわけではないのですから。

両性の対比、快感の感受、生殖の機能、および猥褻で隠しておくべきもの、という性格を考慮に入れて構成されるあるものが性的なものだということで、日常実生活の必要は十分満たされるでありましょう。しかし、学問上ではそれだけではたりません。というのは、私どもは、もっぱら献身的な自己克服によってはじめてできたと言える綿密な研究の結果、ある一群の人々が普通の平均的な姿とはちがって、はなはだしく奇異な「性生活」をもっていることを知ったからです。これらの「性的倒錯者」のある者は、いわば性別をそのプログラムからはずしてしまっています。ただ自分と同性の者だけが彼らの性的願望をかきたてるのです。異性、とくに異性の性器部は彼らにとってはけっして性的対象とはならず、極端な場合には嫌悪《けんお》の対象とさえなっています。ですから、彼らは当然生殖に関与することをすべて放棄したと言わなければなりません。私どもは、この種の人々を同性愛者または性対象倒錯者と呼んでいます。彼らは、この一つの運命的な異常性を別とすれば、その他の点では――必ずしもいつでもそうだというわけではありませんが――まず非の打ちどころのない教養があり、道徳的にもすぐれた男女なのです。彼らは学問上の代弁者の口をかりて、自分らは人類の特殊な変種であり、他の男女両性と同じ権利をもつ「第三の性」である、などと自称しています。私どもは、たぶん、あとで彼らの主張を批判的に吟味してみるおりがあるでしょう。もちろん彼らは、みずから好んで主張するように、人類の「選ばれたもの」などではなく、性的な面における別種の人たちとすくなくとも同じぐらいには、劣等で無能な人々をも含んでおります。

　これらの倒錯者は、すくなくともその性的対象に対して、正常者が正常の性的対象に対しておこなうのとほとんど同じことをしようとします。ところで、これらの倒錯者からこれにひきつづく異常者の長い系列をたどってみると、その人々の性的活動は、理性的な人間に望ましいと思われるものからはだんだん遠くなってゆくようになります。彼らの多様性と風変わりな点は、ブリューゲル（一五六四ころ〜一六三八ころ。フランドルの画家）が『聖アントニウスの誘惑』[1]という題で描いたグロテスクな怪物や、フロベール（一八二一〜八〇。フランスの作家。『聖アントニウスの誘惑』は一八七四年の作）が描写するところの、あの敬虔《けいけん》な贖罪者《しょくざいしゃ》（聖アントニウスのこと）のそばを長い行列をつくって通りすぎる失《しっ》踪《そう》した神々と信者たちにくらべることしかできないでしょう。彼らがひしめいていることによって私どもの頭脳が混乱させられないようにするには、これになにか秩序づけしてみる必要があります。私どもは彼らを、同性愛者の場合のように性の対象が変わっている者と、その他の者とに区別します。後者には、なによりもまず性の目標が変わっている者があげられます。

　第一のグループには、男女両性の性器を合体させることを断念し、相手の性器の代わりに身体の他の部分または身体領域を用いて性行為をおこなう人々が属します。この場合、彼らは代理の器官が性器としては不十分なことは気にならず、また嫌悪感にさまたげられるということもまったくありません［膣《ちつ》の代わりに口や肛門《こうもん》を利用するのです］。

つぎにつづく第二のグループの者は、たしかにまだ性器に執着してはいますが、しかしそれは性器の性的機能のためではなく、他の機能、すなわち解剖学的根拠があるためとか、たまたまその位置が隣接しているという誘因がその一部をなしている機能のためなのです。これらの人々では、子どもを教育するときには行儀が悪いことだとしてかたづけられていた排泄《はいせつ》機能が、完全に性的関心を強くひきつけうるものであることが認められます。

つぎにくるのは、性器を（快感を得る）対象としてまったく放棄してしまっている人々ですが、彼らは性器の代わりにどこか別の身体部分、すなわち女の乳房や足やお下げの髪を欲求の対象の位置にまで高めています。さらにまたある者には、身体の他の部分ももはやなんの意味もなく、靴や肌着のような着衣類がすべての願望を満足させるのです。すなわちフェティシズム(2)の人々です。つづいて、たしかに対象全体を求めはするが、その対象に対して奇異な、あるいはぞっとするような、まったく特殊な要求をする人々、また防御力のない死体を対象とせずにいられない人々や、対象を享楽できるためには犯罪的暴力をさえ加えかねない人々もあります。こんな醜怪なことはもうたくさんでしょう。

他の一群の先頭に立っているのは、正常な性行為の仕方としては導入的で準備的な行為にすぎないことを、性的な願望の目標としている倒錯者です。つまり彼らは異性をつくづくとながめたり、その人に触れたり、あるいは異性の他人には見せない行為をのぞき見ることを渇望したりする人々です。また、自分の身体の隠しておくべき部分を露出して、相手の異性も同じように見せてくれるであろう、と漠然と期待する人々です。

これにつづいて、不可解なサディストたち(3)がいます。この種の人の愛欲には、自分がその対象に苦痛と苦悩とをあたえるということ以外の目的はなく、それにも、ほのめかす程度に屈辱をあたえることから、肉体をひどく傷つけることまでいろいろあります。これを埋め合わせるかのように、その逆をゆくものにマゾヒスト(4)があり、彼らの唯一の快感は、愛する対象からあらゆる屈辱と苦悩とを象徴的および現実的形式で受け、それを耐え忍ぶことにあります。なおまた、このような異常な条件のいくつかが一つになり、からみ合っている者もいます。

そして最後に、これらのグループにはそれぞれ二通りあって、その性的満足を現実のなかで求める者と、このような性的満足をたんに頭のなかで想像するだけで満足して、けっして現実の対象を必要とはせず、空想によってそれを代理することができる者があることがわかってきます。

このような愚劣な、奇怪な、身の毛のよだつようなことが、実際これらの人々の性的活動にほかならないことは、いささかも疑問の余地はありません。彼ら自身がそれをそのように解して代償関係を感知しているにとどまらず、私どもとしてもまた、この種の行動は、正常な性的満足が私どもの生活のなかで演じているのと同じ役割を、彼らの生活のなかで演じていること、そのために彼らは正常者の場合と同一の犠牲、いやしばしば過大な犠牲をはらっていることを認めなければなりません。これらの異常な性行為のどこが正常なるものに依存し、どこが正常なるものから離れているのかは、おおよそのところも、また細部にわたっても追究してみることができます。また、性的活動につきまとう猥褻性という性格がここでもふたたび発見されることを、みなさんは見のがされないでしょう。この猥褻性という性格は、多くの場合、破廉恥《はれんち》にまで高められております。

さて、みなさん、この異常な種類の性的満足に対して、私どもはどんな態度をとるでしょうか。私どもが憤激して、個人的な嫌悪感を表明し、こんな病的な性欲など自分はあずかり知らぬ、などとがんばってみたところで、なんの役にもたたないことは明らかです。私どもはそんなことを問題としているのではありません。結局のところ、これも他の現象領域と同じく一つの現象領域なのです。それは珍奇なものにすぎぬ、というような拒否的な逃げ口上は、それ自身容易に拒否されてしまうでしょう。むしろ反対に、これは実際よくみられることであり、広くゆきわたっている現象なのです。それでも私どもに向かって、それらはことごとく性本能の混乱であり逸脱行為なのだから、そんなものによって性生活に関する私どもの見解を混乱させる必要はない、と言う人があるとすれば、真剣にお答えしておくことが必要でしょう。私どもが、もしも性愛のこれらの病的形態を理解せず、それを正常な性生活と関連させてみることができないならば、私どもは同じように正常な性愛をも理解していないことになるのです。要するに、前述のような性的倒錯の可能性と、いわゆる正常な性愛に対する性的倒錯の関連とに、十分に理論的な説明をあたえることは、拒みえない課題なのです。

このためには、一つの洞察と二つの新しい経験とが私どもを助けてくれるでありましょう。この洞察は私どもがイヴァン・ブロッホ(5)に負うているものです。それは、性的目標のこのような逸脱や、性的対象との関係のこのような弛《ゆる》みは、昔から、私どもの知っているすべての時代にみられ、きわめて原始的な民族のあいだにも、もっとも文明のすすんだ民族のあいだにも同じように現われていたものであり、ときとしては一般に容認されて広くおこなわれていた、ということを立証することによって、これらのすべての倒錯を「変質徴候」と解する見解を修正するものなのです。二つの経験と申しますのは、ノイローゼ患者を精神分析によって診断した際になされたものであります。それが性的倒錯に関する私どもの見解にあたえる影響は決定的なものたらざるをえません。

私どもは、ノイローゼの症状は代償による性の満足である、と申しました。そして、症状の分析によってこの命題を確証するには少なからぬ困難があるであろう、とみなさんにほのめかしておきました。すなわちこの命題は、私どもが「性的満足」ということのなかにいわゆる倒錯的な性的欲求の満足をも同時に含めるときに、はじめて正当化されるのです。というのは、驚くほど頻繁《ひんぱん》に私どもは症状をこのように解釈せざるをえないからです。同性愛者もしくは性的対象倒錯者が自分を例外視しようとする要求は、どのようなノイローゼ患者にも同性愛的な衝動を指摘できることと、多数の症状がこの潜在性の性対象倒錯をあらわしていることを知れば、たちまちくずれ去ってしまいます。自分自身を同性愛者だと呼ぶ人々は、まさにただ意識的な顕在性の性対象倒錯者たるにすぎず、その数も潜在性同性愛者にくらべればほとんどとるにたらないものなのです。ところが私どもは、同性から対象を選び出すことをむしろ恋愛生活に通例の一分枝とみなさざるをえないので、ますますそれにとくに高い意義を認めるようになってくるのです。たしかに、顕在性同性愛と正常者の行動とのあいだの区別がそれによってなくなるわけではありません。また、この区別の実際的意義にも変わりはないのです。けれども、その理論的価値はいちじるしく減少してしまいます。私どもが、もはや感情転移ノイローゼのなかに数えることができないある特定の疾患、すなわちパラノイア[6]については、私どもはさらに、それは強すぎる同性愛的な衝動を防ごうとする試みから発している、と仮定さえしているのです。おそらくみなさんは、私どもの取り扱った婦人患者の一人〔第十七講参照〕が、その強迫行為に際して男性の役柄、すなわち自分が捨ててきた夫の役柄を演じていたことをまだ覚えておられるでしょう。このように男の役を演じる症状がつくりだされるのは、ノイローゼの婦人たちのあいだではごく普通のことです。これはそれ自身としては同性愛に加えることはできませんが、同性愛の諸前提とは非常に関係があるのです。

みなさんもおそらく知っておられると思いますが、ヒステリー性のノイローゼでは、その症状をすべての器官系統に現わすことができ、それによってあらゆる機能に障害をきたすことがあります。精神分析の教えるところでは、その際には性器を他の器官で代理しようとする、倒錯的と呼ばれるあらゆる衝動が発現いたします。それらの器官は、その場合、性器の代理のような働きをするのです。私どもはまさしくこのヒステリーの症状研究を通じて、身体器官にはその本来の役割としての機能のほかに、性的——催情的——な意義が認められるものであり、それらの器官に催情的な器官としての意義をあまりに強く要求しすぎると、本来の機能的な課題の遂行がさまたげられるのだ、という見解に達したのです。ヒステリーの症状として、私どもは、見たところは性愛にはなんの関係もないような、いろいろな器官での無数の感覚および神経支配に出会いますが、それらはその本性が倒錯的な性衝動の満足であることを私どもに示してくれるのです。この場合には、他の器官が性器の意義を奪いとってしまっているわけです。また、私どもはその場合に、ほかならぬ栄養摂取や排泄の器官がしばしば性的興奮をになうものになりうることをも知るのです。こうしてみると、それは性的倒錯が私どもに示したものと同じであって、ただ性的倒錯の場合には難なく明白に見通せるのですが、ヒステリーの場合にはまず症状解釈というまわり道をしなければならず、つぎに当の倒錯的な性衝動をその個々人の意識に帰することをせず、無意識に移してみなければならないというだけの話です。

強迫ノイローゼの場合に現われる多くの症状像のうちでもっとも重大なものは、非常に強烈なサディズム的性衝動、つまりその目標が倒錯している性衝動にかりたてられてひき起こされたものであることがわかります。しかもそれらの症状は、強迫ノイローゼの構造に対応することなのですが、主としてこれらの願望の防衛の役をしているか、あるいは満足と防衛とのあいだの闘争を表現しているのです。しかしまた、満足そのものは、その際でも、けっして不十分なわけではありません。それはまわり道をして患者の挙動のなかで実現され、好んで当の患者自身にさからい、患者を自己呵責者《かしやく》にするのです。ノイローゼの他の形式のもの、すなわち穿鑿型《せんさく》は、普通なら準備的なものとして正常な性的満足へ向かう道程におさまるはずの諸動作、すなわち見たがったり、触れたがったりすることや、探索することなどの動作の過度の性欲化に対応するものであります。接触恐怖と洗滌強迫《せんじよう》(7)との大きい意義は、これによって明らかにされます。強迫行為のうちでも予想外に大きい領域が、仮面をかぶったオナニーの反復や変形にほかならないのです。オナニーは周知のように千篇一律の行為ではありますが、種々さまざまの形式の性的空想をともなっているのです。

みなさんに、性の倒錯とノイローゼとの関係がさらに密接なものであることを明らかにしておみせすることは、私にとってさほど骨の折れることではありませんが、私どもの意図にとっては、いままで述べたところだけで十分だろうと思います。しかし、私どもは、症状の意味に関するこの説明を聞いて、人間の倒錯的傾向が頻繁にみられることや、それが強いものであることを、過大に評価しないように用心しなければなりません。みなさんが聞かれたとおり、私どもは正常な性的満足が拒まれると、ノイローゼになりかねないのです。ところで、これが現実に拒まれると、欲求は性欲を興奮させるための異常な手段に身をゆだねることになります。それがどうして起こるかは、のちに洞察される機会があると思います。いずれにせよ、みなさんは、このような「側枝性」の逆流停滞[8]のために、倒錯的な欲動が、正常な性的満足に対抗する現実的な障害がすこしもなかった場合に起こるであろうよりも、強く現われるに相違ないということは了解されるでしょう。さらに、これに類似した影響は、顕在性の倒錯にも認められます。顕在性の倒錯は、性本能の正常な満足にとって、一時的な事情とか永続的な社会的制度のためにあまりにも大きい困難が生じてくるときに、誘発されたり活発にされたりすることがよくあります。その他の場合には、倒錯の傾向はもちろんこのような後楯《うしろだて》になる条件とはすこしも関係なく起こることもあります。それは、いわば、その個人にとっては正常な性生活なのです。

おそらくみなさんは、目下のところ、あたかも私どもが正常な性愛と倒錯した性愛との関係を明らかにしたというよりは、むしろ混乱させたのではないかという印象をもっておられるかもしれません。しかし、みなさんには、つぎのようなことをじっくり考えていただきたいのです。それは、正常な性的満足が現実に困難になったり、不可能になったりすることが、ふだんはそのような傾向のなかった人に倒錯的な傾向をひき起こす、ということが正しいとするならば、倒錯を歓迎するなにものかがこれらの人々のなかにあることが容認されなければならない、いや、そのなにものかは潜在的な形で存在しているにちがいない、ということです。

ところで、こうして私どもは、みなさんにすでにお話しした第二の新しい事実に到達します。すなわち、精神分析の研究は、どうしても小児の性生活を顧慮しなければならなくなったのです。しかもそれは、症状を分析していますと、そのときの回想や思いつきが、いつもきまって小児時代のごく初期にまでさかのぼった、という事実によってです。あの場合に私どもが推論したことは、子どもについての直接の観察によって一つ一つ確証されました。そこでつぎにわかったことは、あらゆる倒錯の傾向は小児時代に根をおろしているということ、小児は倒錯的傾向になるあらゆる素質をもっており、彼らの未成熟であるのに応じた範囲内で、その素質を行為にあらわすことなどです。簡単に言いますと、倒錯的性愛は個々の欲動に分解された幼児性欲が拡大されたものにほかならない、ということがわかったのです。

いまやみなさんも、性的倒錯をきっとこれまでとはちがった目でながめ、人間の性生活との関連をもはや見誤ることはないと思います。しかし、その代価として非常な驚きと、感情のうえでひどく苦痛な違和感とを味わわなければならないことでしょう。みなさんはきっと、小児が性生活と呼んでよいものを有しているという事実、私どもの観察の正当性、のちに性的倒錯という宣告をくだされるものとの親近性を小児の挙動のなかに見いだすという主張、そういういっさいにまず第一に異議を唱えたいという気持になっておられることと思います。

そこでみなさんに、私がまず最初に、みなさんの抗議の動機を明らかにし、ついで私どもの観察結果の概略についてお話しすることをお許しください。子どもは性生活――性的な興奮、性的欲求および一種の性的な満足感――をもっておらず、それらは十二歳と十四歳とのあいだごろに突如としてめざめてくるのだ、という説――あらゆる観察は措《お》くとしても――は、子どもは性器をもたずに生まれてくる、性器は思春期になってはじめて生ずるのだという説と同様に、生物学的にまったくありえない、いや、愚にもつかぬものだと言ってよいのです。この時期に子どもにめざめるのは生殖機能です。生殖機能は、すでに存在している身体的ならびに精神的材料を自分の目的のために利用します。みなさんは性愛と生殖とをとりちがえるという誤りをおかし、性愛、性的倒錯およびノイローゼを理解する道を、みずからさえぎっておられるのです。この誤りは、しかし、偏向性をもったものです。注目すべきことですが、その根源は、みなさん自身がかつては小児であり、小児として教育の感化を強く受けたということにあります。すなわち社会は、性の欲動が生殖の激しい衝動として突如として現われてくると、それを束縛し、制約し、社会の命令と同一のものである個人の意志に服従させることを、自己のもっとも重大な教育上の任務としてとりあげざるをえないのです。ですから、社会は、小児が知的に成熟してある段階に達するまで、性の欲動の十分な発達をひきのばしておくことに関心をもちます。というのは、性の欲動が完全に発現してしまえば、教育の可能性もまた実際的には終わりを告げるからです。もしそうしなければ、この欲動はあらゆる堤防を決壊させ、辛苦してうちたてられた文化を押し流してしまうでしょう。欲動に束縛を加えるという課題は、けっしてたやすいものではありません。あるときは束縛しようとして大失敗したり、またあるときは束縛に成功しすぎたりします。人間社会を動かす動機は、究極的には経済的なものです。社会はその成員を働かせずに維持してゆくのに十分な食物をもちませんので、その成員の数を制限し、そのエネルギーを性的な活動から労働へとふりかえなければなりません。太古から現代までつづく永遠の生活難があるゆえんです。

おそらく教育の立場にある人たちは、経験によって、新しい世代の性的意志を御《ぎょ》しやすいようにするという課題は、非常に幼い時期に感化を与えはじめ、思春期の嵐《あらし》を待つことをせず、その準備段階たる小児期の性生活に早手まわしに干渉してゆく場合にのみ解決しうるものだ、ということを知ったに相違ありません。こういう意図から、ほとんどすべての小児の性活動は禁じられ、嫌《いと》うようにさせられているのです。子どもの生活を性のないものにつくりあげるという理想の目標がたてられ、時がたつにつれて、ついに子どもの生活はほんとうに性のないものだと思いこむようになり、学問までがそれを学説として広く告げるようになったのです。自分の信念や意図と矛盾するはめにおちいらぬように、人は子どもの性活動――これはけっしてとるにたらぬほどのものではありません――を見のがしたり、学問の上ではそれにちがった解釈をあたえて満足したりしているのです。子どもは純粋なもの、無邪気なものとされ、そうでないようなことを記述する者は、人類の優雅で神聖な感情を害する、下劣で不埒《ふらち》な者として、弾劾されることにもなるのです。

ところで、子どもたちだけはこのような便宜主義にはかまうことなく、ありのままにその動物的権利を主張し、自分たちがこれからはじめて純潔への道を進んでゆかなければならない者であることを、くりかえして証明しているのです。小児の性欲を否定している人たちが、だからといってけっして教育の手をゆるめず、自分が否定している当のものが発現するのを「子どもの不行儀」という名のもとにきわめてきびしく追及しているのは、おかしなことです。理論的には興味深いことですが、性欲のない小児期という先入見にもっとも激しい矛盾を示す時期、すなわち五、六歳までの幼児期は、たいがいの人の場合、健忘というヴェールでおおわれてしまっていて、分析的研究によってようやくこのヴェールが徹底的に剝《は》ぎ取られるのです。しかしすでに前にみたように、若干の夢はこのヴェールをも通過して形成されたのです。

さて、子どもの性生活のうちで、もっとも明瞭に認められるものをあげてみたいと思います。そこで、便宜上、〈リビド〉という概念を紹介させていただきます。リビドとは

〈飢え〉とまったく似たもので、本能を発現させる力に対して名づけたものです。飢えの場合には摂食本能ですが、リビドの場合には性の欲動です。性的興奮とその満足というような他の概念については、べつに説明も要しません。乳児の性活動には、解釈をしなければわからないことがいちばん多いことは、みなさんも容易におわかりのことでしょうし、あるいはたぶんこの点を異論を立てるための手がかりに利用されることでしょう。これらの解釈は、症状の根源を追究してゆく分析的検討にもとづいてなされるものです。

乳児の場合には、性の最初の欲動は、生存にとって重要な他の機能に依存して現われます。乳児の主要な関心は、ご存じのように、栄養の摂取に向けられています。乳児が乳に満足して眠るとき、まことに幸福そうな満ちたりた表情を示していますが、その表情こそは、のちになって性のオルガズムの絶頂のときにくりかえされる表情にほかならないのです。このことだけを土台としてある推論を組み立てることは、あまりにも根拠が不十分でしょう。しかし、私どもは、乳児がとくに新たに栄養をとる必要もないのに、栄養をとるときの動作を反復しようとするのを観察します。つまり、この場合の乳児は飢餓《きが》という自発衝動に動かされているのではありません。私どもは乳児が乳房をしゃぶる、あるいはもてあそぶなどと言いますが、乳児はこの種の動作をしながら、これまたまことに幸福そうな表情で寝入ります。このことは、〈しゃぶる〉という動作それ自体がすでに彼に満足をもたらしたのだ、ということを教えています。周知のように、まもなく乳児は乳房をしゃぶらなければ寝入らないようになります。この行動が性的な性質をもつことは、ブダペストの老小児科医ドクトル・リントナーがはじめて主張しました。べつに理論的な立場をとるつもりのない小児の養育者たちも、乳房をしゃぶることに対してこれと似た判断をくだしているように思われます。彼らはそれが快感を求めるだけの役をしていることを疑わず、それを小児の悪癖として、小児が自分でそれをやめようとしないときには、痛い思いをさせてでも無理やりやめさせるのです。つまり、私どもは、乳児は快感の獲得以外の意図をもたない行為をするものだということを知るわけです。乳児がこの快感をはじめて体験したのは栄養を摂取する際でありますが、ほどなく、その快感をこの条件から切り離すことを覚えたのだ、と私どもは信じています。この快感の獲得は口および唇の部位の興奮に関連させて考えるほかありませんので、この身体部位を私どもは〈催情部位〉(9)と呼び、乳房をしゃぶる行為によってめざめてきた快感を〈性的な〉快感と名づけています。この命名が正しいかどうかについては、もっと議論する必要があるでしょう。

もし乳児が自分の考えを言いあらわすことができれば、きっと乳児は母の乳房を吸う動作は生存上もっとも重大なことだと認めるでしょう。乳児のこの考え自体はそうまちがっているわけではありません。というのは、彼はこの動作によって人生の二大欲求を同時に満足させているからです。私どもはこの場合に、精神分析によって、この動作が全人生を通じていかに多くの心的な意義を保ちつづけているかを知り、驚かざるをえないのです。

母の乳房を吸うことは性生活全体の出発点になり、後年のあらゆる性的満足の類《たぐい》のない手本となって、不足を感じるときには、空想のなかでよくこの手本にたちもどるのです。乳を吸うという行為には、性の欲動の最初の対象としての母親の乳房というものが含まれています。この最初の対象が、後年のあらゆる対象発見にあたっていかに重大な意義をもつものであるか、また、性愛とはきわめて離れているとみえる心的生活の領域にすらも、この最初の対象が転化されたり代償されたりしながら、いかに根本的な影響をあらわしているか、ということをみなさんにわかっていただけるようにお話しすることは、私にはとてもできません。

ところで、乳児はまもなくこの最初の対象をしゃぶる行為の対象とすることを放棄し、それを自分自身の身体の一部分で代理するようになります。小児は自分の舌で拇指《おやゆび》をしゃぶります。そうすることによって、外界の同意を得る必要もなく、快感を得ることができるようになるばかりか、さらに、第二の身体部分の興奮をひきいれて快感を強めるようにするのです。これらの催情部位の効果は必ずしも同じではありません。ですから、リントナーの報告しているように、乳児は自分の身体のあちこちをさがしまわり、とくに興奮しやすい箇所として自分の性器を見つけ、こうして指しゃぶりからオナニーへの道を見いだしたのだとすれば、これは一つの重大な体験となるわけです。

しゃぶるという行為の価値を認めることにより、私どもは、幼児の性愛の二つの決定的な特性をよく知るようになったわけです。幼児の性欲は有機体の大きな欲求の満足に依存して現われ、〈自体愛的に〉ふるまいます。言いかえれば、その対象を自己の身体に求めてそれを見つけだすのです。栄養をとるときにもっともよく現われたものは、部分的にですが排泄作用の際にもくりかえされます。乳児は排尿と排便にあたって快感を感じており、やがて催情的な粘膜部位をそれに応じて興奮させ、できるだけ大きい快感を感じるように、その行為を調整しようと努めているのだ、と私どもは結論しております。この点に関しては、才知のすぐれたルー・アンドレアス(10)がくわしく論じておりますが、まず最初に外界が快感の追求に敵意をもった阻止力として乳児にさからい、乳児をして、のちにくるであろう外的ならびに内的な闘いについておぼろげながらも予感させるのです。彼は排泄物を自分の好きなときに出すことを許されず、他の人が決めたときに出さねばなりません。これらの快感の源泉を乳児に放棄させるため、排泄の機能に関係することはすべてが卑猥《ひわい》なことであり、内密にしておくべきことであると言い聞かすのです。ここではじめて、乳児は快感を社会的品格とひきかえにしなければならなくなります。

乳児と排泄物そのものとの関係は、はじめからこれとはまったく異なったものなのです。彼は自分の糞便に対してすこしも嫌悪の情をもたず、それを自分の身体の一部分として評価し、たやすくはそれから離れず、自分がとくに大事に思う人々を特別に待遇するため、それを最初の「贈り物」として用いるのです。教育によって乳児をこれらの傾向から遠ざける計画が成功したあとでも、彼はなお、ひきつづき糞便を「贈り物」であり「お金」であるとする評価をもちつづけています。一方また、乳児は自分の排尿行為を特別な誇りをもってながめているように思われます。

私は、みなさんがもうかなり前から、私の話をさえぎりたい、そしてつぎのように呼びかけたいと思っているのはよく承知しています。「そんな奇怪千万な話は、もうたくさんだ！　排便が性的快感を満足させる源泉で、乳児でさえすでに利用しているだって！　糞便は貴重なもので、肛門が性器の一種だというのか！　そんなことは自分たちは信じない。だが、なぜ小児科医や教育者が精神分析とその結論を排撃したかという理由はこれでわかった」とおっしゃりたいのでしょう。

みなさん！　そうではないのです。みなさんはただ一つ、私が幼児の性生活のいろいろの事実を、性的倒錯の事実と関連させながらお話ししようとしたことを忘れておいでです。すなわち、同性愛者と異性愛者とを問わず、肛門が多数の成人において、実際に性交に際して膣の役目をひき受けているという事実を、なぜみなさんは知ってはいけないのですか。そして、排便の際の快感を一生のあいだもちつづけており、その感覚をけっしてつまらないものではないと記載している人がたくさんいるということを、なぜみなさんは知ってはいけないのですか。

排便行為に対する興味と他人が排便するのを見て快感を得る楽しみとに関して申します

と、小児が二、三歳になって、それについて報告できるようになったときには、みなさんは小児自身の口からその証拠をお聞きになれるでしょう。むろん、これらの子どもをあらかじめ計画的に尻込みするようにさせてしまってはだめです。そんなことをすれば、彼らは、そういうことについては黙っていなければならぬのだ、ということをすぐさとってしまうからです。みなさんが信じようとしないその他の事柄については、私は分析の結果と直接小児を観察した結果とをごらんになるようおすすめします。そして、これらのことがすべてそうはみえないとか、私の言うのとはちがってみえるというならば、それはむしろ一つの作為である、とはっきり申し上げます。

　私はまた、小児の性的活動と性的倒錯との近縁関係がみなさんにたいへん奇妙にみえたとしましても、べつに反対するつもりはすこしもありません。それはもともと自明のことなのです。一般に小児に性生活があるのだとすれば、それは当然に倒錯的な性質のものであるはずです。というのは、小児には、ほんのわずかな気配を除いては、性欲を生殖機能たらしめるものはまだないからです。一方、生殖という目標を捨てさってしまっていることは、すべての倒錯に共通した性格です。性的活動が生殖という目標を断念してしまい、それとは無関係に快感獲得を目標として追求される場合にこそ、私どもはまさにその活動を倒錯的と呼んでいるのです。それゆえ、性生活の発達における断絶と転回点とは、性生活が生殖という意図に従属せしめられるところにあることが、みなさんもおわかりになりましょう。この転回以前に起こるいっさいのことは、転回を免れて、ただ快感を得るためにのみ奉仕するすべてのものと同様に、「倒錯」という、けっして名誉にならぬ名前をつけられて、追放されるのです。

ですから、私が幼児の性愛の簡略な記述をつづけるのをお許しください。私が二つの器官系について報告したことは、他の器官系を参照して補足することができるでしょう。小児の性生活は、まさしく一連の部分欲動の活動につきます。すなわち、たがいに無関係に、一部分は自己の身体によって、一部分はすでに外界の対象によって、快感を得ようと努めている欲動のことです。これらの諸器官のうち、性器は非常に早くからきわだって現われます。この世の中には、他人の性器その他の対象の助けをかりることなく、自分の性器だけでの快感獲得を、乳児オナニーから思春期時代のやむにやまれぬオナニーにいたるまで間断なくつづけ、さらに思春期を越えてもいつまでも長くつづけているような人がありますす。それはともかくとして、オナニーというテーマは、そう簡単にはかたがつかないでしょう。それは多方面から考察すべき材料なのです。

私はこのテーマをもっとも簡略にお話ししたいという意向をもっているのですが、なお若干、小児の〈性的探求〉についてお話ししなければなりません。それは小児の性愛にとって非常に特徴的なことでありますし、ノイローゼの症状研究にとっても非常に重要で意義の深いものです。

小児の性的探求は、非常に早く、ときには三歳以前に始まることも少なくないのです。性別は小児にとってはなんの意味もないのですから、小児の性的探求は性別には関係がありません。なぜなら、小児、すくなくとも男児では、男女いずれも同じ男性の性器をもつものと思いこんでいるからです。男児は、やがて幼い妹や遊び友だちの女の子に膣を発見しますと、最初は自分が目で見たことを否認しようとします。というのは、自分と同じ人間に、自分にとってあれほどたいせつな部分が欠けているなどとは、とても想像することができないからです。あとになって、もしや自分もあんなになることがあるのかもしれないという恐れをもつようになります。それに、小さなペニスをあまりひどくもてあそぶからといって、幼いころにおどかしたりしますと、その作用はのちになって出てきます。すなわち、その子は去勢コンプレクスに支配されるようになるのです。去勢コンプレクスが形成されると、小児が健康であればその性格の形成に影響し、彼が病気にかかるときには、そのノイローゼに、そして彼が分析治療を受けているときならば、その抵抗に、大いに関与してくるようになります。

幼い女児の場合は、女児には人目につくような大きなペニスがないために、自分はたいへんに不利な立場にあると思いこみ、男児がそれをもっていることを羨《うらや》みます。そして本質的には、この動機から男になりたいという願望が出てくるのです。この願望は、のちになって、不幸にして女としての役割が果たせないために現われてくるノイローゼのときに、ふたたびとりあげられます。それはそうとして、女児のクリトリスは小児期にはあらゆる点でペニスの役をしています。それは特殊な過敏性をもっていて、女児はここで自体愛の満足を得ようとするのです。小さい女児が一人前の女になるには、クリトリスがこの過敏性を適当な時期に、しかも完全に膣の入口部にゆずりわたすことがきわめて重要なことになります。婦人のいわゆる性的不感症の諸症例では、クリトリスがその過敏性を根強く保持しつづけていることがわかっているのです。

　小児の性的関心はどちらかといえば、最初は、赤ん坊はどこからくるのかという問題、すなわちテーベ（古代ギリシアのボエオチアの都市）のスフィンクス[11]の設問の根底にある問題に向かっています。そして多くの場合、この問いは新たに赤ん坊が生まれたら、という利己的な心配によってめざめるのです。子ども向きには、こうのとりが赤ん坊を連れてくるのだ、という答えが用意されていますが、この答えは私どもの知っているよりもはるかにしばしば、小児たちの不信をかっているのです。大人が真実をいつわったという感じは、小児の孤独な気持を強めますし、その独立心を発達させるうえに大いにあずかっています。しかし、小児は、この課題を自分だけの力では解釈できません。性的素質の発達が不十分であるということのために、小児の認識能力には一定の枠がはめられているのです。

　小児ははじめ、大人が栄養としてなにか特別なものを摂《と》るために、赤ん坊ができるのだという仮説を立てます。女性だけが子どもを生めるのだということも知っておりません。

あとになって子どもを生めるのは女性だけということを知り、赤ん坊の出現を食事に関係づけることはやめにしますが、童話にはこの説が保存されています。大きくなってくると、小児はまもなく、赤ん坊の生まれることに父親がなにか役割を果たしているにちがいないことに気づきますが、しかしどんな役割かは推察できません。偶然に性交中の行為を目撃するようなことがあっても、小児はこの行為を、組み伏せようとしているのだとか、つかみ合いだとか解して、性交をサディズム的に誤解します。しかし、小児はさしあたってこの動作を赤ん坊が生まれることとは関係づけません。ですから、ベッドや母親の肌着に血痕《けっこん》を発見しても、それを父親のために母親が傷つけられた証拠だと考えるのです。さらにもうすこし年をとりますと、子どもは男子のペニスが赤ん坊の生まれることに深い関係があるらしいことを、かなり感じとるようになります。しかし、この身体部分に排尿作用以外の作用があるとは信じられないのです。

最初からどの小児たちも一致しているのは、赤ん坊の出産は腸を通ってくるにちがいない、つまり、糞便と同じようにして現われるのだという考えです。肛門に対する関心がいっさいなくなったあとになって、ようやくこの理論は放棄されて、臍《へそ》のところが開くとか、左右の乳房のあいだが分娩の場所だとかという仮説が、とって代わります。こうして、好奇心にあふれる小児は、性的な事実についてだんだんと正確な知識に近づいていくか、あるいは無知のためにまごついて性的な事実に気づかぬままにすどおりしてしまうかして、やがて思春期前期に達します。多くの場合、この思春期前期のころには、人をばかにしたような不完全な説明を聞かされるのですが、この説明が外傷的作用を示すことさえ珍しくないのです。

みなさん、みなさんはたぶん、「ノイローゼが性的な原因をもつという命題、およびノイローゼの症状のもつ性的な意味についての命題に固執しようとする意図から、精神分析では性的なものという概念が不法に拡大されている」という話を聞かれたことがおありでしょう。ところで、この拡大が不当なものであるかどうかは、みなさんご自身で判断することがおできになることと思います。私どもはただ、性愛の概念を、それが倒錯者の性生活および小児の性生活をも包括しうる程度にまで拡大したにすぎません。言いかえれば、私どもは性生活の概念に正当な範囲を回復してやったというだけのことなのです。精神分析以外のところで性愛と呼ばれているものは、生殖に役だち、正常と目《もく》されている、限定された性生活だけをさしているにすぎないのです。

（1）（二五一ころ〜三五六ころ）。エジプト生まれの聖職者。キリスト教修道主義の父と仰がれ、悪魔（官能）の誘惑とたたかう彼の姿は、多くの画家によって描かれている。
（2）性の倒錯の一種。多くは異性が身につけるもの、靴、たび、その他を所持し、または身体器官の一部（たとえば足）に触れることによってオルガズムを得る。

（3）サディズムをおこなう者。加虐者ともいわれる。対象者に苦痛をあたえることによって、性的オルガズムにいたるもの。サド侯爵の名にちなんでいる。この対立者はマゾヒストである。

（4）マゾヒズムをおこなう者。対象者に苦痛を加えられることによって性的オルガズムを得るもの、ザッヘル＝マゾッホの名にちなんでいる。ときにはこの受傷のため死にいたる例さえある。

（5）（一八七二〜一九二三）。ドイツの皮膚科医。近代的性科学の建設者の一人にあげられる。

（6）偏執病ともいう。その妄想は特異の体系をもち、それなりに論理的整合性を示す。この妄想を主症状とし、人格の崩壊がほとんどみられない精神病の一つ。純粋のパラノイアは日本には少ない。

（7）強迫性をもつ不潔恐怖、または細菌感染の恐怖のため、ドアのノブ、電車のつり革などを握ることができないなどの症状を示す。この恐怖からのがれるため、たえず手を洗いなおすなどの行動を強迫的にくりかえすものが洗滌強迫であり、強迫行為の一つとなる。

（8）血液は、血管の一部が閉鎖したり、狭くなったりしたときに、その部分の前後をつなぐ細い血管の側枝を通って循環する。この小側枝の部分の血液循環の逆流や停滞の意味。

（9）そこに刺激があたえられると性愛的欲情がかきたてられる部位。リビドの生産される部位とも考えられる。

（10）ルー・アンドレアス＝サロメ（一八六一〜一九三七）はドイツの女流作家・精神分析学者。ニーチェ、リルケの友人であったが、のちにフロイトの友人となり、二人の文通は二十四年間つづいた。

（11）女頭獅子身で翼をもつ怪物。「朝は四本足、昼は二本足、夕べは三本足のものはなにか」という問いを発し、それに答えられない者を殺した。やがてエディプスが、その謎の答え（人間）

を解き、スフィンクスを退治した。

第二十一講　リビドの発達と性愛の組織

みなさん！　性愛に対する私どもの見解にとって、倒錯がどんな意義をもつかについて、私はみなさんに、十分納得していただけるように説明することができなかったのではないかという印象を受けております。それで、私は、できるだけそれを修正したり、補足したりしたいと思います。

もちろん、倒錯ということだけで、性愛という概念が変更を余儀なくされ、それがあれほどの激しい反論をまねくことになったのだと言うのではありません。幼児性愛の研究はそれ以上に性という概念の変更を迫ったのであり、倒錯と幼児性愛とに関する結果の一致こそが、私どもにとって決定的なものだったのです。ところが、幼児性愛の発現は、幼児期の終わりには見のがしようもなくはっきりしていますが、幼児期のはじめのころをたどっていきますと、はっきりしなくなります。発達の歴史と分析的連関とに注意を向けない人は、これを性的なものとして性格づけることに反対し、そのかわりに、なにかある未分化の性格を認めるでしょう。

忘れないようにお願いしたいことは、私どもは、今日のところ、ある過程が性的な本性をもつものだとするときに、一般に承認されている目印をもっていないということです。生殖機能に属しているという目印が一応あることはありますが、これではあまり狭すぎるものとして拒否せざるをえません。フリース[1]によって提唱された、二十三日と二十八日の周期性という生物学的規準にしても、まだまだ論議の余地があります。性的な過程の化学的特異性も推測はできますが、今後の発展を待つという段階にすぎません。[2]これに反して、成人の性的な倒錯は具体的に把握《はあく》できる明瞭なものです。一般に承認されているその名称がすでに示すように、これは疑いもなく性愛です。それは変質徴候だとかなんだとか言われていますが、性生活の現象ではない、と主張する勇気のある人はまだ一人もありません。ただそのためだけでも、私どもには、性と生殖とは必ずしも一致するものではないと主張する権利があるのです。性的倒錯はすべて、生殖という目標を否定していることは、公然たる事実であるからです。

ここに、すこし興味をひく一つの並行的な現象があります。たいていの人にとって、「意識的」ということは「心的」ということと同じことですが、私どもは「心的」という概念を広げようと企てて、意識的でない心的なものを承認する必要に迫られたのでした。これとまったく類似していることですが、他の人たちは「性的」と「生殖機能に所属している」――あるいは、みなさんがもっと簡単に言おうと思うなら「性器的」――とを同一だと称していますが、私どもは、「性器的」でない、すなわち生殖とはなんの関係もない

「性的」なものを承認せざるをえないのです。それはたんなる形式的類似にすぎませんが、深い論拠がないわけでもありません。

しかし、性的倒錯の存在がこの問題に関して圧倒的な意味をもつ証明であるなら、なぜこの証明がすでにとうの昔にその効果をあげて、この問題を解決してしまわなかったのでしょうか。私は、はっきりとはその理由を言うことができません。ただ私には、その理由は性的倒錯が特別な警戒を受けており、それが理論のうえにも及び、その学問的な評価をじゃましているからだと思われます。あたかも、性的倒錯が嫌忌《けんき》すべきものであるばかりでなく、また奇怪なもの、危険なものであることを、だれしも忘れえないかのようにです。また性的倒錯が魅惑的なものとして、それを享楽している者に対するひそかな嫉妬《しっと》心を、心の底で押えなければならないかのごとくにです。たとえば、有名なタンホイザー(3)のパロディーのなかで、罰をくだす領主は嫉妬の心を告白してつぎのように言っています。「ヴィーナスの山(4)にあって彼は名誉と義務を忘れた！——われらのうちの一人にさえも、このようなことが起こらないとはふしぎなことだ」。実際には、倒錯者はむしろ手に入れがたいよろこびのために、なみなみならぬきびしい償いをしている、あわれな連中なのです。対象と目的とがこれほどまでに普通とはちがっているのに、倒錯的な活動を見ちがえることなく性的活動たらしめるのは、この場合も倒錯的な満足を得る行動が、やはりたいていは完全なオルガズムと射精とに終わるという事情です。もちろん、これは倒錯者が成人であることの結果にすぎません。小児の場合にはオルガズムと射精とはまだ十分にはできませんので、それと思わせる程度のものによって代理されますが、これはまた確実には性的だとは認められないのです。

私は性的倒錯の評価を完璧《かんぺき》なものとするために、さらにあるものを付加しなければなりません。性的倒錯がいかに悪評を受けておろうとも、またそれがいかに正常な性行動と鋭く対立されていようとも、すこし観察すれば、正常者の性生活にもあれこれと倒錯の特色があり、それがないなどということはまれであることがわかります。接吻《せっぷん》でさえすでに倒錯的行為と名づけられる資格があります。なぜなら、接吻は男女が性器の代わりに口という催情部位を合体させることだからです。ところが、だれも接吻を倒錯的だと言って非難してはいません。それどころか舞台では、それは性行為をほんのりとほのめかすものとして許されているのです。しかし接吻こそは、ともすれば完全な倒錯になりうるものなのです。すなわち、それは、射精とオルガズムとがすぐつづいてくるほど強烈な結果になる場合ですが、これはさほど珍しいことではけっしてありません。ちなみに、相手にさわることと相手をながめることとは、ある者にとって性的な愉悦を得るうえでの不可欠の条件であることとか、ある者は性的興奮が絶頂に達したときに、つねったり噛《か》んだりすること、また愛人に接して得られる最大の興奮が必ずしも相手の性器によってではなく、性器以外の身体部位によってもひき起こされることなど、これに類似することはいくらでも拾いあげることができます。このようないくつかの特質をもつ人々を正常者の列から押し出してしまって、倒錯者の列に加えることはなんの意味もないことです。むしろ、倒錯の本質的な点は、性的目標を踏み越えることや、性器を他のもので代理することにあるのではありません。まして、必ずしも対象がいろいろに変わっていることにあるのではなく、それは、他のいっさいを除外してこれらの異常な行為のみをおこない、生殖作用に役だつような性的動作を排除してしまうところにあるのです。そのことが、ますますはっきりと認められます。

倒錯的な行為が、準備または強化の手段として正常な性行為をひき起こすものとなれば、それはもはや倒錯ではなくなります。もちろん、正常な性愛と倒錯的性愛とのあいだのギャップは、この種の事実によっていちじるしく狭《せば》められます。正常な性愛がそれ以前から存立していたものから生まれてくるのは、自然のなりゆきです。その場合、この資料の若干の特徴を役にたたぬものとして排除し、その他の諸特徴は総合され、一つの新たな目標、すなわち生殖という目標に従属するようになります。

以上のように解明された諸前提をもって、性の倒錯について私どもが精通した点を応用しながら、新しく幼児性愛の研究にはいる前に、みなさんに両者のあいだにある一つの重大な差異に注目してもらわなければなりません。倒錯的な性愛は非常に集中的であるのが常です。いっさいの行動は、ある——たいていの場合には唯一の——目標に向かってひしめき合います。すなわち一つの部分欲動が優勢であり、その欲動だけが証明しうる唯一の欲動であるか、あるいは他の部分欲動をみな自己の意図に従属させるかしています。この点では、倒錯的な性愛と正常な性愛とのあいだには、支配的な部分欲動が、したがってまた、性愛の目標が異なっているだけで、それ以外にはなんの相違もありません。いってみれば、倒錯の場合も正常の場合もいずれにおいても、よく組織せられた専制政治のようなものなのです。ただ一方ではある一家が、他方では別の一家が支配権を奪っているというだけの話です。

これに反し、幼児の性愛には、だいたいにおいてこのような集中性と組織化とがありません。個々の部分欲動は同じ権利をもち、各自それぞれに独自の快感獲得の道を追うのです。集中性のあるなしは、倒錯的な性愛ならびに正常な性愛の両者が、ともに幼児的性愛から生じたという事実に、もちろんよく一致しています。なお、幼児的性愛との類似性をはるかに多くもっている倒錯的な性愛の例もありますが、それが類似しているのは、多数の部分欲動がたがいに独立してそれぞれの目的をいだいて遂行される、いや、もっと適切にいえば、つづけられるという意味でです。この場合には、倒錯というよりも性生活の幼稚性と名づけるほうが正しいようです。

これだけの前置きをしてしまえば、私どもはどうしてもしなければならない一つの提案に関する論究に手をつけてもよいでしょう。人々は私どもにこう言うでありましょう。

「なぜきみたちは、きみたち自身の証言によっても漠然たる小児期の現象で、のちに性的なものになるというその現象を、ただちに性愛と呼ぼうとかたくなに固執するのか。むしろ生理学的な記述で満足して、すでに乳児にもしゃぶること、排泄物をためておくことのような、〈器官快感〉を追い求めていることを示す活動が観察できる、となぜきみたちは単純に言おうとしないのか。そうすればきみたちは、幼児に性生活があるなどという、あらゆる人の感情を害する提案をさけることができたではないか」と。ほんとうにそうです。みなさん、私は器官快感ということに、すこしも文句を言う筋はないのです。私は性的結合の最高の快感さえ性器の活動にともなった器官快感にすぎないことを知っています。しかし、この元来は未分化な器官快感が、その発達の後期に疑いもなく示している性的性格をおびてくるのはいつか、その時期をみなさんは言うことがおできになりますか。われわれは性愛についてよりも「器官快感」についてのほうがより多く知るところがあるのでしょうか。みなさんは、「性的な性質は、性器がその役割を果たしはじめるそのときにつけ加わるのであって、このとき性的ということと生殖的ということとは合致する」と答えられるでしょう。みなさんは、性器の合体とはちがった方法によってではあるにしても、たがいの倒錯のめざすところは、やはり性器のオルガズムを得ることにある、ということを私に突きつけて、倒錯についての反論さえ拒否するでしょう。倒錯というものがあるために、性を生殖と関係づけることができなくなるのですから、性的なものの特質としてこの関係をあげることをやめてしまい、その代わりに性器活動ということを前面におしだせば、みなさんの立場はずっと楽なものになるわけです。しかし、そうすると、私どもの意見は、もはやおたがいにそうひどい隔たりはなくなります。つまり、単純に性器と他の諸器官との対立となってしまいます。

ところでしかし、正常な接吻や、遊蕩《ゆうとう》社会の倒錯的な手管《てくだ》やヒステリー症状においてのように、快感を得るのに他の諸器官を用いて性器の代理をすることができるという、いろいろな経験がみなさんに教えている事実をどうなさいますか。ヒステリーというノイローゼでは、刺激現象や、感覚および神経支配、性器につきものである勃起のような現象すらもが、遠く離れた他の身体部位へ置きかえられる「たとえば上方へ置きかえられて頭や顔へというように」のはごく普通のことなのです。こうして性的なものの特質として固執しうるものはなにもないということが論証されれば、みなさんもたぶん私にならって、「性的」という名称を器官快感を追求する幼児の活動にも広げて用いる決心をしなければならないでしょう。

さて、釈明のために、私にもう二つのことを熟考するのをお許しください。

ご承知のように、私どもは幼児期にみる疑わしい漠然とした快感活動を性的と呼ぶのですが、それは私どもが分析によって症状から明白な性的材料をへて幼児期のこの活動へ到達するからです。それだからといって、必ずしもそれ自身が性的なものであるとは言えないでしょう。しかし、類推を許すような例を考えてみてください。りんごの木とそら豆という二つの双子葉《そうしよう》植物の発達を、その種子のときから観察する手段を私どもはもっていないとしましょう。しかし、その発達を、生長してしまったそれぞれの植物から、二つの胚《はい》葉《よう》をもった最初の胚芽《はいが》にまで逆にたどってみることは、双方の場合とも可能です。この二種の胚葉は外観上からは差異がみられず、二つともまったく同種のものとみえます。だからといって、この両者が実際に同種であり、りんごの木とそら豆とのあいだの種としての差異は、これらの植物のその後の発育途上にはじめて現われてくるのだ、と仮定したりするでしょうか。むしろ、胚葉のときの観察では差異がみられないけれども、この差異はすでに胚芽のなかにあると信ずるほうが、生物学的により正しいのではないでしょうか。ところで、私どもが乳児の活動にともなう快感を性的な快感と名づけるのは、これと同じことをしているのです。あらゆる器官快感をいずれも性的な快感と名づけてもよいかどうか、あるいは性的な器官快感と並んで、この名をつけるにふさわしくないような別の快感が存在するかどうか、私はここで論議することはできません。私は器官快感とその諸条件とについては、ほとんどなにも知らないのです。分析は一般に逆行的な性格をもつものですから、最後に、いまのところでは漠然としている諸契機にゆきあたっても、驚くには及びません。

さらにもう一つ。みなさんは、乳児の活動を性的のものと認めるべきではないとして、たとえ私を説得できたとしても、みなさんが主張しようとしていること、すなわち小児の性的純潔ということにとっては、全体としては得るところは非常に少ないのです。というのは、三歳以後は、小児にもすでに性生活があることは疑いえないからです。この年ごろには性器にはすでに興奮がみられ、おそらく通例のことですが、幼児性オナニー、つまり性器による満足の一時期がきます。もはや、性生活の心的ならびに社会的な発現がみられないなどと慨嘆する要はなくなります。対象の選択、特定の人に対して情愛のこもった態度をとること、それどころか男女のどちらか一方に対する傾斜、それに嫉妬などは、公平な観察によって、精神分析の確立された時期以前にすでに独立して確認されていたことであり、それをみようとしさえすれば、すべての観察者によって立証されえたことなのです。

みなさんは、自分たちは情愛が早くめざめていることを疑ったことはない、ただ、この情愛が「性的」な性格をおびているという点を疑問としただけだと異議を唱えられるでしょう。小児は、たしかに三歳から八歳のあいだに早くもこの性的な性格を隠すことを覚えるのですが、もしみなさんが注意しておられれば、この情愛にともなっている「官能的」な意図を示す十分な証拠を、いつでも手に入れることができます。それでもまだたりないところは分析によって探し出し、難なくいくらでも手に入れることができるのです。この時代の性目標は、先にいくつか見本をおみせした同じ時期の性的好奇心と、きわめて密接に関連しています。これらのいくつかの目標の倒錯的性格は、もちろん、小児の体質が成熟しておらず、性交という行為の目標をいまだ発見していないということにもとづいているのです。

ほぼ六歳から八歳にかけて性愛の発達は休止し、後退がみられるようになりますが、これは教育上もっともうまくいった場合には潜伏期という名前に値するものです。潜伏期は欠けていることもありますし、潜伏期といっても、性的な活動や性的な関心が全面的に中絶するとはかぎりません。潜伏期が始まる以前の体験や心的欲動は、たいていの場合、すでに論及した幼児性健忘、すなわち、私どもの最初の幼年期をおおい隠して、それを私どもから遠く隔てている、あの忘却の手に落ちてしまうのです。精神分析には、忘れられてしまっている生涯のこの一時期を記憶にひきもどすという課題がつねにあたえられています。そして、この時期に性生活が始まっていることこそが、この忘却の生じる動機であるということ、すなわち、この忘却は抑圧の結果だ、ということを推測しないわけにはゆきません。

小児の性生活は、三歳以後には成人の性生活と多くの点で一致を示しています。成人の性生活との差異は、私どもがすでに知っているように、小児の性生活で性器を首位に置くはっきりした性的な体制が欠けていることと、倒錯の性格をまちがいなく示していること、および当然のことですが、その欲求も全体としてかなり弱いということにあります。しかし、性愛の発達――いや、むしろリビドの発達と呼びたいのですが――のうえで理論的にもっとも興味ある段階は、この時期以前にあるのです。リビドの発達は、はなはだすみやかに経過しますから、直接の観察によってそのあわただしい姿をしっかりととらえることは、おそらくできなかったでしょう。精神分析によってノイローゼを徹底的に研究して、はじめて、リビド発達のこのはるかに昔の段階を察知することができるようになりました。これは、もちろん、理論でつくりあげたものにほかなりません。しかし、精神分析を実地にやってみれば、みなさんはそれが必然的で有用な理論であることを見いだされるでしょう。私どもが正常な対象についてみていたのでは見のがすにちがいない諸事情を、この場合なぜ病理学が私どもにわからせてくれるかということは、まもなくみなさんも理解されることと思います。

このようにして、いまや私どもは、潜伏期以前の幼児期の最初に準備され、思春期以後はひきつづいてその体制が保たれる性器の優位性がうちたてられる以前に、小児の性生活がどのように形成されるかを述べることができます。この性器優位の時期の前期には一種の弛《ゆる》い性的体制があり、それを私どもは〈前性器的〉体制と呼びたいと思います。ところで、この段階で前景に立つのは、性器的な部分欲動ではなく、〈サディズム的〉ならびに〈肛門愛的〉な部分欲動であります。〈男性的〉〈女性的〉という対立は、この場にはなんの役割も演じません。その代わりになっているのは〈能動的〉と〈受動的〉という対立です。この対立は性的な対極性の先駆と名づけることができます。男女という両極性は、のちになってこの対極性と接合されるのです。性器期の段階から考察してみると、この時期の活動で私どもに男性的とみえるものは、支配欲動の表現であることがわかりますが、この欲動はややもすれば残酷なものになりがちです。受動的な目標をもった欲求は、この時期では、非常に重大な意義をもった肛門という催情部位と関連をもっています。見たいと思う欲動と、知りたいと思う欲動とは強力に活動していますが、性器は実際にはただ排尿器官としての役割においてだけ、性生活に関与しているにすぎないのです。この段階の部分欲動には、対象はないではありませんが、これらの対象は必ずしも集まって一対象となってはおりません。

サディズム的な肛門愛期の体制は、性器優位の段階の直前の段階です。さらに深く立ち入って研究してみますと、この段階の体制のうちからどれだけがのちの最終的な形態のなかに保存されるのか、また、いかなる道を通ってこの段階の部分欲動が新たな性器期の体制のなかにいやおうなく組みこまれるのかがわかってきます。

リビド発達のサディズム的な肛門愛期の以前に、さらにもっと早期で、はるかに原始的な体制上の段階があるのをみることができますが、この段階では催情部位としての口が主役を演じています。みなさんは、ものをしゃぶるという性的な活動がこの段階に属することを察知できますし、古代エジプト人がこれをよくわきまえていたことに、さぞかし驚嘆されることでしょう。彼らの芸術では、小児もホールス神(5)も指を口にくわえているところを描くことで特徴づけられたのです。アブラハム(6)は最近はじめて、この原始的な口の段階が、どのような痕跡《こんせき》を後年の性生活に残すかに関して、いくつかの報告をしております。

みなさん！　察するところ、性的体制に関するただいまの報告は、実は、みなさんを啓発したというよりも、重荷となったのではないかと思います。たぶん、私はまた、あまりにも細部にわたりすぎたのではないでしょうか。しかし、辛抱してください。みなさんが聞かれたことは、あとで利用することによって、みなさんにとって貴重なものとなりましょう。いまのところは、ただ、性生活——私どもの言うリビド機能——は、あるできあがったものとして現われてくるのではなく、またいつも類似の姿をとって成長してゆくものでもなく、たがいに類似しているとはみえないが相次いで現われる一連の段階を通過して成長してゆくのだ、つまり、幼虫から蝶《ちょう》になるように幾度もくりかえされる発達なのだ、という印象をしっかりもっていていただけばよいのです。

発達の転回点は、すべての性的な部分欲動が性器の優位のもとに従属するときであり、したがって性愛が生殖の機能に服従するときです。それ以前は、言ってみれば支離滅裂な性生活で、個々の部分欲動がそれぞれの器官快感を求めて独立して活動している時期なのです。この無政府状態は、「前性器的」体制が始まることにより緩和されてきます。さしあたりサディズム的肛門愛期です。この段階の前が口愛期で、おそらくはもっとも原始的な段階でしょう。そのほかにも、いまなお正確には知られていない、いろいろの過程があって、それによって体制上のある段階からすぐ上の段階へと移ってゆくのです。リビドがこのように長い、そして幾段階もの発達の道をすすむことが、ノイローゼを理解するうえにどのような意義をもっているかは、次回に学ぶことにいたします。

今日のところは、さらにこの発達のもう一つの側面、すなわち性的部分欲動と対象との関係を追究してみることにしましょう。私どもはこの発達を大急ぎで概観することにし、発達のかなり後期になって現われてくる出来事について、もっと長い時間をかけて考えてみることにいたします。

さて、性の欲動の成分のいくつかは、はじめから一つの対象に固執しています。たとえば支配欲動〔サディズム〕、のぞき見たいと思う欲動、および知りたいと思う欲動などがそれです。別の部分欲動で身体の特定の催情部位にもっとはっきりと結びつけられているものは、ただ当初のあいだだけ、すなわちまだ性的ではない諸機能に依存しているあいだだけ、対象をもっているにすぎず、これらの機能から離れればその対象を放棄します。たとえば、性欲動の口愛的な部分の最初の対象は、乳児の摂食欲を満たす母の乳房です。しゃぶるという行動では、乳を吸うときに同時に満足せられていたエロティックな成分は独立してしまい、乳房という外界の対象を放棄して、これを自分自身の身体と代えるのです。口愛的欲動は〈自体愛的〉となります。肛門愛その他のエロティックな欲動がはじめからそうであるようにです。

これからあとの発達は——ごく簡略な形で表現しますと——二つの目標をもっています。第一は、自体愛を捨てて、自己の身体における対象をふたたび外界の対象ととりかえることです。第二は、個々の欲動のさまざまの対象を合一して、唯一の対象で置きかえることです。このことはもちろん、その対象がふたたび自分の身体に似た一つの身体全体であるときにのみ成功します。またこのことは、多数の自体愛的な欲動の動きが無益なものとして捨て去られなければ、実行はできないことです。

対象を発見するこの過程はかなり錯綜《さくそう》しており、——これまでのところまだ概観的に叙述したものはありません。私どもの意図を明らかにするために力説しておきたいことは、潜伏期以前の小児期における過程がある程度完結した場合、そこに見いだされた対象は、口愛期の快感欲動が他の機能への依存によって得られた最初の対象とほとんど同一のものであることが明らかになるということです。それは母親の乳房でこそありませんが、やはり母なのです。私どもは母を最初の〈愛の〉対象と名づけます。すなわち、私どもが愛ということばを使うのは、性的な欲求の心的側面を前景に出し、その根底にある身体的または「官能的」な欲動の要求を抑制したり、あるいはほんのわずかのあいだ忘れようとしたりするときなのです。母が愛の対象となる時期には、またすでに小児には抑圧という心的な働きが始まっています。この抑圧が小児にその性的目標の一部分についての知識を知らせないようにしているのです。

さて、母をこのように愛の対象に選ぶことには、〈エディプス・コンプレクス〉という名で呼ばれるいっさいのものと関係しています。この「エディプス・コンプレクス」は、ノイローゼの精神分析による解明にあたり、非常に大きい意義をもつようになったものでありますが、また、精神分析に対する反対にも少なからずあずかっているものです。

この戦争（第一次世界大戦）中に起こったある小事件のことをお聞きください。一人の若い精神分析の熱心な信奉者が、ドイツ軍の前線部隊の隊付き軍医としてポーランドで勤務していましたが、ときどき患者に思いがけない治療効果をあたえるというので、同僚の注意をひいていました。理由を問われて彼は、精神分析の手段を用いて仕事をしている、と告白しましたので、同僚たちにその知識を伝授することを約束させられました。そこで、夜ごとに兵団の軍医や同僚や上官などが集まり、精神分析の「秘儀」を傾聴することになったのです。しばらくは、うまくいっていましたが、彼がエディプス・コンプレクスの話をし終わったら、上官の一人が立ち上がり、「自分はそんなことを信じない。祖国のために戦っている勇敢な戦士であり、しかも一家の父である自分らに、こんなことを話すとは講演者の卑俗さを示すものだ」と言い、講話をつづけることを禁じました。それでいっさいはおしまいでした。その分析医は他の前線に移されてしまいました。しかし私は、ドイツが勝利のために、(7) もしこのような学問上の「統制」を必要としているとすれば、それはけっして好ましくない状態だと思います。ドイツの学問はこのような統制のもとでは発展しえないでしょう。

ところでみなさんは、この恐るべきエディプス・コンプレクスがどういう内容のものかを知りたいという、好奇心にかられておられるでしょう。しかし、このエディプスという名が、もうみなさんにそれを語っているわけです。ギリシア伝説のエディプス王については、みなさんはもう知っておられるでしょう。この王は、父を殺し母を妻とする宿命を背負わされており、この神託からのがれようとしてあらゆる努力をします。しかし、自分ではそうと知らずにこの二つの罪をおかしてしまったことを知り、その罰として、みずから目をえぐるのです。

みなさんのうちにも、ソフォクレス[8]がこの材料を取り扱った悲劇を読んで、深い感動を味わったかたは多いと思います。このアッティカ（中部ギリシア東端の半島部）の詩人（ソフォクレスのこと）の作品は、エディプスの遠い昔の所行が、巧妙にひきのばされてはいるが、いつも新たな前兆がきっかけとなっておこなわれる審問によって、だんだんにあらわにされてゆくさまを描いています。こういうところは精神分析のすすめ方とある種の類似性があります。対話がすすむうちに、目のくらんだ母であり妻であるヨカーステが、審問の続行に反対するところが出てきます。彼女は、多くの人々は母親と交わる夢をみるが、夢などは重視することはない、と主張するのです。私どもは夢の価値を軽く見はしません。すくなくとも、多くの人間に起こる定型的な夢は重視します。そしてヨカーステによって言及されている夢が、この異様な驚くべき伝説の内容と密接な関連があることを疑いません。

ソフォクレスの悲劇が、観客たちのあいだにむしろ憤激的な反感を呼び起こさないことこそ、驚くべきです。あの素朴な軍医の場合に似た反応を示したとしても、このほうがはるかに正当だと言えるでしょうに。なぜなら、この悲劇は結局のところ非道徳的な戯曲であり、人間の道徳的な責任を無視し、神の力が犯罪を命ずるものであり、みずからを犯罪からまもろうとする人間の道徳的な欲求は、無力なものであることを示しているからです。

この伝説の素材は、神々と運命とに罪を帰し弾劾することを意図している、と考えられそうです。神々とは袂《たもと》を分かってしまった批判的なエウリピデスの手にかかれば、(9) この戯曲はおそらくそのような弾劾となったことでしょう。しかし、信心深いソフォクレスでは、そういう取り扱い方は論外です。たとえ神々の意志が犯罪を命じているときでも、その意志に服従することが最高の道徳なのだ、という信心深い詭弁《きべん》が、この困難な問題をのりこえさせています。私はこのような道徳が戯曲の強みだと思うことはできませんし、この道徳は戯曲の効果にとってはどうでもよいことなのです。観客はこの道徳に反応するのではなく、伝説に秘められた意味と内容とに反応するのです。彼らは、あたかも自己分析をおこなって、エディプス・コンプレクスを自分の内心に認識し、神々の意志や神託を、自分自身のなかにある無意識的なるものの高尚化された仮面だとして、正体をあばきだされるかのように感じています。または、父を亡き者にして父の代わりに母を妻にしたいという願望を想い起こして、それにみずから驚かざるをえないかのように感じているのです。

彼らはまた、詩人の声が自分たちに向かって、「汝《なんじ》の責任を拒み、汝がこれらの犯罪的意図にいかに反対したかと自分の無罪を断言してみてもむだだ。汝にはとにかく罪がある。汝はそれらの意図を滅ぼすことができなかったし、いまでも、その意図はなお無意識の裡《うち》に汝の内に存立しているからだ」と言おうとしているかのように解するのです。このことばのなかには心理学的真理が含まれています。人間は、たとえ自己の邪悪な衝動を無意識のなかへ抑圧し去って、それらの衝動に対して自分は責任がないと言いたくても、なおこの責任を、自己には理由のわからない罪責感として、内に感じないではいられないのです。

エディプス・コンプレクスを、ノイローゼ患者がしばしば苦しめられる罪責意識(10)のもっとも重大な源泉とみてよいことは、すこしの疑いもありません。それだけではないのです。一九一三年に『トーテムとタブー』(11)という書名で公《おおやけ》にした、人類の宗教および道徳の原始形態に関する研究のなかで、私は、おそらく人類全体としては、その宗教および道徳の究極の源泉である罪責意識を、人類の歴史のはじめにエディプス・コンプレクスによって身につけたのだ、という推測をするようになりました。私はこのことに関してもっとお話ししたいこともあるのですが、それは思いとどまったほうがよいように思います。このテーマに手をつけると、中途でやめることがむずかしくなるからです。私どもは、やはり個人の心理学にもどらなければなりません。

つまり、潜伏期以前の、対象選択の時期における小児を直接に観察してみた場合には、エディプス・コンプレクスについて、どんなことが認められるでしょうか。たやすく見受けられることは、小さい男の子が母親を独占しようとすること、父親がいあわせるのをじゃまに思うこと、父親が母親に情愛を示すときには不機嫌になること、父親が旅に出たり不在だったりすると満足の感情を示すことなどです。小児はしばしば、その感情を直接にことばに出して表現し、母親に向かい、「お母さんと結婚する」と約束したりすることもあります。それだけでは、エディプスの所行とは比較にならないと人は思うでしょうが、それは事実として十分であり、萌芽《ほうが》としてみれば同一のものであります。この観察は、同じ小児が同時にまた別の機会には、父親に強い情愛を示すという事情のために、くもらされてしまうことがしばしばです。しかし、このようなたがいに対立する感情の状態、もっと適切に言えば、〈アンビバレンツ〉(相反する感情の並存する状態)は、成人の場合は葛藤におちいると思われるのに、小児の場合には長いあいだ、たがいにまったく何事もなく並存するもので、ちょうどそれは後年、無意識の世界で両者がいつも隣りあって存在しているようなぐあいにです。

人はまた異論を唱え、小さい男の子のふるまいは自己主張的な動機から出ているものであり、性愛的なコンプレクスをわざわざ考え、裏書きするものはなにもない、と言うでしょう。母親は小児の欲求のすべてについて面倒をみるのですから、子どもはそのためにも、母親が他の人の世話をしないようにしてもらいたがります。実際そのとおりです。しかし、やがて明らかになるように、これらの状況下でも、類似の諸状況の場合と同じく、自己中心的関心は、性愛的な欲求が結びつく手がかりを提供するにすぎません。小児が母親に対してあらわに性的な好奇心を示し、夜は母親のそばで眠りたいと要求したり、母親がトイレットへ行くのにも自分も行くと言ってきかなかったり、あるいは――母親がよく自分の経験から確かめては笑いながら報告することですが――母親を誘惑しようと企てたりさえすることがあります。ですから、母親へのこの結びつきの本性が性愛的なものであることは、なんといっても疑いえません。

また、私どもが忘れてはならないことは、母親は女の子にもこれと同じように世話をやくのに、男の子の場合と同一の効果を得ることはないということです。また、父親が母親と競って男の子の世話をすることもしばしばありますが、父親は母親と同じように重要な存在となることはできないのです。要するに、小児が異性の親のほうを好むという契機は、どのような批判を加えたところで、この状況から消し去ることはできません。男児が両親のうちのただ一方だけがしてくれる奉仕よりも、むしろ両方がしてくれる奉仕をよろこびそうなものなのに、そうでないとすれば、これは自己中心的な観点から考える限りは、愚かなことだと言うほかないのですから。

みなさんが気づいておられるとおり、私は男の子と父母との関係を述べたにすぎません。

小さい女の子についても必要な変更を加えれば、事態はまったく同じことが言えます。父親へのやさしい情愛、母親をじゃまものとしてかたづけてしまい、その地位を自分が占領しようとする欲求、および大きくなった女性の使う手段をすでに用いている媚態《びたい》は、まさしく、幼い女の子をかわいらしい姿にみせるのですが、この姿こそ、この幼児の背後にある状況と、のちに起こる重要な結果とを、私どもに忘れさせるものなのです。なおまた付言しておきたいことは、両親自身が性的牽引《けんいん》力にひかれたり、数人の子どもがあったりするときには、きわめてはっきりと、父親は娘に、母親は息子にとくに情愛を向けるということによって、小児のエディプス的心構えをひき起こすうえに、しばしば決定的な影響を及ぼすことがあるということです。しかし、小児のエディプス・コンプレクスの自発的な性質は、この要因によってさえも深刻に動揺させられることはありません。

エディプス・コンプレクスは、別の子どもができてきますと、さらに広げられて家族コンプレクス(12)になります。そうして、家族コンプレクスが動機になって、自己中心的な気持が傷つけられることから、これらの新しく生まれた弟妹を憎悪心をもって迎えたり、躊躇《ちゅうちょ》するところなくしりぞけてしまおうと願望するようになります。そればかりか、子どもたちはむしろこのような憎悪の感情を、両親コンプレクス（親と子のコンプレクスのこと）から生じる憎悪感よりもはるかに早く、ことばにあらわすのが通例です。このような願望が実現されてしまい、死の手が、好ましくない赤ん坊を短い期間のあいだにとらえてしまうと、この死亡事件は本人の記憶にいつまでもこびりついているわけではありませんが、しかし、それが本人にとっていかに重大な体験であったかは、のちになって分析してみると知ることができるのです。

小さい弟妹が生まれたために二の次にされてしまい、しばらくは母親からほとんど見捨てられてしまった小児は、母親にこのようにないがしろにされたことを、なかなか忘れないものです。成人の場合なら激しい憤激とでも呼ばれるような感情が、その小児に生じて、いつまでも親によそよそしい気持をもつ基礎になることもしばしばです。性的な探求心と、それからくるすべての必然的な結果とが、小児のこの生活経験に結びつくのが通例であることは、すでにお話ししたとおりです。これらの弟妹が成長してくるにつれて、彼らに対する態度にはきわめて重大な変化が起こり、男児の場合には妹を不実な母親の代理として愛の対象に選ぶことがあります。小さい妹の愛をかちえようとする兄たちのあいだには、すでに子ども部屋のなかですら、敵意のこもった競争という、後年の生活にとって大きな意義をもつ状況が生じるのです。小さい女児は、もはや昔のようにはやさしく自分をかまってくれない父親の代理を兄に見いだしたり、父親とのあいだにもうけたいと思いながら得られなかった赤ん坊の代理として、妹を選んだりすることもあります。

みなさんが子どもたちを直接に観察して、分析の影響を受けていない小児の記憶で、はっきり覚えているものを考察してみれば、上述のことやこれに類似したことがたくさん明らかになります。みなさんがそこからひきだされる結論はいろいろありますが、そのなかでも、子どもが兄弟姉妹のなかで何番目であるかということが、その子の、のちのちの生涯の形成にとって重大な要因になり、この要因は伝記を書くときはつねに顧慮されるべきであるという結論をひきだされるでしょう。

しかし、これよりもさらに重大なことは、このように難なく解明されるのを目《ま》のあたりにみて、みなさんは、学問が近親相姦の禁止を説明する際の言説を思い出し、きっと微笑せずにはいられないでしょう、ということです。そこには、なんといろいろなことが言われていることでしょう。幼いときから共同生活をしているために、同一家族内の異性には性的欲求を感じなくなっているのだとか、近親相姦を回避しようとする生物学的傾向があり、それが近親相姦に対する先天的嫌悪心として心的な面で表現されているのだ、とか言っています。しかし、これらの言説は、もし近親相姦に対してなにか信頼しうるような自然の障壁があるとすれば、なにも法律や慣習という形式で、あれほどきびしい禁止をする必要はないはずだ、ということをまったく忘れているようです。むしろ、真理はその反対のところにあります。人間の最初の対象選択は、近親相姦的なものであり、男性の場合には母および姉妹に向けられるのが通例であって、このいつまでも活動しつづける幼児型の傾向を現実のものとしないために、きわめて厳重な禁止が必要となっているのです。今日でも未開人のあいだでは、近親相姦の禁止は私どものあいだでみられるよりもずっときびしいものです。つい最近、ライク[13]がそのすぐれた業績のなかで、未開人の成年式は生まれ変わりを表現していて、そこには男の子とその母親との近親相姦的な結びつきを断ち切り、父親との仲なおりをするという意味がみられることを示しております。

神話はみなさんに、人類によってこれほど忌《い》み嫌われているようにみえる近親相姦が、神々のあいだではためらうところなく許されていることを教えています。みなさんは古代の歴史をみて、姉妹との近親相姦的な結婚が、支配者にとっては神聖な掟《おきて》であったということ〔古代エジプトの王ファラオやペルーの王族インカの場合のように〕を知るのです。それらは、一般の人民たちには許されなかった一つの特権でした。

母との近親相姦はエディプスの一つの犯罪であり、父殺しはもう一つの犯罪です。ついでに言いますと、これらはまた、人類の最初の社会的・宗教的制度たるトーテミズムが、きびしく禁じている二大犯罪なのです。

さて、ここで私どもは小児の直接の観察から転じて、ノイローゼに悩んでいる成人たちの分析的研究に向かいましょう。精神分析は、エディプス・コンプレクスの知識を深めるうえにどのような寄与をしているでしょうか。それは簡単に言えます。分析は神話の語っているとおりのことを示しているのです。すなわち、これらのノイローゼ患者たちは一人一人がみなエディプスであったということ、あるいは、これも同じことですが、このコンプレクスに対する反応で一人一人がみな一個のハムレット[14]になったということを示していっています。むろんエディプス・コンプレクスの精神分析による描写は、幼児期のスケッチを拡大したものであり、粗大にしたものです。父親に対する憎しみ、父親が死ねばいいという願望は、もはやおどおどした示唆《しさ》の程度にとどまらず、母親に対するやさしさも、彼女を妻とするという目標を公然と告白しています。

このような激しく極端な感情の動きが、はたしてあのいとけない小児期にもあると信じてよいものでしょうか。あるいは分析の際になにか新しい要因が混入して、私どもが欺かれているのでしょうか。このような要因の混入を見つけ出すことは、さしてむずかしくはありません。ある人間が過去のことについて報告するという場合には、たとえその人が歴史家であったとしても、いつでも知らず知らずのうちに現在から、あるいは過去と現在とのあいだにはさまる時代から、ある要因を過去に移しかえて、真の過去の姿をちがったものにしてしまうことを考慮する必要があります。

ノイローゼ患者の場合には、この移しかえが、まったく故意のものではないと言えるかどうか疑わしいことがあります。私どもはこの移しかえの動機については、のちにくわしく論じますが、遠い過去への「後退空想」[15]という事実を正当に認めなければならないときがありましょう。私どもはまた、父親に対する憎しみが、のちの時期や関係などから生ずる多くの動機のために強められていることや、性的な願望が小児にはまだ身近なものとなっていない形式をとって母親にそそがれていたということも、容易に発見するのです。ところが、私どもがエディプス・コンプレクスの全体を、後退空想という考えにしたがって、のちの時期に関係づけて説明しようとすれば、それはむだな骨折りということになるでしょう。幼児期の中核と多少のそえものとが、そのまま存在しつづけていることは、小児の直接の観察が証するとおりです。

ところで、分析によってつきとめられた形式でのエディプス・コンプレクスの背後にあって、私どもが遭遇する臨床的事実は、非常に大事な実際上の意義をもっています。私どもは、性欲動がはじめて強力に自己主張をする思春期の時期に、昔の家族内にいる近親相姦的な対象がふたたびとりあげられ、また新たにリビドが配備されることを知るのです。幼児期における対象の選択は、思春期における対象の選択の弱々しい前奏曲にすぎないものだったのですが、方向をあたえるものではあったわけです。

ところで、思春期には、非常に強い感情的な過程が、あるいはエディプス・コンプレクスの方向をとって、あるいはエディプス・コンプレクスに対する反動の方向をとって起こります。しかし、これらの過程の前提となるものが、意識するに耐えがたいものとなってしまうために、その大部分は意識から遠のかざるをえないのです。この時期から個々の人間は、両親から離れて独立するという大きい課題に挺身しなければならなくなります。この課題を解決したのちに、はじめて人は小児であることをやめ、社会共同体の一員になるのです。この課題にあたって、息子は、リビドによる自分の願望を母親から離し、だれか現実の肉親以外の愛の対象を選ぶようにさしむけます。そして、もし父親と対抗状態にあるときには、父親と有和《ゆうわ》するし、もし幼児期の反抗の反動として父親に屈従するようになっているときには、その父の威圧のもとから脱出するということになります。これらの課題は万人にあたえられますが、その解決が理想的な仕方で、すなわち心理的にも社会的にも正しい姿でなされることがどれほど少ないかは、注目に値します。

ところで、ノイローゼ患者は、一般にこの解決に成功していないのです。息子は一生涯にわたり父親の権威に屈したままでおりますし、自己のリビドを他人である性対象へ転移させることができません。この関係を変えてみれば、同じことが娘の運命ともなりうるわけです。この意味において、エディプス・コンプレクスがノイローゼの核心とされるのは当然のことです。

みなさん！　みなさんは、エディプス・コンプレクスと関連のある、実際的にも理論的にも重大な意味のある多くの事情を、私がなんとあっさりとかたづけてしまうかと感じられるでしょう。私はエディプス・コンプレクスのもろもろの変種には立ち入りませんし、裏がえしの形がありうるとしても、ふれていないのですから。

このコンプレクスの比較的遠い諸関係のことについては、私は、ただ、それが文芸作品をもっとも強く規定するものであることがわかった、ということを示唆するだけにしておきたいと思います。オットー・ランクに、その貢献するところの多かった一巻の書物のなかで、あらゆる時代の劇作家たちが、題材を主としてエディプス・コンプレクスと近親相姦コンプレクス、およびその変種や偽装物などからとってきていることを証明しました。それからまた、エディプス・コンプレクスに含まれる犯罪性をおびた二つの願望は、精神分析がおこなわれるようになった時代のはるか以前には、自由な欲動生活のまっとうな表現だと認められていた、ということにも言及しないでおくことはできません。百科全書学派《アンシクロペディスト》のディドロ[16]の著作のなかに、『ラモーの甥《おい》』という有名な対話があります。これは、ほかならぬゲーテがドイツ語に訳した著作です。そこにはつぎのような注目に値する文章がみえています。〈もしこの小さい未開人がどこまでもかまわずになげだしておかれ、そのあらゆる愚かさをもちつづけ、そして、理性に乏しい赤ん坊の心に三十男の熱情を結合でもしてしまえば、父親の首をひねって、自分の母親といっしょに寝るかもしれない〉

しかし、私はもう一つのことを無視することができません。エディプスの母であり妻である女が、私どもに夢を思い出させたことを、むだにしてはならないのです。私どものおこなった夢の分析の結果では、夢を形成する願望は、非常にしばしば倒錯的であり、近親相姦的のものであって、自分が愛しているいちばん身近な者に思いもよらぬ敵意をもっていることを示すこともありました。[17] みなさんはそれをまだ覚えておられるでしょうか？私どもはそのときには、この邪悪な欲動がなにに由来しているかを解明しないままにしておきました。いまは、みなさんはご自身でそれを言うことができるわけです。それはごく早い幼児期に属し、意識的生活にとってはとっくに廃棄されたリビドが、保管され、対象配備されたものなのです。そしてそれは、夜間にはなお存在しており、ある意味では作用する能力のあるものであることがわかります。

だが、ノイローゼ患者だけではなく、すべての人間がこのような倒錯的、近親相姦的で殺人狂的な夢をみるのですから、私どもは、今日正常な人でも、倒錯とエディプス・コンプレクスの対象配備の時期を経由する発達の道を歩んできたのであって、この道は正常な発達の道であり、ノイローゼ患者は、夢を分析してみると健康者の場合にも見いだされることを、ただ拡大し粗大にしてみせているにすぎない、ということを結論してもさしつかえないのです。そうしてこのことこそ、私どもが夢の研究をノイローゼの症状の研究に先行させた動機の一つなのです。

(1)（一八五八〜一九二八）。耳鼻咽喉科の医師。一八八七年から一九〇二年にかけてのフロイトの時期を、ジョーンズはフリース期と呼んでいる。精神分析学の初期、ことにブロイアーとの訣《けつ》別《べつ》以後は、フリースの支持と賞讃と同感とが、フロイトの思想展開に精神的支柱をあたえた観さえあったからである。彼は月経という周期性の現象から生命活動の周期性の思想を展開した。おそらく月経周期から考えられたであろう二十八と二十三の二つの数を、あらゆる周期性の問題を解く鍵としたなど、数に関する神秘的な思想の持ち主でもあったようにみえる。彼は人間における両性的性格の問題についても述べている。しかし、彼とフロイトの場合も、ついにたがいに反感をいだきつつ別離するほかはなかった。

(2) 性的な過程が体内の性腺《せいせん》に生じる物質、今日にいう性ホルモンのごときものに左右されることの予想といえよう。性ホルモンのくわしい分類はごく新しい生化学の成果で、ここに説かれたごときものではない。

(3) (一二〇〇ころ～七〇ころ)。ドイツの吟遊詩人。のちに彼をめぐる伝説ができ、ドイツ文学に数多く扱われ、とくにワーグナーの楽劇によって有名である。彼はヴィーナスの山にはいって官能的な生活を送っていたが、やがてローマに巡礼し、法王にそのことを懺悔《ざんげ》する。しかし、法王はききいれないので、ヴィーナスの山にもどり、ふたたび現われなかったという。

(4) ヴィーナスの住んでいたと伝えられる中部ドイツの山をさす。ここでは、女性の陰阜《いんぶ》をもじってこう言っている。

(5) エジプトのベフデト市の神。年長のホールス神は鷹《たか》または鷹の顔をした人体の姿をしているが、幼児のホールス神は、王者の風である編髪を耳の上にたらし、指をしゃぶっている幼児として表現される。エジプトでは、王の体内に宿る王の保護者とされ、各地で崇拝された。

(6) (一八七七～一九二五)。精神分析学者。リビドの発達、抑鬱《よくうつ》のメカニズムの精神分析学的解明などによって、初期精神分析学に大きな貢献をしている。

(7) この講義は一九一七年になされ、第一次大戦の終結は一九一八年なので、ドイツの敗北はわかっていなかった。

(8) (前四九六ころ～四〇六)。ギリシアの悲劇詩人。彼にとって神は絶対のもので、人間は無力なものであった。その作品に『エディプス王』『コロノスにおけるエディプス』などがあり、ここでフロイトがとりあげているのは前者である。
(9)(前四八五ころ〜四〇六ころ)。ギリシアの悲劇詩人。彼はソフォクレスとちがって、神に対して批判的であった。
(10)罪ありと感じる負い目の意識。強迫ノイローゼの根底にはつねに激しい罪責意識がある。西欧のキリスト教における根源的な罪の意識と、この精神分析的なエディプス・コンプレクスにもとづくものとの関係をフロイトは予想しているのであろう。彼は宗教を集団的強迫ノイローゼとさえ言っている。
(11)一九一二〜一三年の著。宗教の始源を精神分析的に取り扱った本書は、大きい非難の反響をひき起こした。本書の方法論と所説については、最近の文化人類学的立場から多くの難点が指摘されている。
(12)父コンプレクスまたはエディプス・コンプレクスが親と子との関係における体験によるものであるのに対して、同胞との関係をも含めた親と子たちの複雑な家族全体的コンプレクスの意味に用いられている。
(13)フロイトの初期の弟子の一人。医師ではない分析学者として、今日で言う文化人類学の研究をしている。
(14)二者択一をせまられている人物としてのハムレットと同じ立場にたたされること。
(15)過去の記憶のなかに、その後の時期または現在の時期の事件を、空想的に織りこんでゆく現象。
(16)(一七一三〜八四)。フランスの哲学者・文学者。『ラモーの甥』は、一七六一〜六二年の作品。
(17)第十三講参照。

第二十二講　発達および退行という観点　病因論

みなさん！　私どもは、リビド機能がまわり道をへた発達をし、結局は正常と言われる仕方で生殖に役だつことができるまでになる、ということをお話ししました。さて、私はみなさんに、この事実がノイローゼの原因としてどういう意義をもっているかを、ご説明したいと思います。

このようなリビド機能の発達には二種の危険、すなわち第一に〈制止〉の危険、第二に〈退行〉の危険がともなっている、と私どもは仮定いたします。そして、これは一般病理学の説くところとも一致する、と信じております。つまり、生物学的過程には、変異を生じるという一般傾向があるのだから、すべての前行の準備段階が同じようにうまく経過し、完全に克服されるとはかぎらないのはやむをえない、ということです。機能のある部分はたえず早期の段階で押えられてしまい、発達の全体像中にある程度の発達の制止が混入するようになります。

このような過程に類似しているものを別の領域にさがしてみましょう。人類の歴史の早い時期にはよくみられたことですが、ある民族全体が新しい居住地を求めて現住地を立ち去るときには、もちろん全員がそろって新しい土地に到着するわけではありません。他の損失は別にしてみても、大部分の移住者たちは先へ先へと行くのに、彼らのうちの少人数の群れや団体が中途で前進を停止して、その場に定住してしまうようなことは普通にあったにちがいありません。あるいは、手近に比較を求めてみれば、ご存じのとおり、もっとも高等な哺乳《ほにゅう》動物においては、元来は腹腔《ふくこう》内の深部に位置を占めている男性生殖腺《せん》（睾丸のこと）が、胎児として子宮内にあるあいだのある時期に遊走しはじめ、骨盤端の皮下に達するようになります。この遊走がおこなわれる結果、若干の男子の場合には、一対の生殖腺の片方だけが骨盤腔のなかに残留するようになったり、本来は二つとも遊走中に通過してしまうはずの、いわゆる鼠径管《そけいかん》内に片方だけがいつまでも滞留してしまったり、また、すくなくとも正常な場合なら、生殖腺の転位がすんでしまえば癒着《ゆちゃく》してしまうはずの鼠径管が、ひらいたままになったりすることも起こるのです。私が若い大学生だったころ、最初の学問的な研究をフォン・ブリュッケ[1]先生の指導のもとにおこないましたが、その私が研究したのは、まだ非常に原始的な形態を保っている小さな魚の、脊髄後根《せきずいこうこん》の神経細胞の起源という問題でした。私は後根の神経繊維は脊髄灰白質《かいはく》の後角《こうかく》にある大きな細胞から出ていることを発見したのですが、これは他の脊椎動物ではもはや見られないものでした。ところで、その後まもなく私はまた、このような神経細胞が灰白質外に一面に広がっており、後根のいわゆる脊髄神経節にまで及んでいることを発見しました。そこから私は、これらの神経節群の細胞は脊髄から神経の根の領域まで遊走してきたのだと推論したのです。このことは発生学もまた示しているところです。ただ、この小さな魚の場合には、遊走してきた通路全体が取り残されている細胞からはっきりわかるようになっていたわけです。

もっと深く立ち入ってみれば、この種の比喩《ひゆ》の弱点をかぎわけることは、みなさんにもむずかしいことではないでしょう。ですから私どもがはっきりと率直に述べたいことは、性の欲求のある部分は最後の目標に到達しているのに、他のある部分が発達の比較的初期の段階にそのまま取り残されているということが、どの性の欲求にとっても可能なのだということです。その場合みなさんは、私どもがこのような性欲求のいずれをも生命が始まって以来ひきつづいている流れと考えているものであり、ただ私どもがいわば人為的に区分して、それを相前後してつづく別々の推進運動という形で考えているにすぎないことを認識されるでしょう。このような考え方はさらにすすんで解明する必要があるのではないか、という印象をみなさんは当然おもちになることと思います。しかし、その解明を試みると、話をあまりにもわき道へそらすことになります。しかし、部分欲求が初期の段階に停滞することが〈固着〉〔すなわち欲動の固着〕と呼ばれてしかるべきものだということだけは、ここで確認しておきましょう。

このような段階的な発達の第二の危険性は、発達して先へすすんだ部分もまた、ともすれば後退運動を起こしてこれらの早期の段階の一つへもどることがあるという点です。それを私どもは〈退行〉と名づけています。欲求がこのような退行現象を起こすようになるのは、欲求の機能を発揮すること、すなわち欲求が満足を得るような目標に到達することが、あとの段階、あるいはより高い発達段階の形式において、強い外的障害につきあたる場合です。私どもは、固着と退行とはたがいに無関係なものではないと仮定したいと思います。発達の途上での固着が強ければ強いほど、機能はそれだけ急速に先の固着のところまで退行するという手段によって、外的困難をさけようとします。つまり一応完成された機能も、その充足を妨げる外的障害に対して抵抗力がないことがわかるのです。考えてもごらんなさい。移動していくある民族が、有力な大部隊を途中の駐留地に残しておいたとします。その場合、先遣部隊にとっては、撃退されたり、より優勢な敵に遭遇したりした場合には、先の駐留地までひきさがろうと考えるのはごくあたりまえのことではありませんか。また同時に、移動の途中で残してきた人数が多ければ多いほど、敗北の危険も早くくるわけです。

ノイローゼを理解するためには、固着と退行とのこの関係から目を離さないことがたいせつです。そうすれば、みなさんは、私どもがまもなくとりあげるノイローゼの原因はなにかという問題、すなわちノイローゼの病因論の問題に対して確かな手がかりを得られるのです。

さしあたり、もうすこし退行の問題を考えてみようと思います。みなさんはリビド機能の発達について知られたことから考えて、退行には二種のものがあると当然予想してよいでしょう。すなわち、リビドを配備された最初の対象――これは周知のように近親相姦的な性質をもっていますが――への退行と、性愛の体制全体が早期の諸段階へもどっていく退行の二通りです。両者はともに感情転移ノイローゼに起こり、そのメカニズムの中では大きい役割を果たしています。とくに最初の近親相姦的なリビド対象の退行は、ノイローゼ患者のあいだでは、むしろうんざりするほどに必ず見られる特徴です。

他のグループのノイローゼ、すなわち、いわゆるナルシシズム的ノイローゼ(2)をひきあいに出せば、リビドの退行について、もっとお話しすることができますが、私どもとしては、現在のところ、これはすこしも意図しておりません。この疾患は、いままで言及しなかったリビド機能の別の発達過程を解明してくれますし、したがってまた、新しい種類の退行を示してくれるのです。

しかし、いまは何よりもまず〈退行〉と〈抑圧〉とを混同しないようにご注意申し上げ、みなさんがこの二つの過程の関係を明らかにされるお手伝いをしなければなるまいと思います。みなさんも記憶しておられることでしょうが、抑圧とは意識にのぼる資格をもつある行為、つまり前意識の体系に所属している行為を、無意識的にする、つまり無意識の体系のなかへ押しもどす過程です。私どもは、無意識の心的行為一般が、すぐ隣り合わせの前意識系のなかへはいることが許されず、敷居のところで検閲官によって押しもどされることをも、同じく抑圧と呼んでいます。それゆえ、抑圧という概念は、性愛とはなんの関係もありません。どうか、このことをよく注意してください。抑圧という概念は純粋に心理学的な過程を言いあらわすもので、〈局所的〉過程と呼べば特徴がもっとはっきりする心理過程です。局所的という意味は、それが心的な空間という仮定に関連するものということです。あるいはまた、この大まかな補助概念を用いるのをやめるなら、その過程は、別々の心的系統から成り立っている心的装置の構造に関連しているものということです。

以上のように比較をしてみて、私どもが「退行」ということばを、いままでは一般的な意味で用いたのではなく、まったく特殊な意味で用いてきたことにはじめて気づいたわけです。みなさんがこのことばにその一般的意味、すなわちより高い発達段階から低い段階へもどることという意味をあたえれば、抑圧もまた退行のなかにはいることになります。というのは、抑圧も心的行為の発達において、より早期の、より低い段階へもどることだといえるからです。ただちがうのは、抑圧の場合には後退の方向が問題ではないということだけです。なぜなら、ある心的行為が無意識という低い段階に固定される場合、私どもはダイナミックな意味で抑圧と呼んでいるからです。抑圧はつまり局所的、ダイナミックな概念であり、退行は純粋に記述的な概念です。

ところが、私どもがこれまで退行と名づけて固着と関連をもたせてきたものは、もっぱら、リビドが発達途上の早期の駐留地にもどること、つまり抑圧とはまったく本質的に異なること、抑圧とはまったく関係のないことをさしていたのです。だから私どもは、リビドの退行を純粋に心的な過程と称することはできませんし、心的装置のなかで、どこにそれを局在させてよいのかもわかりません。それは心的活動のうえに、きわめて強い影響を及ぼすものではあっても、この場合には器質的な因子がもっとも顕著な因子なのです。

みなさん、このような論究はどうしても多少とも味気ないものとならざるをえません。そこで、これらの論究をいくらか印象深く適用するために、臨床例に転じてみましょう。ご存じのとおり、ヒステリーと強迫ノイローゼとは、感情転移ノイローゼの二つの主たる代表です。さて、ヒステリーの場合には、もちろん、最初の近親相姦的な性的対象へのリビドの退行は存在しますし、まったくきまったようにきちんと起こりますが、性愛の体制上の初期の段階への退行はないと言ってもよいのです。そのかわり、ヒステリーのメカニズムで主役を演ずるのは抑圧です。もし、ヒステリーについて私どもがこれまでに確認しえた知識を理論的に構成して、完璧《かんぺき》なものにすることが許されるとすれば、私としては、その事態をつぎのように記述することができるでしょう。すなわち、性器の優位のもとにいろいろの部分欲動の統一がなしとげられていますが、その結果は意識と結びついている前意識的体系の抵抗に遭遇する、ということです。つまり、性器優位の体制は無意識にはあてはまるが、前意識にも同じくあてはまるというわけではありません。このように前意識の側から拒否されるために、性器が主位を占める以前の状態とある類似性をもった姿を現わしてくるのです。しかし、似てはいても、それはまったく違ったものです。二つのリビドの退行現象のうちでは、性的体制上の初期の段階への退行のほうがはるかに目だつものです。このような退行はヒステリーの場合には欠けています。しかもノイローゼに対する私どもの見解は、全体として時間的に先におこなわれたヒステリー研究の影響をまだかなり強く受けていますので、リビド退行の意義は、抑圧の意義よりもずっとのちになって私どもに明らかになったのです。ヒステリーおよび強迫ノイローゼのほかに、なおもう一つ、ナルシシズム的ノイローゼを考慮に入れることができるようになれば、このリビド退行の意義はさらに拡大され、これまでとは異なる価値をあたえられるだろうということを、覚悟しておく必要がありましょう。

これに反して強迫ノイローゼの場合には、サディズム＝肛門愛的体制という前段階へのリビドの退行がもっとも目だちますし、それが症状の発現にあたっての決定的な事実なのです。この場合に愛の衝動はサディズム的な衝動の仮面をかぶらざるをえないようになります。「おまえを殺したい」という強迫観念は、もしそれをある種の、しかし偶然ではなく不可避的な付加物から解放してやれば、「わたしはおまえの愛を享受したい」という意味にほかならないものなのです。同時に対象についての退行が起こり、その結果、その衝動はもっとも身近な、もっとも愛している人々にしか向けられないということになります。そのとき、この強迫観念が患者に呼び起こす驚愕《きようがく》と、また同時に患者の意識的知覚に受けとられる異様な感じは、みなさんも想像できると思います。

ところで、抑圧もまたこれらのノイローゼのメカニズムに大いに関与しているのですが、この点の分析は、ただいま私どものしているような大急ぎの入門では、もちろんなかなかできることではありません。抑圧のないリビドの退行は、けっしてノイローゼを招来することはなく、むしろ、性的倒錯になってしまうでしょう。このことからみなさんは、抑圧がノイローゼにもっともはっきりと固有のものであり、ノイローゼをもっともよく性格づける過程であることを見ぬかれると思います。しかし、おそらくいつかは、性的倒錯のメカニズムに関して、私どもの知っていることをみなさんに紹介する機会があるでしょうが、そのときには、性的倒錯のメカニズムの場合でも、人が考えたがるほど簡単には、なにごとも起こるものではない、ということがわかるでしょう。

みなさん！　もしみなさんが、ノイローゼの原因を探究する準備として、リビドの固着および退行に同意されるならば、たったいまお聞きになったこの二つのものに関する論述をすぐに納得されるだろう、と私は考えます。みなさんに対して、私はこのことに関し、まずただ一つのことだけを報告しました。すなわち、人間はそのリビドを満足させる可能性を奪われると、つまり私の表現によれば、「拒否」(3)にあうと、そのためにノイローゼになるということです。そして、その症状はとりもなおさず、拒否された満足の代理であるということです。もちろんそれは、リビドの満足の拒否が、いつでも拒否された当人を必ずノイローゼにするという意味ではありません。ただたんに、ノイローゼの症例では、およそ検討されたかぎりはすべて、拒否という因子が立証されるということにすぎません。つまり、この命題は逆は必ずしも真ではないのです。ですからみなさんは、ほんとうは右の主張はノイローゼの病因の秘密をすっかりあらわにしたなどというものではなく、まさにただ一つの重大な、見のがしえない条件を力説するにすぎない、ということを了解されたことでしょう。

この命題をひきつづいて論議してゆくためには、拒否の本性または拒否されたものの特性によりどころを求めてゆくべきかどうか、いまのところわかりません。ともあれ拒否が全面的であり、しかも絶対的なものであるということは、きわめてまれであります。病因として力を発揮するためには、たぶんその人物だけが渇望しており、その人だけがそうする能力をもっているような満足の方法が拒否されるのでなければなりません。

一般的に言って、リビドの満足をもたないことに耐えて、そのために病気にかかることもなくすごす道は、非常にたくさんあります。まず第一に私どもは、このような満足の欠乏を無害に受けとめることのできる人々を知っています。その場合、その人たちは幸福ではありませんし、満足を求めて悩みますが、病気にはなりません。つぎに、私どもが考慮に入れなくてならないのは、性的欲動の活動は——もしそう言ってもよいのであれば——はなはだしく〈可塑的《かそ》〉であるということを考慮に入れねばなりません。それらの欲動は、ある一つのものが他のものの代わりをつとめることができますし、その代わりをつとめた欲動の強さは、さきの欲動の強度をそのままになうこともできるのです。一方の満足が現実によって拒否されたときには、他のものを満足させることで完全に償うことができます。それら相互の関係は、水がいっぱいになってたがいに通じあっている水路網のようなものですが、しかもこれらのものは性器の優位のもとに服しているにもかかわらず、そういう状態にあるのです。この間の事情は、そう簡単に一つの観念にまとめあげられるものではありません。

そのうえまた、性愛の諸部分欲動は、それらの部分欲動から組織されている性の欲動とまったく同じく、その対象をとりかえるという大きな能力、つまりある対象を別のある対象、それよりもたやすく手に入れられる対象と交換するという大きな能力を示します。この置きかえの可能なことと、すすんで代用物を受け入れる準備体制がととのっていることとは、拒否のもつ病因的な作用に対して大いに阻止的に働くにちがいありません。満足の欠如からくる罹患《りかん》を防ごうとするこれらの過程のうちで、あるものは特殊な文化的な意義を獲得しております。その過程とは、性愛の欲求が部分快感や生殖快感に向けられた目標を放棄して、発生的にはその放棄された目標と連関してはいるが、それ自身もはや性的と呼ばれるものではなく、むしろ社会的と呼ばなければならぬような他の目標をとりあげるということなのです。私どもはこの過程を「昇華作用」と呼んでいます。この場合、その根底においては、自己追求的な性的目標よりも社会的目標を高等なものだとする一般の評価にしたがっているわけです。それはともあれ、昇華作用とは、性愛の欲求が性的ならぬ他の欲求に援護を求める一つの特殊例であるにすぎません。私どもは、他のことと関連させながらもう一度、昇華作用について話さなければならないでしょう。

ところで、みなさんは満足させられないという不自由さは、それを耐え忍ぶための、このようなすべての手段によって無意味なものになってしまった、という印象をもたれるでしょう。しかしそうではなくて、それは依然として病因としての力を保持しているのです。対抗手段というものは一般には十分なものではありません。すなわち人間が平均としてになうことができる、満足せしめられなかったリビドの量には限界があります。リビドの可塑性すなわち自在な可動性も、けっしてすべての人に完全に保持されているわけではありません。昇華の能力も、多くの人々には、ただわずかな程度にしかあたえられていないということは別としても、いつもただただリビドの何分の一かを解決しうるにすぎないのです。これらのいろいろの限界のうちでもっとも重大なものは、リビドの可動性の限界であることは明らかです。なぜなら、この限界があるために、個人の満足が非常に少数の目標と対象との獲得に依存することになるからです。ともかくリビドの不完全な発達は、性的体制上からも対象発見上からも、初期の段階への、非常におびただしくもあり、事情次第では幾重にもわたるリビドの固着をあとに残すことになり、その結果たいていは現実に満足を得ることができなくなるのです。そのことを想い起こしてさえくださるなら、みなさんはリビドの固着のなかに、拒否または挫折《ざせつ》体験とあいまって疾病《しっぺい》の原因となる、第二の有力な因子を認められることでしょう。みなさんは、これを図式化して簡約にし、つぎのように言い表わすことができるでしょう。すなわち、リビドの固着はノイローゼの原因の素因的・内部的な因子を代表し、拒否はその偶然的・外部的因子を代表するものである、と。

この機会にみなさんに、まったく無益な論争にまきこまれないように、ご注意したいと思います。学問的な仕事の世界では、真理の一部分をとりだしてそれを全体に置きかえ、その一部分の真理のために、これに劣らず真理であるそれ以外の部分を論難することが、好んでおこなわれます。このようにして、すでに精神分析運動もいくつかの方向に分裂したのです。そのあるものは自己主張的な欲動のみを認めて性愛の欲動を否認し、他のものは現実の生活上の課題の影響だけに価値を置いて、個人の過去があたえる影響その他を見のがしているというふうにです。さて、ここにもこれに類似した対立と論争とが生じるきっかけがあります。すなわち、ノイローゼは〈外因〉による病気か、それとも〈内因〉によるものかとか、あるいはある種の体質からくる不可避な結果か、それともある有害な〔外傷的〕生活印象の所産か、あるいは、とくに、リビドの固着〔およびその他の性的素質〕によってひき起こされるのか、それとも拒否の圧力によってひき起こされるのかという問題です。このディレンマは、私でもみなさんに提示しようと思えば提示できる別のディレンマ、すなわち子どもは父親の生殖行為によってできるのか、それとも母親の受胎によってできるのか、というようなものに劣らず愚かしいことです。両方の条件とも同じように不可欠なものだと、みなさんは当然答えられるでしょう。ノイローゼの原因についても、事情はまったく同じと言うのではありませんが、非常に似ているのです。

ノイローゼの原因を考察してみると、ノイローゼの症例は一つの系列をなしていて、この系列内では二つの要因――性的素質と体験、あるいはリビド固着と拒否、と言ってもよろしいでしょう――は、一方が減れば他方が増大するという関係になっています。この系列の一方の端には、みなさんが、この人たちはリビドの発達が非常に特異だから、たとえどんな体験をしたにしても、またどれほど注意深く生活をしていても、どのみち病気になったにちがいないと、確信をもって言えるような極端な症例が位置します。そして、他方の端には逆に、もしこの人たちが人生において、これこれの状態に置かれることがなかったら、おそらく病気にかからずにすんだであろう、と判断しなければならないような症例が位置します。この系列内の諸症例にあっては、素因となるような性的素質の多いか少ないかと、有害な生活上の必要条件の少ないか多いかとは、一致しているのです。彼らの性的素質も、もし彼らがこのような体験をもつことがなかったならば、ノイローゼをひき起こすことはなかったでありましょうし、また、もしリビドの状態がこれとちがっていたならば、これらの体験が彼らに外傷的に作用することはなかったでしょう。私は、この系列の症例については、素因となる要因のほうにより多くの意義を認めることができますが、しかしこのことも、みなさんがどこまでをノイローゼの領域として限界づけようとしておられるかに、かかっているのです。

みなさん！　私はみなさんに、このような系列を〈相補的系列〉と呼ぶことを提案します。そして、このほかにも、さらにこの種の系列を立てるきっかけを見いだすときの準備をしていただきましょう。

リビドが特定の方向と対象とを固執する執拗《しつよう》さ、いわばリビドの〈粘着性〉は、その人ごとに変わりうる独立的な因子と思われます。その因子の依存関係は、私どもにはまったく知られておりませんが、ノイローゼの病因としてのこの因子の意義を、私どもは、もうけっして過小評価はしないつもりです。しかし、また私どもは、この関係の密接さについても過大評価してはなりません。まさに、リビドのこのような「粘着性」は――どういう理由からかはわかりませんが――多くの条件のもとでは正常の者にもみられますが、ある意味ではノイローゼ患者とはまったくちがっている人々、すなわち性的倒錯者では、決定的な要因として見いだされるのです。

すでに精神分析のおこなわれる以前に、非常に早い時期から性的倒錯者たちの病歴のなかには欲動が異常な方向をとっていたり、異常な対象選択をしているとの印象が発見され、性的倒錯者のリビドは終生この印象に固着していた、ということはよく知られていましたは、明言できないことがよくあります。私はみなさんに、この種の症例で私が観察したものをお話ししましょう。現在では、女性の性器もその他のすべての刺激も、なんの意味もなくなっている男がありました。ただ靴をはいているある型の足だけが、彼を抗しがたい性的興奮の状態にまきこむのでした。この男は、自分のリビドが固着するのに決定的なものとなった、六歳のときのある体験を思い出しました。彼は英語のレッスンを受けるはずになっていた女の家庭教師と並んで、低い腰掛けにすわっていたのです。水のように青い色の目と天井を向いた鼻とをもち、やせて醜いオールドミスのこの家庭教師は、この日は足を病んでいて、ビロードの上靴をはいたままで、足をクッションの上に長く伸ばしていました。それでも、彼女の脚は行儀よくおおわれていました。そのときに彼が見たこの家庭教師の細く筋ばった足が、いまや、彼の唯一の性的対象になったのです。それは、彼が思春期になっておそるおそる正常な性的行為を試みたあとのことでした。この種の型の足に、さらに、あの英語の家庭教師の型を思い出させる他の特徴が加わっていると、この男は抵抗できぬまでに夢中になってしまうのでした。ところがこの男は、リビドのこのような固着によってノイローゼ患者にはならず、性的倒錯者、私どもの用語で言えば足のフェティシストになってしまったのです。つまり、リビドの過度の固着、しかも早すぎる固着

〔ビネ〕。なにがこの印象にリビドをこのように強くひきつける能力をあたえたかについて

は、ノイローゼの原因として不可欠ではありますが、それの作用範囲はノイローゼの領域外にも及んでいるのです。この条件もまた、前に述べた拒否という条件と同様に、それだけでは決定的なものではありません。

ですから、ノイローゼの原因となるものはなにかという問題は、複雑になるように思われます。事実、精神分析によって検討してみますと、私どもは一つの新しい要因を知るようになります。それは私どもが病因として並べたもののなかでは顧慮されていないもので、これまで健康だったのが急にノイローゼにかかってそこなわれることになった症例に、もっともよく認識されるものです。これらの人々のあいだには、通例、願望の動きに対する反抗のしるし、あるいは――私どもの言いなれたことばを用いますと――心的な〈葛藤〉のしるしが見いだされます。人格の一部分がある願望の味方になっているのに、他のある一部分がこれに反抗し、それを防ごうとするのです。このような葛藤がないときはノイローゼはありません。ところで、それはなにも特別なことではないようにみえるかもしれません。ご存じのとおり、私どもの心的活動は、私どもが決断をくださなければならない葛藤によって、たえず動かされています。それゆえ、このような葛藤が病因になるためには、特殊な諸条件が満たされなければならないはずです。私どもは、これらの諸条件とはなんであるか、どのような心的エネルギーのあいだにこの病因となる葛藤が起きるのか、その葛藤は病因となる他の諸因子とどのような関係をもっているか、それらの点を問わなければなりません。

私はこれらの問題に対して、図式的な簡約された形でではありますけれども、十分な答えを示すことができたらと願っています。葛藤は欲求拒否によって呼び起こされるのです。なぜなら満足を得そこなったリビドは、ここで別の対象と方法とをさがすほかはないからです。葛藤の条件となるのは、この別の対象と方法とが人格のある部分にとって気に入らない結果、拒否権が発動され、そのために新しい満足の仕方が、さしあたり不可能になるということなのです。ここから症状形成への道はさらに先へゆくわけですが、その道をたどることはのちにゆずりましょう。はねつけられたリビドの欲求は、あるまわり道を通ってやはり自己の思うところを貫徹します。もちろん、その際もある種の歪《ゆが》みを受け、緩和されることによって抗議が起こるのを考慮しないわけにはいきません。このまわり道が症状形成の道であり、症状とは、拒否という事実によってやむをえないものとなった新しい満足、すなわち代償満足なのです。

心的葛藤の意義は、別の表現をすることによって、正当に評価することができます。すなわち〈外的〉な拒否が病因として働くためには、さらに〈内的〉な拒否が加わらなければならないということです。このとき、外的な拒否と内的な拒否とは、もちろん異なった対象と方法とに関係することになります。外的な拒否は満足の一方の可能性を奪い去り、内的な拒否はもう一方の可能性をしめだそうとします。そこで葛藤が起こるのです。私はこのような叙述の仕方がいいと思っているのですが、それはこうした仕方が隠れた内包をもっているからです。すなわち、おそらく、人類の発達の原初の時代には、内的な妨害は現実の外的障害から生じたのだろうということを、こうした叙述が暗に示しているからです。

しかし、リビドの欲求に対して抗議するエネルギー、すなわち病因となる葛藤における一方の雄《ゆう》はなんでありましょうか。ごく一般的に言えば、それは性的でない欲動の力です。私どもはそれらを総括して「自我欲動」[4]と申します。感情転移ノイローゼの精神分析では、それをこれ以上に解きほぐす手がかりはあたえられません。私どもはせいぜい、分析に対してなされる抵抗によって、その知識を得ているにすぎないのです。病因となる葛藤は、ですから、自我欲動と性の欲動とのあいだの葛藤なのです。一連の症例では、全部が純粋に性的な、さまざまな欲求のあいだの葛藤であるようにみえることもありますが、しかし、それも結局のところ同じことです。なぜなら、二つの性的欲求が葛藤状態にあるとしますと、いつも、その一方はいわば自我に忠実なものであり、他方は、自我を防止することを要求するものだからです。つまりこれも、自我と性欲とのあいだの葛藤であることに変わりはありません。

みなさん！　精神分析がある心的な出来事を性の欲動によるものだと主張するたびに、世人はいつも憤激して、人間というものは、たんに性欲だけからなるものではない、心的活動には性的のもの以外の欲動や関心も存在している、われわれは「いっさいのもの」を性欲からひきだすようなことをしてはならない、等々と言って精神分析を攻撃したものでした。ところで、自分に反対の人と、ある一点についてでも意見の一致をみることは、しごく愉快なことです。精神分析は、性的でない欲動も存在することを忘れてはいません。そして、精神分析は性の欲動を自我欲動からはっきり区別することのうえに、うちたてられたものなのです。ノイローゼは性欲から生ずるのではなく、自我と性欲とのあいだに起こる葛藤にその根源がある、ということを、あらゆる反論に抗して精神分析は主張しているのです。ですから精神分析は、病気や実生活において性の欲動が果たす役割を追究はしますけれども、自我欲動の存在、あるいは意義を否定しようとする動機はまったくもっていないのです。ただ、感情転移ノイローゼによって、いちばんてっとり早く性の欲動のことを洞察できるようになったことと、他の人々が問題にしないでいたものを研究することが、精神分析の責務であったために、手始めに性の欲動の研究に従事することが精神分析の運命となっただけのことなのです。

ですから、精神分析が人格のうちの性的でない部分をすこしも顧慮しなかった、という非難は当たりません。まさに自我と性愛とを分離することによってこそ、私どもは自我の欲動もまためざましい発達をへてきたこと、この発達はリビドの発達とまったく関係がないのでもなければ、リビドの発達へ反作用を及ぼさなかったわけでもないことを認識できたのです。もちろん、私どもが自我の発達について知っていることは、リビドの発達の場合よりもはるかに不十分なものです。というのも、それはつまり、ナルシシズム的ノイローゼの研究ができてからはじめて、自我の構造についての洞察が得られるはずのものだからです。とはいっても、すでにフェレンツィ[5]がおこなった、自我の発達段階を理論的に構成しようとする一つの注目すべき試みがあり、自我の発達を評価するうえの拠点をすくなくとも二箇所は手に入れております。なんとなれば、ある人間のリビド的な関心は、はじめからその人の自己保存の関心と対立している、とは私どもは考えておりません。むしろ自我は、どの段階においても、そのときの自分の性的体制と調和するようにし、これを自分に合わせてゆこうと努めています。リビドの発達にあたってのそれぞれの段階の交代は、あらかじめ定められたプログラムにしたがっているようです。しかし、この経過が自我の側から影響を受けて、自我とリビドとのあいだにはある種の並行関係、すなわち両者の発達段階の一定の対応関係が、同じようにあらかじめ予見されるということ、いやそれどころか、この対応がかき乱されると病因的な要因さえ生じうる、ということも否定できないのです。

ところで、私どもにとってより重大な観点は、リビドがその発達のある箇所で強い固着を残した場合に、自我はどのような態度をとるかということです。自我はその固着を容認することもあります。その場合、その程度に応じて倒錯的、あるいは同じことですが、幼稚的となります。しかしまた、自我はリビドのこの固着を拒否する態度をとることもあります。その場合には、自我はリビドが〈固着〉したその箇所で〈抑圧〉を加えるのです。

こういうふうにして、私どもは、ノイローゼの病因となる第三の因子、すなわち〈葛藤傾向〉は、リビドの発達によって左右されるのとまったく同じく、自我の発達によっても左右されているという知識をもつようになります。こうして、ノイローゼの原因となるものに対する私どもの洞察は完成されたのです。まず第一に、もっとも一般的な条件として拒否、次いで、一定の方向に向かってリビドを押しやるリビドの固着、第三に、このようなリビドの衝動を拒む自我の発達から生じる葛藤傾向です。ですから、私が話をすすめているあいだ、おそらくみなさんが感じられたほど、事態はひどく混乱していて見通しにくいものではありません。しかし、もちろん、まだこれですべてがかたづいたわけではないのです。私どもはなお、ある新しいことをつけ加え、かつすでに熟知のことをさらに分析しなければなりません。

自我の発達が葛藤の形成に、したがってまたノイローゼの原因をなすものに対して及ぼす影響を実証するために、みなさんがたに一つの実例をお目にかけたいと思います。もちろん創作ではありますが、いかなる点においても現実に起こりうる可能性のあるものです。私はネストロイ（十九世紀中ごろに活躍したオーストリアの俳優・劇作家）の道化芝居にならって、「一階と二階とで」という題をつけることにいたします。

一階には門番が住み、二階には豊かで上品な家主が住んでいます。二人とも子どもがありますが、家主の小さい娘は無産階級の門番の娘と自由に遊ぶことを許されていると仮定してみましょう。そのようなときには、子どもたちの遊戯がとかく行儀の悪い、つまり性的な特色をおびるようになり、彼らは「お父さんとお母さんごっこ」をし、人目に隠れてたがいに変なところをながめあったり、性器を刺激しあったりすることが起こりがちです。門番の娘は五、六歳であっても、大人の性生活について少なからず観察する機会があったので、この場合には誘惑者の役割を受けもつでしょう。このような体験は、たとえ長いあいだはつづかないとしても、両方の子どもにある種の性的な欲情をひき起こすには十分であり、この欲情はいっしょに遊ぶことをやめてからも、何年かはオナニーという形をとって現われます。ここまでは両者に共通であっても、最後の結果はこの両方の子どもで非常に異なってくるでしょう。

門番の娘はほぼ初潮をみるころまでオナニーをつづけ、やがてこれという困難もなくそれをやめてしまい、二、三年後には愛人をもち、おそらくは子どもをもつようになるでしょう。また、あれこれの人生行路をたどって、もしかすると人気のある芸術家となったり、しまいには貴族夫人になったりするかもしれません。いや、おそらく彼女の運命はそれほど輝かしいものにはならないでしょうが、しかし、とにかく、あの以前の性的な行動によってそこなわれることなく、ノイローゼにもかからず、その充実した人生を送るでありましょう。

ところが、家主の娘のほうはちがうのです。この娘は子ども時代から早くも、自分はなにかよくないことをしたとおぼろげながら感じるようになり、まもなく、だがおそらくは激しい心の戦いをへたあとで、ようやくオナニーによる満足を放棄するでしょう。しかし、彼女は、オナニーによる満足を放棄したにもかかわらず、なにか重苦しい圧迫されたものを胸のうちにもったままでいることと思われます。彼女は年ごろになって人間の性交についていくらか見聞をもつようになると、なぜかわからぬ嫌悪の念をいだいてそれから身をそむけ、そのままでなにも知らずにいたいと思うでしょう。おそらく彼女はこのときまた、新たに起こってきたオナニーをしてみたいという押えがたい激しい衝動にうちまかされるでしょうが、それを訴えることもあえてしないのです。やがて彼女がだれかある男の妻となるべき年になったとき、ノイローゼが突発して、そのために彼女は結婚と人生の希望を奪いとられてしまいます。ところが、精神分析によってこのノイローゼを洞察するのに成功すると、この躾《しつけ》がよく、知的で、しかも高い望みをもった娘は、性の欲動を完全に抑圧してしまっていることがわかります。この性の欲動は——彼女には意識されないままに——幼な友達とのあのつまらない体験に結びついていることもわかるのです。

この二人の少女の運命が、二人とも同じ体験をしているにもかかわらず異なっているのは、一方の少女の自我は他方の少女ではみられなかったような発達を経験していたことに起因するのです。門番の娘にとって性行動は、のちになってからも小児期の場合とまったく同じように自然なものであり、ためらう必要のないものと思われています。家主の少女のほうは教育の感化を受けて、教育の要請を受け入れたのです。彼女の自我は、教育によってあたえられた鼓舞激励にもとづいて、女は純潔で性的なものの必要を感じないものだという、性的活動とは調和しない理想を形成しました。彼女の知的教養は、女としての役割に対する関心を卑しいものと考えさせるにいたったのです。彼女の自我のこのようないちだんと高い道徳的・知的発達のために、彼女は性愛の諸要求との葛藤におちいったのです。

私は今日は、自我の発達における第二の点について、なおくわしく述べたいと思います。その理由は、ある種の広くひらけた展望をもつためでもあり、また以下に述べることこそが、私どもが好んで自我の欲動と性の欲動とのあいだに、必ずしも自明なものではないにせよ、はっきりした区別をたてることの正当性を立証するのに適しているためでもあります。

自我の発達とリビドの発達との両者を評価するときに、私どもは、これまでまだその価値があまり認められなかった一つの観点を、前もってお話ししておかなければなりません。この両者は根本において、人類全体が非常に長い年代をへてきたその原始時代からの発達の遺産であり、短縮された形でのそれの反復だということです。リビドの発達にはこの

〈系統発生的〉な由来がそのままにみられる、と私は考えたいのです。ある種の動物では、生殖器と口とは密接な関連をもっており、また他の種の動物では、生殖器が排泄器官と分離していませんし、さらに別の種属では、生殖器が運動器官と結びつけられている、ということを考えてみてください。このようなことについては、ベルシェのすぐれた著書(6)のなかに、興味深い記述がなされています。つまり、動物のあいだでは、いわばあらゆる倒錯が凝結して一つの性的体制となっているのがみられるわけです。ただこの系統発生的な観点は、人間の場合には一部分わからなくなっています。それは、根本においては遺伝したものであっても、その個体の発達という点からみれば、新たに獲得されるものなのだという事情によるものです。これはおそらくその昔、新たな獲得を余儀なくさせた事態と同じ事態がいまなお存続しており、それが各個体に影響しているからでありましょう。昔はこの事態は創造的な働きをしたのですが、いまは遺伝されたものをひきだす働きをしているのだ、と私は言いたいのです。

そのうえ、いま概略の話をした、この各個人における発達の過程は、外からの新しい影響によってさまたげられ、変更されることも疑いのない事実です。しかし、人類に対してこのような発達を強制し、今日なお同じ方向へその圧力を持続している力を、私どもは知っております。それは、これまた現実の拒否なのです。あるいは、それに正しい大きな名をあたえるならば、生の〈必要〉、すなわちギリシア語のアナンケー(7)です。これは厳格な教育者であり、私どもをいろいろにつくり変えました。ノイローゼ患者というのは、この教育の厳格さが悪い結果をきたした子どもたちのようなものです。それはあらゆる教育において起こりうる危険です。ただし、「生の必要」を発達の推進力として評価したとしても、私どもは、「内的な発達の傾向」――こういうようなものが証明されうるとして――のもつ意義を軽《かろ》んじる必要はないのです。

ところで、性の欲動と自己保存の欲動とが現実の必要に対して同じ仕方でふるまうものではない、ということは非常に注目すべきことです。自己保存の欲動とそれに関連するいっさいのこととは、割合に教育しやすいものです。自己保存の欲動は早くから、生の必要に応じて現実の指示に適合しながら発達することを学びます。これは考えてみれば当然なことです。自己保存の欲動は自己の必要とする対象を他の仕方では手に入れることができませんし、それらの対象がなければ、個体は滅びなければならないからです。性の欲動となりますと、これよりも教育がしにくいのです。性の欲動ははじめは対象にこと欠くということを知らないからです。性の欲動は身体の他の機能にいわば寄生するような格好で、自己の身体を対象として自体愛的に満足しますから、現実的な必要性という教育上の影響は、さしあたりは封じられた形になっています。しかも性本能はわがままで他から影響を受けがたいという性格をもっており、これを私どもは「無思慮」と呼ぶのですが、たいがいの人間の場合、なんらかの点で、全生涯を通じて性の欲動はこの性格をもちつづけるのです。それに若い人を教育する可能性は、その性的欲求が決定的な強さでめざめてしまえば、おしまいになるのが通例です。教育者たちはそのことを知っていますし、それに応じて行動しますが、おそらく彼らは精神分析の諸成果に動かされて、教育上の主たる力点を乳児期に始まるごくはじめの幼児期に移すようになるでしょう。四歳から五歳で、すでに小さな人間ができあがっていることがしばしばあり、その後はただ、すでに内にひそんでいるものを徐々に現わしてくるにすぎないのです。

二つの欲動群のあいだにある、いま指摘したような区別の意義を十分に評価するために、私どもは前にさかのぼって、〈経済的〉と名づけるに値する一つの考察をご紹介しなければなりません。これによって私どもは、精神分析のなかでもっとも重大な、しかし残念ながら同時にまたもっとも明らかにされていない領域の一つにはいってゆくことになるのです。私どもは、私どもの「心的装置」の働きに、ある主要な意図が認識されうるかどうかという問題を立てて、まず大ざっぱに、その意図は快感獲得にある、と答えておきます。私どもの心的活動はすべて快感を求め、不快感をさけることに向けられている、つまり、自動的に〈快感原則〉[8]によって規制されているように思われます。ところで、私どもは快および不快の成立の条件となっているこの世のすべてのことどもを知りたいのですが、ほかならぬその点の知識が私どもには欠けているのです。ただ、快は〈なんらかの形で〉「心的装置」のなかで支配的な刺激の量の減少、低下または消滅と結びついており、不快は刺激の量が高まることと結びついている、ということだけは主張してさしつかえないようです。人間にとって到達しうるもっとも強い快感、すなわち性行為をしている際の快感を検討してみたところでは、この点に関して疑問の余地はほとんどありません。このような快感を得る過程では、心的興奮またはエネルギーの量の運命が問題ですから、私どもとしては、この種の考察を経済的見地からの考察と称しているわけです。

私どもは、「心的装置」の課題と仕事とを、快感の獲得を強調するのとはちがった仕方で、しかもより一般的に記述できることに気がつきます。つまり、「心的装置」は内外から近づいてくる刺激の量、すなわち興奮の量を制圧し、そのかたをつけるという目的に奉仕するということができるのです。性の欲動は、その発達のはじめにも終わりにも、快感の獲得のために活動していることは疑問の余地なく明らかです。性の欲動はこの根源的な機能を変わることなくもちつづけています。他の欲動、すなわち自我の欲動もまた、最初は同じことを得ようと努めますが、必要性という教育者の影響のもとに、まもなく快感原則をある変容によって置きかえることを覚えるのです。自我欲動にとっては、不快感をさけるという課題は、快感獲得という課題と同じ価値をもつものとして並置されます。自我は、直接的な満足を断念したり、快感の獲得を先へのばしたり、一部の不快感に耐えたり、一定の快感の源泉をすっかり放棄したりすることがさけがたいのを知るようになります。自我このように教育された自我は「分別がついた」のであり、もはや快感原則には支配されることなく、〈現実原則〉[9]にしたがいます。この現実原則も結局は快感を得ようとしているのですが、現実を顧慮することによって保証された快感なのです。その快感は延期されかつ減少させられたものではありますが。

快感原則から現実原則への移行は、自我の発達におけるもっとも重視すべき進歩の一つです。私どもはすでに、性の欲動が、自我の発達の途上におけるこの移行の道程を、おくればせに、しかも抵抗しながら経過することを知っております。そして、人間の性愛が外的現実に対し、このようなゆるい関係で満足することが人間にとってどんな結果になるかは、あとでお話しいたします。結論として、この点に関してもう一言申しておきます。人間の自我がリビドと同じくその発達史をもっているとなれば、「自我の退行」という現象もまた存在する、と申しましてもみなさんは驚かれないでしょう。そしてみなさんは、自我が以前の発達段階へもどることが、ノイローゼという病気の場合にどのような役割を演じうるものかを知りたい、と考えられることでしょう。

(1)（一八四九〜九一）。ウィーン大学医学部の生理学者。ヘルムホルツ、デュ・ボア＝レーモンおよびC・ルドウィヒらとともに生体活動を「生気」の働きに帰する活力説を排除し、物理学的・化学的原理によって説明することを志していた。フロイトは、ブリュッケには父に対するごとき畏怖《いふ》と敬愛の心を終生いだいていたようにみえる。

(2) ナルシシズムは自己愛。おのれの自我に対してリビドの配備されている状態と言えよう。第二十六講「リビド論とナルシシズム」参照。ナルシシズム的ノイローゼについて、フロイトは精神分裂病（早発性痴呆）、躁鬱病などのように、いわゆる内因性精神病を考えている。この型のノイローゼでは、医師と患者とのあいだに好ましい了解可能な対人関係が結ばれず、精神分析療法は困難とされている。

(3) 英語でいうフラストレーション（欲求挫折）に近い概念ととってよい。

(4) 自己を保持し、その安全を目標とする欲動を仮定してこう名づけた。のちに、フロイトはこれをエロスの欲動のなかに包含した。

(5) ハンガリーにおける指導的な精神分析学者。フロイトとの師弟関係はもっとも長くつづいたが、結局は意見の相違によって別れざるをえなかった。自我の現実感の発達についての業績は高く評価されている。

(6)『自然の恋愛生活、恋愛の進化史』のこと。この本は、当時のベストセラーであった。

(7) ギリシア語では、必然、暴力、強制などの意を含んでいる。運命の意味に用いられることもある。ギリシア神話では、運命の「必然性」を擬人化して、女神としている。運命の女神アドラスティアはその娘である。

(8) 快・不快原則ともいう。快を求め、不快をさける個体の適応原則。

(9) 快・不快原則に対応的に考えられる、外界の現実の要請に注目する自我の適応原理。一般にエスは快感原則に、自我は現実原則にしたがうと考えられている。

第二十三講　症状形成の経路

みなさん！　素人《しろうと》のかたがたは、病気の本体をなしているものは症状であると考え、それらの症状が解消することが治癒《ちゆ》だと思っています。しかし、医師は症状と病気とを区別することをたいせつに考え、症状が除かれたからといって病気が治ったのではない、と申します。しかし、症状が除かれたあとに残った、はっきり病気と言える部分は、新たに症状を形成する能力であるにすぎません。それゆえ、私どもは目下のところ素人の立場に立って、症状の根拠を明らかにすることは病気を理解することと同じ意味をもつものとみなしたいと思います。

症状というのは――もちろん、この場合問題となるのは心的〔あるいは心理的〕症状と心的な病気にかかっていることですが――生活全体にとって有害であるか、すくなくとも役にたたない行為であり、しばしば病人から嫌なものだと訴えられ、病人にとっては不快感あるいは苦悩をともなうものです。症状の害のおもなものは、症状そのものが要求する心情的消費と、さらに症状にうちかつために必要な心情的消費です。この両方の消費のために、症状の形成がひどくなると病人の手もとにのこるエネルギーは非常に乏しくなり、したがってまた、すべての重大な生活課題に対して活動する余力を病人から奪ってしまう結果になりうるのです。この結果になるかどうかは、主として、このようにして要求されるエネルギーの量のいかんによりますから、「病気である」ということは、本質的に実用的な概念であることをみなさんも容易に認識されるでしょう。ところが、理論的な立場に立って、この量を度外視すれば、私どもはみな病気である、すなわちノイローゼにかかっている、なぜなら、症状形成の諸条件は正常者においても指摘できるのだから、ということは容易にできます。

ノイローゼの諸症状は、ある新しい種類のリビドの満足をめぐって起こる葛藤の結果であることは、私どもはすでに知っております。仲たがいした両方の力は症状のなかでふたたびいっしょになり、いわば症状形成という妥協を通じて和解するのです。それゆえ、症状はまたあれほどの抵抗力をもっているわけです。つまり、症状は両方の側からささえられているのです。葛藤をしている一方は、現実によって拒否され、満足を得られないリビドですから、自己を満足させる方途をほかに求めなければならないことも、私どもにはわかっています。そのリビドのほうでは拒否された対象の代わりに、それとは別な対象でもよいというのに、現実が相変わらずこの願いをいれないとすれば、リビドは結局のところ、やむをえず退行の道をとり、すでに通りすぎてきたはずの体制のうちのある段階に立ちもどるか、以前に放棄した対象の一つによって満足を得ようと努めることになるでしょう。

リビドは、その発達にあたってこれらの箇所に残してきた固着にひきずられて、退行の道をとるのです。

ところで、倒錯へゆく道とノイローゼへゆく道とは、はっきり分かれます。これらの退行が自我の反抗を呼びさまさなければ、ノイローゼにはならず、リビドは、たとえもはや正常ではないとしても、なにかある現実的な満足に到達するのです。ところが、たんに意識を意のままにできるのみならず、運動性神経支配への通路、したがってまた心的欲求の実現への通路をも意のままにできる自我が、これらの退行に同意しなかった場合には、葛藤が生じます。リビドは進路を断たれているようなものですから、どこか逃げ道を求めて、快感原則の要求にしたがっておのれに配備されたエネルギーのはけ口を見つけようと試みざるをえません。リビドは自我からのがれなければならないのです。ところが、このような逃避をリビドに許すのは、リビドが現在退行しつつある発達のかつての途上における固着であって、それらの固着は、自我が以前に抑圧によって防ごうとしたものなのです。リビドは逆流しながらこれらの抑圧された場所を占拠することによって、自我ならびにその諸法則から遠ざかったのですが、その際同時にまた、この自我の影響のもとに得られたすべての教育をも放棄することになるのです。

リビドは、満足が得られそうなかぎりは、従順で御しやすいものです。外的拒否と内的拒否という二重の圧迫を受けると、リビドは不従順となり、いまよりはよかった以前の時代を思い出すようになります。これがリビドの、根本的に不変な性格なのです。いまリビドがそのエネルギーを配備しようとして運んでゆく諸表象は、無意識の体系に所属しているものであり、その体系内で可能な諸過程、とくに凝縮との置きかえを受けざるをえません。こうして、夢の形成の場合とまったく同じような関係がつくられます。無意識的なもののなかでつくりあげられ、無意識的な願望空想の充足である本来の夢に検閲活動をおこない、和解に達してのちに、〔前〕意識的活動の一部が妥協の産物としての顕在夢の形成を許すように、無意識体系中のリビドを代表するものも、前意識的自我の権力を考慮に入れなければならないのです。自我のなかでリビドの代表に対して起こった反抗は、「逆配備」(1)としてリビドにしたがい、リビドをして、同時にその反抗自身の表現でもありうるような表現を選ばざるをえないようにさせます。

そういうわけですから、症状は無意識的なリビドの願望充足の、さまざまに歪みを受けた派生物として生じるのです。すなわち、症状はたがいにまったく矛盾する二つの意味をもつ二義性を巧妙に選択いたします。しかし、この最後の点だけについては、「夢の形成」と「症状の形成」とのあいだには一つの差異が認められます。というのは、夢の形成における前意識的な意図はただ睡眠を保護し、睡眠をさまたげるものはなんであれ意識にのぼらせまいとするにすぎず、無意識的願望の欲求に対して、「だめだ、ひっこめ！」と鋭く呼びかけることはないからです。それは、眠っている者の置かれた状況がさほど危険ではない関係上、割合に寛容であってもよいわけです。現実への逃げ道はただ睡眠状態だけによってのみさえぎられています。

このように、葛藤という条件下においてリビドが回避をおこなえるのは固着というものがあるからです。これらの固着というリビドの退行的配備は、抑圧を迂回《うかい》させて、リビドを他へそらす——あるいは満足させる——ということなのですが、この場合には妥協の諸条件がまもられていなければなりません。無意識と古い固着とをへて、リビドはついに現実的な満足に到達するのですが、もちろんこの満足は非常に制限されて、ほとんどそれとは認めがたいようなものです。この最後の結末に関連して、二つの意見をつけ加えさせていただきたいと思います。第一に、このときに一方ではリビドと無意識とが、また他方では自我意識と現実とが、けっしてはじめから組み合わさっているのではないが、いかにも密接に結合されていることに注意していただきたい、ということです。第二に、ここで言われたことや今後つづけて述べることは、すべてヒステリー性のノイローゼの場合の症状形成のみに関係しているということを、心にとめて聞いていただきたいということです。

ところで、リビドは抑圧の突破口をつくるのに必要な固着を、どこに見いだすのでしょうか。それは、幼児性愛の活動と体験とに、すなわち小児期に捨て去られた部分欲動と、放棄された対象とに見いだすのです。つまり、リビドはそれらのもとにふたたびもどってゆくわけです。この小児期には二通りの意義があります。第一は、この時期に、小児が生まれつきの素質としてもって生まれた欲動の方向が最初に現われたということであり、第二は、外的影響、すなわち偶然の体験によって小児の欲動の他のものがはじめてめざめさせられ、活動しはじめたということです。このように二つに分けてみるのが正しいことは、なんの疑いもない、と私は信じています。生まれつきの素質が発現することには批判の念をさしはさむ余地はありませんが、しかし、分析の経験によれば、私どもは、まったく偶然的な幼い時期の体験がリビドの固着をあとに残すことがありうる、と仮定せざるをえないのです。私はまた、この点に理論的な困難があるとも思っておりません。体質としての素質はたしかに昔の祖先が体験したもののなごりであり、それらもまたかつては獲得されたものなのです。このような獲得がなければ、遺伝ということはありえないはずです。そうして、遺伝されるようになったこのような獲得性質が、私どもの考察の対象となった当の世代で急に終わってしまうということが考えられるでしょうか。よくあることですが、先祖の体験やおのれの成熟のもつ意義にくらべて、幼児期の体験の意義をものの数ではないかのように無視してはなりません。むしろ逆に、これは特殊の評価を受けるべきものでありましょう。幼児期の体験は、まだその発達が未完成な時期に起こることであるだけに、なおのこと重大な結果をもたらします。この事情によってこそ、この種の体験は外傷的に作用するのに適しているのです。ルー(2)その他の人々の発育のメカニズムに関する研究は、細胞分裂中の胚子《はいし》を針で刺すと、その結果、重大な発育障害が起こることを示しております。同じような傷害でも、幼虫あるいは成熟した動物にあたえた場合は、無害のままですんでしまうでしょう。

ですから、私どもがノイローゼの原因を示す方程式のなかに体質的な因子の代表者として導入した成人のリビド固着は、いまや私どもにとって、さらに二つの要因、すなわち遺伝的な素質と小児期のはじめに獲得された素質とに分解されるわけです。私どもは、図式というものはきっと学習者の同感を受けることを知っておりますので、これらの関係を一つの図式に総括してみましょう。

ノイローゼの原因＝リビド固着による素因＋偶発的体験〔外傷的体験〕

性的体質〔先史的体験〕　幼時体験

いろいろある部分欲動のどれかの素質がそれ自身単独で、あるいは他の部分本能と結合して特別に強くそなわっているのに応じて、遺伝的な性的体質はまた非常にさまざまの素質を示します。幼時の体験という因子といっしょになって、性的体質はまたしても「相補的系列」を形成しています。これは、私どもがはじめてよく知るようになった成人の素因と偶然的体験とのあいだにみられる系列関係によく類似しています。成人でも、小児と同様に、同じような極端な症例と同一の代表関係とが見いだされます。この場合、リビド退行としてもっともいちじるしいもの、すなわち性愛の体制のより初期の段階への退行は、遺伝的体質という要因により多く制約されているのではないか、という疑問は、だれしも一応いだきやすいことです。しかし、この疑問に答えることは、相当数のノイローゼの罹《り》患《かん》形式を顧慮できるまで延ばすのがいちばんよいと思います。

さて、分析的検討をしてみると、ノイローゼ患者のリビドはその幼児期の性的体験に束縛されていることがわかるのですが、この事実をしばらくとりあげてみることにしましょう。この事実は、幼児期の性的体験が人間の生活と罹患とに対して非常に大きい意味を有していると思わせます。幼児期の性的体験のこのような意味は、治療作業が問題になるかぎりは、いつまでも減少することはありません。しかし、この治療という課題を別にすれば、生活をあまりに一面的にノイローゼ的状況にあわせてみるという誤りにおちいる危険があることが、容易に認められます。リビドはそののちに占めたポストから追いやられたので、退行的に幼児期の体験に立ちもどったのだという事情は、幼児期体験の意味を考えるときに差し引いて考えなければいけません。しかしその場合にも、反対の面からみれば、リビド体験は幼児期にはまったく意味をもたず、退行的になってはじめて意味をもつようになったのだと推論するのが、もっとも妥当な考え方です。このような二者択一に対して、すでにエディプス・コンプレクスを論じた際に、私どもの態度をきめておいたことを思い起こしていただきましょう。(3)

決定をくだすことは、このたびもむずかしくはないようです。幼時体験のリビド配備——つまり病因的意義——は、リビドの退行によって大いに強められているのだという考えは、疑いもなく正しいのですが、もしもその考えだけが唯一の決定的な考えだととるなら、それはまちがいを起こすことになります。そのほかになお別の考え方があることを認めなければなりません。

第一に、観察によると、幼時体験はそれ自身として意義をもっており、すでにそのことが小児期に証明されていることは、疑う余地はありません。現に小児ノイローゼ(4)というのがあり、この場合、罹患は外傷的体験の直接の結果としてそれにひきつづいて起こる関係上、時間的な後退という要因は必然的に低められるか、あるいはまったく脱落しています。この小児ノイローゼの研究は、成人のノイローゼについての幾多の危険な誤解を防いでいます。それは、ちょうど小児の夢が成人の夢を理解する鍵を私どもにあたえたようなものです。ところで、小児のノイローゼは人々が考えているよりは非常に数の多いものです。見すごされることがしばしばあり、不良とか不行儀の現われと判定され、また子どもの教育にあたる人々によって押えつけられますが、しかしのちになってふりかえってみれば、いつも容易にそれと知ることができるものなのです。それは多くの場合〈不安ヒステリー〉の形で現われます。不安ヒステリーと呼ばれるものについては、いずれまた別の機会にお話しするつもりです。後年になってノイローゼが突発したときに、それを分析してみると、通例はただヴェールをとおして見るようにはっきりせず、ただ暗示的に形成されているものではありますが、あの小児期の疾患の直接の継続であることがあらわになります。しかし、前にも述べたように、この小児性ノイローゼが中断されることなくつづいて、生涯にわたる病気につらなっている場合もあります。私どもが小児自身にじかに接して――現実に病気になっている状態で――分析することができたのは、小児ノイローゼのわずか二、三の実例だけでした。成人してから病気にかかった人を診察して、その人が小児ノイローゼであったことをあとから洞察しえたという場合のほうが、それよりもはるかに多かったのはやむをえませんが、その際にはある種の訂正を加え、かなり慎重にやることをないがしろにしてはなりませんでした。

第二に、リビドを小児期にひきつけるようなものはそこにはなにも存在しないのに、リビドがこのようにきまってこの時期へ退行するのは、不可解ではないかと言わざるをえません。発達途上のそれぞれのところに仮定される固着が内容をもちうるのは、私どもが固着をリビドのエネルギーのある量がそこにとめおかれることだとする際においてだけなのです。

最後に、私はこの場合、幼時の体験と後年の体験の強度と病因としての意味とのあいだには、以前に私どもが研究した系列の場合に類似した相補的関係が存することに、みなさんの注意を喚起しておきましょう。原因の全重心が小児期の性的体験にかかっている症例があります。このような症例では、この印象は確実に外傷的な作用を示しており、人並みの性的体質とその未熟さから生まれるもの以外には、いかなる支柱をも必要としません。このほかにもまた、アクセントのすべてが後年の葛藤に置かれており、分析によって小児期の印象が強調されても、まったく退行のために生じたものであるようにみえる症例もあります。すなわち、「発達の制止」と「退行」とは両極であり、この両極のあいだでこの両要因があらゆる度合いで作用しあっているのです。

これらの関係は、小児の性的発達に早い時期に干渉して、ノイローゼの防止を企図する教育学にとっては、ある種の興味があります。主として小児の性的体験に注意を向けているかぎりは、小児の性的発達を遅らせて、小児がそのような体験をせずにすむように配慮してやれば、それでノイローゼを予防するうえで万全をつくしたと考えざるをえないようになります。しかし、私どものすでに知っているように、ノイローゼの原因になる条件は複雑きわまるものであり、ただ一つの因子を顧慮するだけでは一般的な問題を左右するわけにはゆきません。

小児期をきびしく保護してみても、それは体質的因子に対しては無力なものですから価値はないのです。そのうえ、それは教育者の想像する以上に実行がむずかしく、軽視できない新しい二つの危険を必ずともなっています。その一つはあまりにもゆきとどきすぎること、すなわち、結果としては有害な過度の性的抑圧が起こりやすいという危険です。もう一つは思春期に当然やってくることが予期されている性的要求の襲撃に対して、抵抗力をもたないままに小児を人生へ送り出すという危険です。ですから、幼い時期の予防はどの程度やれば効果がありうるか、現実に対する態度を変えさせることが、ノイローゼを防止するためのよりすぐれた攻撃点を約束するものかどうか、ということはまったく疑わしいことです。

さて、症状のことにもどりましょう。症状はつまり、拒否された満足を、リビドをより前の時期へ退行させることによって代償することであり、これには対象選択または体制のより早期の発達段階に帰るということが不可分に結びついています。ノイローゼ患者はその過去のどこかの時期に固着しているということはずっと前に申しましたが、その時期というのは、彼のリビドの満足が得られないなどということのなかった時期、すなわち彼が幸福であった過去のある時期であることを、いまや私どもは知ったのです。彼は自分の生活史のなかを、このような時代を見いだすまでさがします。記憶していたり、あるいは後年の刺激にもとづいて想像したりする乳児時代にまで、もどらなければならないこともあります。

症状はなんらかの形で幼児期のはじめの満足を反復しているものであり、その満足は葛藤から生ずる検閲によって歪められ、通例は苦悩の感覚に変えられており、罹患の誘因から生じた諸要素といりくみあっています。症状が満足をもたらすその仕方は、それ自体がすでに多くの異様なものをもっています。私どもは、この満足に本人は気づかず、このいわゆる満足をむしろ苦痛と感じて嘆いていることは度外視しましょう。満足が苦痛に変わるというこの変化は、症状を形成する圧力となった心的葛藤の一部なのです。かつては個体にとって満足であったものも、現在では、その個体の抵抗や嫌悪の念を呼び起こさずにはいないのです。

私どもはこのような感覚の変化に対しては、あまり目だたないが、教えられるところの多い一つの範例を知っています。むさぼるように母の乳房を吸ったその子どもも、数年後には母乳をもらうことに強い不快感を示し、教育の力でそれを押えようとしてもなかなか押えられません。この不快感は、母乳またはそれの代用飲料が薄皮でおおわれていますと、嫌悪感にまで高まります。この薄皮がかつてはあれほどまでに熱望した母の乳房への回想を呼び起こすのだということは、おそらく否定できないでしょう。これにはもちろん、離乳という外傷的に働く体験が介在しています。

症状を私どもにふしぎなものと思わせ、リビドの満足を得る手段としては不可解なものだと思わせるものに、なお別のあるものがあります。症状は、私どもが正常な仕方でいつも満足を期待するようなものを、すべて必ずしも私どもに思い起こさせてはくれません。症状はたいていの場合には対象から目を転じており、ひいては外的な現実との関係を放棄しています。私どもはこのことを、現実原則から快感原則にたちもどった結果だ、と解しています。しかしこのことは同時にまた、性欲動に最初の満足を提供した一種の拡大された自体愛への復帰なのです。症状は外界を変化させる代わりに身体の変化をもってきます。つまり外的動作の代わりに内的動作をもってくる、すなわち、行為に代えるに適応をもってするというわけですが、これまた、系統発生的にみればきわめて意味深い退行現象に対応するものです。私どもは症状形成に関する分析的な検討から、いずれわかるようになる新事実と関連させてみたときに、はじめてこのことを理解するでしょう。

さらにまた、私どもがここで思い出しますのは、症状形成の場合に、夢の形成の場合と同じく無意識過程、すなわち凝縮と置きかえとがともに働いていることです。症状は夢と同じように、あるものを充足されたものとして表現しており、それは幼児的な満足の様式による満足ではありますが、この満足は極度の凝縮によってただ一つの感覚または神経支配に押しこめられ、極端な置きかえによってリビド的コンプレクス全体のなかの一小部分に限局されることが往々にしてあるのです。症状のなかに、予期したとおりの、しかもいつも確認されるリビドの満足を認めることがしばしば困難であっても、このことはべつにふしぎなことではありません。

私はさきに、私どもはまだ新しく聞き知っておくべきことがあると申し上げておきました。この新事実は、実に意外なことで、混乱を感じさせるものです。ご承知のように、私どもは分析によって症状から、リビドがそこに固着しており、症状をつくっている幼児期の体験の知識を得るのですが、ここに意外というのは、この幼児期のある場景というものが、実は必ずしもつねに真実ではないということです。それどころか、むしろ真実でない場合が多く、ある場合には、歴史的な事実とは正反対なこともあります。みなさんはこの所見ほど、このような結果を導いた精神分析の信用を落とさせるものはない、あるいは、分析とノイローゼとの理解の全体のよりどころとなっている患者の陳述の信用を落とさせるにふさわしいものはない、と思われるでしょう。

ところで、そのほかにさらに人々をひどく混乱させるものがあるのです。もし分析によって明らかにされた幼時体験が、いつでも必ず現実のものであれば、私どもには安全な地盤の上で動いているという感じがあるはずです。しかし、それらの体験がいつも偽りのものので、患者のつくりごとであり、空想であることがわかってくるとするならば、私どもはこのあやふやな地盤を捨て去って他の安全な地盤へ脱出しなければならないでしょう。ところがそのどちらでもなく、分析によって構成あるいは想起された体験は、あるときは明らかに虚偽であるが、ある場合には確実に正しいものであり、たいていの場合には真偽混《こん》淆《こう》であるというのが、事態の真相なのです。つまり、そういうわけで症状は、あるときは、実際に起こった体験の表現であり、その体験がリビドの固着に影響したものとみてさしつかえないのですし、またあるときは、患者の空想の表現であって、病因としての役割を果たすにはもちろんまったく適さないものなのです。そのへんの事情に通ずるのはむずかしいことですが、この点についての最初の手がかりを、私どもはおそらくある類似の発見に見いだすでしょう。その類似の発見とは、すなわち、人間が昔から、あらゆる分析の始まる前から意識にもっていたばらばらな小児期の記憶は、この場合と同じく往々にして虚偽であるか、またはすくなくとも真実のなかに虚偽を多量に混じているかである、という発見です。幼時記憶が正しくないことを証明するのは、この場合にはたいしてむずかしいことではありません。その結果、すくなくとも私どもは、この予期せぬ幻滅は分析の責任ではなく、ともあれ患者の責任だと考えて、みずからを慰めることはできるのです。

すこし考えてみれば、この事態について私どもをこのように混乱させるものがなにかは容易に理解できます。それは現実を軽んずること、現実と空想との区別をないがしろにすることです。私どもが患者の虚構の話に本気で耳を傾けたなどということは、私どもが侮辱されたがっているようなものです。私どもにとっては現実と虚構とは天地の差があるものにみえますし、私どものあいだでは現実はまったく別の評価を受けているのです。ともあれ、患者もその正常な思考のなかではこれと同じ立場をとっています。患者が、症状の背後にあって小児期の体験に模した願望状況に導いてゆくく材料を提供してくれるときには、それが現実であるのか、それとも空想であるのかを、私どもは、はじめのうちはもちろん疑っています。あとになれば、ある種の目印によってこの決定をくだすことが可能になり、私どもはそれを患者に知らせるという課題に直面いたします。ところが、その場合、困難なしには事は運びません。

患者に向かって、あらゆる民族が伝説をつくることによってその忘れられた原始時代をおおい隠したように、いまやあなたは、あなたの小児期の歴史を隠している空想を出現させようとしているのだ、とまず最初に知らせたとします。すると、望ましくないことですが、テーマを追求しつづけようという患者の関心が、突然さめてしまうのに気づかされます。患者もまた現実を知ろうと願っており、すべての「空想の産物」を軽蔑しているのです。しかし、作業のこの部分のかたがつくまで、私どもは患者の小児時代に現実にあった出来事の探求に専念しているのだ、ということを患者に信じこませておけば、あとになって患者が私どもの見当ちがいを非難し、私どもが一見軽々しく信じたとみえる態度を冷笑するという危険をおかすことになります。空想と現実とを同列において、明らかにするべき小児期の体験が空想なのか現実なのかは、さしずめ気にかけないことにしておこう、と提案しても、患者がそれを理解するには長い時間がかかります。しかし、このようにすることこそ、明らかにこれらの心的産物に対する唯一の正しい態度なのです。これらの心的産物もまた一種の現実性をもっています。患者がこのような空想をつくりだしたということは、あくまで一つの事実であり、この事実は、患者のノイローゼにとって、患者がこの空想の内容を実際に体験した場合にも劣らない重要な意味をもっているのです。これらの空想は〈物的〉現実性とは反対に、〈心的〉現実性をもっているのです。そして、〈ノイローゼの世界では心的現実性が決定的なものである〉ということは、だんだんに私どもに了解できるようになるのです。

ノイローゼ患者の若い時代の生活史のなかでたえず起こることで、ほとんど例外なくみられるように思われる出来事のうち、特別な重要性をもったものが二、三ありますが、私はまたそれらを他の出来事よりも優先して考える価値があると思っています。この種の出来事の見本として私があげておきたいのは、両親の性交の目撃と、大人による誘惑、および去勢するというおどかしです。それらの事件にはけっして物的な現実性がないと仮定するのは、大きなまちがいだと言ってよいでしょう。反対に、年長の近親者を調べてみれば、こうした物的現実性が文句なしに立証できます。ですから、たとえば、いたずら半分に自分のペニスをもてあそびはじめた男の子が、そのようなことは人前でやってはいけないとはまだ知らないでいて、両親とか保護者に「オチンチンを切ってしまうぞ」とか、「その悪いことをする手を切ってしまうぞ」などとおどかされるのは、すこしも珍しい事件ではありません。なぜそんなことを言うのかと問われると、両親はよく、このようにおどしつけたのは適切なことだったと思っているとうちあけます。このようにおどしつけられたことを正確にはっきりと記憶している人も少なくありません。とくに、すこし年をとってからこのようにおどかされた場合はなおさらです。母親または別の女性がこういうおどかしをやるときには、これを父親とか医者とかにかこつけるのが普通です。フランクフルトの小児科医ホフマン[三]は、ほかならぬ小児期の性的その他のコンプレクスに対する理解の深さで世の信望を集めた人ですが、この人の有名な『シュトルーヴェルペーテル』（『もじゃもじゃ頭のペーター』という意味の題の童話の本）を読まれれば、指しゃぶりをなかなかやめない罰として、親指を切断するという記述で、去勢の話がすこし緩和されて書かれているのを見つけられることでしょう。

しかし、去勢するというおどかしがノイローゼの人の分析にあたって発見されるほど、しばしば子どもに対してなされるというのは、どうもありそうにもないことです。子どもは人からの示唆にもとづいて、自体愛的な満足は禁じられているということを知り、さらには女子の性器を発見したときに受けた印象の影響もあって、このようなおどかしを空想のなかで構成するのだ、と理解して私どもは満足しているのです。

同じように、幼い子どもの場合、それほどの理解力や記憶力があるとは信じられないとしても、無産階級以外の家庭でも、両親や他の大人のあいだの性行為を目撃することは、けっしてありえないことではありません。そして、子どもが〈あとになってから〉この印象の意味を理解し、それに反応することがあるのも否認できません。しかし、この性交が、ただ観察しただけとみるのは困難なほど細部にわたってくわしく述べられるときとか、あるいはかなり多くみられることですが、背後からの性交、すなわち動物型の性交をしているなどと話されるときには、この空想が動物〔犬〕の交尾の観察にもとづいており、思春期の小児の好奇の目が満たされないことが、その空想の動機となっていることはおそらく疑いないでしょう。

この種の空想のもっとも極端な例は、まだ生まれないで母の胎内にあったときに両親の性交を見た、という空想です。なかでも、とくに興味があるのは誘惑を受けたという空想です。というのは、これは空想ではなくて、現実の想起であることがしばしばだからです。しかし、幸いなことに、この空想は、分析の結果によれば、最初にそう思われたほどしばしば現実に起こっているものではありません。年長あるいは同年輩の子どもに誘惑されたというほうが、大人に誘惑された場合よりもいつも多く、自分の幼時の物語のなかでこの種の出来事を語る少女たちのあいだでは、きまったようによく父親が誘惑者として登場してきます。しかし、このように罪を父親に帰そうとする空想的性格も、また罪を父親に帰するようにかりたてる動機も、ともに疑いの余地はありません。実際にはなんら誘惑などはなかったのに、誘惑されたという空想でその性的活動の自体愛的時期をおおい隠すのが子どもの通例なのです。子どもは熱望した対象を、このようなごく幼い時代にまでさかのぼって空想することにより、オナニーに対する羞恥《しゅうち》心を免れるのです。

それはそうとして、もっとも近親の男性によって小児が性的に誘惑を受けたなどということは、あくまで空想上の出来事であるとは信じないでください。たいていの分析医は、このような関係が現実にあり、しかも異論の余地のないまでに確認されえた症例として取り扱ったことがあるでしょう。ただ、その場合には、小児期の後期にあったことが、小児期の早いころにもちこまれただけの話なのです。

このような小児期の出来事は、ともかく必然的に要求されており、ノイローゼの不動の構成分子となっているという印象を受けざるをえません。これらの出来事が現実のなかに含まれていればそれですみます。現実にそれがなかった際には、それらの出来事は示唆的な事件から組み立てられ、空想によって補足されるのです。結果は同じです。私どもは今日までのところ、小児期の出来事に空想が大きい比重を占めている場合と、現実が大きい比重を占めている場合とで、その結果にどんな差異が生ずるかということを証明することには成功しておりません。まさに、ここにはまた、しばしば言及された相補的関係の一つがあると言えるにすぎませんが、もちろんそれは、私どもの学び知ったあらゆることのうちでももっとも奇怪なものです。これらの空想に対する欲求とその材料とはどこから得られるものでしょうか。その源が欲動にあることは、たぶん疑いはありませんが、しかし、いつも同じような空想が同じような内容をもってつくりだされるという点は、説明を要することでしょう。

私はここに一つの答えを用意しています。もちろん、その答えがみなさん方には大胆なものにみえるだろうことは、承知のうえです。私は、この空想と他の若干の空想とを〈根源的空想〉と名づけたいと思っています。そして、これらの根源的空想は系統発生の所産であると私は考えています。個体は自分自身の体験があまりにも発育不全のままになっている場合には、自分自身の体験をこえ、根源的空想によって、原始時代の体験のなかへはいりこんでしまうのです。今日、分析の最中に空想として私どもに語られること、すなわち小児の誘惑、両親の性交を見て性的欲情が燃え上がったこと、去勢するというおどかし——あるいはむしろ去勢そのもの——などは、すべてが人類の原始時代には現実であったということ、そして空想にふける子どもは、自分自身の真実の空隙《くうげき》を先史時代には真実であったことによってあっさりと埋めてしまったのだ、ということも、私どもにとってはまったくありうることのように思われます。私どもは、ノイローゼの心理学が、人間の発達史における古代の遺物を、他のあらゆる源泉よりもより多く私どものために保存しておいてくれたのではないか、とくりかえし疑うようになっているのです。

みなさん！　最後に論じてみたこの事柄から、私どもはどうしても、「空想」と名づけられるあの精神活動の発生と意義とを、くわしく立ち入って考えなければならなくなります。

ご存じのように、空想は、心情生活のなかでどういう位置を占めるかは明らかになってはいないのに、一般に人の高く評価するものです。私はそれに関して、みなさんにつぎのように申し上げることができます。ご承知のように、人間の自我は外界の必要性の働きを受けて、徐々に現実を尊重して現実原則に従うように教育されますが、その際には快感を求める欲求のさまざまの対象や目標を、一時的にあるいは永久に放棄せざるをえません。これは性的欲求についてだけではありません。しかし、快感を放棄することは、人間にはつねにむずかしいことだったのです。人間はなんらかの代償となるものを得ないでは快感を放棄しはしません。ですから、人間は、これらすべての放棄された快感の源泉と、捨てられた快感感受の方法とを存続させるような、ある心的な活動を留保したのです。つまりこの存続形式は、現実の要求と私どもが現実性の吟味と呼んでいるものとから免れているのです。どんな欲求もまもなくその充足された表象の形をとります。空想による願望充足に時を費やしていれば、それが現実でないということははっきりわかっていても、ある満足をともなうことは疑いありません。つまり空想活動のなかで人間は、外的強制からの自由、現実にはとっくに断念したあの自由を享受しつづけるわけです。

　こうして人間は、まだ快感動物であるかと思うと、今度はまた知的存在であったりすることができるようになりました。人間は、現実から闘いとることのできるわずかの満足では、どうにも満ちたりないのです。フォンターネ（一八一九〜九八。ドイツの小説家・詩人）は「一般に補助構成がなくてはうまくゆかぬものだ」と申しました。空想という心の国を創造したことは、ちょうど、農業、交通および工業上の要求が大地の本来のおもかげを見わけがたいまでに急速に変化せしめる危険がある場所に、「保護林」や「自然保護公園」を設けることとそっくりです。自然保護公園は、他のところでは残念ながら必要性の前に犠牲にされて失われてしまったにちがいない昔の状態を保存しています。そこでは、無益なもの、また有害なものさえも含めて万物が思いのままに繁茂し、生長しています。空想という心の国もまた、現実原則から切り離された、このような保護林なのです。

空想の産物でもっともよく知られたものは、私どものすでに知っているいわゆる「覚醒夢」[6]です。すなわち、それは野心的願望、誇大妄想的願望、エロティックな願望の観念的満足で、この願望は現実が控え目にするように、忍耐するようにと迫れば迫るほど、いよいよ豊かに盛りだくさんになってきます。空想のしあわせの本質、すなわち現実の同意がなくても快感が獲得できる状態の復帰が、覚醒夢のなかに、見誤る余地なく現われています。私どもの知っているように、覚醒夢は夜の夢の核心であり、手本であります。結局のところ、夜の夢は、夜になって欲動の働きが自由になったために使用できるようになった覚醒夢にほかならないのです。もちろん、夜の夢は、夜間の形式の心的活動によって歪《わい》曲《きょく》されてはいます。私どもはすでに、覚醒夢もまた必ずしも意識的なものではなく、無意識的な覚醒夢も存在するという考えをよく知っております。つまり、このような無意識的な覚醒夢は、夜の夢の源泉であると同時に、ノイローゼの源泉なのです。

症状形成に対する空想の意義は、つぎの報告によって明らかになりましょう。私どもは、拒否（挫折体験）が生じた場合には、リビドは退行して自分が前にあけておいた場所を占拠する、と申しましたが、しかし、その場所にはある量のリビドが定着したままになっていたのです。私どもは、このことばを取り消したり修正したりはいたしませんが、しかし、ある中間項を挿入しなければなりません。つまり、どのようにしてリビドはこれらの固着部位へもどる道を見いだすのでしょうか。ところで、リビドの対象と方向とはすべて放棄されたといっても、まだ必ずしもあらゆる意味で放棄されているのではありません。対象や方向、あるいはそれらの派生物は、まだある強さを保ちながら空想表象のなかに保持されているのです。ですからリビドが空想へとひきさがりさえすれば、空想からは、抑圧されたすべての固着への道を自由に見いだせます。これらの空想は、ある程度まで忍耐をしていたのです。空想と自我との対立は、たとえいかに鋭かったとはいっても、ある条件がまもられているかぎり、両者のあいだに葛藤が生じることにはなりませんでした。ある条件とは〈量的〉な性質のものですが、それがいまやリビドが空想へと逆流することによってさまたげられるのです。この補給のために空想のエネルギー配備は高められ、空想の要求は多くなり、現実化の方向への激しい衝動が起こってきます。ところがこのために、空想と自我とのあいだに葛藤が起こらざるをえないようになります。以前に前意識的であったか意識的であったかにはかかわりなく、空想はいまや自我の側からの抑圧に屈伏し、無意識の側からの引力に身をまかせてしまっています。こうしていまは無意識となっている空想から、リビドは無意識のうちにある自己の根源まで、すなわちおのれ自身の固着部位まで、まいもどってゆくのです。

リビドが空想へと逆もどりすることは、症状形成への道の一つの中間段階であって、これはたぶんある特別な名称をつけるに値するものでしょう。ユングははなはだ適切に〈内向〉という名をつけましたが、しかし、彼はその名称を、まずいことに、別の意味にも使っているのです。私どもはあくまで、内向はリビドに現実的な満足の可能性を回避させて、いままで無害なままに耐えられてきた空想に過度のリビド配備をすることをあらわすもの、と限定して解することにしたいと思います。

内向者は、まだノイローゼ患者ではありませんが、しかし、ある不安定な状況のもとにあるものです。ですから、停滞しているリビドが別のはけ口を見いだしかねる場合には、すこしでも力の均衡が破れるとすぐに症状を示さざるをえないのです。それに反して、ノイローゼ的な満足の非現実的な性格と、空想と現実とのあいだの差異の無視とは、すでに内向の段階にとどまっていることによって規定されているのです。

もうきっとお気づきのことでしょうが、私は最後の論議のところで、一つの新しい因子を、病因論の連鎖の構成のなかへ挿入しました。すなわち、問題になるエネルギーの量、いわばその大きさの問題がそれです。私どもは今後、この因子をあらゆるところで考慮に入れなければなりますまい。病因となる諸条件を純粋に質的な面から分析するだけでは、不十分なのです。換言すれば、これらの心的諸過程をたんに〈ダイナミック〉にとらえるだけでは不十分であって、それにはなお〈経済的〉な観点を必要としています。二つの欲求のあいだの葛藤は、たとえ内容的な諸条件が久しい以前から存在していようとも、配備がある強さに達しないうちは起こらないのだ、といわざるをえません。同じく、体質的因子が病因的意義をもつかどうかは、ある部分欲動が別の部分欲動よりも、どれほど多く素質のなかにあたえられているかによります。あらゆる人間の素質は質的には同種のものだが、この量的な関係だけがちがうのだ、とすらいえるかもしれません。

ノイローゼ疾患に対する抵抗力にとっては、量的要因のもつ意味はけっして小さくありません。肝心なのは、一人の人が、使用されなかったリビドのうちの〈どれだけの分量〉をどっちつかずの状態のまま保持していることができるか、そして自分のもつリビドのなかの〈どれだけの部分〉を性的なものからひき離して、昇華の目標へ向けうるのかということなのです。質的には快感を求め不快をさける努力として記述しうる心的活動の究極の目標は、経済的な観点からみれば、心的装置のなかで働いている興奮量〔刺激量〕を克服し、不快を生み出すその興奮量の停滞を押えることを課題としている、ということもできるのです。

さて、私はみなさんに、ノイローゼの症状形成について申し上げようと思ったのは以上のことだけでした。しかし、もちろん、私はつぎのことをもう一度はっきり強調しておかなければなりません。それは、ここでお話ししたことは、すべてヒステリーにおける症状形成に関連することばかりだということです。すでに強迫ノイローゼの場合ですら――原則的なことは保たれているとしましても――これとはちがうことが、たくさん見いだされます。ヒステリーの場合にお話しした、あの欲動の要求に対する逆配備は、強迫ノイローゼの場合にはもっとおしすすめられて、いわゆる「反動形成」(7)によって臨床上の病像を支配しています。まさにこのような偏《かたよ》り、さらにはもっと広範囲にわたる偏りを、私どもは他のノイローゼのときにも発見しているのです。これらのノイローゼの場合には、症状形成のメカニズムに関する検討は、まだいかなる点においてもできてはいません。

しかし、みなさんとお別れする前に、私はもうしばらくのあいだ、大いに一般の関心をひく価値のある空想生活の一側面に、注意をうながしたいと思います。すなわち、空想から現実へもどる道が存在するということです。つまりそれが芸術です。芸術家は、はじめから、いまにもノイローゼになりかねない内向性の素質をもっています。芸術家は強すぎるともいえる欲動の要求にかられて、名誉、権力、富、名声および婦人の愛を獲得したいと望んでいるのですが、しかし、彼らにはこれらを満足させうる手段のもちあわせがありません。そこで芸術家は、満足を得られない他の人々の場合と同様に、現実を捨てて、その関心のすべてを、リビドをさえも、空想生活というノイローゼへの入り口になりかねないような願望形成に転移するのです。ノイローゼが、芸術家の発達の完成された姿だということにならないためには、たぶん種々さまざまのことが力を合わせているにちがいありません。芸術家たちが、ノイローゼのために自分の才能を部分的に制止されて苦しんでいる場合がいかに多いかは、世間周知のことです。おそらくは彼らの体質には、昇華への能力が強く、葛藤に決着をつける抑圧には、ある程度もろいところがあるのでしょう。

ところが、現実への帰路を、芸術家はつぎのような仕方で見つけ出します。もちろん、芸術家だけが空想生活をする唯一の人間ではありません。空想という中間地域は一般的な人間の合意によって是認されているのであり、不足を感じている者はだれでも、そこからなごやかさと慰めとを期待するのです。ところが、芸術家でない者は、空想の泉から快感を獲得するということには非常な制約を受けています。きびしい抑圧のために、彼らはやむをえず、どうにか意識にのぼらせてもよいような、わずかの覚醒夢で満足するのです。その人が本当の芸術家であれば、それ以上のことを自由に駆使します。彼はまず第一に、覚醒夢に手を加えて、他人の反感を起こさせるようなあまりに個人的なものをなくし、他人といっしょに楽しめるようにすることを心得ています。彼はまた、覚醒夢をやわらげて、禁断の泉から出てきたものであることが、たやすくはわからないようにすることもできるのです。さらに、彼はまた、ある特定の素材を、自分の描く空想の表象とそっくりの姿をとるように造形する、ふしぎな能力をもっております。しかもその場合、芸術家は、自分の無意識的空想をこのように表現することに多大の快感を得ている結果として、抑圧は、すくなくとも一時的には、この表現にうち負かされて放棄されます。もしこれらすべてのことがうまくゆけば、芸術家は、他の人間が、無意識という近づきがたくなっている快感の泉から、ふたたびなごやかさと慰めとを汲《く》むことができるようにしてやり、他人からの感謝と讃嘆をわがものとするのです。ですから、最初はただ自己の空想のなかでだけ手に入れていたもの、すなわち名声、権力および婦人の愛を、芸術家はこのように、おのれの空想を通じて実際に獲得するわけなのです。

(1) 意識化されることの好ましくない欲動や観念は抑圧によって意識下に追いやられるが、これらが意識化されるのを防ぐために配置されるエネルギー。
(2) (一八五〇〜一九二四)。ドイツの解剖学者。発生メカニズムの提唱者である。
(3) 第二十一講参照。
(4) 小児にみられるノイローゼ。フロイトのいう心的装置あるいはパーソナリティーの未成熟のために、その症状は成人の場合よりも理解しやすい場合が多い。
(5) (一八〇九〜九四)。ドイツの小児科医。児童読物作家としても有名であった。
(6) 第五講参照。
(7) 抑圧された無意識のなかになお存続しつづける幼稚、反社会的な傾向が、その反動として逆の社会化された態度または関心として実現されること。憎悪が過度の懸念となるようなこと。

第二十四講　普通の神経質

みなさん！　私どもはこの前の講義で、非常にむずかしい仕事を一つすませましたので、しばらくその問題を離れて、みなさんの問題をとりあげましょう。

つまり、私はみなさんが不満をもっておられることを承知しているからです。みなさんは「精神分析学入門」ということを、別なふうにおとりになっていたのではないでしょうか。みなさんは理論ではなく、生き生きした症例について話してもらえるものと期待しておられたことと思います。私が前に一度「一階と二階とで」[1]というたとえ話をしたときに、自分たちもノイローゼの原因について多少はわかったが、ただしそれがつくり話ではなく、現実観察であったらよかったのに、とみなさんは言われたのです。

あるいは、私が最初に二つの症状[2]——これもつくり話だなどと思わないでください——の話をし、それらの症状の除去および症状と患者の生活との関係を展開したときに、みなさんは、症状の「意味」はよくわかった、そういうやり方で話をつづけてくれればよい、と思われたわけです。

ところが、私はそうはしないで、長々とわかりにくく、しかも未完成な理論を述べたてて、そのうえ、つぎつぎと新しいことをつけ加えたのでした。そして、まだみなさんにご紹介していない諸概念も用いましたし、記述的な描写からダイナミックな見解に移り、さらにダイナミックな見解から、いわゆる「経済的」な見解にまではいりこんでしまいました。その際、多数の術語を用いましたが、それが同一のことを意味しているのに、ただ口調がよいというだけの理由でかわりがわりに用いられたこともあって、みなさんが理解なさるのを困難にしました。たとえば、快感原則と現実原則だの、系統発生的に獲得されたものだのというような、きわめて広範な観点をみなさんの前に浮かび上がらせ、そしてみなさんをあるもののなかへ案内する代わりに、みなさんの期待とはますます遠く隔たったような事柄を、ほんの素通り程度におみせしたのでした。

ノイローゼ論の入門だというのに、なぜ私は、神経質(3)のように、みなさんご自身が知っておられ、また昔からみなさんの関心を呼び起こしていた事柄から始めなかったのでしょうか。なぜ、神経質の者の独特の本性、人付き合いと外部からの影響とに対する彼らの不可解な反応、その過敏性、移り気および無能さから始めなかったのでしょうか。なぜ、みなさんをより単純な日常的な形式の理解から、一歩一歩、神経質の謎のような極端な諸現象へ案内してゆかなかったのでしょうか。

そうです。みなさん、私はけっしてみなさんがまちがっていると言うことはできません。私は自分の話術については自惚《うぬぼ》れてはおりませんので、その不備な点のどれ一つにせよ、なにか特異な魅力をもつものだなどと言いふらしたりする気はありません。私自身、別のやり方をしたほうが、みなさんにはもっとよかっただろうと思いますし、また、事実そうするつもりだったのです。しかし、人間はもっともな意図をもっていたとしても、必ずしもそれをつねに実行できるとはかぎりません。素材そのもののなかにも、そのために最初の意図を他にそらさざるをえなくなるようなものが、含まれていることがよくあります。よく知られた資料の整理というような、あまりぱっとしない仕事ですら、必ずしも著者の思うままには運ばず、資料自体のおもむくままの結果になりがちなものであり、なぜああいう結果になって、もっと別な結果にならなかったのかと、あとから自問するほかないのです。

その理由の一つは、おそらく「精神分析学入門」という表題が、ノイローゼを取り扱うべきこの章にはふさわしくないということです。精神分析への入門は、しくじり行為と夢の研究があたえたのであって、ノイローゼ論は精神分析そのものなのです。私はノイローゼ論の内容を、これほど短時間のあいだに知っていただくためには、このような集中的な形をもってする以外の方法ではできなかったと思うのです。問題は、症状の意義と意味、症状を形成する外的および内的条件とメカニズムを、相互に関連させながらみなさんに紹介することとです。私はそれをやってみようと試みました。それはこんにち、精神分析が教えなければならないことの、ほとんど核心なのです。その際、とくに言うべきことが多かったのは、リビドとその発達とについてでした。自我の発達についても若干のことは述べたつもりです。私どもの技法の前提、すなわち無意識と抑圧〔抵抗〕という大きい観点に対しても、みなさんはすでに、入門をとおして心構えを備えられました。みなさんは次回からの講義の一つで、精神分析の仕事が、どの箇所でそれらのものと有機的なつながりをもつかを、お知りになるでしょう。私は、私どもの探究がすべて、神経性の疾患のただ一つのグループ、すなわち、いわゆる感情転移ノイローゼの研究に由来しているにすぎないことを、みなさんにあらかじめ隠しておいたりはしませんでした。さらに、症状形成のメカニズムを、私はただヒステリー性ノイローゼのなかだけで追究したのです。みなさんは、なんら確かな知識を得られず、細かいことはなに一つ記憶されなかったかもしれません。それでもみなさんは、精神分析とはいかなる方法を用いるものか、いかなる問題をとりあげるものか、どのような成果をあげえたか、というような点については合点がゆかれたことと思います。

　ノイローゼについて語る際に、神経質者のふるまい、すなわち神経質な者がノイローゼにかかっていかに悩み、ノイローゼからどのようにして身をまもり、ノイローゼにどのような備えをしているか、というようなことについて述べることから始めてくれればよかったのに、という気持をみなさんはおもちになったことと思います。そうすることは、たしかにいちだんと興味もあり、いちだんと知りがいのある素材でありますし、とくに取り扱いにくいというほどのことでもありません。しかし、それから始めることには、実は考慮しなければならない点がないでもないのです。そういうことから始めますと、無意識的なものを発見できず、そのうえリビドのもつ大きい意義を見のがし、いっさいの事情を、神経質者の自我がどう思っているかにしたがって判定してしまう、という危険をおかしがちになります。

この自我が、信用に値する公平な審判官でないことは明らかです。自我は実に無意識的なものを否認し、それを抑圧してしまった力なのです。どうして自我が、この無意識的なものを正しく取り扱うことができると信じられるでしょうか。この抑圧されたもののなかには、まず第一に追い払われた性愛の要求があります。これらの要求の範囲と意義とが、自我の見解からはけっして察知しえないものであることは、まったく自明のことです。ですから、抑圧という観点が私どもに見えはじめてきたあの瞬間から、私どもも、相争っている二つの党派の一方の側を、そればかりか勝利者の側をも、この闘争の審判席にすえてはならないと警戒してきたのです。

私どもは、自我の陳述が私どもを惑わすであろうことに対して、備えをしております。もし自我の言うことを信じようとすれば、自我はあらゆる点で能動的であり、自我自身がその症状を欲し、症状をつくったことになります。自我がかなり受動的であることに耐え忍んできたこと、そしてそのとき、その受動性をみずからに秘してごまかそうとしたことを、私どもは知っております。もちろん、自我はこの試みを、いつもあえてしているとはかぎりません。強迫ノイローゼの症状の場合には、自我は、自分とは関係のないものが立ち向かってくるので、それを苦労して防いでいるにすぎない、と告白せざるをえないのです。

この警告によっても、自我のごまかしを真《ま》に受けることをやめないような人は、気楽なもので、精神分析が無意識、性愛および自我の受動性を強調しているために向けられる、すべての抵抗から免れています。この種の人は、アルフレート・アドラー(4)のように、「神経質な性格」は、ノイローゼの結果ではなくて原因なのだと主張したりすることもできるのです。もっともこのような人は、症状形成のたった一つの細目も、または個々の夢も説明することができないでしょう。

精神分析によって発見された諸要因を、頭から無視してしまうことをしないで、しかも神経質や症状形成にあたって自我が関与していることを、公正に評価することはできないものであろうか、とみなさんはおたずねになるかもしれません。きっとそれはできるにちがいありませんし、いつかはおこなわれるでしょう。しかし、そのことから始めるというのは精神分析の研究の方向ではない、というのが私の答えなのです。いつこの問題が精神分析の問題となるかは、おそらく予言できるでしょう。いままで私どもの研究してきたノイローゼの場合よりも、はるかに強く自我が関与しているノイローゼがあります。私どもはそれを「ナルシシズム的」ノイローゼと呼んでいます。この疾患を分析的に取り扱ってみれば、自我がノイローゼの罹患《りかん》に関与していることを、公平に、しかも的確に判定することができるようになるでしょう。

しかし、ノイローゼに対する自我の関係の一つは非常に強く目だちますので、はじめから考慮してみることができました。この関係はどの場合にも必ずあると思われますが、いちばんはっきり認められるのは、今日のところ私どもにはまだよくはわかっていない病的状態、すなわち〈外傷性ノイローゼ〉の場合です。ですから、みなさんには、こういうふうに理解していただかねばなりません。すなわち、ありとあらゆる形式のノイローゼの原因とメカニズムのなかには、いつも同一の諸要因が活動しているのであって、ただある場合にはこれらの要因のうちの一つの要因が、またある場合には他の要因が、症状を形成するうえに主要な意義をもっているだけだ、ということです。ちょうどそれは、旅芝居の一座の人のようなもので、各人がそれぞれに立役《たちやく》、腹心の者、敵役《かたきやく》等々という決まった役をもっていますが、しかし、自分のための後援興行のときには、それぞれ別の脚本を選ぶにちがいありません。そういうわけで、症状に変えられる空想は、ヒステリーの場合ほどはっきりしていることはないのです。自我の逆配備または反動形成は、強迫ノイローゼの場合の病像を圧倒的に支配しています。私どもが夢に対して〈二次的加工〉と名づけたものは、パラノイアなどにおいては妄想として上位に立っているのです。

そういうわけで、外傷性ノイローゼ、とくに戦争の恐怖のために生じたような外傷性ノイローゼの場合には、まぎれもなく、保護と利得を求める自己追求的な自我の動機が、見まごう余地なく私どもに迫ってまいります。もっとも、この自我の動機はそれだけでは、必ずしも病気を起こしえませんが、しかし、病気になることに同意し、いったん病気が起これば、その病気がつづくように助けるのです。この動機は、発病のきっかけとなった危険から自我をまもろうとしており、その危険が反復するおそれがなくなったと思われたときか、あるいは耐え忍んだ危険の補償が達成されたうえでなければ、治癒を許そうとはしないのです。

ところで、自我は他のすべての場合にも、ノイローゼの発生および持続に関して、同じような関心をいだいています。すでに申しましたように、症状が自我によっても維持されているのは、抑圧された自我の傾向に満足をあたえるという一側面を症状がもっているからです。そのうえ、症状形成による葛藤の解決は、もっとも便利な、しかも快感原則にとってもっとも好ましい逃げ道なのです。この逃げ道によって、自我は、疑いもなく苦痛である心的な一大作業から免れることができるのです。それのみならず、医師ですら、その葛藤の帰結としてノイローゼになることはきわめて無害な、社会的にも我慢のできる解決法だ、と告白せざるをえないような場合もあります。ですから、ときには医師ですら、自分が克服しようと努めている病気の味方になることもあるとお聞きになっても、みなさんも驚いてはいけません。人生のあらゆる状況に対して、みずからを健康狂信者としての役割に狭く限ってしまうことは、医師にはふさわしいことではないのです。この世で悲惨なのはノイローゼばかりでは〈なく〉、そのほかにも除去しえない現実的な苦悩があるということ、ときには人間はその健康をやむなく犠牲にせざるをえない場合もあることを、医師はよく知っています。また、一個人のこのような犠牲によって、しばしばかぎりない不幸から他の多くの人々が救われているという経験もしているのです。それゆえ、ノイローゼ患者は葛藤が起こるごとに〈疾病《しっぺい》への逃避〉をきめこむ、ということができるとすれば、その逃避には十分に正当なものがあると認めざるをえない場合が少なくないのです。このような事態を認識した医師は、黙ったまま、いたわりをこめて手を引くでありましょう。

しかし、論議をさらにすすめてゆくために、これらの例外の場合はとりのけておくことにします。ノイローゼのなかへのがれることによって、自我にはある種の心的な〈疾病利得〉[5]があたえられることを、私どもは一般的な状態において認識しています。ある生活状態にあっては、この疾病利得に、現実に多かれ少なかれ高く評価される、はっきりとした外的利益が加わることもあります。もっとも多くみられるこの種の症例を考察しましょう。夫に手荒く取り扱われ、手心を加えることなくこき使われる妻で、ノイローゼになる素質がある場合、またはひそかにほかに好きな男性をつくってみずからを慰めるというにはあまりにも臆病《おくびょう》であるとか、あるいはあまりに貞淑である場合、そして、あらゆる外的なじゃまを排して夫と別れきるほどには強くもなく、自活したり、もっとましな夫を得るとかいう見込みがないうえに、彼女が性的な愉悦のために、なおこの残酷な夫に執着をもっている場合には、ほとんどきまったようにノイローゼに逃げ道を求めるものです。彼女の病気は、いまや強すぎる夫に対して戦う武器になります。この武器を彼女は自分をまもるためにも用いますが、復讐《ふくしゅう》のためにも用いることができます。彼女はおそらく自分の結婚生活について訴えることは許されなかったでしょうが、自分の病症について訴えることは許されるわけなのです。つまり彼女は救いを医師に見いだし、ふだんは自分をかまってくれない夫に、自分をいたわるようにさせ、自分のために費用を出させ、自分が家を留守にして結婚生活の抑圧から自由になる時間をもつことを、許さざるをえないようにさせているのです。このような外的あるいは偶然的な疾病利得がほんとうに莫大《ばくだい》なものであり、現実にその代償を見いだしえないほどのものである場合には、みなさんはみなさんの療法によってノイローゼに影響をあたえる可能性を、大きく見積もってはならないでしょう。

私がいま疾病利得について述べたことは、自我自身がノイローゼを望んでこれをつくりだすのだ、という自分で否定した見解を、まったく擁護するものではないか、とみなさんは私を非難なさるかもしれません。まあ、どうぞ落ち着いてください、みなさん。それは、自我はノイローゼをどうにも阻止しえないので、それに甘んじるのであること、とにかくノイローゼから何かをものにすることができれば、自我はいちばんよいものをものにするだろうということを、おそらく意味しているにすぎないのです。それは事柄の一側面にすぎません。もちろん好ましい一側面ではありますが。ノイローゼが利益を有するかぎり、自我はきっとノイローゼに同意するはずですが、しかし、ノイローゼのもたらすものは利益ばかりではありません。自我はノイローゼにかかわりあったために損な取り引きをしたということが、やがて明らかになります。自我は葛藤の緩和を手に入れますが、あまりにも高価な犠牲をはらっているのです。症状に付随する苦痛はおそらく葛藤の苦悩と等価の代償でしょうが、不快感だけはよけいに得たことになります。自我は症状にともなうこの不快感からのがれたいのですが、疾病利得を手放したくもないのです。しかし、これはできない相談です。この際には、自我は自分で思っていたほどに、たえず能動的ではないことも判明します。このことは私どもとしても、よく覚えておきたいものです。

みなさん、もしみなさんが医師としてノイローゼの人々と交渉をもつと、自分の病状についてもっとも強く嘆いたり訴えたりする者こそ、こちらの救助作業をいちばん快く迎え、抵抗を示すことはもっとも少ないだろう、という期待をまもなく放棄するようになります。事実はむしろ反対なのです。しかし、みなさんは、疾病利得の利益になることはすべて抑圧抵抗を強化し、治療上の困難を増大させるということを、容易に了解されるでしょう。いわば症状とともに生まれた疾病利得の部分に、私どもは、のちになって生じる別の利得をもつけ加えなければなりません。病気という心的体制が長期に存続すると、それはついには独立の生きもののようなふるまいをするようになるのです。それはなにか自己保存の欲動のようなものを現わしてきて、この体制と心情生活の他の諸成分、根本においてはこの心的体制に敵意をもつ他の成分とのあいだにさえ、一種の仮条約がつくられるようになります。そして、その心的体制が有利で利用に値することがふたたびわかってくる機会、すなわち、その存続を新たに力づける、いわば〈二次的機能〉を獲得する機会が生じることは、ほとんどまちがいないのです。

病理学の領域から実例をとる代わりに、日常生活から顕著な一例をとりあげて、ご説明いたしましょう。自分の生活の資をかせいでいるある有能な労働者が、仕事中に事故にあい、障害者になったとしましょう。いまはもう労働はできません。しかし、結局のところ、彼はわずかながら傷害年金を受けつつ、自分の障害を利用して乞食をすることを覚えるようになったとします。彼の新しい生活は零落《れいらく》したものではありますが、そのよりどころは、ほかでもない彼の最初の生活を奪ったものなのです。もしみなさんが彼の障害を除きえたとすると、さしあたりは、彼の生活の資を奪うことになってしまいます。というのは、彼には以前の労働をふたたびとりあげるだけの能力がまだあるかどうか、という問題が起こってくるからです。ノイローゼの場合には、病気のこのような二次的利用に相当するものを、私どもは〈二次的〉疾病利得として、一次的疾病利得に付加することができるのです。

しかし、疾病利得がもつ実際上の意義を軽視しないように、また、理論的な点では疾病利得を買いかぶらぬようにと、一般的には私は言いたいと思います。前に承認されたあの例外はともかくとしても、疾病利得は、オーベルレンダーが(6)『フリーゲンデ・ブレッター』のなかで図解をしている「動物の知恵」という例を思い出させます。一人のアラビア人が、らくだに乗って絶壁にきりこんだ細長い小道を進んでいます。曲がり角のところで彼は突然、一匹のライオンが向かってくるのに気づきました。ライオンはとびかかろうと身がまえています。逃げ道はありません。一方は屏風《びょうぶ》を立てたような絶壁、他方は深い淵《ふち》。ひき返すこともできず、逃げることもできません。彼は途方に暮れました。ところが、らくだはそうではありません。らくだは乗り手もろとも、ひと思いに深い淵にとび込みました。ライオンはただあれよあれよと見ているばかり、と、こういうのです。ノイローゼという救助手段もまた、患者にこれ以上の好結果をもたらさないのが通例です。というのは、症状形成による葛藤の解決は、ともあれ自動的過程であり、生活の要求にはそえないことがわかっていることと、この過程のなかでは、人間は自己の最善で最高の力を利用することを諦《あきら》めていることのためであるかもしれません。もし選択の余地があるものならば、私どもはむしろ運命を相手に正々堂々と戦って滅びゆくほうを選ぶべきでありましょう。

みなさん！　しかし、私はまだみなさんに、なぜノイローゼ論について述べるときに普通の神経質から出発しなかったのか、その動機について、もっと話す義務があるように思います。おそらく、みなさんは、私がそうしなかったのは、ノイローゼには性的な原因があることを証明するには相当大きい困難があると思ったからだ、と考えておられるでしょう。ところが、それはまちがいなのです。感情転移ノイローゼでは、この洞察に達するために、まず、症状解釈を徹底的にやりとげなければなりません。いわゆる〈現実ノイローゼ〉[7]のありふれた形式のものでは、性生活が病因的意義をもつことは観察と合致する大きな事実です。二十年以上も前のことですが、私はこの事実につきあたりました。それは、神経質の人を診察する際に、なぜ彼らの性的な活動を顧慮しないのだろうか、という疑問をいだいたときのことです。私は当時、このことを検討したために、患者間における自分の人望を犠牲にしてしまいましたが、短い期間の努力ですぐに、正常な性生活《ヴィタ・セクスアリス》にはノイローゼはない——私が考えていたのは現実ノイローゼですが——という命題を述べることができたのでした。たしかに、この説はあまりにも軽率に人間の個人差を無視していますし、また、「正常」という判断にあたって必ずつきまとう曖昧《あいまい》さを示してはいますが、しかし、大まかな見当づけとしては、今日でもなお、その価値を保っております。

　当時、私は神経質の特定の諸形式のものと特別な性的障害とのあいだに、特殊な関係を立てるまでになっていたのです。もし、類似の患者がなお材料として自由になるとすれば、私は今日でも同一の観察をくりかえすだろうと信じて疑いません。ある種の不完全な性的満足、たとえばオナニーで満足を得ていた男が、ある特定の型の現実ノイローゼにかかったこと、そして、この男がオナニーをやめて、同じく不完全な他の性生活法にしたがうようになると、この型のノイローゼはたちまち別のノイローゼに席をゆずってしまったという例を、私はかなりしばしば経験いたしました。ですから、私は患者の症状の変化から、患者の性生活の様式の変遷を推測することができるほどでした。私は当時、私の推測を押し通して、ついには患者たちの不誠実を克服し、彼らがほんとうのことを確認せざるをえないようにするまでになりました。この場合に、彼らが、私ほど熱心に彼らの性生活についてたずねない、私以外の医師のところへゆくのを好んだこともほんとうです。

その当時、私は、罹患の原因が必ずしもつねに性生活を指示するものではない、ということに気づかずにはいられませんでした。なるほど、直接に性的な傷害を受けて病気になった患者もいましたが、財産を失ったためだとか、消耗性の器質的疾患にかかったためにそうなった者もいました。このような多様性については、のちになって、自我とリビドとのあいだに推定される交互関係を私どもがはっきり洞察しえたときに、説明ができるようになったのです。そして、この洞察が深まるにつれて、説明はますます満足すべきものになりました。ある人がノイローゼになるのは、その人の自我がリビドをなんらかの方法で処理する能力を失ったときだけです。自我が強ければ強いほど、自我としてはこの課題を解決することは容易なことになります。自我がなんらかの原因で弱くなれば、それはリビドの要求が過大に高まったことと同じ作用を及ぼさずにはおきません。つまり、ノイローゼになるのです。

さらに、自我とリビドとのあいだには、なおより密接な別の関係がありますが、この関係はまだ、われわれの視野にはいってきてはおりません。ですから、ここではその説明はしないことにいたします。私どもにとって重要であり啓発的であることは、どんな場合でも、またどんな経路でその疾患にかかったにしても、ノイローゼの症状はリビドによってエネルギーをあたえられているものであり、したがってリビドが異常に使用されている証拠であるということです。

さて、しかし、私はみなさんに、現実ノイローゼの症状と、心因ノイローゼ[8]の症状とのあいだにある、決定的な差異に注意を促さなければなりません。心因ノイローゼのうちの第一のグループ、すなわち感情転移ノイローゼは、私どもがこれまで講話の対象としてきたものです。前者の場合も、後者の場合も、症状はともにリビドから出ています。つまりリビドの異常な使用であり、代償的な満足なのです。ところが、現実ノイローゼの諸症状、すなわち、頭が重い感じ、痛みの感じ、ある器官の刺激状態、ある機能の減退や抑制には、なんの「意味」、すなわち精神的意義もありません。これらの症状は、たとえばヒステリーの症状もそうでありますが、たんに主として肉体に現われるばかりではなく、それ自身がまったく肉体的な過程であって、この肉体的過程の成立にあたっては、私どもの学び知っている複雑な心的メカニズムはいっさいぬけ落ちています。つまり、それらの肉体的過程こそ、事実、私どもが長いあいだ心因ノイローゼの症状だと思ってきたものなのです。

しかし、その際に、これらの症状は、私どもが心的なもののなかで働く力だということを覚えたリビドの使用と、どのように対応しうるでしょうか。さて、みなさん、それは非常に単純なことです。どうか私に、精神分析に向けられた最初の非難の一つを思い出させてください。当時人々は、精神分析はノイローゼという現象についての純粋に心理学的な理論に力を入れているが、それはまったく見込みのないことにちがいない、それというのも、心理学的理論はけっして疾病を説明することはできないからだ、と言っていたものでした。人々は、性的機能は、たんに身体的なものでないと同じように、純粋に心的なものでもないということを忘れがちでした。性的機能は身体的活動にも心的活動にも影響をあたえるのです。心因ノイローゼの症状は、その心的作用の障害の現われであることを知ったとすれば、現実ノイローゼに性的障害の直接的な身体的結果を見いだしたとしても、私どもは驚くわけはないのです。

現実ノイローゼが、こうした性的障害の直接的な身体的結果であることを理解するうえに、臨床医学の所見が、多くの研究者からも注目された、ある貴重な指示をあたえてくれます。現実ノイローゼは、その症状の細部からみても、また同時にあらゆる器官系統およびあらゆる機能にあたえる影響の特異性からみても、異物としての毒素の慢性的な影響およびその急激な禁断から生ずる病態像、すなわち中毒と禁断症状とに明らかな類似性を示しています。この両グループの疾患は、バセドー病[9]の場合のように、ある毒物――ただし異物として体内に入れられるのではなく、身体自身の内部における物質代謝によって発生する、ある毒物――の作用に関連させて考えられる、このような状態を媒介としてみると、いっそう密接な関連が感ぜられます。私どもはこれらの類比にもとづいて、このノイローゼを性的物質代謝の障害の結果とみなさざるをえないと考えています。もっとも、ノイローゼが、これらの性的毒物が当人の処理能力をこえてたくさんつくりだされたために起こるのか、内的な事態、いや心的な事態すらが、これらの毒物の正しい使用をさまたげているために起こるのかはとにかくとしてです。民衆は昔から性的要求の本性に関して、このような仮定を奉じてきたのでありました。彼らは愛を「陶酔」と呼び、惚《ほ》れ薬によって恋心が起こるとしていますが、こう考えることによって、彼らは作用の動因をいわば外界へ移しているわけです。私どもにとって、これらの事情は、催情部位の問題を想起し、また性的興奮は、きわめていろいろの器官に起こりうるものだという主張を思い起こす機縁をあたえてくれるように思います。ちなみに「性的物質代謝」または「性の化学作用」ということばは、私どもには内容のともなわない分類棚のようなものです。私どもは、それについては知るところはなにもありませんし、「男性的」と「女性的」と呼ばれるような二つの性的物質を仮定したほうがよいのかどうか、それともリビドの刺激作用のすべてをになうものとみるべき〈一つの〉性的毒素を考えるだけでいいのかどうか、ということすら決めかねているのです。私どものつくった精神分析学説の体系は実際、一つの上部構造であって、いつかその下に器質的な土台がすえられなければならないのですが、私どもはその土台をまだ知ってはいないのです。

精神分析の学問としての特徴は、それが取り扱う素材にあるのではなく、それが使用する技法にあるのです。精神分析学はノイローゼ論に適用できると同様に、文化史、宗教学および神話学にも、その本質を傷つけることなく適用することができます。精神分析学は心的生活における無意識の発見ということ以外にはなにものをも意図しませんし、まさにまた、そのことをなしとげたのです。おそらく、直接の毒物性傷害によってその症状が生ずると思われる現実ノイローゼの諸問題は、精神分析に対してなんらの攻撃点を提示するものではありませんし、また精神分析は、現実ノイローゼの諸問題の解明には、ほんのわずかのことをなしうるにとどまり、その課題の究明は、生物学的・医学的研究にゆだねざるをえません。

みなさんは、いまとなればおそらく、私がなぜ私の材料を別なふうに整理しようとしなかったかを、一段とよく了解してくださるでしょう。もし私がみなさんに「ノイローゼ論入門」のお話をする約束をしていたとしたならば、現実ノイローゼという単純な形式のものから、リビドの障害にもとづく複雑な心的疾患にすすんでゆくという方法が、疑いもなく正しい方法であったでしょう。そして、私は、最初の現実ノイローゼのところでは、私どもがさまざまな面から経験したことや、あるいは知っていると思い込んでいることを、まとめて話さなければならなかったでしょう。また、つぎの心因ノイローゼのところでは、これらの病状を解明するためにもっとも重要な技法上の補助手段として、精神分析に話が及ぶことになったでしょう。しかし、私は「精神分析学入門」を意図したのですし、またそのような題目をかかげておいたのです。みなさんが、ノイローゼについてある種の知識を得られることよりも、精神分析についてある観念をもっていただくことのほうが、私にとってはより重要なことでした。ですから、私としては、精神分析にとってはあまり役にたたない現実ノイローゼを、もはや前景にもちだすことはできなかったのです。私は、みなさんにとってはより有益な選択をしたと信じています。というのは、精神分析学の前提は深遠であり、その関連するところも広大なのですから、精神分析こそは、あらゆる教養人の関心のなかに一つの場所を占めるだけの価値があるからです。ところが、ノイローゼ論は、他の諸理論と同じように、たんに医学の一章にすぎません。

しかしながら、私どもが現実ノイローゼに対しても若干の関心を示すにちがいない、とみなさんが期待されることはもっともであります。現実ノイローゼが心因ノイローゼと臨床的に密接な関連をもっていることだけでも、すでに私どもの関心をそそいます。そこで、私どもが現実ノイローゼを分けて、〈神経衰弱[10]（ノイラステニー）〉、〈不安ノイローゼ[11]〉および〈心気症[12]（ヒポコンドリー）〉という三つの純粋な型に区別していることを、報告しておこうと思います。この分類にも反対の論議がなかったわけではありません。もちろん、これらの名前はすべて現に用いられてはいますが、どれもその内容は規定されておらず、定説がありません。医師のうちには、ノイローゼ的な諸現象が錯綜している世界では、なんらかの区別をつけることや、臨床的な疾患単位、すなわち個別の病気をとくにとりだしてくることに反対し、現実ノイローゼと心因ノイローゼとを分けることさえ認めない人々があります。しかし、私としては、このような人はあまりにも極端に走りすぎたものであり、進歩に向かう道を選ばなかったものだと考えます。右に述べたノイローゼの諸型は、ときとしては純粋な型で現われることもありますが、相互にいりまじり、心因ノイローゼの症状と混合していることのほうが多いのです。しかし、この混合現象があるからといって、私どもは、前記のような分類を廃棄しようという気になる必要はありません。

鉱物学における鉱石学と岩石学との区別を考えてみてください。鉱石は個体として記述されています。それはたしかに、鉱石がしばしば結晶となってその周囲のものから判然と区別される姿で出てくるという事情によっているのです。岩石はもろもろの鉱石の混合したものから成り立っております。しかし、この混合は偶然的なものではないことは確かで、その生成時の条件の結果としていっしょになったものです。ノイローゼ論で岩石学に類したものをつくるには、まだ、その発展のよってきたるところについて私どもが理解しているところは、あまりにも少なすぎます。しかし、私どもが、さしあたりは大きな集塊のなかから私どもに識別しやすいもの、すなわち、鉱石に比較しうるものとしての臨床的な個体を分離するとすれば、私どものしていることは正しいことだと言えるのです。

現実ノイローゼと心因ノイローゼとの症状のあいだの注目すべき関係は、さらに心因ノイローゼにおける症状形成に関する私どもの知識に、一つの重大な寄与をいたします。すなわち、現実ノイローゼの症状は、心因ノイローゼの症状の中核であり、前段階であることがしばしばあるということです。このような関係は、神経衰弱と転換ヒステリーと呼ばれている感情転移ノイローゼとのあいだに、また同時にヒポコンドリーとあとでパラフレニー[13]〔早発性痴呆およびパラノイア〕としてお話しするはずの病型とのあいだに、もっともはっきりと観察されます。実例として、ヒステリー性の頭痛あるいは腰痛の例をとりあげてみましょう。分析の結果、この痛みは、凝縮と置きかえによる、多数のリビド的空想あるいは回想に対する代償的満足であることがわかります。しかし、この疼痛《とうつう》は、また、かつては現実にもあったものなのです。そのときは、直接的に性的毒素による症状、リビド的興奮の身体的表現であったのです。私どもはけっして、すべてのヒステリー性の症状がこのような中核を含んでいると主張するつもりはありません。しかし、そういう例がとくに多いということと、リビド的興奮が身体にあらゆる——正常または病的な——影響を及ぼすことは、むしろヒステリーの症状形成の得意とするところであることとは、あくまで変わらないのです。これらの影響は、その場合、真珠貝が真珠母物質の外皮で包んだあの砂粒のような役割を演じています。これと同一の仕方で、性行為にともなう性的興奮の一時的な徴候は、症状を形成するうえに、もっとも手ごろでもっとも適当な材料として、心因ノイローゼによって利用されるのです。

これと類似のある過程が、診断上ならびに治療上から特殊な関心をひきます。症状の激しいノイローゼにこそかかっていないとしても、とにかくノイローゼにかかりやすい人々のあいだでは、病的な身体変化――たとえば炎症または外傷による――が、症状形成の活動を刺激して、現実にそこにあたえられている症状を、表現手段をわがものにしようと狙《ねら》っていた、あのすべての無意識的空想の代表者に大急ぎで仕立ててしまうということは、すこしも珍しいことではありません。このような場合には、医師は、あるときはこの治療法、またあるときはあの治療法をおこなうというぐあいにして、うるさいノイローゼという副産物にはかまわずに、器質的病変という基礎を取り除こうとするか、あるいは、たまたま生じたノイローゼを征服しようとして、そこにある器質的な誘因にあまり注意しないかの、いずれかでありましょう。その結果、あるときはこのやり方が、またあるときは別のやり方が、正しいとか、正しくないとかされるのでしょう。このような混合症の場合には、一般的な法則をつくることは、ほとんどできないのです。

(1) 第二十二講参照。
(2) 第十七講参照。

(3) 本書では、神経衰弱、ノイローゼなどと精密に区別しない意味で用いている。一般には、神経質とは、性格的に身心の働きに敏感に注意を向け、そのためにかえって身心の正常な働きをそこなっているような障害をさすものとされている。

(4) （一八七〇～一九三七）。オーストリアの人。はじめフロイトの指導下に精神分析学の研究に努めたが、まもなく離反した。劣等感とその補償、権力欲などを中核とする個体心理学を創始した。

(5) たとえば、病気を理由に適応困難な現実からの逃避が許されるように、病気であるために得られる目前の利得をさす。現実的には非適応行動という結果になる。

(6) （一八四五～一九二三）。『フリーゲンデ・ブレッター』誌の専属諷刺画家として、ユーモアあふれる漫画を描いて名を知られた。

(7) 神経衰弱反応、不安ノイローゼなどをいう。明らかな病因的葛藤が認められないノイローゼ的反応とされる。

(8) プシコノイローゼ、または一般には精神神経症と呼ばれる。現実ノイローゼに対比されるもの。

(9) 甲状腺の機能が病的に高まるために起こる病気。頻脈、甲状腺の腫れ、眼球突出、発汗過多、特有の不安などを示す。K・A・フォン・バセドー（一七九九～一八五四）の名にちなんでいる。

(10) 気分的にいらいらする、疲れやすいという二点（刺激性繊弱《せんじやく》ともいう）を主徴候とするノイローゼ的状態。一八六九年、アメリカのG・M・ビアードによって提唱され、やがて世界を風《ふう》靡《び》する病名となった。フロイトの時代には、まだ一種の独立したノイローゼに数える傾向があったが、現在では、種々な場合に生じる一種の病的反応と考えられている。

(11) フロイトにおいては、正常な性行為が営まれないときに起こる一種の不安を中核とするノイローゼである。心因の有無によって不安ヒステリーと区別されるが、この不安は浮動性で期待不安の性格をもつ。今日では、不安ノイローゼと不安ヒステリーとは、必ずしもフロイト的に区別されてはいない。

(12) 病気ではないか、病気がどこかにあるにちがいない、との認識のもとに身心の違和が注意深く吟味されざるをえない病的状態。神経質の基底にあるものと考えられる。ここでは身体機能についての危惧《きぐ》を主症状とするノイローゼの意味。

(13) 早発性痴呆（精神分裂病）とパラノイアとをあわせて、フロイトはパラフレニーという名称を提唱している。正統の精神病学では、パラフレニーはこの両者の中間にあるもの（クレペリン）で、かなり特異な論理的な構造をもつ妄想を主としながらも、自我障害や幻覚などを示さない精神病の一種とされている。

第二十五講　不安

みなさん！　前回の講義で普通の神経質についてお話ししたことを、みなさんはきっと、私の報告のなかで、もっとも不完全で、もっとも不十分なものだと認められたことでしょう。そのことは私も承知していますし、その講義のなかで不安の問題にすこしも言及しなかったことが、みなさんに奇異の感をいだかせたにちがいない、ということも考えてはいるのです。不安は、たいがいの神経質者が愁訴《しゅうそ》するところであり、彼らが自分のもっとも恐ろしい悩みだと唱え、実際、彼らのあいだではきわめて激しい強度に達して、まったくばかばかしい処置をさえ考え出させることもしばしばあるものなのです。しかし、すくなくとも私は、不安の問題を簡単にすませようなどとしたのではありません。むしろ私は、神経質者における不安の問題にとくにきびしく焦点を合わせて、それをみなさんの前でくわしく論究してみようと、もくろんでいたのです。

不安そのものを、みなさんにご紹介する必要はもちろんないでしょう。私どもはだれでも、この感覚、もっと正確に言えばこの感情状態を、いつであれ一度はわが身に覚えてきたはずです。しかし、なぜほかならぬ神経質者だけが、他の人々にまさって、あれほど多くの、しかもあれほど強い不安をいだくのか、ということを私どもは十分かつ真剣に問題にしなかったように思うのです。おそらく世人はこれを自明のことと考えたのです。現に「神経質な」と「不安になっている」ということばは、あたかも同一のことを意味しているかのように、区別なしに使われています。しかし、そうすることに正当な理由はないのです。ほかの点ではすこしも神経質ではないのに、不安におびえている人がありますし、神経質の人で多くの症状に悩まされていながら、その症状のなかには不安の傾向が見いだされないという人もあります。

そんなことはどうであろうと、不安の問題は、ありとあらゆる、きわめて重大な諸問題が、そこで結びあわさる節点[1]であることは確かです。すなわち、不安の問題とは、それを解決すれば、私どもの心的生活の全体のうえに豊かな光をそそぐにちがいないと思われる謎《なぞ》である、ということです。私はこの点について十分な解決をみなさんにおみせすることができるとは主張しません。しかし、みなさんは、精神分析学では、このテーマも学校医学とはまったくちがった仕方でとりあげるだろう、と期待しておられるでしょう。学校医学ではなによりもまず、どのような解剖学的経路によって不安状態が生ずるのかという点に関心がもたれているようにみえます。すなわち、これは延髄《えんずい》が刺激された状態にあるのだ、といいます。患者は、迷走《めいそう》神経ノイローゼ[2]にかかっているのだ、と教えられるのです。延髄はまったく重大な、そしてりっぱな対象です。何年か前に、いかに多くの時間と労力とをこの延髄の研究にささげたことか、と私はいまもまざまざと思い起こします。しかし、いま、不安の心理学的な理解を問題とするときに、不安の興奮が走る神経経路の知識ほど、私にとって関心のもてないものはないと言ってよいのです。

不安については、しばらくは神経質一般のことに言及しないでも、とりあげてゆくことができます。私がこの不安を〈ノイローゼ的〉不安に対比させる意味で、〈現実〉不安と呼びますならば、みなさんは問題なく私の言うことを了解されるでしょう。さて、現実不安は私どもにとっては、非常に理屈にあった理解しやすいものと思われます。私どもの言いたいのは、現実不安はある外界からの危険、言いかえれば、予期され予見された傷害を認知したときの反応であり、逃避反射と結びついている、ということです。ですから、現実不安は自己保存の欲動の現われとみても、さしつかえないとも言えます。どのような機会に、すなわちどのような対象の前で、どのような状況に置かれたときに、不安が出現するのかという問題は、もちろん大部分は、私どもの知識の程度と外界に対する私どもの権力感のいかんによるでしょう。私どもにもよくわかることですが、未開地の人は大砲を恐れたり、日蝕《にっしょく》には不安にかられたりしますが、大砲という道具を使用し、きたるべき日蝕の現象を予告しうる白人は、このような条件のもとにあっても不安をもたないのは、しごく当然のことと思われます。それからまた、知識をもちすぎることが、まさしく不安を助長するものともなりますが、それは、その知識のために危険を早期に認めるようになるからです。ですから、未開人は、猛獣の足跡を森のなかで見つければ驚きますが、これは足跡が猛獣が近くにいるぞと教えるからであり、それを知らない者にはなんの意味もないわけです。老練な船乗りが空に浮かぶ一片の雲を見て驚くのは、船客にはべつになんでもないことに思われているその雲が、船乗りには台風の接近を告げるからです。

さらによく考えてみますと、現実不安は合理的であり目的にかなったものである、という判断には、根本的な修正が必要だと言わなければなりません。すなわち、危険が迫ってきたときにとる、目的にかなった唯一の行動は、自分自身の力をその脅威の大きさにくらべて冷静に評定し、そのうえで逃走するか防御するか、あるいはすすんで攻撃を加えるか、そのいずれがよい結果をもたらす見込みが大きいかを決定することでありましょう。ところが、この連関のなかには、不安が占める場所はないのです。不安があってもなくても、起こるべき事態はまったく同じように起こるでしょうし、むしろ不安が生じないほうが、おそらくはもっとうまくゆくでしょう。不安が度を越して強くなれば、ひどく目的にかなわぬものとなることもわかっております。不安があらゆる動作を、ときには逃走の動作をさえ麻痺《まひ》させることは、よくご存じのとおりです。ふつう危険に対する反応は、不安の感情と防御の動作との混合したものから構成されています。驚かされた動物は不安におびえて逃げるわけですが、目的にかなった点は「逃げること」なのであって、「不安におびえること」ではないのです。

ですから、不安の発生はけっして目的にかなったものではない、と主張したくなります。不安の状況をもっと注意深く分解してゆけば、おそらくは一段とすぐれた洞察を得るのに役だつでしょう。不安の第一の点は、危険に対応する準備ということです。それは、感覚的な注意力の高まりと運動性緊張の高まりとして現われます。このように予期して準備しておくことは、問題なく有益なものと認められます。いや、この準備が欠けていれば、そのために重大な結果を招くことになるでしょう。さて、この準備からは、一方には、運動性の行動、すなわちさしあたりは逃走、これより高い段階のものとしては活動的な防御が生じ、また他方では、私どもが不安状態として感じるものが生じてきます。不安の発生が、たんなる発端、信号の程度にとどまっていればいるだけ、不安という準備態勢から行動への転換は支障なくおこなわれるようになり、全体の経過もそれだけ目的にかなったものになります。ですから、不安から生まれる準備は、私どもが不安と呼んでいるものの目的にかなった面であり、不安の展開は、目的にかなわない面であるように、私には思われます。

不安、恐れ、驚愕《きょうがく》ということばを同じ意味で用いるのか、はっきりちがった意味をもたせようとするのか、という問いにくわしく立ち入ることはやめておきましょう。ただ、不安は状態に関係し対象を度外視しているが、恐れはまさに対象に注意を向けている、と考えられます。これに反して、驚愕はある特別な意味をもっているように思われます。すなわち、不安の生んだ準備状態では受け入れられないような危険の結果を強調することです。とすれば、人間は不安によって驚愕を予防しているのだと言えるかもしれません。「不安」ということばを使うときにつきまとう、ある種のあいまいさと不正確さは、みなさんも見落とされることはなかったでしょう。多くの場合、私どもは不安ということばを、「不安の発生」を認知することによっておちいる主観的な状態という意味に解しており、この状態を感情と呼んでいます。しかし、ダイナミックな意味では感情とはなんでしょうか。いずれにせよ、非常に多くのものの複合体です。感情は、第一に一定の運動性神経支配あるいは発散を含み、第二にある種の感覚、それも二種類の感覚、すなわち起こった運動行為の知覚と、感情に基音をあたえると言われる直接的な快感および不快感とを含んでいます。しかし私は、このように数えあげられたものだけでは、感情の本質が適切に言いあらわされているとは思いません。いくつかの感情の場合には、より深く掘りさげてみると、前述の不安という複合体を結集せしめている核心は、ある特定の、深い意味をもった体験の反復であることが認識されるように思われます。この体験は非常に普遍的な性格をもった、ごく早いある時期の印象であって、すなわち個体の前史に属するものではなく、種《しゅ》の前史にさかのぼることのできる印象であるほかはないでしょう。私の言いたい点をわかっていただくために、この感情状態は、ヒステリー発作がある回想の沈澱《ちんでん》であるのと同じような構造をもっている、と言ってもよいのです。つまり、ヒステリー発作は新しく形成された個体的な感情に対比され、正常な感情は、相続権をもつようになった一般のヒステリーに対比されるのです。

私がここで感情についてお話ししたことを、どうか正常心理学において承認された説だとは受けとらないでください。むしろ反対に、これらの見解は精神分析という土壌の上に生長し、ただそこでだけ根をはっている考えなのです。みなさんが心理学で感情に関して学ばれるもの、たとえばジェームズ＝ランゲの学説(3)は、私ども精神分析者にとってはむしろ不可解であり、論ずる価値のないものです。しかし私どもは、感情についての私どもの知識を非常に確実なものだなどとは考えておりません。私どもの知識は、この明らかにされていない領域で、なんとか見当づけをしてみようとする最初の試みなのです。

さて、もうすこし先をつづけてみましょう。不安の感情の場合、私どもは、それがどのような早期の印象を、反復の形でふたたび心に浮かばせるかを知っていると思っています。それは〈出産行為〉なのだ、と私どもは申したいのです。出産行為のときには不快感、娩《べん》出《しゅつ》の興奮および身体感覚などの集約化がおこなわれるわけですが、これが生命の危険が生ずることの原型となり、それ以来、不安状態として私どもによってくりかえされるのです。血液の新鮮化〔内呼吸〕(4)の中断による異常な刺激の増大が、出産時における不安体験の原因であったのです。つまり、最初の不安は毒素による不安だったわけです。不安 Angst という名称――ラテン語の angustiae は狭さという意なのですが――は、息ぐるしさという、出産時に現実にみる状況の結果として現存していた特徴を、強調しているものです。そして、それが今日においては感情のなかで、ほとんどきまったように再現されているのです。私どもはまた、あの最初の不安状態が母体から離れることから生じたということも、関係深いこととして認めるでしょう。最初の不安状態をくりかえすという素因は、かぎりない世代の系列を通じて有機体に深く植えつけられた結果、一人一人の個人は、たとえ伝説上のマクダッフのように、(5)「母の腹を裂いてとりだされた」人間、すなわち出産行為そのものを経験しなかった人間であろうとも、不安感情を免れることはできないということを、私どもはもちろん確信しております。哺乳《ほにゅう》動物以外の動物の場合、不安状態の原型になったものがなにかということは、私どもには言うことができません。そのために、私どもはまた、これらの動物では、どのような感覚の複合体が私どもの不安に相当するのかもわからないのです。

おそらくみなさんは、出産行為が不安感情の源泉であり原型であるなどというようなことを、どうして思いつくようになったのか、聞いてみたいという関心をもっておられるでしょう。それには思弁など、ほとんど関与していなかったのです。私はむしろ、民衆の素朴な考えからそれを借りてきました。ずっと以前、私ども若い病院医が食堂で昼食のテーブルを囲んでいたときのことです。産科の一助手が、最近の助産婦の試験のときにあったおもしろい話をしました。「ある受験者が、分娩の際に胎便〔かにばば。胎児の排泄物《はいせつ》〕が羊水中にあるのは何を意味しているか、と問われたところ、彼女はたちどころに、胎児が不安を感じているのだ、と答えた。彼女は笑いものにされて落第した」というのでした。しかし、私はひそかに彼女に味方したものです。そして、民衆の一人である、このかわいそうな女性が惑わずに述べたこの考え方こそ、ある重大な事柄を明らかにしていたのだ、ということに感づきはじめたのです。

さて、ノイローゼの不安に話を移してみるとして、神経質の人の場合に、この不安はどのような新しい現象形態や事情を示すでしょうか。その点では、たくさん述べたいことがあります。

第一に、一般的な不安、いわば自由に浮動している不安が見いだされます。この種の不安は、適当なものでさえあればどんな表象内容にも結びつき、判断に影響をあたえ、ある種の予想を選びだし、あらゆる機会をとらえて自己を正当化しようとします。私どもはこの状態を「予期不安」あるいは「不安な予期」と呼んでいます。この種の不安に憑《っ》かれた人々は、あらゆる可能性のなかから、いちばん恐ろしい可能性を予見します。偶然のこともすべて不幸の前ぶれと解釈し、不確実なことはすべて悪い意味にだけ受けとってゆくのです。このように不幸を予期する傾向は、通常は病気とは言えない多くの人々のあいだにも見いだされる性格です。そういう人々は、心配性だとかペシミズムだとかと非難されます。しかし、とくに人目をひくほどの予期不安は、通例私が〈不安神経症〉と名づけ、現実ノイローゼの一つに数えているノイローゼ疾患にはいるものです。

第二の形式の不安は、いま述べた形式とは反対に、むしろ心的に制限があり、ある種の対象、あるいは状況に結びついているものです。それは非常に多様であり、すこぶる特異なことも珍しくない〈フォビア(恐怖症)〉[6]の不安です。有名なアメリカの心理学者スタンリー・ホール[7]は、つい先ごろ、苦心の末にこれらの多数のフォビアのすべてに、きらびやかなギリシア語の名前をつけてみせてくれました。それはエジプトの十種の災厄を数えあげるようなふうにも聞こえるのですが、ただ相違するのは、その数が十を越していることです。なんとあらゆるものがフォビアの対象または内容となりうるか、聞いてみてください。すなわち、暗闇《くらやみ》、戸外の空気、広場、ねこ、くも、毛虫、へび、ねずみ、荒天、鋭い尖《とが》ったもの、血、しめきった部屋、雑踏、孤独、橋をわたること、船旅、汽車旅等々というわけです。

手はじめにこれらの雑多なものについて方向づけをしようとすると、すぐ心に浮かぶのは、これを三つのグループに区別することです。これらのフォビアの対象や状況のなかには、私ども正常な者にとっても気味の悪いもの、危険がないではないものも少なくありません。これらについてのフォビアは、その強度という点では、はなはだ極端ではありますが、私どもにとってとにかく不可解ではないと思われます。私どももたいてい、へびに出会えばいやな感じがいたします。へびフォビアは人間のもつ一般的フォビアだと言うことができましょう。チャールズ・ダーウィンは、自分を目がけて突進してきたへびを見たときに、厚いガラス板で自分の身はまもられていることはよく承知していたにもかかわらず、不安の情を押えきれなかった、と印象深く記載しています。(8)

第二のグループとしては、私どもはつぎのような諸例をあげます。すなわち、危険との関係はやはり存在してはいるのだが、しかし普通はこの危険は軽視されており、それをまっさきには考えない習慣がついている場合です。これに属するものは、たいがいの状況フォビアです。(9)私どもは、汽車の旅では家にいるときよりも災難にあうチャンス、すなわち列車が衝突するおそれが多いことはわかっていますし、船ならば沈没することがあり、沈没すれば溺死《できし》するのが通例だということも知っています。しかし、私どもはこの危険を考えず、なんの不安も感ぜずに汽車や汽船で旅行をしているわけです。また、自分の通行中に橋が落ちれば川の中に墜落することは否定できませんが、そのようなことは、そうめったに起こるものではありませんから、危険なこととはまったく考えていないのです。一人《ひと》きりでいるということも危険性はもっています。事実私どもは、ある事情のもとでは独り居《い》をさけます。しかし、いかなる条件のもとでも、かたときといえども独り居に耐えられない、というほどのものではないはずです。似たようなことは、雑踏、しめきった部屋や荒天等々にもあてはまります。ただ、ノイローゼ患者にみられるこれらの種類のフォビアが私どもに奇異の念を起こさせるのは、一般的に言えば、その内容ではなくてむしろその異常な強さです。フォビアにともなう不安は、それこそ反駁《はんばく》する余地のないものなのです！　それに、ある事情のもとでは、私どもでさえ不安を感じることもあるような事物や状況に対して、ノイローゼ患者は同じく不安と呼びながら、すこしも不安がらないのではないかという印象を受けることが少なくありません。

まだ第三のグループのフォビアが残っていますが、これには、私どもの理解力では、もはやまったくついていけません。屈強な成年男子が、勝手のよくわかっている故郷の町のある街路や広場を、不安のために通りぬけることができないとか、健康なりっぱに成長した婦人が、ねこが衣服のふちにじゃれついたとか、小さなねずみが部屋のなかを走り過ぎたからといって、気絶するような不安におちいったりするという場合には、私どもは、どういうふうにそれが危険と結びついていると考えればよいでしょうか。こうした危険との結びつきは、フォビアの患者には、この場合にも明らかに存在しているのです。この第三のグループに属する動物フォビアは、人間が普通もっている嫌悪感が高まったものではありません。というのは、その反対のよい実例を示すものに、ねこを見さえすれば、呼び寄せたり、撫《な》でてやったりしないでは通りすぎることができないという人がたくさんいるからですし、また婦人たちにたいへん恐《こわ》がられるねずみは、同時に第一級の愛称ともなるからです。愛人から、かわいいねずみさんと呼ばれて満足している少女はたくさんいますのに、その少女たちが同じ名前のかわいらしい小動物を見ると、驚いて叫び声をあげるのです。

街頭や広場で不安を感ずるという男性に対しては、幼い小児のような行動をとっているのだ、というただ一つの説明が心に浮かんできます。小児は、このような状況は危険だからさけるように、教育によって直接に教えられています。私どもの広場フォビアの患者も、[10]だれかがつきそってその場所を通るときは、実際に不安を感じないのです。

ここに記述した二つの形式の不安、すなわち自由に浮動する予期不安とフォビアにともなう不安は、たがいに関係がありません。一方の不安が他方の不安より高い段階のものだなどということはなく、例外的に双方が同時に現われることがあっても、それはいわば偶然なのです。もっとも強い一般的不安がフォビアのなかに現われるとはかぎりません。広場フォビアのために生活全体をひどく制限されている人々でも、ペシミズムに彩られた予期不安からはまったく自由でありうるのです。フォビアのうちのかなりのもの、たとえば広場不安や鉄道不安などでは、一人前の年になったときにはじめて起こったことがはっきりしていますし、暗闇、雷雨、動物などに対する不安は、最初から存在しているように思われます。前者のような種類のフォビアは重大な病気としての意義をもちますが、後者はむしろ奇癖とか、気まぐれのようにみられます。この後者の不安のどれかを示している者がいれば、通例その人には、ほかにも似かよった不安があると推測してまちがいありません。付言しておかなければならないことは、私どもはこれらのフォビアを、全体として〈不安ヒステリー〉に数えていること、すなわち周知の転換ヒステリーに非常に近い疾患だとみなしているということです。

ノイローゼ的不安の第三の形式では、不安とさし迫っている危険との連関が完全に見失われているという謎の前に、私どもは立たせられます。この不安は、たとえばヒステリーの場合にヒステリー性症状に随伴して現われたり、あるいは私どもがなんらかの感動の表出は予期するにしても、まさか不安感情などはほとんど、予期していないような興奮の任意な条件のもとに現われたり、またあるいはすべての条件とはまったくひき離され、私どもにも患者にもひとしく理解できないような自由な不安発作として現われたりします。この場合には危険、あるいは誇張すれば危険にまで高められるかもしれないようなきっかけは、まったく問題にはならないのです。そこでこれらの自然発生的な発作においては、私どもが不安状態と呼んでいる複雑なものは分裂が可能であることがわかります。発作全体は強く完成された個々の症状、すなわち、ふるえ、めまい、心悸亢進《しんきこうしん》、呼吸困難などによって代表されますが、私どもが不安を知る手がかりとする一般感情がその際に欠如していたり、あるいは不明瞭であったりすることがあります。しかし、この状態は私どもが「不安等価」[11]と呼んでいるもので、あらゆる臨床的ならびに病因論的関係からみて、不安と同列に置くことができるものなのです。

さて、ここに二つの問題が起こります。すなわち一つは、危険がなんの役割をも果たさない、あるいは非常にわずかな役割しか演じていないノイローゼ的不安と、終始一貫して危険に対する反応である現実不安とを関連づけることができるだろうか、という問題であり、もう一つは、ノイローゼの不安はどのように理解したらよいのか、という問題です。しかし、私どもはまず、不安がある場合には、それに対して不安を感じるなんらかの対象が存在しているにちがいない、という期待を固持しておきましょう。

ところで、ノイローゼ的不安を理解するために、数々の手がかりが臨床的観察から生じてきますので、その意味を論究したいと思います。

a　予期不安、あるいは一般的不安状態は、性生活における特定の過程、すなわち私流に申せば、リビドのある種の使用法と緊密な依存関係があることを確認するのは、むずかしいことではありません。この種のもので、もっとも単純でもっとも教えられるところの多い例は、いわゆるむなしい興奮にさらされている人々、換言すれば、激しい性的な興奮が心ゆくまでのはけ口をもつことができず、満足のゆく終結にいたりえない人々に生じます。ですから、たとえば婚約期間中の男子や、夫が精力不足であるとか、妊娠に対する用心のために性行為を短縮したり、不完全な仕方でおこなったりするような人妻の場合に生じます。このような事情のもとでは、リビドの興奮は消失してしまい、その代わりに予期不安の形をとったり、または発作や発作等価症となったりして不安が現われるのです。用心から性交を中絶することは、それが性的摂生としておこなわれると、男性、いやとくに婦人の場合に不安ノイローゼの原因となるのが通例です。ですから、こうした症例の場合には、医師が実地に診療する際、まず第一にこの病因をさがすことがすすめられます。そして、性的な誤った習慣が矯正《きょうせい》されると、不安ノイローゼも消えてしまうということは、数限りなくだれでも経験しうることなのです。

私の知るところでは、性の抑制と不安状態とのあいだに関連があるという事実については、精神分析学に親しみをもたない医師でも、もはや異議を唱えてはおりません。しかし、それははじめから不安感をいだきがちな傾向をもっていて、そのために性的なことをも抑制する人々なのだ、という見解をとって、前記の関係を逆に考える試みがなされないこともないと思います。このような見解が誤りであることをはっきりさせるのは、女性の態度です。女性の性的活動は本質的に受動的であり、言いかえれば男性の側の扱い方によって規定されるものだからです。女が情熱的で、性交を好み、満足を感じうる能力が大きければ大きいほど、女性は男性のインポテンツや中断性交に対しては、ますます確実に不安症状という反応をみせるものです。しかし、このような不満な待遇は、不感症の女性、あるいはリビドの少ない女性の場合には、はるかに小さい役割しか演じません。

医師たちがいま熱心にすすめている禁欲は、不安状態の発生に対して同じ意義をもつことがありますが、それはもちろん、満足のはけ口を拒否されたリビドがそれに相応して強くなり、しかも、その大部分が昇華作用によっては解決されない場合だけのことです。実に、病気という結果をきたすか否かを決定するのは、つねに量的因子なのです。病気ではなく、性格形成を考える際にも、性的制限はある種の不安状態や疑惑感と手をたずさえて現われますが、他方、大胆不敵な、勇敢で積極的な気象には、性的要求に対する自由放任がともなっていることも、容易に認められます。この種の関係が種々の文化的な影響によっていかに変えられ複雑にされようとも、平均的な人間にとっては、不安が性的制限と関係があるということには変わりはありません。

私はみなさんに、リビドと不安とのあいだには前述のような発生上の関係がある、という主張を証明する観察を、まだまだすべてお伝えしたわけではありません。たとえばその一つにはなお、人生のある時期が不安性疾患に及ぼす影響があります。たとえば思春期や月経閉止期の影響です。これはリビドの生産活動がいちじるしく増大するためだ、と考えてよいでしょう。また多くの興奮状態のときにも、リビドと不安との混合や、リビドが不安によって代償されるのを直接に観察することができます。このような事実のすべてから、二重の印象を受けるのです。第一に、それは正常に使用することを阻止されたリビドの鬱《うっ》積《せき》であるということであり、第二に、その際、問題はまったく身体的な過程だということです。どうしてリビドから不安が発生するかということは、いまのところは明らかではありません。ただ、リビドがなくなって、その代わりに不安が観察されるというだけのことです。

b　第二の示唆を、私どもは心因ノイローゼ、とくにヒステリーの分析から得るのです。

すでに申しましたとおり、ヒステリーでは、しばしば不安は症状にともなって現われますが、発作あるいは持続状態として発現する、症状に拘束されていない不安もまた現われます。患者たちはなにが不安なのかを言うことができず、明らかに二次的加工によって、死、狂気、卒中の発作のような手近にあるフォビアと結びつけるのです。

不安とか不安をともなった症状を生じさせた状況に分析をほどこすと、私どもは、どんな正常な心的経過が起こらずじまいになり、不安の現象がその代償となったかを言いあてることができるのが通例です。別な表現をすれば、私どもは無意識的過程を、あたかもその過程が抑圧を経験せず、阻止されないままに意識に連続したかのように構成することができるのです。この過程にはまたある特定の感情がともなっていたことでしょうが、いまや私どもは、驚くべきことに、正常な経過にともなうこの感情が抑圧されると、その感情自身の質がどんなものであるかには関係なく、どんな場合にも不安によって置きかえられることを知るのです。ですから、私どもがヒステリー性の不安状態を目の前にしているとしますと、その無意識的な相関物はこれと類似の性格をもった興奮、すなわち不安、羞恥《しゅうち》、狼狽《ろうばい》という心の動きであることもあり、怒りや憤りのような積極的リビドの興奮、または敵意に満ちた攻撃的興奮のこともあります。つまり、不安は広く通用する貨幣であり、もし感情の動きに所属する表象内容が抑圧されるようなことになれば、あらゆる感情の動きが不安と交換される、あるいは交換されうるのです。

c　私どもが第三の経験をするのは、注目すべき仕方で不安から免れているようにみえる、強迫行為を示す患者たちの場合です。私どもが彼らの強迫行為、すなわち洗滌《せんじょう》や儀礼行為をするのを押えようと試みたり、または彼ら自身で無理に強迫症状の一つをやめようとしたりすると、彼らはものすごい不安にかられてその強迫行為をせずにいられなくなるのです。そこで私どもには、強迫行為によって不安がおおい隠されていたのであり、強迫行為は不安から免れるためにおこなわれていたにすぎないのだ、ということがわかります。ですから、強迫ノイローゼの場合には、強迫症状がなければ生じたにちがいない不安が、症状形成によって代償されているのです。

ヒステリーの場合を考えてみますと、私どもはこのノイローゼにも或る類似の関係、すなわち抑圧過程の帰結として純粋な不安の発生か、症状形成をともなった不安か、よりよく完成されて不安をともなわぬ症状形成か、そのいずれかを見いだします。それゆえ、一般に症状というものは、通例は不可避な不安の発生を免れるために形成されるものにすぎないと言っても、抽象的な意味ではまちがいではないように思われます。この見解をとれば、不安はノイローゼの問題に対する私どもの関心の、いわば中心に押し出されてくるわけです。

不安ノイローゼの観察から、私どもは、リビドの正常な使用法からはずれることによって不安が生じるのだが、そのはずれるということは身体的過程を地盤として起こるものである、と推論したのでした。ヒステリーおよび強迫ノイローゼの分析からは、これと同一の結果をきたす同一のリビドの偏向は心の法廷が拒否した結果でもありうる、ということが付言されるようになります。要するに、ノイローゼ的不安の成立に関して私どもの知っているのはそれだけであり、まだまだかなり漠然としたもののように思われます。しかし、私としては、いまのところこれ以上先へすすめるような道は知っておりません。私どもが自分自身の第二の課題としたこと、すなわち異常に使用されたリビドにほかならないノイローゼ的不安と、危険に対する反応である現実的不安とのあいだに連絡をつけることは、さらにいちだんと解決が困難であるようにみえます。この両者は根本的にまったく相違したものだ、と思うかもしれませんが、それにもかかわらず、私どもは現実的不安とノイローゼ的不安とを、たがいに感覚的には区別する手段をもってはいないのです。

現実的不安とノイローゼ的不安とのあいだに求めていた連絡は、私どもがしばしば主張した自我とリビドとの対立を前提とすれば、結局はできるようになります。私どもが知っているように、不安の発生は危険に対する自我の反応であり、逃走開始を告げる信号です。ですから、ノイローゼ的不安の場合には、自我は自分のリビドの要求をつきつけられて、ちょうどこのような逃走の試みをくわだて、この内的危険をあたかも何か外的危険であるかのように取り扱うのだ、という見解が自然に浮かんできます。そうだとすれば、不安の現われるところには、それに対して不安を感じるなんらかの対象もまた存在しているという期待に満たされることになるわけです。しかし、この類比はさらに先へつづけてみることができると思います。外的危険から逃走しようとする試みがもちこたえられて、適切な防御の方策を立てることにとって代わられるように、ノイローゼ的不安の発生も、また、不安を拘束してくれる症状形成に道を譲るのです。

理解の困難な点は、いまや別のところにあることになります。とにかく、自我がおのれのリビドから逃走することを意味する不安が、このリビドそのものから生じたはずだというのだからです。この点はどうしてもすっきりしませんし、また、ある人のリビドは結局のところその人のものであり、外部の事物でもあるかのようにその人と対立するものではないことを忘れるな、という警告をも含んでいるのです。不安が発生するにあたって、どのような心的エネルギーが、どのような心的組織から発生し消費されるのか、という不安発生の局所論的なダイナミックスは、私どもにはまだ不明なのです。ですから、私はこの問いにもお答えを確約することはできません。しかし、他の二つの糸口をたどって、私どもの思索を助けるために、ふたたび直接の観察と分析による探究とを利用することを、ないがしろにしようとは思いません。私どもは小児における不安の発生と、フォビアに結びついているノイローゼ的不安の由来とに、向かうことにしましょう。

小児の不安感はよくあることで、それがノイローゼ的な不安なのか、現実不安なのかを区別することはかなりむずかしいようにみえます。それどころか、この区別をしてみても、小児の行動をみるとその価値も疑わしいものになるようです。というのは、一方では私どもは、小児が見知らぬ人や新しい状況や新しい対象のすべてに不安を感ずるのをふしぎに思わず、この反応を小児の弱さと無知ということで手軽に説明できたと考えます。つまり私どもは、小児には現実不安をいだきがちな強い傾向があるものだと考え、小児はこの不安感を遺産としてもって生まれたとし、そのことを、まったく目的にかなったことだとみなすのです。小児はこの点において、原始人や今日の時代に生きている未開人の態度をくりかえしているにすぎないというわけです。彼ら原始人や未開人は無知で無力であるために、あらゆる新奇なものに対して、また、今日の私どもにはもはやなんらの不安も呼び起こさないような多くの見なれた事物に対して、不安をいだくのです。ですから、もし小児のフォビアが、すくなくともその一部は、私どもが人類の発達のあの原始時代にあったと信じてよいフォビアと同じものであるとすれば、それはまったく私どもの期待と一致することになるわけです。

他方私どもは、すべての小児が必ずしも同じ程度に不安がるものではないこと、および可能なありとあらゆる対象や状況に対して、特殊な気おくれを示す小児たちにかぎってのちにノイローゼになるものだ、ということも見のがせません。それゆえ、ノイローゼの素因は明白に現実不安をもちやすい傾向によっても察せられます。すなわち、不安状態が一次的徴候として現われるのです。そして小児も、またのちにはその小児が成長して大人となっても、すべてのものに対して不安を感じるので、自己のリビドの高まりに対しても不安を感じるのだ、という結論に私どもは達します。こうなると、不安はリビドから生ずるということは否定されることになります。現実不安の条件を検討してみれば、自己の弱さと頼りなさ――アドラーの術語でいえば劣等――の意識は、それが小児期から成人期にまでもちこされるし、またノイローゼの究極の原因ともなる、という見解に達せざるをえないのです。

これは非常に単純で、魅力的に聞こえますので、注意してみる必要があります。そのいかんによって、神経質の謎のありかは、もちろん変わってくることになります。劣等感――ひいては不安の条件と症状の形成――の存続は確かなもののようにみえますので、そうなると、私どもが健康状態と認めているものが現われるとすれば、むしろそれは例外であり、説明を要することになるわけです。

しかし、小児たちの不安感を慎重に観察したときになにが認められるでしょうか。幼児はなによりもまず未知の人に対して不安を感じます。状況は、そのなかに人が含まれることによってはじめて意味をもってくるのであり、一般には、事物はあとになってようやく問題になってくるのです。未知の人たちを小児がこわがるのは、べつにこの人たちに悪い意図があると思いこんだり、自分の弱さと彼らの強さとをくらべるからではありません。つまり、彼らを自分の実存や安全や苦痛がない状態にとっての危険だと認めるからではないのです。このような、人を信ぜず、世界を支配している攻撃性欲動に恐れおののいている小児などというものは実在しません。まことに悲運な、理論のでっちあげです。むしろ、小児は、信頼し愛している人——結局は母親——を見ることができると思っているのに、そうでない未知の人を見ることになったので恐れるのです。不安に置きかえられるのは小児の失望とあこがれです。つまり使用しえないようになったリビドが、そのときにはもはや浮動状態のままではいられなくなり、不安として発散されるのです。ですから、小児の不安として典型的なこの状況下にあっても、出産という行為中の最初の不安状態の条件、すなわち母体からの分離が反復されているのだということは、ほとんど偶然ではありえないわけです。

小児の最初の状況フォビアは、暗闇にいることと一人ぼっちでいることに対するものです。前者はしばしば生涯を通じて存続しますが、両者に共通な点は愛する保護者、すなわち母親が見失われるということです。私は、暗い部屋のなかで不安になっている小児が、「おばちゃん、僕にお話してよ。こわいの」と隣室に呼びかけているのを聞いたことがあります。「でも、話をしてもしょうがないんじゃない。だって、おばちゃんの顔は見えないでしょう」。すると小児はそれに答えます。「だれかがお話してくれると、ずっと明るくなるんだもの」と。つまり暗闇でいだいている憧《あこが》れは、変形されて暗闇に対する不安になるのです。ノイローゼ的不安は二次的なもので、現実不安の特殊型にすぎないなどというわけのものではけっしてありません。むしろ私どもは幼児の場合に、使用されないリビドから生ずるという本質的な特徴において、ノイローゼ的不安と共通なあるものが、現実不安という姿をとって現われているのを見ているのです。

本当の現実不安を、小児はそれほど多くもって生まれてきているのではないように思われます。のちにはフォビアの条件になりうるすべての状況、たとえば高所、川にかかった狭い橋の上、走る汽車や汽船のなかなどで、小児はすこしも不安を示しません。しかも、子どもが何も知らなければ知らないほどそうなのです。もし生命をまもるこのような不安を示す本能がもっと多く相続されていたとすれば、それは非常に望ましいことにちがいありません。もしもそうなれば、小児がつぎつぎと危険にさらされるのを防ぐために監視するという課題などは、大いに楽なものになるでしょう。ところが実際は、小児は自分の力を最初は過大に評価して、不安を感じることなくふるまっています。しかし、これは危険を知らないからなのです。子どもは水に落ちるおそれのあるところを走ったり、窓下の壁をよじのぼったり、とがった物や火をもてあそんだりします。簡単に言えば危なっかしくて、監護する人間が心配で見ていられないようなことをなんでもするのです。しまいには小児のうちに現実不安がめざめてきますが、これはまったく教育の結果なのです。なぜなら、子どもに教訓となるような経験をなめさせることは許されないからです。

ところで、もしこの不安に対する教育をもっと広く受け入れて、大人が危ないという警告をあたえなかった危険をも自分で発見する小児があるとすれば、このような小児は、その体質としてかなり大量のリビドの要求をもって生まれてきたか、あるいは早期に十分なリビドの満足をあたえられて、あまやかされてきたのだ、という説明をすればことたります。これらの子どものうちにも、のちにノイローゼになる者があっても、べつにふしぎではありません。ノイローゼの発生にもっとも好都合なものは、リビドのいちじるしい鬱積《うっせき》をかなり長期にわたって耐える力がないことである、ということを私どもは知っているからです。この場合にも体質的要因がその権利を行使しているのであり、その権利に対して私どもはけっして異論を申し立てようなどと思っていないことは、みなさんももうおわかりでしょう。私どもがそれに抗弁するのは、ただ、だれかがこの体質的因子だけを認めて他のすべての因子をないがしろにし、観察と分析との一致した結果から体質的因子を云々《うんぬん》することがふさわしくない場合や、あるいは体質的因子がほんのわずかな意味しかもっていないような場合にも、それをもちこんでくるときだけなのです。

小児の不安状態に関する観察から、総括的意見を出してみましょう。それは、幼児の不安は現実不安と関係をもつことが非常に少なく、むしろ大人のノイローゼ的不安に近い関係がある、ということです。幼児の不安はノイローゼ的不安と同じく、使用されないリビドから生じ、見失われた愛の対象を、ある外的な対象または状況をもって代理させているのです。

さて、みなさんは、〈フォビア〉の分析はもうこれ以上多くの新しいことを教えるものではない、と聞けばよろこばれるのではありますまいか。フォビアの場合にも、小児不安の場合と同一のことが起こるのです。不断に使用しえないリビドは、見かけのうえだけの現実不安に変えられ、その結果、ささいな外的危険がリビドの要求を代表するために設定されるのです。この一致はなにも不審の点はありません。というのは、幼児のフォビアは私どもが「不安ヒステリー」に数えている後年のフォビアの原型であるばかりではなく、それの直接の前提条件であり、序曲だからです。ヒステリー性フォビアはそのもとをたずねれば、いずれも小児性不安にまでさかのぼりうるものであり、たとえ内容はちがっていて、別の名をつけなければならないにしても、やはり小児性不安の継続なのです。

二つの疾患の区別はメカニズムのなかにあります。大人の場合には、リビドが不安に変ずるには、リビドが憧れとして現在のところ使用しえなくなった、ということだけでは不十分です。大人の場合には、このようなリビドを浮動状態のままに保持したり、他の方面に利用したりすることを、とうの昔に習得しているからです。しかし、リビドが抑圧をこうむったある心的な欲動に所属していますと、意識と無意識との区別がまだ存しない小児の場合とよく似た関係が回復されてきます。そして、幼児性フォビアへの退行によっていわば通路がひらかれ、この通路を通ることによってリビドの不安への変換は都合よくゆくようになるのです。

みなさんも記憶しておられるでしょうが、私どもは抑圧について多くのことをとりあげ、その際、いつも抑圧される観念の運命だけを追究しました。もちろん、このほうが認識したり叙述したりしやすかったからです。抑圧された観念に付随していた感情がどうなるのかは、私どもはいつも顧みないでおきました。そしていまはじめて、その感情がこれまで正常な経過をとる際にどんな性質を示していたにせよ、とにかく不安に変換されることが、さしあたりの運命であることを知るのです。しかし、この感情の変化のほうが抑圧過程としては、はるかに重大な部分なのです。私どもは無意識的感情の存在を無意識的観念と同じ意味では主張できませんから、この点についてはそう軽々しく言及することはできません。観念というものは、それが意識的なものか無意識的なものかという区別を除けば、終始同一であります。私どもは無意識的観念に対応するものを示すことができます。ところが感情というものは、観念とはまったく異なった判断をくださねばならない発散過程なのです。無意識的なもののなかで感情に対応しているものについては、心的過程に関する私どもの諸前提を、徹底的に省察し明らかにしてからでなければ言及することはできません。そんなことをここで企てることはとてもできないことです。しかし、不安の発生は無意識の体系に密接に結びつけられているという、いま私どもが手に入れた印象は大いに尊重しておきたいと思います。

不安に変わること、さらに適切に言えば、不安という形式における発散は、抑圧されたリビドにすぐくる運命である、と私は申しました。しかしこれに付言して、これは唯一の運命でもなく、また究極的な運命でもないと言っておかなければなりません。ノイローゼ患者では、この不安発生を拘束しようと努める過程が進行しており、このことはまた、さまざまの道を通って成功するのです。たとえば、フォビアの場合には、ノイローゼ的過程の二つの段階をはっきり区別することができます。第一の段階は、抑圧と、ある外的な危険に結びついている不安の形にリビドを移行させる、という心くばりをします。第二の段階は、外的なものであるかのように取り扱われたこの危険との接触をさけさせるような、あらゆる慎重さと保全との体制をつくることです。抑圧は、危険だと感じられたリビドに対する自我の逃走の試みに対応しています。フォビアは外敵の危険を防御する築城に比較することができます。この外的危険をいまや恐れられたリビドが代表しているのです。フォビアにおける防御体制の弱点は、もちろん、外部に対しては強化されている城塞《じようさい》も、内部からは攻撃にさらされるままになっているというところにあります。リビドの危険を外界に投影することは、けっして十分に成功するものではありません。したがって他のノイローゼ患者では、不安発生の可能性に対する他の防御体制が用いられます。それはノイローゼ心理学の非常に興味ある一章でありますが、残念ながらそれにふれると本題からはずれることになりますし、その前にもっと基本的な専門知識を前提としてもっていなければなりません。私はただ一つのことだけをつけ加えたいと思います。自我が抑圧の際に用い、また、その抑圧を永続させるために自我が不断に保っていなければならない「逆配備」については、すでにお話ししました。この逆配備には、抑圧ののちにくる不安発生に対して、いろいろな形式で防御をするという課題があたえられているのです。

フォビアにもどって考えてみましょう。私はいまやこう言ってもさしつかえないでしょう。すなわち、フォビアに関して、ただその内容だけを説明しようとして、あれこれの対象、または任意の状況がフォビアの対象になるのはどういう理由なのかということ以外になんの興味も感じないとすれば、それがいかに不十分なことであるかをみなさんはおわかりになっただろう、ということです。フォビアの内容は、顕在夢の外見が夢に対してもつのとほぼ同じだけの意義を、フォビアに対してもっているのです。フォビアのこれらの内容のなかには、スタンリー・ホールが強調したように、系統発生的な遺伝によって不安の対象となるのに適しているものが少なからず見いだされる、ということは承認できることです。しかし、それには当然いくらかの制限はつきます。のみならず、これらの不安をかもしだす事物のうち多くのものが、危険と結合できるのはただ象徴関係によってにすぎない、ということはこのことと一致する事実なのです。

さて、このようにして私どもは、不安の問題がノイローゼ心理学の諸問題のなかで、まさに中心的ともいうべき位置を占めることを確信したのです。私どもは、不安の発生がリビドの運命および無意識の体系と結びついている、ということから強い印象を受けました。

ただ、一つの点だけはそれと結びついていない、これだけは私どもの見解の欠陥であると感じた点があります。現実不安は自我の自己保存欲動の発現と認めざるをえない、という異論をさしはさむ余地のない一つの事実がそれです。

（1）レンズ系の主点、焦点と並ぶ枢要点の一。この点を通る光線はレンズ系で屈折せず、方向を変えることなく通ってゆく。

（2）迷走神経は第十脳神経にあたる。古くは肺胃神経と呼ばれたことでもわかるように、内臓に広く分枝して分布し、その機能の調整に関係している。交感神経と拮抗《きっこう》的な作用を示すことが多い。この神経の機能亢進《こうしん》、または交感神経の亢進、より正確に言って両者の機能的調和が破れるときには、さまざまの器官の変調をきたす。これを迷走神経機能に着目して、迷走神経ノイローゼ、または自律神経ノイローゼと呼んだことがある。今日ではこの語はほとんど用いられていない。

（3）ジェームズ＝ランゲ＝サザランド説ともいう。アメリカの心理学者、W・ジェームズ（一八四二～一九一〇）とコペンハーゲンのC・ランゲ（一八三四～一九〇〇）が主唱した情動の発生に関する心理学上の主張。あることを知覚したときに情緒が生じ、それがあらわされるのではなく、知覚は身体器官の機能の変化を起こし、これらの諸変化の総和の意識が情緒であるとする。すなわち、悲しいために泣き、恐ろしさにふるえるのではなく、泣くために悲しくなり、ふるえるから恐ろしくなるという末梢起源説である。今日では、全面的な信頼を得た説とは言えないが、一部の真実はとらえているといえよう。

（4）毛細血管と身体組織あるいは細胞とのあいだのガス交換をいう。
（5）シェイクスピアの作品『マクベス』に出てくる、スコットランドの貴族。このせりふは、第五幕、第八場にある。
（6）正常者にも納得できる対象あるいは状況が、理解しがたいほどの激しい恐怖（たとえばへび恐怖、高所恐怖）を呼び起こしたりするが、ときには、それが恐怖の発生する根拠がまったくなく、正常者には理解できない恐怖（たとえば道路恐怖、閉室恐怖）のこともある。
（7）ジェームズの弟子でアメリカ心理学の創始者の一人。ジョンズ・ホプキンズ大学教授。フロイトをアメリカに最初に招いた人として、精神分析の新大陸における普及に貢献した。
（8）『人間および動物の表情』第一章参照。
（9）汽車に乗る、高所にある、しめきった室内にいるなど、正常者にはとくにいちじるしい不安を感ぜしめない特定の状況下にあるときに、ひき起こされる恐怖。その状況を予期しても恐怖が起こることもある。
（10）特定の場所に出ること、またはその場所に向かうことによって起こるノイローゼ的恐怖。状況フォビアの一つ。
（11）不安の感情には動悸《どうき》、冷感、瞳孔《どうこう》散大および顔面の蒼白《そうはく》、鳥肌などの、交感神経機能の亢進を思わせる身体的表出をともなっているが、これは不安の感情が意識されず、身体的表出だけが前景に出ているもの。

第二十六講　リビド論とナルシシズム

みなさん！　私は幾度か、自我の欲動と性の欲動とを分けることについてお話しいたしました。そして、つい先ごろもまた、それをくりかえしました。まず最初に、抑圧を検討した結果、両者が対等の関係で現われることはなく、性の欲動は形式上自我の欲動に服従し、やむをえず退行という迂路《うろ》を通って満足を求めるけれども、この場合にも、性の欲動は自分が結局征服されるものではないということのなかに、敗北に対する補償を見いだしていることがわかりました。つぎには、両者が必要性という教育者に対して、[1] はじめからちがった関係をもっているために、両者は同じ発達の経過をとらず、現実原則に対しても同一の関係にはいらない、ということを学んだのでした。そして最後に私どもは、性の欲動が自我の欲動よりもはるかに密着した紐帯《ちゅうたい》によって、不安という感情状態と結びついていることを認識できるように思います。しかし、この結論は、まだある重大な点に、なお不備なところがあるようにみえます。それで、私どもはこの点を強化するために、つぎのような注目すべき事実をひきあいに出してみようと思うのです。それは、満足を得なかったリビドが不安に転化することは、すでにお話ししたとおり、もっともしばしば観察されもするし、人々のもっともよく知るところでもある現象であるのに、飢えと渇きという二つのもっとも基本的な自己保存の欲動の不満足が、けっして不安には変わらない、という事実です。

私どもが自我の欲動と性の欲動とを分けることに、十分な正当性があることは動かすことができません。それは、個体の特異な活動としての性愛の存在ということで明らかにされているものです。ただ、問題は、私どもがこのような区分に、どのような意義をあたえているか、また、こうした区分を、どれほど有効なものだとみなそうとするか、ということだけです。しかし、この問いに対する答えは、性の欲動が、それと対立させられている他の諸欲動と、身体的ならびに精神的現象として、どの程度まで異なるものであり、また、その相違から生ずる結果がどんな意義をもっているかをはっきりさせれば出てくるでしょう。ともあれ、この両欲動群の本質的な差異は十分には把握《はあく》できないので、そうした主張をしようという動機は、もちろん私どもにはすこしもありません。

私どもにとっては、この両者は個体のエネルギー源に対する名称のうえでだけ、たがいに対立してくるものであり、両者が根本においては一つであるのか、それとも本質的にちがっているものなのか、もし一つであるならばいつ両者は分離したのかという議論は、概念を手がかりにしてはすすめることはできません。私どもは、概念の背後にある生物学的事実をたよりにしなければならないのです。ところが、こういう事実に関して私どもの知っていることは、現在までのところ、あまりにもすこししかありません。しかし、たとえ、私ども自身がもっと多くを知っているとしても、それは私どもの精神分析的な課題にとってはとりあげる必要はないでしょう。

ですから、ユングの範例にしたがって、すべての欲動が根源的には一つだということを強調し、すべてのことに現われるエネルギーを「リビド」と名づけてみたところで、私どもに利するところがほとんどないことは明らかです。性的な機能はいかに小細工を弄《ろう》してみても、心的生活からとりさることはできませんから、ユングの言うようにしたところで、性的リビドと非性的リビドということばを使わないわけにはいかなくなるでしょう。しかし、リビドという名は、私どもがいままでそうしてきたように、性生活の原動力となるもののために保留しておくのが正しいのです。

ですから、性の欲動と自己保存の欲動とを、疑いの余地がないように正当に分離することは、どの程度まですすめうるものか、という問題は、精神分析にとっては、そう重大な問題ではないと考えます。精神分析にはその問題を論ずる資格がないのです。生物学の側からならば、もちろん、それが重大な意味をもつことを示す手がかりはいろいろ出てまいりましょう。実に性愛は、個体をこえて個体を種属に結びつける生体の唯一の機能だからです。この機能を営むことは、個体の性以外の営みと同じように、必ずしも個体につねに利益を約束するとはかぎっておりません。むしろ異常に高度な快感をあたえる代わりにその生命をおびやかし、しばしばそれを失わせるような危険に個体をおとしいれることは、まぎれもない事実なのです。ですから、個体の生命の一部を子孫のための素因として保存しておくためには、おそらく他のいかなる物質代謝の過程ともちがった、まったく別種な物質代謝が必要なのでしょう。そして結局は、自分自身を第一の要件とみなして、自己の性愛を他の諸欲動と同じくおのれの満足を得るための手段とみる個体などは、生物学的見地からすれば、幾世代とつづく系列の内部における、たんなるエピソードのごときものであり、不滅の性質をもつと仮想された生殖質の短命な付属物であり、いわば自分の死後にも残る世襲財産の仮の所有者のごときものであるにすぎないのです。

ところで、ノイローゼを精神分析学的に解明するには、それほど広範な視点は必要ではありません。性の欲動と自我の欲動とを分けて追究してみることによって、私どもは、感情転移ノイローゼという一群の症病を理解する鍵を手に入れることができました。私どもはこの種のノイローゼを、性の欲動が自己保存の欲動と戦うようになる、あるいは生物学的に言えば——不正確な表現ではありますけれども——独立の個体としての自我という一つの地位が、世代系列の一環としての自我というもう一つの地位と抗争する、という基本的状況に還元することができたのです。このような分裂は、おそらく人間だけにあることでしょう。したがって、大まかに言えば、ノイローゼは、動物にまさる人間の特権であるかもしれません。人間のリビドが極度に強く発達したことと、おそらくはそのために人間の心的生活が豊かな分節をもったものとなることができたこととが、このような葛藤の発生する条件をつくったように思われます。このことがまた、動物との共通性をのりこえて、人類が大きい進歩を果たした条件であることはいうまでもなく明らかですから、人間がノイローゼになりうるということは、人間の他の天賦《てんぷ》の能力の反面にすぎないとも言えます。しかしまた、これは私どもを当面の課題からそらせてしまう思弁にすぎないものでもあるのです。

いままでは、自我の欲動と性の欲動とは、その現われにもとづいて区別できる、ということが私どもの研究の前提でありました。感情転移ノイローゼでは、このことはとくに困難なこともなく成功しました。私どもは自我がその性的欲求の対象に向けたエネルギー配備を〈リビド〉と名づけ、自己保存の欲動から送り出される他のすべてのエネルギー配備を〈関心〉と名づけました。そしてリビドの配備、変化およびその最後の運命を追究してみて、心的な諸力の活動に関する最初の洞察を得ることができたのです。感情転移ノイローゼはこの点について、きわめて好都合な材料を私どもに提供してくれました。しかし、自我、さまざまの組織からなる自我の構成、それらの組織の構造と機能の様子は、まだおおい隠されたままであり、別のノイローゼ的な障害を分析してはじめて、それについての洞察をもちうるようになるだろうと想像しえたのみだったのです。

私どもは早くから、精神分析の見解をこれらの他種の疾患のうえにも広げ始めたのでした。すでに一九〇八年、アブラハムは、私と意見の交換をしたのちに、〈対象へのリビド配備がおこなわれないこと〉が〔精神病の一つに数えられる〕早発性痴呆の主要な徴表である、という命題を発表しました〔『ヒステリーと早発性痴呆との性愛心理的差異』〕。ところでその場合に、対象からそらされた痴呆患者のリビドはどうなるか、という疑問が起こったのでした。アブラハムは躊躇《ちゅうちょ》することなく、そのリビドは自我に向かってひきかえすのであって、〈この反射的な方向転換〉が早発性痴呆の〈誇大妄想の源泉である〉、と答えたのでした。誇大妄想は終始、恋愛生活の場合によくみられる対象の性愛的過大評価になぞらえることができます。そこではじめて、私どもは、精神病の一特徴を、正常な恋愛生活と関連をもたせることによって理解することができるようになったのです。

私はアブラハムのこの最初の見解が精神分析のなかに保持されて、精神病に対する私どもの態度の基礎になったということをまずお話ししておきます。それゆえ、私どもは、対象に付属しているリビド、すなわちこれらの対象によって満足を得ようとする欲求の表現であるリビドが、この対象を捨てて、自我自身をもってこれに代えることがあるという考えに徐々になじむようになり、この考えをだんだんと論理的に一貫したものにつくりあげていったのです。リビドのこのような処分法にあたえられた名称〈ナルシシズム〉を、私どもはネッケ(2)によって記述されている倒錯からかりてきました。この倒錯では、成人した個人が、通例ならば自己以外の性的対象に注ぐ情愛のすべてをあげて、自己の身体にあたえるのです。

その場合、リビドが、対象の代わりにこのように自分の肉体ならびに自分自身に固着することは、けっして例外的な現象でもなければ、まれな出来事でもないことはすぐにわかります。むしろこのナルシシズムこそ、一般的かつ根源的な状態なのです。そして、ここからのちになってはじめて対象愛が形成されてくるのです。しかしそうなったからといって、もちろんナルシシズムは消滅してしまうには及ばない、というほうがむしろほんとうのようです。多くの性の欲動は、はじめは自己の身体によって、私どものことばで言えば〈自体愛的に〉満足せしめられるものであること、そして、この自体愛の能力が、現実原則にしたがわせる教育において性愛の発達がおくれる根拠となることを、対象リビド[3]の発達史からも、私どもは想起せざるをえなかったのです。つまり、そういうわけで、自体愛はリビド処分のナルシシズム的段階における性的活動なのです。

要約してみるために、私どもは自我リビド[4]と対象リビドとの関係を心に描いてみたのですが、私は動物学から一つの比喩《ひゆ》をかりて、それをみなさんによくわかるように説明することができます。あまり分化していない原形質の小塊から成り立っている、あのきわめて単純な生物（アメーバのこと）を考えてください。それらの生物は偽足と名づけられる突起を出して、そのなかへ自分の身体物質を流しこみます。ところが、彼らはまた、これらの突起をふたたびひっこめて丸い小塊にもどることもできるのです。ところで私どもは、突起を出すことをリビドを対象に送り出すことになぞらえますが、一方、リビド量の大部分は自我のなかに残留することができます。私どもは、正常な事態のもとにあれば、自我リビドは障害なしに対象リビドに変換させられ、対象リビドはふたたび自我のなかに迎え入れられる、と仮定するのです。

さて、以上のような考え方によって、いまや私どもは多くの心的状態を説明することができます。あるいは、もっと控え目な表現をしてみれば、恋しているときとか器質的疾患のときの心的態度や、睡眠中における心的態度のように、私どもが正常な生活の一つに数えざるをえないような諸状態を、リビド論のことばで記述することができるのです。

私どもは、睡眠状態は外界から逃避し、心構えを睡眠願望にあわせることにもとづくものだ、という仮定を立てました。夜間の心的活動として夢のなかに現われたものは、睡眠願望に奉仕しているばかりでなく、まったく自己中心的な動機に支配されていることがわかったのでした。私どもは、いまやリビド論の意味で、睡眠とは、リビド的なものであれ、エゴイスティックなものであれ、ともかくいっさいの対象配備が放棄され、自我のなかへひっこめられている状態である、と説くわけです。このことによって、睡眠による疲労の回復と疲労一般の本性とに新しい光が投ぜられはしないでしょうか？　このように考えれば、眠っている者が夜ごとに私どもに再現してみせる子宮内の生活の、安らかにとじこもった姿は、精神的側面からみても完全なものにされるのです。眠っている者においては、リビドの配分の原始状態、すなわち完全なナルシシズムが回復されています。そこでは、リビドと自我の関心とはまだ一つになったままであり、自分自身に満足している自我のなかに、まだ分離しがたい状態のままでいるのです。

よい機会ですから、ここで二つのことをお話ししておきましょう。一つは、ナルシシズムとエゴイズムとを概念上どう区別するか、ということです。私は、ナルシシズムはエゴイズムにリビドを補ったものであると考えます。エゴイズムと言うときには、個体の都合だけを目にとめていますが、ナルシシズムと言うときには、個体のリビド的な満足をも考慮に入れているのです。実際上の動機からは、両者はまったく別々に追究することができます。対象によるリビドの満足が自我の欲求の一つであるかぎりにおいては、人はまったく自己中心的でありながら、しかも強いリビドの対象配備をもそのままに保持していることができるのです。その場合エゴイズムは、対象を追求する欲求が自我にはなんの損害もあたえないように気をつけるでしょう。人はまったくエゴイスティックでありながら、しかも同時に極度にナルシシズム的でもありえます。言いかえれば、対象欲求が非常に乏しいことがあるのです。そしてこのことは、またしても直接の性的満足においてか、あるいは性的欲求に由来するもっと高等な傾向、すなわち、私どもが「愛」と呼んで「官能的なもの」に対立させるならわしになっているあの傾向においてか、いずれかにおいて起こるのです。エゴイズムはこれらすべての関係においても自明であり、恒常的なものでありますが、ナルシシズムは変化しうる要素なのです。エゴイズムの反対、すなわち〈利他主義〉は、概念上はリビドの対象配備とひとしいものではありません。それは性的満足を追求しない点でリビドの対象配備と区別されます。しかし、完全な恋慕の状態では、利他主義とリビドの対象配備とは一致します。性的対象は、一般に自我のもつナルシシズムの一部を自分のほうへひきつけます。これがいわゆる対象の「性愛的過大評価」として人の注意をひくものなのです。そのうえ、さらにエゴイズムが性的対象へ利他的にひき渡されると、性的対象はきわめて強力なものになります。いわば性的対象は自我を吸いこんでしまったことになるのです。

思うに、科学的な空想というものは結局、無味乾燥なものですから、その話のあとで私がナルシシズムと恋慕との経済的対立を詩的に表現したものをおみせすれば、みなさんはきっと気分がほっとなさるのではないでしょうか。私はそれをゲーテの『西東詩集』からかりてきましょう。

ズライカ

民も奴隷も支配者も

いつもこのようにうちあけます、
人の子として生きるこのうえないしあわせは
ただ自分らしく生きること。

もし自分自身をなくさずにいられるなら
どんな苦しい生き方も耐えられよう、
ほんとうの自分さえもちつづけているなら
すべてを失っても悔いはない、と。

ハーテム

それもよいでしょう、そのお考えも。
しかしわたしの道はそれとは別です。
すべてこの世のしあわせは
ただズライカにだけ集まっています。
そのひとが惜しみなくわたしに自身をあたえてくだされるとき
わたしはわたしに大事な自分となり、
そのひとがわたしから身をそむけるなら

たちまちわたしはからっぽになるでしょう。
そのときハーテムはおしまいです。
でもわたしはくじをひきなおす、
すばやく身をかえて
そのひとの愛撫《あいぶ》する果報者になりましょう。

（手塚富雄訳による）

第二にお話ししておくべきことは、夢の理論を補う点であります。抑圧された無意識が自我からある程度の独立を獲得した結果として、たとえ自我に依存する対象配備が睡眠に都合のよいようにすべて停止されたとしても、無意識が睡眠願望には服さずその配備をつづけるものと仮定しなければ、夢の成立を説明することはできません。この仮定によってはじめて、無意識が夜分に検閲の中絶や低下を利用できることや、「昼のなごり」をわがものとし、これを素材として禁じられた「夢の願望」を形成することを、理解することができるのです。他方また、昼のなごりが睡眠願望の命じるリビドの撤収に抵抗できることさえ、一部はこの抑圧された無意識との既存の結合関係のおかげであるかもしれません。そこで私どもは、このダイナミックな意味では重要な特徴を、夢の形成についての私どもの見解のなかへ、おくればせながら挿入しておきましょう。

器質的疾患、痛みをともなう刺激、器官の炎症は、結果として明らかにリビドをその対象からひき離すことになる状態を生じます。ひきあげられたリビドは、自我のなかでふたたび身体の疾患部位への配備の強化に用いられます。それのみならず、あえて言えば、これらの条件のもとでは、リビドの対象からのひきあげは、自己中心的な関心が外界から転向されるよりも、もっといちじるしいものです。ここからヒポコンドリーを理解する一つの道がひらけるように思われます。ヒポコンドリーでは、私どもとしては、病気とは認められないのに、ある器官が病気であるのと同じような仕方で自我をとらえてしまっているのです。

しかし私は、ヒポコンドリーの話をつづけたり、対象リビドは自我のなかにもどってくると仮定することによって、私どもに理解あるいは叙述できるようになる、その他の諸状況を考究したりしようとする誘惑には、反対いたします。それは、目下みなさんのお耳に達している――私にはわかっているのですが――二つの異論に立ち向かわなければならないからです。第一に、なぜ私が、睡眠や病気やこれと類似の状況において、リビドと関心、性の欲動と自我の欲動とをあくまで区別しようとするのか、自由に移動ができて、あるときは対象に、あるときには自我に配備され、いずれの欲動にも役だちうる唯一の統一的なエネルギーを仮定すれば、いろいろの観察が完全に説明がつけられるではないか、この点を答えてほしい、とみなさんは思っておられるでしょう。第二に、もしも対象リビドーの自我リビドーへの転化、あるいはもっと一般的に言えば、自我エネルギーへのこのような転化が、精神のダイナミックスにおいては日ごと夜ごとにくりかえされる正常な過程であるとすれば、リビドーが対象から離れることを病的状態の源泉として取り扱うのはなぜか、ということでしょう。

それにはこう反論しましょう。みなさんの第一の異論はもっともなように聞こえます。もし私どもが睡眠、病気、恋慕の状態を考察したとすれば、それだけでは、おそらくけっして自我リビドーを対象リビドーから区別したり、リビドーと関心とを区別したりするようにはならなかっただろうと思います。しかし、こうした反問をなさる場合、みなさんは、私どもの出発点となった研究をないがしろにしていることになります。私どもはその研究の光に照らして、当面の問題となっている心的状況を考察しているのです。リビドーと関心とを区別する、つまり性の欲動と自己保存の欲動との区別は、感情転移ノイローゼが生じる原因である葛藤に対する洞察の結果として、どうしても私どもがせざるをえなくなったことなのです。それ以来、私どもは二度とふたたびそれを放棄できないでいるわけです。対象リビドーが自我リビドーに変換できるという仮定、つまり自我リビドーを考慮に入れなければならないという仮定は、いわゆるナルシシズム的ノイローゼ、たとえば早発性痴呆の謎を解くことができますし、早発性痴呆をヒステリーおよび強迫症と比較して、その類似点と相違点とを説明できる、唯一の仮定のように思われたのです。

さて、私どもが他のところで否定しがたい確実なものだと認めたことを、病気、睡眠および恋慕に適用してみましょう。私どもはこのような適用をつづけてみて、どこまでやっていけるのかをみればよいのです。私どもの分析の経験から直接的に沈澱《ちんでん》してきたものではない唯一の主張は、リビドは対象に向けられようと、あるいは自分の自我に向けられようと、リビドたることに変わりはなく、けっして自己中心的な関心には転化しないし、またその逆に自己中心的な関心がリビドに転化することもない、ということです。この主張はしかし、すでに批判的に評価した性の欲動と自我の欲動との区分と同じ意義をもつものなのです。この区分論は、私どもとしては、これが失敗に帰するまでは、発見法的動機⑸から、固持するつもりでおります。

みなさんの第二の異議もまた、当然起こるべき問いをとらえているものですが、しかしまちがった方向をみているのです。たしかに対象リビドが自我へひっこむことが、ただちに病因になるわけではありません。現に私どもが眠りにはいる前には、いつもそれがおこなわれているし、目がさめるとともにふたたび元の状態にもどるのをみているわけです。ある原形質動物はその偽足をひっこめて、つぎの機会にまたそれをのばします。しかし、ある一定の非常に力強い過程が、リビドを対象から無理にひき離すという場合は、それとはまったくちがった事態になります。その場合には、ナルシシズム的になったリビドは、対象へもどる帰り道を見いだすことができないのです。リビドの可動性がこのように障害を受けることが、たしかに病気をひき起こす原因になるのです。ナルシシズム的リビドは、ある程度以上の鬱積《うっせき》には耐えられないもののように思われます。そして、対象配備の現象が起こるようになったのは、まさにこのためなのです。自我はリビドが鬱積したために病気にならないように、リビドを送り出さなければならなかったのだ、と考えることができます。

もし早発性痴呆をさらに深く研究することが私どもの計画であるとすれば、私はみなさんに、リビドを対象からひき離し、対象への帰り道を遮断《しゃだん》してしまうあの過程は抑圧過程と近い関係があり、抑圧過程の一側面をなすものと解しうるものであることを示すでしょう。しかし、なによりもまず、この過程の諸条件は、――私どもがいままでに認識したかぎりでは――抑圧の諸条件とほとんど同一のものであることをお聞きになって、みなさんは自分が既知の地盤の上に立っていることを感じられるでしょう。葛藤は同一の葛藤であるようにみえますし、同じ諸力のあいだで起きるようにみえます。その結末が、たとえばヒステリーの場合とは非常にちがったものであっても、その理由はたんに素因の差異であるにすぎません。これらの患者の場合には、リビドの発達は、その弱点となっている部分を別の段階にもっているのです。みなさんも覚えておいででしょうが、突如として症状を形成させる決定的な固着は、他の部位に、おそらくは早発性痴呆が究極においてもどってゆく原始的ナルシシズムの段階に、あるのです。

私どもが、すべてのナルシシズム的ノイローゼに対して、リビド固着の箇所が、ヒステリーまたは強迫ノイローゼの場合よりもはるかに早期にさかのぼった段階のところにある、と仮定せざるをえないことは、まったく注目すべきことです。しかし、すでにお聞きになったとおり、私どもが感情転移ノイローゼの研究で獲得した諸概念は、実地上ではは るかにむずかしいナルシシズム的ノイローゼの場合にも、見当をつけるのにはまにあうのです。共通点は広範にわたっています。根本においては、それは同一の現象領域なのです。しかし、同時にまた、すでに精神医学の対象となってしまっているこの疾患の解明も、感情転移ノイローゼの分析的知識を、この課題を解くためにもっていない者にとっては、いかに望みのないものであるかは、みなさんにもよくご想像になれましょう。

早発性痴呆の症状像は非常に変化に富んだものですが、それはリビドを対象からむりやりにひきはがして、それをナルシシズム的リビドとして自我のなかに蓄積することから生じる諸症状だけによって規定されているのではありません。ある広い場所を占めているのは、むしろ他の諸現象、すなわち、ふたたび対象に到達しようとするリビドの努力に還元されるような諸現象、つまり回復あるいは治癒の努力に相当する諸現象です。これらの症状は、かなり奇妙なもの、騒々しいものです。それはヒステリーの症状、あるいは、まれには強迫ノイローゼの症状と疑いもなく似ているのですが、しかしそれにもかかわらず、あらゆる点でちがっています。早発性痴呆の場合には、リビドはふたたび対象にもどろうと努める、すなわち対象の表象を得ようと努めるうちに、実際に対象についてなにかをとらえるのですが、ただしかし、それは対象の影にすぎません。私はそれを対象に所属する言語観念と考えます。私はここではもうそれ以上は申しませんが、しかし、対象にもどろうと努めるリビドのこのふるまいは、意識的表象と無意識的表象との区別を実際に決定するものはなんであるかについて、私どもに洞察を得させてくれたと思います。

いまや私は、精神分析的研究のつぎの進歩を期待させる領域に、みなさんをおつれしたのです。私どもが自我リビドという概念をあえて取り扱って以来、私どもはナルシシズム的ノイローゼを研究することができるようになったのでした。そこで、これらの疾患をダイナミックに解明するとともに、この自我の理解によって心的生活の知識を完全にするという課題が生じてきました。私どもが求めている自我心理学は、私どもの自己認知の資料にではなく、リビドの場合のように、自我の障害と崩壊との分析に基礎を置いたものでなければなりません。もしさらに偉大なこの仕事が成就された場合には、感情転移ノイローゼの研究から私どもが知りえたリビドの運命についての従来の知識でさえ、たぶん微々たるものになってしまうでしょう。

しかし、この仕事では、私どももまだそこまですすんではおりません。ナルシシズム的ノイローゼは、感情転移ノイローゼの場合に私どもに役だった技法では、ほとんど手がかりを得ることができないのです。その理由については、やがてお話しすることになりましょう。ナルシシズム的ノイローゼの場合はいつもそうなのですが、ちょっと前進すると一つの壁にぶつかり、止まれと命ぜられることになります。ご承知のように、感情転移ノイローゼの場合にも、私どもはこのような抵抗の壁につきあたったのですが、私どもはそれを一つ一つとりさることができました。ナルシシズム的ノイローゼの場合には、抵抗は克服できないのです。私どもはせいぜい高い壁に好奇の目を投げながら、壁の向こう側にはなにが起こっているのかと、うかがってみるばかりです。それゆえ、私どもの技法上の方法論は別のものととりかえられなければなりませんが、このようにとりかえることができるかどうかも、まだわかっておりません。もちろん、これらの患者の場合でも、私どもにとって材料がないというのではありません。患者たちは私どもの問いに対する答えとしてではありませんが、いろいろと自己を語っています。さしあたり私どもは、感情転移ノイローゼの諸症状について得た理解をたよりとしながら、それらの表明を解釈するほかないのです。両者が一致しているところは大きいので、さしあたり得るところがあることは十分に保証されています。しかし、この技法がどの範囲まで及ぶかはまだ未決定です。

このほかにも、私どもの前進をはばむ困難はあります。ナルシシズム的疾患とそれに関連した精神病とは、感情転移ノイローゼについての分析的研究によって訓練された観察者たちによってだけ、その謎が解かれうるのです。ところが、わが国の精神科医たちは精神分析学を勉強していませんし、また、私ども精神分析医は精神病の症例をほとんどみていません。予備的学問としての精神分析学の訓練をへている精神科医というものが、まず、育ってこなければならないのです。それは現在のところではアメリカで始められており、非常に多くの指導的精神科医たちが、精神分析学を学生に講じております。また施設をもっている人たちや精神病院の院長たちは、患者を精神分析の理論の見地から観察する努力をしています。それはともかく、私どももこの点では、ナルシシズムの壁を越えて内側に目を投ずるのに成功したことが幾度かありました。私はみなさんに私どもがとらえたと思うことを、つぎにすこし報告しておきましょう。

慢性の系統的精神異常であるパラノイアという疾病《しっぺい》形式は、今日の精神医学の分類上の試みでは、その位置がいつも動揺しています。しかも、それと早発性痴呆との親近性には疑いがないのです。私はかつて、パラノイアと早発性痴呆とを〈パラフレニー〉という共通の名称で総括してはどうか、という提案をしたことがありました。パラノイアの諸形式は、内容で分けると、誇大妄想、追跡妄想、恋愛妄想〔色情妄想《エロトマニー》〕、嫉妬妄想等々として記述されています。これを説明する試みは、精神医学からは期待できません。

この種の試みの実例として、ある症状を知的な合理化によって、ある他の症状から導き出そうとする試みについてお話ししましょう。もちろん古くさくて、必ずしも十分な価値のあるものではありません。それによりますと、元来の性格的傾向から、自分は追跡されている、と信じこんでいる患者は、この被追跡感から、自分はやはりはなはだ重要な人物に相違ない、という推論をくだすようになり、そこから誇大妄想が生じてくるというのです。私どもの分析的見解によれば、誇大妄想は、リビドの対象への配備がひっこめられたことによる自我拡大の直接的な結果なのです。すなわち幼児初期の根源的ナルシシズムへの復帰としての、二次的ナルシシズムなのです。

ところで、追跡妄想のいくつかの症例で、ある種の痕跡をつきとめる機会をあたえてくれた二、三のことを、私どもは観察しました。第一に私どもの注意をひいたのは、圧倒的多数の症例では、追跡者は被追跡者と同性であったということです。それだけなら、べつになんということもなく説明できました。ところが、十分研究をすることのできた若干の症例では、患者が正常だったころにもっとも愛していた同性の人物が、患者が発病して以来、追跡者に変わってしまっているのだということが明らかになってきました。そして、そののちに妄想がさらに発展して、この愛する人がだれにもよく知られている親近性にもとづいて、別のある人物に置きかえられるという経過をとり、たとえば、父親が教師や上長の人に置きかえられるのです。このような経験がますます増してくることから、私どもは、追跡妄想パラノイアは、個体が過度に強くなりすぎた同性愛的な欲動に抵抗するための形式であろうと推論したのでした。

情愛が憎悪に転化するのは、周知のように、愛されかつ憎まれる対象の生命にとって重大な脅威になることがあるものですが、この場合の転化は、抑圧過程の通例の結果であるリビドの興奮が不安に転化することと対応しているものです。たとえば、この点に関して、私の観察した、これまた最近の事例をお聞きください。

ある若い医師で、その出生地を追放されるはめになった例がありました。それは、彼がこれまで親友としてつきあっていた、その地のある大学教授の息子の生命をおびやかしたためでした。このかつての友人は、ほんとうに悪魔のような意図と鬼神のような権力とをもっている、とこの若い医師は考えたのです。ここ数年来、自分の家族をおそったすべての不幸、家族ならびに社会のあらゆる災厄は、みなこの友人のせいであるとしたのでした。ところが妄想はそれだけでは終わらなかったのです。この悪い友人とその父親の大学教授とは、戦争をさえひき起こしてロシア軍を国土に侵入させたというのでした。このような男は何度死刑に処してもよい、この悪人が死にさえすれば、いっさいの災いは終熄《しゅうそく》する、とこの患者は確信したのです。それでもこの悪人に対する患者の昔の愛情はなお強く、一度この敵を至近距離から射殺する機会が得られたときには、手がしびれて動かなかったというほどでした。

私が患者とちょっと話し合ってみたときに、二人の友情は遠くギムナジウム（ドイツの八年制中高等学校）時代にまでさかのぼるものであることが明らかになりました。すくなくとも一度は、二人の関係が友情という限界を踏み越えたことがあったのです。たまたま一夜をともに過ごしたことがきっかけになって、二人は完全な性交をおこなったのでした。この患者は、彼の年ごろとその人好きのする人柄にふさわしい婦人とのあいだに、ある種の感情関係をもってもよいはずなのに、そのようなことは一度もなかったのです。彼はかつて美しく上品な少女と婚約をしたことがありましたが、この少女は、彼のうちには自分に対する愛情を見いだせないという理由で、この婚約を破棄してしまいました。

数年後に、患者ははじめてある女を十分に満足させることができましたが、その瞬間に、彼の病気が突発したのです。この婦人がよろこびにあふれ、夢中になって彼を抱きしめたときに、彼は突然に脳天に鋭く切り込まれるような、ふしぎな痛みを感じました。のちになって、彼はこのときの感覚を、解剖で脳を出して見せるために切開をやられているみたいだった、と自分で解釈したのです。そして例の友人が病理解剖学者であったところから、彼は自分を誘惑するためにあの友人があの婦人を送ってよこしたのだ、彼以外にはありえない、とだんだんに思いこむようになりました。その時以来、自分はかつてのこの友人の悪だくみのために、さまざまな迫害の犠牲になった、と考えるようになったのでした。

ところで、迫害者が被迫害者と同性でない場合、したがって同性愛的リビドの防衛だという私どもの説明と矛盾するような症例の場合にはどうでしょうか。私はすこし以前に、このような一つの症例を検討する機会をもったことがありました。そしてその外見上の矛盾から、ある確証を手に入れたのでした。ある若い娘さんに、二度だけ深い仲になるあいと思いこんでいました。事実は、最初この娘は、母の代用物と解することができる一人の婦人に妄想を向けていたのです。二度目のあいびきのあとで、はじめて彼女は一歩をすすめ、同じ妄想をその婦人からひき離して先の男性に置きかえたのでした。それゆえ、追跡者は同性であるという条件は、もともとはこの症例においても満たされていたわけです。弁護士や医師に訴えたときには、彼女は自分の妄想のこの前段階について話さなかったので、私どものパラノイア理解に矛盾するような外見をひき起こしたのでした。

同性愛的な対象の選択は、もともとが異性愛的な対象の選択よりもナルシシズムに近いのです。望ましからぬほどに強い同性愛的な感情の動きが拒否される場合には、ナルシシズムへの復帰はとくに容易になります。私どもが知るかぎりの恋愛生活の基礎について、みなさんにお話しする機会は、いままでほとんどありませんでしたが、いまもまだその機会をとらえることはできません。私はただ、対象選択、すなわちナルシシズムの段階のあとにくるリビド発達における進展は、たがいに異なる二つの型にしたがって起こる、ということだけを強調しておきたいと思います。つまり、自分の自我の代わりにこの自我にできるだけ似たものが現われる〈ナルシシズム型〉にしたがうか、他の生活欲求を満足させてくれることによって貴重になった人物がリビドによっても対象に選ばれる〈依存型〉にしたがうか、そのいずれかだということです。対象選択のナルシシズム型への強いリビド固着を、私どもはまた顕在的な同性愛への素因に数えているのです。

みなさんは覚えておられると思いますが、この学期の最初の集まりのときに、私はみなさんに、ある婦人にみられた嫉妬妄想の症例(6)についてお話ししました。ところで、私どもの話も終わりに近づいていますから、みなさんは、私どもが妄想を精神分析的にどう説明するのかについて、きいてみたいと思っておられるでしょう。しかし、私がそのことについてお話しできることは、みなさんの期待されるよりはずっと少ないのです。妄想が論理的証明と現実の経験によってはとらえられないことは、強迫観念の場合と同様ですが、これは、妄想あるいは強迫観念によって代理され、押えつけられている無意識との関係から説明がつくものです。妄想と強迫観念との差別は、両方の疾患の生ずる場所とダイナミックスの差異に、その根拠があるのです。

非常にさまざまな臨床形式が記述されているメランコリー(7)の場合にも、パラノイアの場合と同じように、私どもは、この疾病の内的構造を瞥見《べっけん》できるような箇所を見いだしたのです。そして、このメランコリー患者たちをひどく苦しめている自責は、本来は他人、すなわち彼らが見失った性的対象、あるいはその人の罪責のために患者にとって無価値になってしまった性的対象に向けられていることを認めました。そこから私どもは、メランコリー患者はたしかにそのリビドを対象からひっこませたのではあるが、「ナルシシズム的同一視(8)」と呼ばねばならない一つの過程によって、その対象は自我そのもののなかにうちたてられた、いわば自我に投影されたのだ、と推論することができたのです。

私はここではただ比喩的に記述するだけで、局所論的な、またダイナミックな観点から秩序だった記述をしておみせすることはできません。ところで、自分の自我は、放棄された対象であるかのような取り扱いを受け、その対象に向けられるはずだったあらゆる攻撃と復讐《ふくしゅう》の表明を受けるのです。メランコリー患者が自殺したがるという傾向もまた、患者の怒りが、自分の愛しかつ憎む対象に対している場合と同じように、自分の自我に打撃をあたえるのだ、と考えればかなり理解しやすくなります。メランコリーの場合にも、他のナルシシズム的疾患の場合と同じく、ブロイアー以来私どもが〈アンビバレンツ〉と呼ぶのを常としてきた感情生活の、あの特徴が現われています。このことばは、同一の人物に対する正反対の感情、すなわち愛情と同時に敵意の感情の方向を意味しているのです。私はこの講義をすすめているあいだに、感情のアンビバレンツについてみなさんにもっとお話しすることは、残念ながらできませんでした。

ナルシシズム的同一視のほかに、ずっと以前から私どもによく知られているヒステリー性同一視(9)があります。私はこの両者の差異を、明らかになった若干の規定によってみなさんに説明することは、きっとできると考えております。メランコリーの周期的あるいは循環性の諸型については、みなさんがきっと興味深く聞かれるだろうと思うことをご報告することができます。すなわち、事情が許して都合よくゆけば——私は二度経験したことがありますが――、病的状態におちいっていない中間の時期に分析治療をほどこすことによって、前と同じ気分あるいは反対の気分の状態にもどるのを予防することができるのです。その際、メランコリーや躁病《そうびょう》もまた、他のいろいろなノイローゼの前提とまったく同じことを前提とする、葛藤解決の特殊な仕方の一つであるということを知るのです。この領域において、精神分析学が知らなければならないことがまだいかにたくさんあるかは、みなさんもご想像がつきましょう。

私はまたみなさんに、私どもがナルシシズム的疾患を分析することによって、私どもの自我の構成について、またいくつかの担当部局からできているその構造について知識を得られるだろう、と申しました。そして、ある箇所では、それに着手したのです。注察妄想⑩の分析から、私どもは、自我のなかには実際ある一つの法廷が存在し、自我の他の成分に対し、それがたえず監視し、批判し、比較しながら目を光らせているのだと推論しました。つまり、私どもは、患者が自分の一挙手一投足が探索され、監視されており、自分の考えることが、いちいち通報され、批判されているといって訴えるなら、その患者がまだ十分正当に評価されていなかったある真実を、私どもにもらしてくれるものだと考えるのです。患者が思いちがいをしているのは、ただ、この不愉快な力を自分に無縁のものとして自分の外界へ移している点だけなのです。患者は一つの法廷が自分の自我を取り締まっていて、これが自分の現実の自我とそのあらゆる活動とを、患者がその発達の経過のなかで創造した〈理想我〉を基準として判定しているのだと感じているのです。ですから、私どもは、このように理想我を創造したのは、第一次の幼児性ナルシシズムにともなっておこなわれたものだが、それ以来、非常に多くの障害と侵害とをこうむった自己満足を回復しようとする意図の結果であった、と考えるのです。自己を監視するこの法廷を、私どもは自我の検閲者、すなわち良心と考えております。この法廷こそが、夜には夢の検閲をおこなうものであり、許しがたい願望の動きに対して抑圧を加えるのです。この法廷が注察妄想の場合に崩壊すると、その法廷が、両親、教育者および社会的環境の影響に由来し、そして、これらの模範となる人々のうちの個々の人と自分との同一視に由来していることを、私どもに暴露するのです。

以上は、精神分析をナルシシズム的疾患に適用して、いままでに得た成果の二、三のものであると言えましょう。この成果はたしかに、まだあまりにもわずかであります。そこにはまだ、一つの新しい領域に精通したときにはじめて獲得される、あの鋭さがみられないこともしばしばです。私どもがこれらの成果を得たのは、すべて自我リビドまたはナルシシズム的リビドという概念を利用したおかげで、私どもはこの概念の助けをかりて、感情転移ノイローゼの場合に確証された解釈を、ナルシシズム的ノイローゼへ拡大するのです。しかし、みなさんはつぎのように質問なさるでしょう。すなわち、ナルシシズム的疾患と精神異常による障害のすべてを、リビド論で説明しつくすことがうまくできるだろうか。また、心的生活のリビド的因子をいつも罹病《りびょう》に責任のある因子と認めて、自己保存の欲動の機能の変化にはけっして責任を帰する必要がないとすることが、はたしてできるだろうか、と。

さて、みなさん、これを決定することがさし迫った問題だとは考えられませんし、それに、なによりもまだ判定がくだせるまでにはいたっておりません。私どもとしては、その決定を学問研究の進歩に安んじてゆだねて、さしつかえないでしょう。もし病因的な作用をする能力が、実際にリビド性の欲動の特権であることが明らかになって、その結果、リビド論がもっとも単純な現実ノイローゼから個人のもっとも重い精神病的疎隔にいたるまでの、全戦線にわたって勝利を祝うことができたとしても、私はふしぎには思いません。なぜなら、私どもは、世界の現実、すなわちアナンケー[11]に従属させられることに反抗するのが、リビドの性格的特色であることを知っているからです。しかし、自我の欲動が、リビドから病因的な刺激を加えられて二次的にひきずられ、機能障害を起こさざるをえなくなるということは、大いにありうることだと思います。それにまた、重い精神病の場合には、自我の欲動自体が一次的に迷わされるという認識に直面させられるとしても、それをもって私どもの研究方向の失敗とみることはできません。すくなくともみなさんには、未来がそれを教えるでありましょう。

しかし、もうほんのしばらく不安の問題にもどって、私どもがそのままにしておいた最後の不明な点を明らかにしましょう。危険に直面したときの現実不安は自己保存の欲動の現われであるということは、争う余地のない事実であるにもかかわらず、他の場合には十分認められている不安とリビドとの関係にうまく適合しない、と私どもは申しました。しかし、もし不安感情がエゴイスティックな自我の欲動によってではなく、自我リビドによって支出されるものだとすれば、どうでしょうか。ともあれ、不安状態はいずれにしても目的にかなわないものですし、この非合目的性は不安状態がさらにいっそう強くなれば明白になってきます。その場合には、不安状態は、逃走であれ、防衛であれ、とにかくただそれだけが目的にかなった、自己保存に役だつところの行為を妨害するのです。それゆえ、現実不安の感情的部分を自我リビドに帰し、その際の行為を自己保存の欲動に帰するならば、私どもはあらゆる理論的な難点を除去したことになります。

それはそうとして、みなさんは、不安を感ずるが〈ゆえに〉逃げるのだ、とはまさか本気で信じてはおられないでしょう。そうです。私どもが不安を感じて、〈そして〉逃走にとりかかるのは、いずれも危険の知覚によって呼び起こされる共通の動機からするものです。大きな生命の危険をのりこえた人々は、自分はすこしも不安を感じなかった。ただ行動しただけだった、たとえば銃を猛獣に向けただけだ、と語るものです。そして、それはたしかにもっとも目的にかなったことだったのです。

（1）第二十二講参照。

（2）ナルシシズムということばを最初に用いた人として、『ナルシシズム入門』『性に関する三つの論文』などに引用されているが、のちにこの語は、H・エリスの最初に用いた語であると、フロイトはみずから訂正している。

（3）リビドが自己以外の外界の対象に配備された状態にあるときに、対象リビドという。これは、自我に配備されているときの自我リビドと対比されている。対象リビドおよび自我リビドは、それぞれ、対象へのリビド配備、自我へのリビド配備と同義に考えてよい。

（4）対象へのリビド配備が廃されて、自我のなかへリビドがひきこもっているときの名称。ナルシシズムとは密接な関係がある。

（5）認識の限界をきめて、対象を構成する原理を発見させる方法的動機。たとえば合目的性などの考えからくる動機という意味。

（6）第十六講参照。

（7）抑鬱症と同義。

（8）同一視とは、ある個体が他者の精神的な態度、感情および行動をあたかも自己のものであるかのように感じ、行動し、感得することをいう。これは無意識的におこなわれる。ナルシシズム的同一視は、自我のなかに対象がとりこまれることによって起こるもの。

（9）ナルシシズム的同一視が摂取による同一視なのに対し、このヒステリー性同一視は投げかけによる同一視である。

（10）監視されていると思いこむ妄想。

（11）第二十二講参照。

第二十七講　感情転移

みなさん！　私どもの講義もいまや終わりに近づいています。そこで、みなさんのあいだには、ある種の予想が起こっていることでしょう。しかし、その予想がみなさんを迷わさないようにと思います。すなわち、みなさんは、自分たちがそもそも精神分析ができるかどうかは治療ということを基礎にしているのに、その点にはひと言もふれず、また、精神分析的素材のよいところ悪いところをすっかり紹介することもしないままに、結局この講義は終わってしまうのだ、と考えておられるでしょう。そこで、私もこの治療というテーマについて述べないわけにはまいりません。このテーマにふれることによって、みなさんは、その観察から一つの新しい事実を知るようになるはずですし、もし、この事実を知らなければ、私どもの検討してきた疾病《しっぺい》の理解は、まったくもって不完全なままになってしまうからです。

治療の目的のためにどういうふうに分析をおこなえばよいか、という技法の指導をみなさんが期待しておられるのでないことは、私も承知しております。みなさんは、ただ一般的に、どんな道をたどって精神分析療法がおこなわれるのか、この治療は、だいたいどんな仕事をするのかを知りたいと思っておられるだけでしょう。それを親しく知りたいということは、みなさんの争う余地のない権利です。しかし、私はそれをみなさんにお伝えしようとは思いません。むしろ、みなさんが自身でそれを察知されるようにと、あくまで主張いたします。

よく考えてみてください。みなさんは、癩病《りびょう》の条件についてのあらゆる本質的なもの、ならびに病気にかかった人に影響を及ぼしたすべての因子に通じられたのです。では、どこに治療が影響を現わす余地があるのでしょうか。

まず第一に、遺伝的素因があります。私どもはその点についてはあまり言及しませんが、それはこの素因の問題が分析以外の側から根強く強調されており、私どもとしてはそれについてはとくに新しく言うことがないからです。しかし、私どもがそれを軽視していると は思わないでください。ほかでもない治療にたずさわる医師として、私どもは、この遺伝的な素因の威力は十分に認めているのです。しかし、いずれにせよ、この素因を変えようとしても、私どもにはどうすることもできません。それは私どもにとっては一つの所与であり、私どもの努力にある限界をあたえているものなのです。

つぎに、私どもが分析の場合にまっさきにとりあげる習慣になっている早期の幼児体験の影響です。それは過去に属することです。私どもはそれが起こらなかったときの姿に復することはできません。

　そのつぎにはまた、私どもが「現実的拒否」として総括しているいっさいのこと、たとえば愛の欠如から生ずる人生の不幸、貧困、家庭内の悶着《もんちゃく》、配偶者の選択の失敗、思わしからぬ社会的事情、および道徳的要請がきびしすぎて個人を圧迫すること、などがあります。もちろん、そこには非常に有効な治療をするためのやり方にあるかもしれません。しかしそれは、ウィーンの民間伝承にある、皇帝ヨゼフがおこなったような治療(1)にちがいないでしょう。それは権力者の慈悲による干渉であり、このような権力者の意志の前に人々は屈し、もろもろの障害は消失してしまいます。しかし、たとえ、このような慈悲行為を手段として私どもの療法のなかにとりいれうるとしても、そのときの私ども自身はいったい何者だということになるのでしょうか。自分も貧しく、社会的にも無力で、やむをえず医師としての働きによって生計をたてていて、自分の努力を貧困者のためにささげることすらできない情勢にあるのが私どもなのです。他の医師たちなら別の治療法で貧困者の治療ができるのですが、私どもの療法は、そうするにはあまりにも時間がかかり、あきあきするものなのです。

　しかし、おそらくみなさんは、上述の要因中の一つにしがみついて、そこに私どもの影響力を攻略する拠点を見つけたと思われるにちがいありません。社会に要請された道徳的拘束が、患者に課せられた不自由な状態に関係があるとすれば、治療は患者に対してそれらの拘束をのりこえ、社会が尊重はするがほとんど厳守することのない理想の実現を断念して、満足と回復とを求める勇気をあたえたり、あるいは直接な指示をあたえることができるはずだからです。つまり、われわれは性的に十分に人生を「楽しみつくす」ことによって健康になるというわけです。しかし、この場合は、精神分析による治療は一般の道徳のためにならないという非難がふりかかってきます。つまり、分析治療が個人にあたえるものは、公共から奪ったものだ、ということになるのです。

だが、みなさん！　だれがいったいみなさんに、こんなまちがったことを教えたのでしょうか。性的に十分に人生を楽しみつくすように、という助言などが分析療法において一役買いうるなどという考えは論外のことです。すでに私ども自身が、患者にはリビドの欲動と性的抑圧とのあいだ、および官能を求める傾向と禁欲をめざす傾向とのあいだに執拗《しつよう》な葛藤がある、と言ったことだけからでも、それは問題になりません。二つの方向の一方を強めて他方にうち勝たせるということでは、この葛藤は解消しないのです。現に私どもは、神経質者では禁欲のほうが優位を占めていることを知っているのですから。だからこそ、抑圧された性的志向がはけ口を求めて症状をつくりだしたのです。もし、ここで私どもが、逆に官能に勝利を得させますと、排除された性的抑圧は症状に代わらざるをえないことになるでしょう。どちらに決定されても、それでは内的な葛藤が終わりにいたることはなく、つねに一方は満足されないままになります。

葛藤がどっちつかずで動揺しているために、医師が一方に加担するという契機が決定をあたえうるという場合は、わずかしかないのです。しかも、この場合には、もともと分析治療は必要ありません。医師がこのような影響を及ぼせる患者ならば、医師がおらずとも同一の道を見いだしたにちがいないでしょう。というのも、ご存じのとおり、禁欲している若い男が法にかなわぬ性交をする決意をしたり、または満ち足りない妻が夫以外の男性にその償いを求めたりするときに、それらの人々は、通例は医師あるいは分析医の許可を待ったりなどはけっしてしなかったのですから。

この事情の場合には普通、ノイローゼ患者の病因的葛藤は、それと同一の心理的な地盤の上に立っている心的諸欲動の正常な葛藤と混同してはならない、という一つの本質的な点が見のがされています。それは、前意識と意識の段階までもちきたらされた力と、無意識の段階にとめおかれた力とのあいだの抗争なのです。ですから、この葛藤は決着がつけられないのです。たがいに争っているのは、あの有名な白熊と鯨との闘いの例のようなもので、たがいに会う機会がありません。両者が同じ土俵上で遭遇してこそ、はじめて真に決着がつけられるのです。この遭遇ができるようにするのが治療の唯一の課題である、と私は考えています。

なおそのうえに、もしみなさんが、生活上の諸問題についての忠告と指導とが分析による影響力の不可欠の部分である、と考えておられるとすれば、それはみなさんの聞きちがいであることを私は保証できます。反対に、私どもはこのような顧問の役目はできるだけお断わりしているのであり、むしろ患者が自主的にすすんで決定することを望んでいるのです。こうした考えから、私どもは、職業の選択、経済上の計画、結婚または離婚など、生活上重要なあらゆる問題の決定を、治療期間中はさしひかえておき、治療が終わってからおこなうように、と患者に求めています。それでは自分たちが想像していたのとなにもかもちがっている、と正直に認めてもらいたいのです。ただ、非常に年が若いとか、まったくよるべのないある種の人々の場合には、私どもとしても、この意識的にまもっている制限を徹底することはできません。こういう人たちの場合には、私どもは医師の仕事と教育者の仕事とを結びつけなければならないのです。その場合、私どもは責任を十分意識して、必要な慎重さを失わぬように行動しています。

しかし、分析治療を受ける神経質者は、享楽のかぎりをつくすように手引きをされている、という非難に対して、私が熱心に弁解するのをみて、私どもが社会の道義のために患者に働きかけている、と考えられても困るのです。そういうことは、私どもには、すくなくとも同じぐらい縁遠いことなのです。私どもは、もちろん改革者ではなくて観察者であります。しかし、批判的な目で観察しないわけにはいきませんから、因襲的な性道徳の味方となって、性生活の諸問題について社会が実際的に処理しようとしているそのやり方を高く評価することはできない、と感じているのです。私どもは、社会が道徳と呼んでいるものには、それに相応している以上の犠牲がはらわれており、社会のそのやり方は、真実にもとづくものでもなければ、賢明さを示すものでもないということを、当の社会に対して率直に指摘してみせることができます。この批判を患者たちにいっしょに聞いてもらってもかまいません。私どもは、彼らに性的問題についても他のあらゆる問題と同じく、偏見なく考量することに習熟させていますから、彼らが治療が完了したのちに、自主的になって、自分の判断によって完全な性的享楽と絶対的禁欲との中間にあって、それぞれの態度をとるなら、私どもはその結果がどうであろうとも良心にやましいところはないのです。自分自身に対して忠実であることを教育され効果をあげた者は、たとえその人の道徳の尺度がその社会に通用している尺度となんらかの点でちがっているとしても、不道徳という危険からは永久にまもられているものだ、と私どもは考えます。それはそうとして、禁欲がノイローゼに及ぼす影響という問題の意義を、過大評価しないようにしましょう。欲求の挫折という病因的状況と、それにつづいて起こるリビドの鬱積《うっせき》とが、あまり苦労せずに得られるような種類の性交で決着がつくのは、ほんの少数の例でしかありません。

ですから、性愛の享楽を認めるということによって、みなさんは精神分析の治療効果を説明することはできません。ほかのことをおさがしになってください。私がみなさんのこの臆測《おくそく》を否認しているあいだに、みなさんは私のことばによって正しいヒントを得られたことと思います。私どもが利用している手段は、まさに、無意識を意識に置きかえること、すなわち無意識を意識に翻訳することであるにちがいないわけです。いかにもそのとおりなのです。私どもは無意識的なものを意識的なものへと移すことによって抑圧を解消し、症状形成のための条件を除き去り、病因となる葛藤を、なんとか解決できるにちがいない正常な葛藤に変えるのです。私どもが患者の心のなかにひき起こすのは、この一つの心的変化だけなのであって、この変化が及ぶ範囲内でだけ、私どもの援助の働きが実を結びます。抑圧またはそれに類似した心的過程を解消しえないところでは、私どもの療法はなんらの成果も求めることはできないのです。

私どもは、私どもが努力している目標を、いろいろな公式で言いあらわすことができます。すなわち無意識の意識化、抑圧の解消、健忘のための記憶の欠損の充塡《じゅうてん》など。しかし、これらはすべて、帰するところは同じです。だが、おそらくみなさんは、こんなうちあけ話だけでは満足されないでしょう。みなさんは神経質者が健康になるということを、これとはすこし異なったもののように想像されており、患者は精神分析という苦労の多い作業を受けたのちには、別人のようになるものと考えておられたでしょう。ところが患者の心のなかには、無意識的なものが以前に比して幾分少なくなり、意識的なものが幾分多くなるのがその結果の全部だ、というわけです。

ところで、みなさんは、このような心内の変化の意義を、おそらく過小評価しておられるのです。回復した神経質者は、実際、人が変わるのです。が、しかし、根本においては、もちろん依然として同一人であるわけです。つまり彼は、条件がもっとも好都合であった場合になりえたであろうような人間になったのです。しかし、このことは実は大したことなのです。もしもみなさんが、心情生活における、このちょっと見たところでは言うにたらない変化をなし終えるために、いったいどれほどのことをしなければならないか、そしてどれほどの努力を必要とするかを聞かれれば、心的水準のこのような差異の意義を、みなさんもたぶん信じるようになるでしょう。

ちょっとわき道にそれますが、私は、みなさんに原因療法と呼ばれるものをご存じかどうか、おたずねしてみたいと思います。つまり、病気の症状だけを攻撃の目標にするのではなく、病気の原因を除こうとする処置をそう呼んでいるものです。ところで、私どもの精神分析的な療法は原因療法でしょうか、それともそうではないでしょうか。答えは簡単ではありません。しかし、このような設問が無価値であることを確信させる機縁には、おそらくなるでしょう。分析療法が症状の除去を手近な課題としないかぎりでは、それは原因療法であるかのようにみえます。しかし他の点では、それは原因療法ではない、とみなさんは言ってもよいのです。すなわち、私どもは因果の連鎖を追究して、とっくに抑圧を通りこして欲動の素質、体質におけるその素質の相対的な強度、およびその発達過程における偏《かたよ》りにまで及んだのです。ところで、もしみなさんが、この心的機構に干渉して、その時々に存在するリビドの量をあるいは増したり、あるいは減らしたりすることとか、一方の欲動を犠牲にして他方の欲動を強化することが、あるいは化学的方法によってできるかもしれない、と仮定されれば、それは本来の意味で原因療法だということになるわけです。そして、私どもの分析は、この原因療法のために不可欠な再認識という予備作業をした、ということが言えるでしょう。リビドの過程にこのような影響を及ぼすことについては、ご承知のように、いまは問題にしようと思いません。私どもは精神分析という精神療法によって、因果関係の系列のなかで別の箇所を攻撃しているのです。別の箇所といっても、私どもに明らかにわかっている現象の根源を衝《つ》いているわけではありません。しかし、それにもかかわらず、症状からは遠く離れた箇所、すなわち、非常に注目すべき事情から私どもが近づけるようになったある箇所を衝いているのです。

とすると、私どもの患者の場合、無意識を意識に置きかえるために、私どもはなにをしなければならないのでしょうか。かつてはそれをごく簡単なことと考え、ただこの無意識的なものを推測して、それを患者に言ってやりさえすればよいと私どもは思っていました。しかし、私どもはすでに、それが近視眼的なまちがいだったことを知るようになっています。無意識的なものに関する私どもの知識と患者の知識とは、同じ価値をもつものではありません。私どもが患者に、私どもの知識を伝えたとしましても、患者はそれが無意識なものに〈代わる〉ものとしてではなく、それと〈並列する〉ものとして受け取り、事態はほとんど変化しないのです。私どもはむしろこの無意識的なものを〈局所的に〉考え、患者の記憶のなかで、無意識的なものが抑圧によって成立したその局所にそれを探し求めなければならないのです。この抑圧が除去されますと、意識的なものによって無意識的なものに代置することはすらすらとできるのです。ところで、どのようにして、このような抑圧を解消すればよいのでしょうか。私どもの課題は、ここで第二の段階にはいります。まずはじめには抑圧を探し出すことであり、つぎにはこの抑圧をささえている抵抗を除去することです。

私どもは、どのようにして抵抗を除去するのでしょうか。それは、同じ仕方です。すなわちその抵抗を推測し、それを患者に言ってやることによって、除去するのです。抵抗は、これもまたある抑圧から、すなわち私どもが取り除こうと努めているその抑圧から、あるいはもっと前に起こった抑圧から生じているからです。すなわち抵抗は、忌《い》むべき欲情を抑圧するためにおこなわれる逆配備によってひき起こされているのです。つまり私どもは、最初にすでにしたいと思っていたことと同じことをいまするわけです。すなわち解釈し、推測し、それを知らせるのです。ただ、こんどは、適切な場所でするわけです。逆配備、すなわち抵抗は無意識に属するのではなく、私どもの協力者である自我に属するのであり、しかも抵抗が意識的なはずがない場合でも、やはりそうなのです。

私どもは、この場合、「無意識的」ということばに二重の意味があり、一つは現象としての意味、もう一つは組織体としての意味であることを知っています。これは非常にやっかいで、あいまいなことのように思われます。しかし、これはやはり前に言ったことの反復にすぎないのではないでしょうか。私どもは早くからその準備をしてきました。――私どもが、私どもの解釈によって自我にこの抵抗を認識できるようにしてやったのは、これによって抵抗が解消され、逆配備がひっこめられるだろう、と期待したからです。私どもとしては、このような場合、いったいなにを原動力として仕事をするのでしょうか。第一に、健康になろうとする患者の欲求です。これが患者を動かして私どもとの共同作業に服すようにさせるものです。第二に、患者の知性の助力です。私どもはこれを私どもの解釈によって支援いたします。もしも私どもが患者の知性に適当な予期観念をあたえてやれば、この知性が抵抗を認識し、抑圧されているものに対応する翻訳を見いだすことが、いっそう楽になることは疑いありません。私がみなさんに「空を見てごらんなさい、軽気球が見えますね」と言えば、私がただ、何か見つかるかどうか空を見てごらんなさいとうながしたときよりも、みなさんは、はるかに容易にその軽気球を発見されることでしょう。はじめて顕微鏡をのぞく学生も、教師から何を見るべきかを教示されます。そうしなければ、見るべきものがそこにあって見えるはずなのに、その学生にはまったく見えないのです。

さて、事実についてみてみましょう。私どもの前提は、神経性疾患の大多数の型のもの、すなわちヒステリーや不安状態や強迫ノイローゼにあてはまります。このように抑圧を探し出し、抵抗をあばき出し、抑圧されているものを示唆することによって、抵抗を克服し抑圧を除去し、無意識的なものを意識的なものに転化する、という課題を解くことが実際にできるのです。その際、私どもは、あらゆる抵抗を克服しようとして患者の心情のなかでいかに激しい戦いがおこなわれているかについて、非常にはっきりした印象を得るのです。この戦いは、逆配備を維持しようとする動機とそれを放棄しようとする動機とが、同じ心理的地盤の上でおこなう正常な心の戦いです。前者は、かつて抑圧をなしとげた古い動機であり、後者のなかには新しい動機があって、それがおそらく私どもの考える意味での葛藤に決着をつけるのでしょう。

私どもは古い抑圧の葛藤をふたたびよみがえらせ、かつて一度始末された過程を修正することに成功したのです。新しい材料として、私どもは第一に、以前の決定が疾病に導いたのだという忠告と、別の決定は回復への道をひらいてくれるだろうという約束とをつけ加え、第二に、あの最初に拒絶した瞬間から、いっさいの事情が大々的に変化したことをつけ加えるのです。かつては自我は弱く、幼稚であり、リビドの要求を危険視して追放することが必要な理由がたぶんあったのです。いまは自我は強くなり、経験も積み、そのうえに医師という助力者を味方にしています。そこで私どもは、ふたたびよみがえらされた葛藤が、抑圧という結果よりももっとよい結果に導くだろう、と期待してもさしつかえないのです。そして、前に述べたように、ヒステリー、不安ノイローゼおよび強迫ノイローゼの場合には、結果は、私どもが原理的には正しいことを示しているのです。

しかし、事情はひとしいにもかかわらず、私どもの治療の方法が、けっして成功しない別の類型の疾病もあります。それらもまた、自我とリビドとのあいだに、ある根源的な葛藤があって、これが抑圧をもたらしたものなのです――たとえ、この抑圧は局所的にはちがっていると性格づけできるにしてもです――。この場合にも、患者の生涯においてさまざまな抑圧が起こった箇所を探し出すことはできます。私どもは、同じ操作を適用し、前もって同じ約束をし、予期観念を伝えることによって先と同じ援助をあたえるのです。この場合もまた、現在とその抑圧の起こったときとの時差は、葛藤を当時とは別の結果に導くうえに有利に働きます。しかし、抵抗を解消したり、抑圧を除去したりすることはできません。パラノイアやメランコリーや早発性痴呆の患者は、全体としてみればあくまで感応を示さず、精神分析療法に対しては不死身なのです。どうしてこうなるのでしょうか？患者に知性が欠けているからではありません。これらの患者の場合にも、ある程度の知的能力はもちろん必要とされるのです。たとえば、非常に鋭く、いろいろの事態を結び合わせて一つの妄想につくりあげてゆくパラノイア患者には、知的能力が欠けていないことは確かです。知能以外の原動力についても、欠けているとみることはできません。たとえばメランコリーの患者は、自分は病気であり、そのために非常に苦しんでいるのだ、というパラノイア患者にはない意識を強くもっています。しかし、それだからといって、彼らにはパラノイア患者より精神分析療法が通じやすい、ということにはならないのです。私どもはここで、私どもには不可解な事実の前に立たされているのです。この事実はまた、他のノイローゼの場合に可能な成果のすべての条件を、はたして私どもが真に理解しているかを疑えと命ずるのです。

ヒステリーおよび強迫ノイローゼの患者ばかりについて仕事をしていますと、私どもは、まもなくまったく思いもかけなかったような第二の事実につきあたります。つまり、これらの患者が私どもに対してまったく特別なふるまいを示してくることに、しばらくすると気づかざるをえません。私どもとしては、治療の際に顧慮される原動力はすべて説明ができているし、私どもと患者とのあいだの状況も完全に合理的に整理しつくしたので、その状況は算術の問題のようにすぐ見通すことができると信じこんでいたわけです。ところが、その場合に、どうもこの計算のときに考慮されていなかったなにかが、忍び込んできているように思われるのです。この意想外の新しいものも、それ自身いろいろな姿をしていますす。そこで、私はさしあたり、その現象形態のうちで比較的よく現われ、また比較的理解しやすいものを述べてみることにします。

つまり私どもは、苦しい葛藤からの逃げ道をひたすら求めているはずの患者が、医師という人物に対してある特殊な関心を示してくることに気づくのです。およそ医師に関連するものはすべて、患者にとって自分自身の問題よりも重大であり、自分が病気であることさえ忘れかねないほどに思われるのです。ですから患者との交流は、しばらくのあいだは非常に快適なものになります。患者は非常に丁寧であり、あらゆる機会をとらえて感謝の念をあらわそうと努めて、私どもがおそらくその患者に得られるとは思わなかったような、本性のやさしさや長所を示してくるのです。ですから、医師もそのような場合は患者に好意をもつようになり、自分が偶然にも特別にりっぱな一人の人物を助けることができるようになったことをしあわせだと思ったりします。もし、医師がたまたま患者の家族の者と話をする機会があれば、患者のほうでもやはり同じようによろこんでいることを聞いて満足いたします。患者は家庭にいても倦《う》まずにその医師をほめあげ、いつもなにか新しい医師の長所を見つけだしてきては賞讃します。家族の者は、「あれは先生に夢中です。先生のこととなると目がないように信頼しています。先生の言われることならどんなことでも、あれには神さまのお告げのようです」と語ります。このように異口同音に語る人々のなかでも、ときどきもっと鋭い人の場合には、「あれは先生のことのほかはなにも話題にしようとしないし、いつも口に出るのはただ先生のことばかりで、もうあきあきしますね」と言ったりします。

私どもには、医師は謙虚であることが望ましいのです。患者が医師の人格をこのように高く評価するのは、医師が患者にあたえた希望のためであり、治療がもたらす啓示が意想外で、患者の心を軽くし、その知的視界が広げられたためであると考えられます。このような条件のもとにおいては、精神分析はめざましく進展して、患者は私どもが彼に示唆するものをよく了解し、治療のために必要な課題に没頭します。また、分析の材料となる回想や思いつきも、患者の心中につきるところなく湧き出てくるのです。患者の解釈が確実で適切であることにも医師は驚かされます。そして患者が、外の世界の健康者のあいだでは、きっときわめて激しい反対をひき起こすような心理的新事実を、まったくみずから進んで受け入れるということを突き止めて、医師は満足感をもつのです。分析の仕事をしているあいだ、このような好ましい意思の疎通ができれば、それに対応して病状も、どの方面から見てもまちがいなく客観的によくなってきます。

しかし、いつもこんな好い天気のときばかりとはかぎりません。日によっては曇りのときもあります。治療には困難が生じてくるのです。患者はもうなにも連想が出てこないと主張します。医師は、患者の関心がもはや分析に向けられていず、思い浮かんだことはどんなことでも口に出して言い、阻止しようとする批判的な気持に負けてはならないという指図を、患者が軽々しく無視しているという印象をはっきりと受けます。患者は治療中の者ではないかのようにふるまい、あたかも医師との約束などはしなかったかのような様子を示します。しかし、彼は明らかに、自分の心のなかだけにしまっておこうと思うことに心を奪われているのです。これは治療にとっては危険な状況です。医師が激しい抵抗に直面していることはまちがいないのです。だが、いったいなにが起こったのでしょうか。

もしこの状況をふたたび明らかにすることができれば、この障害の原因は、患者が強い情愛の気持を医師に転移したことにあることがわかります。しかし、患者の感情がこうなったことについては、医師の行動にも、治療中に生じた関係にも責任はありません。この愛情がどんな形で表現され、どんな目標を狙《ねら》っているかは、むろん両当事者間の人間関係により変わってきます。若い娘の患者と比較的若い医師の場合であれば、正常な恋愛だという印象を受けます。二人きりになることが多く、心の秘密をうちあけられるような男性、しかも、一段と高い立場の援助者という有利な位置で自分に相対する男性に、若い娘が熱をあげるのはあたりまえに思われましょう。そしてそのために、ノイローゼの娘には、むしろ人を愛する能力に障害があることを予期するのをおそらくは見のがしてしまうのです。

しかし、医師と患者との人間的な関係がいま仮定したような事例とはかけ離れたものであればあるほど、それにもかかわらず、またまた同じ感情関係が両者のあいだにつくられるのを見いだして、私どもはますます不審の念を強くするのです。不幸な結婚をしている若妻がまだ独身である主治医に真剣な情熱をいだいているようにみえたり、その医師のものになりたくて離婚をしようと覚悟をしたり、またもしも結婚するには社会的な障害がある場合には、医師とのあいだに秘密な関係を結ぶことに何のためらいも示さなかったりすることも、ありうることなのです。しかし、そんなことは精神分析以外のところでも起こることではありませんか。ところが、こういう事情のもとで、そのような人妻や娘の側から、治療の問題に関してあるまったく特定な態度が表明されるのを聞いて驚くのです。つまり、「自分たちはただ恋愛によってのみ健康になれるといつも感じていた、だから、治療の初めから、医師との交際によって、これまでの生活のなかではあたえられなかったものが、きっと最後にはあたえられることになると期待していた。ただこの希望があったからこそ、自分たちは治療の際のさまざまな苦労を耐え忍び、告白にともなうあらゆる困難を克服したのだ」と、彼女らは言うのです。私どもは、自分自身のためにこうつけ加えておきましょう。だからこそ彼女たちは、普通ならばおよそ信ずることなどできないようなことも、すべてあれほどたやすく了解したのだ、と。しかし、このような告白は私どもに意外の感をあたえ、これによって私どもの目算はすっかりはずれてしまいます。もしかしたら私どもは、私どもの計算書から何か大事な項目を落としてしまっているのではないでしょうか。

事実、経験を積めば積むほど、私どもの仕事の科学性にとって恥になる、こうした訂正をすることにさからえなくなってきます。一度目は、分析治療はある偶然の障害、言いかえれば、治療の意図のなかにはなく、治療のために生じたのでもない障害に出くわしたのだ、とまあ信じることもできましょう。しかし、症例が変わっても、そのたびごとに、これと同じように医師に対して患者が情愛的に結びつくという事実が、いつもくりかえされます。きわめて悪い条件のもとでも、いや、むしろグロテスクに不釣合いな場合でさえも、たとえば年をとった婦人の場合でも、髭《ひげ》の白くなった男性に対してさえも起こります。たしかに、どんな誘惑も存在しないと判断される場合でさえ、再三再四、そうした事実が現われるのです。こうなりますと、私どももさすがに偶然の障害だという考えは捨てて、病気そのものの本質ともっとも奥深いところで関連のある現象だと認めざるをえないようになります。

つまり、不本意ながら承認させられるこの新事実を、私どもは〈感情転移〉と呼んでいます。治療の状況のなかには、このような感情の発生を正当づけることができるものがあるとは信じられませんから、医師という人物へ感情が転移されたのだと考えるのです。むしろ私どもは、このような感情の準備状態全体がどこかよそのところに由来するのであって、患者の心中で準備されていたものが、分析的治療を受けるのを機会に医師という人物へ転移される、と推測するのです。感情転移は熱烈な愛の要求として現われたり、どちらかといえばおだやかな形で現われたりもします。愛人になりたい、という願望の代わりに、若い娘と年をとった医師とのあいだでは、娘として特別にかわいがられたいという願望が現われることもありますし、リビド的欲求がやわらげられて、断ち切りがたくはあっても精神的な友情という提案になることもあります。多くの婦人は、この感情転移を昇華し、それが一種の存在資格を得るように形をつくりかえるすべを心得ているものです。一方では、これを生のまま、原始的な、しかも多くの場合実行しえない形であらわさざるをえない婦人もあります。しかし、根本においては、それらはいつも同じものであり、同じ源泉から出ていることは見まごう余地なく明白です。

私どもは、感情転移という新事実をどこに位置づけるか、という問題を考える前に、それを完全に記述しておこうと思います。ではいったい、男の患者の場合にはどうなのでしょうか。男の患者の場合には、性別とか性的な引力などという煩《わずら》わしいものの介入からはのがれられる、と思われるでしょう。ところが、この場合も女性の患者の場合とさほど変わったことがない、と答えなければなりません。女性の患者と同じように医師に結びつき、同じように医師のいろいろな性質を過大に評価し、同じように医師への関心に没頭し、日常医師の側近にいる者すべてに対し、同じように嫉妬を示すのです。

男性と男性とのあいだでは、これらの欲動成分が別途に使用されるために顕在性同性愛が影を薄めるのに比例して、昇華された感情転移の諸形式がしばしばみられるようになり、直接の性的要求はそれに比例して希薄になります。また、医師は、男性の患者では、女性の場合よりも頻繁《ひんぱん》に、一見したところ、いままで記述されてきたすべてのものと矛盾するように思われる感情転移の現象形式、すなわち敵対的、つまり〈陰性〉の感情転移を観察するものです。

まず第一に、感情転移は治療のはじめから患者に起こっており、しばらくのあいだは、それが治療の仕事のもっとも強力な原動力となっていることを明らかにしておきましょう。感情転移が医師と患者とで共同に営んでいる分析のために有効に働いているかぎりは、それはすこしも感知されず、また気にするにも及びません。ところで、やがて感情転移が抵抗に変わる場合には、これに注意を向けずにはいられなくなります。そして、この二つの異なった、正反対の条件のもとでは、感情転移が治療に対する関係を変えたことを認識せざるをえなくなります。すなわち、その第一の条件とは、情愛傾向としての感情転移が強くなって、それが性的欲求に由来するものであることがはっきりと示されるようになり、自己に対する内的反抗を呼びさまさざるをえない場合です。その第二の条件とは、感情転移が情愛的な感情の動きではなくて、敵対的な感情の動きからなっている場合です。

敵対的感情は、情愛の感情よりもおくれて、しかも、その陰に隠れて現われるのが通例です。両者が同時に存立しているということは、私どもの他人に対する親密な関係の大部分を支配している、感情のアンビバレンツをみごとに反映しています。敵対的感情は、情愛の感情と同じく一つの感情的結合を意味します。これは、反抗が、もちろん正反対な徴候をもってはいますが、服従と同一の依存関係を意味しているのと同様です。医師に対する敵対的感情も、やはり「感情転移」と名づけるに値するものであることは、私どもには疑う余地がありません。治療の状況は、敵対的感情が発生するに十分な誘因をけっしてあたえるものではないからです。陰性の感情転移という必然的な見解は、陽性の、つまり情愛的な感情転移の価値を判断する点において私どもが誤っていなかったことを、私どもに確信させるものです。

感情転移はどこから生じるのか、それはどんな困難を私どもにひき起こすのか、この困難を私どもはいかに克服するのか、そして結局はそこからどんな利益をひきだすのか、といったような問題は、分析の技法上の指導をする際にくわしく論ずべきことですから、本日はただ簡単にふれるだけにとどめておきましょう。感情転移から生じる患者の要求に私ども医師がしたがうなどということは、ありうべからざることですが、それらの要求を不親切に扱ったり、まして憤慨してはねつけたりするのは、非常識です。私どもは患者に対して、君の感情は現在の状況から生じたものでもなければ、医師の人格に当てはまるものでもなく、君の心のなかにかつて起こったことの反復であるにすぎない、ということを教えて、こうした感情転移を克服するのです。このようにして、私どもは患者にその反復されたものをなんとか思い出すようにしむけます。そうしますと、情愛的であると敵対的であるとを問わず、とにかく、治療にとってきわめて強い脅威を意味するようにみえた感情転移が、治療にとっての最良の道具となり、この道具の助けによって、心情生活の固く閉ざされた扉は開かれるのです。

この思いがけない現象の出現にみなさんが感じておられる奇異の思いをなくすために、ここで若干の付言をしておきたいと思います。私どもが分析をひき受ける患者の疾病が、ただそれだけとして完結した、動きのとまったものではなく、一個の生物のように成長しつづけ、発展しつづけるものであることを、私どもはけっして忘れてはならないのです。治療が開始されたからといってこの発達はとまるものではありませんが、しかし、治療が患者の心をとらえはじめると、疾病が新しく生み出すものはすべてただ一箇所に、すなわち、医師との関係のなかに集中されるようになります。ですから、感情転移は、樹木でいえば、木質と皮質とのあいだにあって、組織が新生され、樹幹が太さを加えてゆくもととなる形成層に比すべきものなのです。感情転移がこのような意義をもつにいたって、はじめて患者の回想に関連した仕事はいちじるしく影が薄くなってきます。そうなれば、私どもの相手はもはや患者の以前の病気ではなくて、それに代わって新しくつくりだされ、つくりかえられたノイローゼだ、と言ってもまちがいではなくなるのです。

私どもは古い疾患のこの新版を最初から追究してきたのです。それが発生し、発展するさまをみてきて、このノイローゼの様子には、とくによく通じているわけなのです。なぜなら、私ども自身が対象としてその中心に立っているからです。患者の症状は、すべてがその原初の意義を捨ててしまい、感情転移に対する関係のなかで成立する一つの新しい意味を備えるようになってまいります。あるいは、このような改変に成功した症状だけが存続していることになります。しかし、この新しい人為的ノイローゼを克服することは、治療の目標であるもとの病気を除去することであり、私どもの治療上の課題を解決することです。医師との関係が正常になり、抑圧されている欲動の衝動の作用を受けなくなった人間は、医師が患者から離れてしまった暁にも、自分自身の生活を正常につづけるわけです。

ヒステリー、不安ヒステリーおよび強迫ノイローゼの場合には、感情転移が、治療にとってまさに中心的意義をもちますから、これらが〈感情転移ノイローゼ〉として総括されるのは正しいことになります。精神分析の仕事をして、感情転移という事実について十分な印象を得た人は、これらのノイローゼの症状となって現われている抑圧された衝動が、どういう種類のものであるかを疑うことはもはやできません。また、それがリビド性のものだということをもっと強力に証明するものを求めることもいたしません。症状がリビドの代償的満足としての意義をもつことに関する私どもの確信は、感情転移を考えに入れることによってはじめて決定的に動かせないものとなった、と言ってよいのです。

さて、私どもは、治療過程に関する私どもの以前のダイナミックな見解を改善し、これを新しい洞察と調和させるための十分な根拠をもつことになります。患者が、私どもが分析のなかで患者に暴露してみせた、抵抗をともなっている正常な葛藤を戦いぬかなければならないとすれば、患者には、私どもが希望しているような、治癒をもたらすという意味での決断に影響をあたえる強力な原動力が必要となります。さもなければ、患者は以前の結末を反復する気になり、せっかく意識にのぼるようにされたものを、ふたたび抑圧のなかにすべりこませてしまうかもしれません。この戦いで決着をつけるのは、患者の知的な洞察ではなく——知的な洞察は、このような働きをするにたるほどの力もなければ自由ももたないのです——ただ一つ患者の医師に対する関係だけなのです。患者の感情転移は、それが陽性の徴候をもつものであるかぎりは、医師に権威の衣を着せ、医師の報告や見解に対する信頼に変化します。もしこのような感情転移がないか、あるいはそれが陰性のものであれば、患者は医師や医師の論証に耳をかすことさえしないでしょう。この場合、信頼は、それ自身の成立史を反復してみせているのです。信頼とは愛から出たものであり、最初は論証など必要としませんでした。のちになってはじめて、信頼が論証に譲歩して、自分の愛する人から論証が提出されたときに、それらの論証を考慮し吟味するようにまでなったのです。もしこのような支えがなければ、論証は効力をもちませんでしたし、たいがいの人の場合に、その人の人生においてけっして効果をもたないのです。つまり、人間というものは一般に、対象にリビドを配備する能力がどれほどあるかに応じて、知的側面からも近づきうるものなのです。こうして私どもは、ナルシシズムの程度によっては、最上の分析的技法をもってしても、人間を感化しうる能力に限度があることを認め、それを憂えなくてはならない十分な理由をもつのです。

リビドを、いろいろの人物を対象として配備しうる能力は、すべての正常な人間にあるものとしなければなりません。前記のノイローゼ患者たちの感情転移の傾向は、この一般的な性質が異常に高まったものにほかならないのです。しかし、このように広く存在する重要な人間の特質が、これまでまったく気づかれず、利用されなかったとすれば、それは非常に奇妙なことでありましょう。事実は、それは気づかれ、利用もされてきていたのです。ベルネイムは誤りなき炯眼《けいがん》をもって、すべての人間は何らかの形で暗示を受けうる、すなわち「暗示にかかる」という命題を基礎として、催眠現象に関する学説を築きあげました。ベルネイムのいう被暗示性とは、感情転移の傾向にほかなりません。ただ、いくぶん狭く解しすぎた結果、陰性感情転移の入る余地がなかっただけなのです。しかし、ベルネイムは、いったい暗示とはなんであるか、また、それはいかにして成立するか、という点についてはなにも説明することはできませんでした。彼にとって暗示は基本的事実であって、その事実の由来についてはなにも指示することはできなかったのです。彼は「被暗示性」が性愛、すなわちリビドの活動に依存するものであることを認識していませんでした。そして私どもが、精神分析の技法において催眠法を放棄したのは、暗示を感情転移という形で再発見するためにほかならなかったことを認めざるをえません。

しかし、いまは私の話を中断して、みなさんのお話をうかがいましょう。異議をはさみたい気持がみなさんのあいだに大きくふくれ上がっており、それに発言の機会をあたえなければ、みなさんには人の話を聞く力がなくなってしまうのではないか、ということに気がついたからです。「それでは、きみは結局、催眠術師と同じく暗示の助力をかりて仕事をするのだ、と告白したわけだ。実は、われわれもとっくの昔にそうだろうと想像していた。しかし、効果のあるのがただ暗示だけだとすれば、なんのために過去を回想するといううまわり道をしたり、無意識的なものを暴露し、さまざまな歪《ゆが》みを解釈し、翻訳しなおしたり、労力と時と金とをものすごく浪費したりするのか。なぜきみは他の人たち、つまり正式の催眠術師がするように、症状に対して直接に暗示をかけないのか。さらにまた、そのようなまわり道をしているあいだに、直接暗示の場合には隠れたままでわからなかった多数の意味深い心理学的な発見をしたなどという弁解を、きみがしたいのなら、だれがいったいそれらの発見の確実さを保証するのか。これらの発見もまた一種の暗示から、つまり意図しなかった暗示からきたものではないのか。いったいきみは、患者に対してきみがそうあってほしいと思い、きみには正しいと思われるものを、この領域においても患者に押しつけることはできないのか」と、みなさんはおっしゃりたいのでしょう。

みなさんが私に抗議される点は非常に興味があることですし、お答えしなければなりません。しかし、本日はもう時間がありません。ですから次回にお答えいたしましょう。今日は、話し始めたことに結末をつけなければなりません。私は、感情転移の事実の助けをかりて、なぜ私どもの治療の努力がナルシシズム的ノイローゼの場合には成功しないのか、その理由をみなさんに説明することをお約束したのです。

このことはわずかな言葉で説明できます。みなさんも、いかに簡単にその謎が解けるものか、そして万事がいかにうまく一致するかがおわかりになるでしょう。観察から認識できることは、ナルシシズム的ノイローゼにかかっている人たちには、感情転移の能力がないか、あっても不十分な残滓《ざんし》にすぎない、ということです。彼らは医師を拒みますが、それは彼らが敵意をもっているためではなく、無関心のためなのです。ですから、彼らはまた医師からなんの感化も受けません。医師の言うことは患者を冷淡にさせ、なんの印象もあたえません。ですから、ナルシシズム的ノイローゼ以外の患者の場合にはうまくいった治癒のメカニズム、すなわち病因的葛藤の復原と抑圧抵抗の克服は、彼らの場合には起こらないのです。彼らは相変わらずもとのままです。彼らはすでに幾度も独力でたちなおろうとする試みをしているのであり、それらの試みも病的な結果を招いただけなのでした。私どもは、それをどう変えることもできないのです。

これらの患者についての臨床上の印象を基礎として、私どもは、彼らにあっては対象への配備が廃棄されて、対象リビドが自我リビドに変ぜられたにちがいないと主張したのでした。この特質のために、私どもはこの種の患者を第一グループのノイローゼ患者〔ヒステリー、不安ノイローゼ、および強迫ノイローゼ〕から区別したのです。ところで、治療を試みているときの彼らの行動は、この推測を裏書きしております。彼らはなんの感情転移も示しません。ですから、また私どもの努力もなんの役にもたたないのです。つまり私どもの手では、彼らは治せないのです。

（1）神聖ローマ皇帝ヨゼフ二世（一七四一～九〇）は、商工業の振興をはかり、さらに社会政策として、学校、病院などの公共施設を作った。フロイトの言う治療とは、この環境的条件の改善を企図する政策をさすものであろう。

第二十八講　精神分析療法

みなさん！　本日の話題がなんであるか、みなさんはよくご存じのはずです。私どもの治療の影響が、本質的には感情転移に、すなわち暗示にもとづいていることを認めるとすれば、なぜ精神分析療法の際、直接に暗示を利用しないのかと、みなさんは私に質問されたのです。そして、その問いに関連させながら、暗示がそのように優位を占めているのに、なおかつ私どもの心理的な発見の客観性を保証できるのか、という疑惑を示されたのでした。

直接の暗示とは、とりもなおさず症状の現われに対して向けられる暗示であり、みなさんの権威と病気の動機とのあいだの戦いです。みなさんが暗示をほどこすときには、これらの動機のことは顧慮せずに、ただ患者に対して、症状という形で動機を表明することを押えるよう、要求するにすぎないのです。この場合に患者を催眠状態に置くか置かないかということは、けっして原理上の区別となるものではありません。ベルネイムはここでも、そのすぐれた鋭さで、暗示は催眠法の諸現象における本質的な点ではあるが、催眠状態それ自身がすでに暗示の結果であり、被暗示的状態なのである、と主張しました。そして、彼は好んで暗示を覚醒時《かくせい》にほどこしましたが、その作用は催眠状態における暗示と同じことであったのです。

ところで、みなさんはこの問題について、まずなにをお聞きになりたいと思っておられるのでしょうか。経験の明言するところでしょうか。それとも、理論的な考察でしょうか。

前者から始めることにいたしましょう。私はベルネイムの門下でした。私はベルネイムを一八八九年ナンシーに訪ねましたし、暗示に関するベルネイムの著書(1)をドイツ語に翻訳することもいたしました。数年のあいだ、私は催眠療法をおこなって、まず最初はこれと禁止の暗示(2)を併用し、のちには催眠療法とブロイアー式の尋問による患者の意中をさぐる方法(3)、とを併用しました。ですから、私としては、催眠療法または暗示療法の結果については、十分な経験をもってお話しできるとしてさしつかえないでしょう。

昔の医師のことばによりますと、理想の療法とは、てっとり早く効果があり、結果に信頼がおけ、かつ患者に不快をあたえないものでなければならないそうです。ベルネイムの方法は、たしかにこのうち二つの要求は満たしているものでした。ベルネイムの方法は、分析的方法より非常に早く、すなわち、問題にならないほどてっとり早く遂行することができましたし、患者に苦痛も不快感もあたえなかったのです。医師にとっては、どの場合でも同じ仕方で、つまり同じ方式で種々さまざまの症状がなくなるようにするだけで、症状の意味も意義もとらええないままなのですから、長いあいだにはそれは単調なものとなってしまいました。それは職人仕事で、科学的な活動ではなく、魔法や呪術《じゆじゆつ》や手品などを思い出させるものでした。しかし、そんなことは、患者の利益にくらべれば問題ではなくなってしまいました。が、第三の、結果に信頼がおけるという点は欠けていたのです。ベルネイムの方法は、どの面からみても信頼できるものではありませんでした。この方法は、ある患者には適用できましたが、ある患者には適用できないのです。ある患者では大いにうまくゆきましたが、ある患者ではすこしもうまくゆきませんでした。しかも、それがなぜそうなのかという理由はわからなかったのです。

この方法で腹だたしかったのは、こうした気まぐれな点よりも、成果が長つづきしないことでした。しばらくたってから、患者にたずねてみますと、昔の病気がぶりかえしたとか、昔の病気は治ったが、新しい病気にかかったとか言うのでした。医師はまたあらためて催眠法をほどこすことはできました。しかし、こうした事実を前にして、経験を積んだ人々の側から、何度も催眠をくりかえすことによって患者の自主性を失わせ、麻薬のようにこの療法に親しませてはならない、という警告が発せられるようになりました。まったく思いどおりに成功することも時々あり、わずかな骨折りで十分に持続的な成果が得られたこともあったことは認めます。しかし、なぜこのような好都合な結果になったか、という条件は依然としてわかりませんでした。

こういう経験が一度ありました。私は短時間の催眠療法によって、ある婦人の重い症状をすっかり取り除いてやることができたのですが、ふとしたことからその患者が私を嫌いになって以来、また元どおりにもどってしまったのです。そしてその患者と和解が得られたのちに、あらためてこんどは、その症状を前よりもはるかに徹底的に消失させることができました。しかし、患者がまたまた私から遠ざかるようになると、やはりそれは再発したのです。

またあるときは、こんな体験もしたことがあります。私が何度も神経性の症状を催眠法によって治してやっていたある女性の患者でしたが、あるとくに執拗な発作を治療している最中に、急に私の首に腕をからみつけてきたのです。こうした事実を前にしては、欲すると否とにかかわらず、自分の暗示の権威の本質と由来はなにか、という問題を考えざるをえなくなりました。

経験談はこのくらいにしておきます。これらの経験は、直接的暗示を断念したからといって、なんらかけがえのないものまで放棄したわけではない、ということを私どもに教えているのです。これに関連して若干の論考をしてみましょう。催眠療法の実施は、医師にとっても患者にとっても、ごくわずかの作業量を課するだけにすぎません。この療法は、いまなお多くの医師がいだいているノイローゼの評価にみごとに一致しています。医師は神経質の者に、「どこも悪いところはないですよ。ただ神経性のものです。ですからあなたの苦悩はちょっとしたことばだけで、数分のうちに吹きとばしてあげられます」と言います。ところで、適当な装置という外的な助けをかりずに、直接に自分で手をくだして、ほんのわずかな力で大きな重荷を動かせるなどというのは、私どものエネルギー論の考えに矛盾しています。事情がこういう類比を許すものであるかぎり、このような芸当はノイローゼの場合には成功しないことを、経験もまた教えているのです。しかし、私は、この論法にも難点がないわけではないことを知っています。「喚起」(4)ということもあるからです。

精神分析で得られた認識の光に照らしてみて、私どもは催眠法の暗示と精神分析の暗示との差異をつぎのように記述することができます。すなわち、催眠療法は心情生活におけるあるものを隠蔽《いんぺい》し、体裁を飾ろうとするものであるし、分析療法はそれをとりはらい、とりさろうとするものである、ということです。前者のやり方は美容術のようなものであり、後者のやり方は外科療法のようなものです。前者は症状を禁止するために暗示を利用し、抑圧を強化するのですが、症状を形成するようになった過程については、いっさい元のままに放置しているのです。分析療法のほうは、もっと深くすすんでその根源に迫り、症状を生ぜしめた葛藤に手を加えて、葛藤の結果を変更するために暗示を利用するのです。

催眠療法では、患者を何もせぬままに、無変化のままにしておきます。ですから、あらゆる新しい誘因があれば、前と同じように無抵抗に罹患《りかん》するのです。精神分析による療法では、医師にも患者にもやっかいな作業が課せられます。この作業は、内的抵抗を取り除くために用いられるのです。これらの内的抵抗を克服することによって、患者の心情生活は永続的に変化させられ、これまでより高い発達段階へと高められて、ふたたび罹患するという可能性からまもられます。この克服という働きは、分析療法の本質的な作業です。患者は、あくまでそれを実行しなければなりません。医師は、〈教育〉という意味で作用する暗示の援助を得て、患者にそれができるようにしてやります。ですから、精神分析療法は一種の〈教育のやりなおし〉であると言ったことは、正しかったのです。

暗示を治療に使用する私どものやり方は、催眠療法のときだけにできるやり方とどこがちがっているのかという点を、みなさんにいまや明らかにすることができた、と私は信じています。みなさんもまた、暗示は感情転移に帰するものだとしてみれば、分析療法ではその効果の限界を計算できるのに、催眠療法ではその時その時で効果がはなはだ気まぐれであることが目につく理由を、了解なさるでしょう。催眠法を応用する際には、私どもは患者の感情転移の能力の状態に依存しています。しかも感情転移能力そのものに影響をあたえることはできないのです。催眠状態に入れられる者の感情転移は陰性であるかもしれず、あるいは、たいがいの場合そうであるように、アンビバレンツのものであるかもしれません。彼らは特殊な態度をとって感情転移が起こらぬようにしていたかもしれません。私どもはこれについてはなにも知らないのです。

精神分析では、私どもは感情転移そのものに手を加えます。感情転移に反対するものを解消させるのです。私どもの活用しようと思う道具を整備するわけです。このようにして、暗示の力をまったく別の目的に利用することができるようになります。すなわち、私どもは暗示の力を手中におさめるのです。患者はたんに自分の好き勝手に暗示されるのではなく、患者が暗示の影響を受け入れるかぎり、私どもはその暗示を私どもの思うところに導いてゆくのです。

ところで、みなさんは、「私たちが精神分析の原動力を感情転移と呼ぼうと暗示と呼ぼうと、それはどちらにしても、ともかく患者に影響をあたえるということが、私たちの所見の客観的な確実性を疑わしいものにする危険はやはりある」と言われるでしょう。治療に役だつことが研究上のマイナスになる、というわけです。これが精神分析に対して、もっともよく唱えられた異論です。この異論は当たっていませんが、無理解なことだとして、はねつけることもできません。しかし、もしそれが正当ならば、精神分析は、実際はとくにたくみに仮装した、とくに有効な暗示療法の一種にほかならないことになり、私どもは、生活の感化や心理的ダイナミックスや無意識に関する精神分析の主張を、すべてむずかしく考えないでもよいことになるわけです。精神分析の反対者もまたそう考えるのです。とくに、性的体験そのものではないまでも、性的体験の意義に関連していることはすべて、私どもが自分自身の堕落した想像のなかでこのような推測をしたあとで、患者たちに「信じ込ませ」たことなのだそうです。

これらの誹謗《ひぼう》を反駁《はんばく》するには、理論の助けをかりるよりも経験をひきあいに出したほうが、いっそう容易に成功します。自身で精神分析を実施してみた人は、このような仕方で患者に暗示をあたえることなどは不可能だということを幾度も確かめることができたはずです。もちろん、患者をある種の理論の信奉者にしてしまい、医師としてもおかしかねない誤謬《ごびゅう》に加わらせることは、けっしてむずかしい業《わざ》ではありません。その際に患者は、別の人のような、弟子《でし》のようなふるまいをするのです。しかし、それでは患者の知性にだけ影響をあたえたのであって、患者の病気には影響をあたえていないということなのです。

とにかく、患者の葛藤の解決と抵抗の克服とは、患者の心中の現実と一致するような予期観念を患者にあたえたときにだけしか成功しません。およそ医師の推測のなかで当たらなかったものは、分析の経過中に淘汰《とうた》されてしまいますから、ひっこめてもっと正しいものにとりかえなければなりません。慎重な技法によって、医師は一時的な暗示のための効果が生じてくることを防がなければならないのです。しかし、このようになっても懸念する必要はないのです。というのは、医師は最初の効果では満足しないからです。症例の不明な点が解明されず、記憶の欠損が補足されず、抑圧のきっかけが発見されないかぎりは、分析は終わったとはみなされないのです。あまりに早く生じた効果は、分析の働きを促進するものではなく、むしろその障害とみられ、このような効果をきたすもととなる感情転移をたえず解消させることによって、それらの効果をふたたび破壊してしまうのです。要するに、分析的治療を純然たる暗示療法から区別し、分析による効果を暗示による効果ではないのかという疑念から解放するのは、いま述べたこの特色です。他のどんな暗示的治療法でも、感情転移は慎重にいたわられ、手をふれないままにしておかれます。分析的治療においては、感情転移そのものが治療の対象となるのですから、その現象形態はいずれも分解されてしまうのです。分析療法が終わるときには、感情転移そのものはとりさられていなければなりません。ですから、終わったあとに効果が現われたり、あるいはそのときまで効果がつづいていたりすれば、それは暗示にもとづくのではなく、暗示の助けをかりておこなわれた内的抵抗の克服の結果にもとづくものであり、患者の心中に達成された内的変化にもとづくものなのです。

私どもが治療中に、たえず陰性〔敵意的〕の感情転移に変ずることのある抵抗に対して戦っていなければならないということは、個々の暗示の成立をおそらく妨害するでしょう。ですから私どもは、ほかの場合なら暗示の所産と疑われかねない分析の個々の成果の多くのものが、異論の余地のない他の側面から裏書きされていることを、証拠としてひきあいに出すことを怠ってはなりますまい。この場合に、私どもの側の証人となるのは、早発性痴呆患者とパラノイア患者です。彼らももちろん暗示による影響があると疑うことはできない人たちです。これらの患者が、自分の意識にまでのぼっている象徴の翻訳と空想について私どもに語ることは、私どもが感情転移ノイローゼ患者たちの無意識について検討した結果とぴったり合致しており、したがって、しばしば疑われた私どもの解釈の客観的な正しさを裏づけているのです。私は、みなさんがこれらの点について分析を信用してくださっても、誤った道にはいることにはならないと信じています。

私どもはいま、治癒のメカニズムについてお話ししたことをリビド論の公式のなかに入れて、完璧《かんぺき》なものにしたいと思います。ノイローゼ患者は、楽しみを味わうことも、作業をすることもできませんが、楽しみを味わうことができないのは、そのリビドがいかなる現実的対象にも向けられていないからですし、作業をすることができないのは、リビドを抑圧したままに保ち、その暴走を防ぐためにその他のエネルギーを非常にたくさん消費しなければならないからです。ノイローゼ患者は、自我とリビドとのあいだの葛藤が終結し、自我がふたたびリビドを思いのままに使用することができるようになれば、健康になるでしょう。それゆえ、治療の課題は、自我からひき離されているその時点の束縛からリビドを解放して、そのリビドをふたたび自我が役だてうるようにしてやることにあります。

ところで、ノイローゼ患者のリビドはどこにひそんでいるのでしょうか。それを見つけ出すことは容易です。リビドは、その時点でただ一つの可能な代償満足をあたえてくれる症状に結びついているのです。ですから、症状を克服し、これを解消させなければなりません。これこそ、まさに患者が私どもに求めているものにほかなりません。症状を解消させるには、症状の発生したところまでさかのぼり、症状を生ぜしめた葛藤をよみがえらせ、当時は自由に使えなかったこの欲動の力の助力を得て、葛藤を別の結末にもってゆくことが必要となります。このような抑圧過程の訂正が、抑圧を招くにいたった諸過程の記憶の痕跡《こんせき》にたよっておこなわれるのは一部分にすぎません。この作業の決定的な部分は、患者の医師に対する関係、すなわち「感情転移」のなかで、昔の葛藤の新版をつくりあげることによって、なしとげられるのです。患者は、この葛藤のなかで、その昔ふるまったと同じようにふるまいたいのですが、医師のほうでは、患者の自由になるすべての心的エネルギーを動員して、以前の場合とは別な決断をするようにさせてゆきます。つまり感情転移は、たがいに戦うすべての力がそこで必ず遭遇する戦場となるわけです。

すべてのリビドも、リビドに対するすべての反抗も、医師に対する一つの関係のなかに集中されます。その際、症状からリビドが失われてしまうことはさけられません。患者の本来の病気の代わりに、感情転移という人工的につくられた病気、すなわち感情転移性疾患が現われ、種々の非現実的なリビドの対象の代わりに、医師というこれまた空想的な対象が現われるわけです。しかし、この対象をめぐる新しい戦いは、医師の暗示の助けによって最高の心的段階にまで高められ、正常な心理的葛藤としての経過をとるのです。新たな抑圧をさけることによって、自我とリビドとのあいだの疎隔した関係は終結するにいたり、その人物の心的統一はふたたび回復されます。リビドは医師という一時的な対象からふたたびひき離されますが、以前の対象たる症状にもどってゆくことはできず、自我の支配に服するようになるのです。この治療の仕事のなかで克服される力は、一方では、リビドがある方向に向かおうとすることを嫌う自我の嫌悪《けんお》であり、抑圧の傾向として現われるものです。また他方では、いったん配備された対象から去ることを好まないリビドの粘り強さ、あるいは粘着性です。

ですから、治療の作業は二段階に分けられます。第一の段階では、リビドはすべて症状から感情転移のなかへ押しやられ、そこに集結させられます。第二の段階では、この新しい対象をめぐる戦いが遂行されて、リビドはその対象から離れ自由にされるのです。好結果をきたすうえに決定的な変化は、このよみがえらされた葛藤において抑圧を排除することですから、その結果、リビドは無意識へ逃げ込むことによってふたたび自我から遠ざかるということができません。この抑圧の排除ができるのは、医師の暗示の影響によって自我の変化が成就されるからなのです。無意識的なものを意識的なものに置きかえる解釈の働きによって、無意識を犠牲にして自我は拡大されます。自我は啓蒙されて、リビドに対し有和《ゆうわ》的になり、リビドになんらかの満足を認容するようにさせられます。そして、自我もリビドの一部を昇華によってかたづけうる可能性のために、リビドに尻込みする気持は減少するのです。

治療の際の諸過程が、この理想的な記述によく合えば合うほど、精神分析療法の効果は大きくなります。また、こうした効果をさまたげるものは、リビドには可動性が欠けているためにとかくその対象から離れたがらないこと、および対象への感情転移をある限界以上には増大せしめないナルシシズムの頑固さにあるのです。感情転移を通じてリビドの一部分を私どものもとにひきつけ、自我の支配を免れたリビドの全体をとらえるのだ、と述べれば、おそらく私どもは、この治癒の過程のダイナミックスに、さらにいっそうの光を投ずることになるでしょう。

また、治療中の、および治療によって回復されたリビドの配分から考えて、病気中のリビドの配分法を推測してはならないという警告も、当を得ないものではないでしょう。かりに私どもが、父親への感情を医師に向けた強い父感情転移をつくりだし、さらにこれを解消することによって幸いにその症例をかたづけることができたとしても、その患者が以前にはそのリビドを同じように無意識に父親に固定させていたため病気になっていたのだ、と推定することはまちがいであるかもしれません。父親への感情転移は、私どもがリビドをわがものにしようとして戦う戦場にすぎないのです。患者のリビドは、他のいろいろの場所からそこへさし向けられました。この戦場とて、必ずしも敵の重要な城塞《じょうさい》の一つであると限定する必要はありません。敵の首都の防衛だからといって、べつに城門の前でおこなわれるわけではないのです。感情転移がふたたび解消されたあとになって、ようやく病気中のリビドの配分のぐあいを観念のなかで再構成することができるのです。

リビド論の立場から、私どもは夢に関してもなお、最後のことばを述べることができます。ノイローゼ患者の夢は、彼らのしくじり行為および自由連想と同じく、症状の意味を推測し、リビドの処分の仕方をあらわにするのに役だちます。その夢は願望充足という形で、どのような願望の動きが抑圧を加えられたのか、自我からとりあげられたリビドはどのような対象に定着したのかを、私どもに教えてくれます。ですから、夢の解釈に、精神分析による治療において一つの大きな役割を演じますし、長期にわたり、治療の作業のなかでもっとも重大な手段である場合が多いのです。私どものすでに知っているとおり、睡眠状態は、それ自体すでに抑圧がある程度後退している状態なのです。重圧となっている抑圧の圧力が軽減するので、抑圧されていた欲動は、夢のなかでは、昼のあいだに症状となって現われるよりもはるかに明瞭に現われることができるようになります。ですから、夢の研究は、自我からひき離されたリビドが所属している、抑圧された無意識に関する知識を得るのに、もっとも都合のよい道となるのです。

しかし、ノイローゼ患者たちの夢は、本質的な点では、正常な人たちの夢とどこも異なってはおりません。ノイローゼ患者の夢は、おそらく後者のものからはけっして区別することができないのです。正常な人たちの夢には通用しないような仕方でノイローゼ患者の夢を説明するというのは、不合理なことといえましょう。それゆえ、ノイローゼと健康との区別は、ただ昼間だけ通用するにすぎないもので、夢の生活のなかでは、通用しないと言わなければなりません。私どもは、ノイローゼ患者の夢と症状との関連の帰結として生じてくる一連の仮定を、健康人のうえにも移してみないではいられません。私どもは、健康人の心的生活のなかにも、症状の形成および夢の形成を、それだけでも可能にするような要因があることを否定できませんし、また、つぎのような推論をくださざるをえません。すなわち、健康人もまた抑圧をしたのだし、その抑圧を保持するためにある程度の消費をしているということ、そして、健康人の無意識の体系は抑圧されているが、なおエネルギーの配備されている欲動を隠しているということ、さらに〈健康人のリビドの一部分は彼の自我の意のままにはならない〉ということです。つまり、健康人もまた潜在的にはノイローゼ患者だということです。ただし、健康人の形成しうる唯一の症状は、夢だけであるように思われます。健康人の覚醒時の生活をもっと鋭く吟味してみれば、一見健康な生活のなかにも、——その健康という外見に反して——実際的には重要でない、とるにたりないような症状の形成が、無数に混在しているのをたしかに発見するのです。

それゆえ、健康と言いうる範囲にとどまる神経質とノイローゼとの区別は、実用的な点だけにかぎられるものであります。すなわち、そのために、その人に十分に楽しんだり仕事をしたりする能力がなお残っているかどうか、という結果にしたがって定められるのです。その区別は、おそらく自由なエネルギー量と抑圧によって束縛されたエネルギー量との相対的関係に還元されるものでしょう。量の問題であって質の問題ではありません。ここにあらためてお話しする必要はないでしょうが、この洞察こそ、ノイローゼが体質にもとづいているにもかかわらず、原則的には治りうる、という確信に理論的な根拠をあたえるものなのです。

健康人の夢とノイローゼ患者の夢との同一性という事実から、健康ということの特性について、以上のことだけは推論してよいでしょう。しかし、夢そのものに対しては、さらに広く、つぎのような結論がひきつづいて生じてきます。すなわち、夢をノイローゼの症状と関係づけて解いてはならないこと、思想を太古的な表現形式に翻訳することで夢の本質のすべてがつくされると信じてはならないこと、夢は私どもに、リビドのありのままの処分の仕方と対象への配備の様子を示していると仮定せざるをえない、ということがそれです。

さて、私どもの話もほとんど終わりに近づきました。私がお話ししたことは、精神分析療法に関するこの章でも、ただ理論的な面のことばかりで、治療を試みるのに必要な条件や、治療によって達成される効果については、なにもお話ししなかったので、おそらくみなさんは失望されたことでしょう。しかし、私は以上の二つの点はお話ししないでおきたいのです。治療の条件についてお話ししないのは、私には精神分析を実施するうえの実用的な手引きをみなさんにあげるつもりがなかったからですし、治療の成果については、いろいろの動機から、ひかえておいたほうがよいと考えるからです。この講義を始めたときに、事情が都合よくいった場合には、私どもは内科的な治療の分野でみられるもっともみごとな効果にも劣らぬような治癒効果を収めることができることを、力説しておきました。しかし、そのうえにさらに、ほかの処置ではけっして同じ効果は得られなかっただろう、とつけ加えてよいのかもしれません。これ以上大きなことを言いますと、このごろ精神分析を軽蔑する声が大きくなってきたので、私が誇大な宣伝をして言い負かそうとしている、などという嫌疑をかけられることにもなりかねません。

公開の席上でさえ、医師「仲間」から、脅迫的な言辞がくりかえし述べられていますが、それは分析の失敗や有害であるという実例を集めて、この治療法の無価値であることを知らせて、悩める世間の目を開いてやろうというのでした。しかし、このような実例を集めることは、その方法が悪意にみちた密告的な性格のものである点は別としても、分析の治療上の有効性に関して正しい判断を可能にするのに、けっしてふさわしいものではありません。ご存じのように、分析療法はまだ成立してから日が浅いのです。その技法が確立するまでには長い時間が必要でした。しかも、このことは分析の仕事をやりながら、そして経験を一つ一つ増してゆくことによってのみおこなわれたのです。指導上にもいろいろ困難がありますので、精神分析に初心の医師には、他の専門医の場合よりも、自分自身で修業をつづけてゆく能力があるか否かが問題になります。その最初の数年の成果によっては、けっして分析療法の治療能力は判定されません。

分析の初期のころには、多くの治療の試みが失敗しましたが、これはもともとこの処置法に適しないもので、今日では私どもがあらかじめ適応症を定めておき、それから除外しているような症例にも、精神分析をおこなったからです。しかし、これらの適応症とてもまた、試行によってだけしか確かめられなかったものなのです。当時は、はっきりそれとわかるパラノイアや早発性痴呆には、精神分析は手がとどかないということさえも、はじめてなのでわかりませんでした。ですから、この方法をあらゆる疾患に試してみることは、やはり正当なことだったのです。しかし、あの最初の数年間の失敗も、たいていは医師の責任だったり、あるいは不適当な対象を選んだために起こったのではなく、むしろ外的な諸条件が不利だったために起こったものでした。

私どもは、ただ内的抵抗、すなわち必然的なものであり、克服できる患者の内的抵抗を論じたにすぎません。患者の境遇や環境によって分析に加えられる外的な抵抗は、理論的な興味は少ないのですが、実際上には非常に大きい重要性をもつものです。精神分析による治療は外科手術に対比すべきものであり、外科手術と同様に、成功をもたらすうえにもっとも好都合な準備をしてから始めなければなりません。外科医が、手術の際にどんな予備手段を講ずるものであるかは、ご存じのとおりです。適切な手術室、十分な光線、助手、近親者を手術室の外に出すこと等々がそれです。ところで、もし、手術が家族の全員の立ち会いのもとでおこなわれ、手術について口を入れたり、メスを加えるたびごとに高い叫び声をあげたりするようでは、それらの手術の大部分がどんな結果になってしまうか考えてみてください。精神分析による治療の場合にも、身内の者が立ち会うことはむしろ危険です。しかも予防する術《すべ》のない危険なのです。

必然的なものと認めている患者の内的抵抗に対して準備することはできますが、この外的抵抗はどうして防いだものでしょうか。患者の身内の者たちは、いかに啓蒙《けいもう》してみても手の打ちようがありません。彼らを動かし、この分析治療全体から身をひくようにさせることはできませんし、彼らとはけっして共同でことを運んではなりません。というのは、もしそうすれば、患者の信頼を失う危険をおかすことになります。患者というものは、自分の信頼する人がまた自分の味方をしてくれることを求めているものなのです。それは、とにかく至当な要求というものでしょう。

いやしくも、一家族のなかで仲間割れを起こすことがよくあるのを知っている人なら、分析医としても、患者の近親者が往々にして患者が健康になるよりも、むしろ現在のままでいてほしいと思っていることに気づいたからといって、驚くことはないでしょう。ノイローゼが家族の構成員のあいだの葛藤と関連があることはしばしばあるものですが、その場合に、健康者は、自分の利益と患者の回復とのどちらを選ぶかということになれば、ためらわずに自分の利益を選ぶものです。たとえば、夫というものが、自分の旧悪が露見することが当然推測されるような妻の精神分析による治療を見たがらないのは、ふしぎではないわけです。私どももまたそれをふしぎとは思いません。しかし、病気の妻の抵抗にさらに夫の抵抗が加わったために、私どもの骨折りが成功しないままで早々に中止されたとしても、私どもがそのために非難されることはないはずです。私どもは、まさに、現在置かれている事情のもとでは実行しがたいことを企てたのだからです。

私はたくさんの症例の話をする代わりに、私が医師としての顧慮をしたために苦しい役割を背負わされた、一症例だけをお話ししようと思います。

かなり以前のことですが、私は一人の若い娘さんに分析治療をほどこしたことがありました。この少女はすでに長いこと不安のために街も歩けず、家に一人きりでいることもできませんでした。患者はだんだんに率直な告白を始めました。それによると、彼女の病的な空想は、母とある富裕な知人の男性とのあいだの情事を偶然目撃したことから始まったのだ、というのです。ところで、この娘さんはまずいことに、いや、あるいはずるいことかもしれませんが、母親に対する態度を変えるという仕方で、分析の時間に話したことを母にほのめかしてしまい、母親以外には自分が一人でいるときの不安を防いでくれる者はないと言いはり、母親が外出しようとすると、不安にかられて戸口に立ってさえぎるのでした。この母親自身も以前は非常に神経質な人でしたが、ある水治療法をおこなう療養所で数年前に治ったのでした。そして、彼女はその療養所で例の男性と知り合いになり、この男性とはあらゆる方面で自分を満足させてくれる関係を結ぶようになった、ということを付記しておきましょう。少女の激しい要求に茫然《ぼうぜん》とした母親は、〈突然〉、娘の不安がなにを意味しているかをさとったのです。娘は自分をとりこにして、愛人との交際に必要な行動の自由を自分から奪うために病気になったのだ、と彼女は思いあたりました。母親はただちに決心して、自分にとって有害な治療を中止させました。少女は精神病院に入れられました。そして長いあいだ、「精神分析のあわれな犠牲者」として示説教育の材料にされたのです。

　この治療の結果が悪かったというので、同じく長いあいだ悪評が私についてまわりました。私は、自分が医師として秘密を厳守しなければならない義務があると信じていましたので、沈黙をまもりつづけました。その後、かなりたって、その病院を訪ねたとき、この広場フォビアの少女に会ったという同僚の医者から、彼女の母とあの富裕な愛人との関係は町じゅうだれ知らぬ者なく、おそらく夫も父も黙認しているらしい、と聞きました。つまり治療は、この「隠しごと」の犠牲にされたのです。

　戦争の前の数年間は、多くの国々から患者たちが訪ねてきましたので、私は、自分の生まれたウィーンの町で、評判がよかろうと悪かろうと、そんなことにはかかわりなくやってゆけたものでした。そこで私は、自分の基本的な生活関係のことについて他人に依存しているような患者、すなわち独《ひと》り立ちしていない患者の治療はひき受けない、という原則にしたがっておりました。しかし、こういうことは必ずしもすべての精神分析者が敢行できることではありません。おそらくみなさんは、身内の者を警戒するように、と私が忠告したことから、精神分析をする目的のためには患者をその家族からひき離すべきである、つまり、この療法は精神病院の患者だけにかぎるべきである、と推論したりするのではないでしょうか。しかし、私は、この点ではみなさんに同意することはできないのです。患者たちは――ひどい疲憊《ひはい》の状態にあるのでないかぎりは――治療期間中は、自分に課せられた課題と闘わなければならないような事情のもとにあったほうが、ずっと有益な点が多いのです。ただ身内の人々には、この利益を自分たちの行動によって相殺《そうさい》してしまうことのないように、また、けっして医師の努力に敵意を含んで反対することがないようにしてもらいたい、と言うだけです。しかし、みなさんは、私どもの手に負えないこれらの要因を、そうさせるために、どうやって動かそうと思われますか。もちろん、みなさんはまた、ある療法の見込みというものが、どれほど社会的環境と家族の文化的状態とによって規定されているか、ということをも推察しておられることと思います。

たとえ、精神分析の失敗の大部分を、このような妨害的な外的要因によるものだとして弁明することができたとしても、前記のことはやはり療法としての精神分析の有効性に対して、暗い展望をあたえるものではないでしょうか！　精神分析に味方をする人々は、その場合に、成功例の統計を自分自身の手でつくって、失敗例の蒐集だけをするやり方に立ち向かうように、と私どもにすすめてくれたのです。しかし、私はこれにも同意しませんでした。統計というものは、いっしょに並べられた一つ一つの資料の同質性が乏しいときには無価値だ、ということを私は主張していましたが、事実、治療を試みたノイローゼ疾患の症例は、きわめてさまざまで、いろいろの点で同質のものではなかったのです。そのうえ、治療の効果の確実性について判定するにしては、私どもが概観できた時日はあまりにも短く、多数の症例について報告をすることはまったくできませんでした。これらの症例というのは、自分の病気も自分が受けた治療と同じく秘密にしていた人たち、そしてよくなったことも同じように隠していなければならなかった人たちのものなのです。しかし、統計的な比較をしりぞけたいちばん強い理由は、人間は病気の治療法ということになるときわめて非合理的なふるまいをするので、合理的な手段で彼らをなんとかできる見込みはまったくない、という洞察によるものでした。療法上の革新というものは、たとえば、コッホ(5)が結核に対するものとして最初のツベルクリンを公表した当時のように、酔ったような熱狂をもって迎えられるか、それとも今日でもなお反対者はいますが、事実は福音をもたらしたジェンナー(6)の種痘《しゅとう》のように、底知れぬ不信をもって迎えられるかのいずれかであるのです。

精神分析に対しては明らかに一つの偏見がありました。むずかしい症例を治しても、それはなんの証明にもならない、患者はちょうどこの時期に自然に健康になったのかもしれない、ということを言われることもありました。すでに、鬱病《うつびょう》と躁病《そうびょう》との周期を四回もへていた一人の婦人患者が、メランコリーがすぎてよくなっている時期に私の治療を受け、三週間ののちにふたたび躁状態がはじまった際には、家族全員、そのうえ助言を求められたお偉い大家の先生がたまでが、この新しい発作は彼女に試みた精神分析の結果にほかならないと信じこんだものでした。偏見に対しては、どうすることもできないものです。現にみなさんは、いま戦争をしている諸国民の一方のグループが、他方のグループに対して示したいろいろな偏見について、それをふたたびみておられるわけです。もっとも理性的な道は、その偏見が時のたつままに自然に消えてゆくのをじっと待つことです。いつの日か、同じ人間が同じ事柄に関して、これまでとはまったくちがった考え方をするようになるでしょう。なぜ彼らがもっと早くそう考えるようにならなかったかということはいつまでも解けない秘密であります。

ひょっとすると、分析療法に対する偏見も、いまはすでに減少しつつあるのかもしれません。精神分析学の理論がたえまなく普及し、幾多の国々において分析治療をおこなっている医師が増加していることは、それを保証しているように思われます。私がまだ若い医師であったころ、催眠法による暗示療法に対して医師たちが浴びせた、ごうごうたる憤激の嵐にまき込まれたことがありますが、今日これと同じような憤激が、精神分析に対して「冷静な人々」から向けられているのです。しかし、催眠法は、治療の原動力としては、最初に約束したことをまもりませんでした。私ども精神分析医は、催眠法の正当なる相続人と自称してもよいのであり、また、いかに多くの鼓舞と理論的解明とを催眠法から受けているかを、忘れてはならないのです。

精神分析に対する中傷は、だいたいにおいて、分析が拙劣だったり、治療がなかばで突然中止されたりしたときに葛藤が強くなるという、一時的な現象にかぎられたものです。現にみなさんは、私どもが患者にどのようなことをするのかについて説明を聞かれたので、私どもの努力がいつまでも患者に障害を残すものであるかどうかについても、ご自分で判断をくだすことがおできになるでしょう。精神分析の濫用《らんよう》はいろいろの方面に起こりうることです。加うるに、感情転移は非良心的な医師の手中に置かれれば危険な手段になります。しかし、医師の利用する方法や手段で濫用の危険のないものはありません。切れないメスは、治療の役にたつことはできないのです。

さて、みなさん、これで私の話は終わりです。みなさんにお話しした講演にはいろいろと足りない点も多く、私自身も顧みてひどく気が重いことを告白いたします。と申しましても、これはけっしてありきたりのきまり文句ではありません。とくに簡単にしかふれられなかったテーマについては、あとでもう一度とりあげてお話ししようとしばしばお約束しましたのに、その約束を果たす機会を逸してしまったことは残念です。私の企てたことは、まだ発展途上にあって完成していない問題について報告するということでした。ですから、私の短く切りつめた総括そのものが不完全な報告になってしまいました。結論をひきだせる材料を準備しておきながら、自分でその結論を出さないでしまった箇所もいくつかあります。しかし、私にはもともとみなさんに、専門家になってほしいなどと要求ができるわけのものではありませんでした。私はただ、みなさんを啓蒙《けいもう》し、みなさんの関心を呼びさましたいと思ったにすぎなかったのです。

(1)『暗示とその治療作用』(一八八八年)および『暗示の研究』(一八九二年)をさす。
(2)ノイローゼ症状を示す患者に対して、催眠状態において、症状が消失する暗示、またはある種の行動を直接的に禁止する暗示をあたえる方法。
(3)ブロイアーは、患者に症状発生時の状況を催眠状態において自由に語らせるとか、あるいは問いただすなどの方法によって、症状の消失を意図した。
(4)一般的には、感情や行動などが、ある操作によって反応的に激しくひき起こされることをいうが、ここでは催眠暗示によって激しい感情や行動がひき起こされることである。
(5)(一八四三～一九一〇)。ドイツの細菌学者で、近代細菌学の祖といわれている。結核菌、コレラ菌の発見者である。
(6)(一七四九～一八二三)。イギリスの医者。八歳の男の子に種痘の最初の予防接種をおこない、種痘法の正しさを示したが、すぐにはその研究は公認されなかった。

解説

この『精神分析学入門』はジグムント・フロイト Sigmund Freud（一八五六〜一九三九）の著書 *Vorlesungen zur Einführung in die Psychoanalyse*, 1917 の翻訳である。一九一五年から一九一六年にかけての冬学期に第一部と第二部をなす十五章にあたる部分を、さらに一九一六年から一九一七年にかけての冬学期に第三部の十三章にあたる部分を、フロイトがウィーン大学の全学部からの聴講者を前に行なった講義をまとめたものが本書である。

聴講者には医学部以外の人々もいることを意識しており、特に一九一五年から一九一六年にかけての講義は原稿をも書くことなしに行なったと彼自ら語っていることからも当然であろうが、医学の専門用語もきわめて少なく、また聴衆を倦ませず、かつ理解しやすくするためにと興味深い例示を随所にはさむなどの配慮が払われている。第三部の神経症論については冬学期の講義に備えて夏の間に想を練り草案をつくったと後に自ら語っている。このときフロイトはすでに六十歳に達しているが、いわゆる医学界において温く迎えられることなく、ウィーン大学でも正教授とはなりえず不遇であった。ヨーロッパには第一次大戦の暗雲がたれこめていた時期であった。すでにドイツの敗戦を予測していたという彼がどのような感慨をいだきながらこの講義をすすめたかも興味ある問題といえよう。

この講義の内容をなす精神分析学が、この時期までにどのような展開を示したかについては、さまざまの論著もあり、また、フロイト自身の問題としても彼自身の筆になる『自伝』(一九二五)や『精神分析運動の歴史』(一九一四)に、さらにはスタンリー・ホールに招かれてアメリカのクラーク大学の大学創立二十周年記念式典にあたって行なった講演に簡潔に述べられているので、それらについてみられることが望ましい。

ここにははじめて本書を繙《ひもと》かれる読者のために簡単に記し、人間の深層心理の探究の学問という特異の精神分析学の性格のために、創始者フロイトの内面史としての生活史はその理論の形成に深い影響を与えていると考えられるので、その生活史は理論の理解を助け、その理論はまた、彼の生涯における愛憎のないあわされた人間関係の謎をとく有力な鍵となることを指摘しておきたい。

フロイトの幼年期まで

フロイトは一八五六年五月に、いまはチェコスロバキアに属し、プリーボルと呼ばれている当時のフライベルクの町にユダヤ人の子として生をうけた。父のヤーコブ・フロイトは四十一歳、母は先妻を失ったヤーコブの二度目の妻となったアマーリアで当時二十一歳、その夫よりは二十歳も年下で、先妻の子インマヌエルよりも若く、次子フィリップとはほぼ同年齢であった。インマヌエルにはすでにフロイトよりは一歳だけ年長の子ヨハンネスがあった。幼いときのこの二人はたえず一緒におり、愛憎のはげしくいりまじった交渉をもっていたといわれる。フロイトのすぐれた伝記を書いたE・ジョーンズは、このヨハンネスを両親に次いでフロイトの性格形成上に大きい関係をもつ人物だと指摘して、「三歳になるまで二人は別れることができなかった。われわれは互いに愛しあい、互いに争いあった。この幼い時代の人間関係が後に自分が同年輩の人々との交わりに当って感じるあらゆる感情を支配した」というフロイトの言葉を引用している（竹友訳『フロイトの生涯』）。

このフロイトの「無意識に抜きがたく根を下している人物」の他に、彼には「母の愛とその乳房を争う競争者」たる同腹の同胞がつぎつぎと生まれた。満一歳にならずに死んだ次弟に対しては、母の愛を争う競争者の死に喜びの感情を味わったとも述べている。このような幼児期における家庭環境がフロイトの性格の形成を大きく左右したとフロイトが信じていたことは、彼の理論そのものが明らかに証していることだといってよいであろう。

また、当時のフライベルクは人口五〇〇〇ほどの小さい町であり、ほとんどはカトリック信者であった。ユダヤ教徒は二〇パーセントくらいであったといわれるので、蔑視されたユダヤ人としてのフロイト一家には、社会的な面でも快い環境ではなかったと思われる。

一家は父の事業上のゆきづまりもあって、彼が三歳の折に、フライベルクの町を去り、ライプツィヒでの仮寓をへて、四歳のときにウィーンに移住した。彼はその時以来はこの町を動くこととなく、ギムナジウムも大学も医師となっての生活もすべてここで過し、一九三三年にナチスの手を逃れてロンドンに亡命するまでに到ったのである。ウィーンこそは彼の故郷といいうるところであった。

ウィーン大学時代

一八六五年、九歳でギムナジウムに入り、一八七三年には十七歳でウィーン大学に入学した。医学に対する志望はギムナジウム時代にゲーテの自然についての文章によってかきたてられたと彼は言っているが、医学者とはいっても、臨床医となることではなく、むしろ「自然」のひとつとしての人間の探究への関心であったように思われる。

当時のウィーン大学は、進化論に対する圧倒的な支持の空気の満ち満ちた活気ある時代であった。彼もまた、進化論には強く心をひかれたと語っている。彼が学んだ人々の中には、心理学や哲学にはR・ヘルバルトの流れをくむR・ツィンメルマンやF・ブレンターノたちがおり、生物学者にはイギリスからはるばると招かれた進化論者C・クラウス教授などがあった。フロイトはこのクラウス教授について、医学生に必須なものとして要請されるより多くの単位を取得したり、学生時代に、彼の主宰する臨海実験所におもむいて小論文を書いたりしている。進化論に対する彼の傾倒を知るべきであろう。医学畑には、生理学にはE・ブリュッケが生気論から抜け出して、生命現象を物理学や化学の原理に従って解明しようと努めており、精神医学の講座には局在論者のF・マイネルトのような碩学が研究をつづけていた。フロイトの先達でもあり、ある意味では精神分析的アプローチの開拓者というべきJ・ブロイアーは家庭医として臨床医の生活をしながらブリュッケの教室で研究をしており、フロイトとの運命的な出会いを待っていたのであった。

フロイトはその『自伝』の中でこのウィーン大学時代を回顧して次のように書いている。ウィーン大学での学生時代の生活では、ユダヤ人であるために、いやというほどにいろいろの不当な処遇をうけたものだった。学問上では関心のおもむくままにいろいろと遍歴をもしてみたが、自分の才能が狭く特異であるために、どこでも成功することはできなかった。ゲーテの『ファウスト』の中でメフィストフェレスがいったように、「学問から学問へとさまよい歩いても駄目だ、人は自分の学びうるものしか学ぶことはできないのだ」ということを身にしみて感ぜざるをえなかった。しかし、最後にはエルンスト・ブリュッケの生理学教室で平和と満足とを見出したのであった、と。ブリュッケ教授に対しては、フロイトは終生その畏敬の念を失うことがなかった。

一八八一年医学部を卒えてからも、フロイトは生理学数室に在ってブリュッケの指導の下に神経生理学の研究に従事していたが、経済的に豊かでないことを察したブリュッケのすすめに従って臨床医家となる決心をし、外科、内科、精神科などを廻って順次に修練をつみ研鑽《けんさん》につとめ、一八八五年には神経病学の私講師の資格をとることができた。私講師の資格取得はフロイトにとってはアカデミックな世界での活動の第一の関門を突破したものとして大きい喜びであった。「なんという素晴らしい将来がひらけてきたことであろう」と彼はこのことを未来の妻であるマルタ・ベルナイスに書き送っている。

すでにブリュッケの教室にいたブロイアーは一八八〇年から一八八二年にかけては、初期のヒステリー研究に好個の症例となり、後には精神分析に関する講演では神経症研究の宝庫とさえフロイト自身が呼んだO・アンナの治療を手がけており、フロイトもまたその経緯についてブロイアーから聞く機会もあったはずであるが、神経病理学者としての彼の志向はまだ神経症には向っていなかったとみられる。しかしやがては未来の教授を夢みたフロイトの希望は実をむすぶことのない徒花《あだばな》に終ってしまい、彼が当時はおそらく予想もしなかったこのブロイアーの考えの継承者となったのである。

この同じ年に、フロイトはブリュッケの親切な推輓《すいばん》によって留学の資金を与えられ、ヨーロッパ中に盛名をとどろかしていたシャルコーについて学ぶためにサルペトリエール病院に遊学した。シャルコーのもとで最もつよくフロイトに印象づけられたものは、フロイトの目の前で行なわれた催眠術を応用しての実験的ヒステリー誘発の研究であった。「ヒステリー現象は現実のものである。ヒステリーは女子にもあり男子にもある。人為的につくり出されたヒステリー症状は自生的なヒステリー症状と同じであった。私の考えるところでは、ヒステリーの運動麻痺や知覚麻痺は（実際の神経支配の状況に対応するものではなく）、その人の抱いている身体の構造や機能についての素人的なイメージに対応するものである。ウィーンに帰ってからこの点を研究してみたいと思ってシャルコーに話したが、彼はあまり関心を示さなかった」と彼は記している。覚醒時の意識にはのぼることのない別の意識に属する観念によってヒステリー症状が発呈してくることは、おそらくは、ブロイアーによって語られたのを聞き知ってはいたはずであるが、この時までは、すなわち権威者が彼に語るまではフロイトの研究的関心をひくまでには到らなかったものというべきであろう。

ともあれパリ留学を終え、輝かしい未来を夢みて帰国したフロイトを待ちうけたものは、思いもよらぬ理不尽な拒否的なウィーン学界の反応であった。いわば学界における孤児的な立場に立たされて、彼はいわゆる医学界から身をひき、ブロイアーと共同のヒステリー研究に専念するようになったのである。

談話療法から精神分析へ

ブロイアーがO・アンナの症例で学んだことは、夢幻のような、また催眠状態に近いようないわゆる「類催眠状態」での意識時の体験や想起された観念群が病因となるものである。それらの観念群とそれに伴う感情とは、二種の意識状態の分離のために、観念連合を通じて正常意識によって修正される機会をもちえないために、エネルギーの発散の路を失い、病状となってその捌《は》け口を見出すものである。したがって治療法としては、患者を催眠状態にひきこんで、病因となっている病状発呈時の体験や観念を、それに伴う感情をこめて語らせることであるということにあった。つまった樋を通りよくして水の流れをよくするように、エネルギーの発散の路をつけるカタルシス（通利療法）なのである。ブロイアーと共同研究をするようになったフロイトは、このブロイアー法によってヒステリー治療の経験を積んだ。

しかし、経験をつむにつれて、患者の中には催眠状態になかなかならぬものもあり、また、催眠術を用いずに回想を強制することによって語らせることもでき、それによっても同じ効果がえられることの発見から、フロイトは催眠術を捨てることになった。さらにこの回想では、催眠状態での体験の回想とは違って、あるものは容易に意識に浮ぶが、あるものは非常に回想が困難であること、しかも回想の困難なものほど病因としての意味が大きく、特に性的な色調を帯びたものが回想しにくいことなどの心的力動も明らかとなったのである。覚醒意識にのぼらぬものは、むしろそれに近づくことがその当該の人にとって不快であるために、意識外に押しやられ自我の防衛のために抑圧されているのであり、その回想に対しては抵抗を示す機制があることなども明らかにされるようになった。ここにカタルシスは精神分析の真の意味での発足を告げる力動論的なものに変貌したのであった。

一八九五年のブロイアーとの共著『ヒステリー研究』はこの間の展開を示す著作であるといってよい。

さらに抑圧と抵抗に対抗して意識されてこないものを明らかにする方法として自由連想法が用いられるようになってからは、人間心理の奥底は、つぎつぎとフロイトの研究の前にその扉をひらいた。いくどか引用した一九二五年に公刊された『自伝』の中で、フロイトはある心理学が精神分析学の名を冠しうるためには、抑圧と抵抗という心理機制または防衛機制、人間の心情における無意識の存在とその重要性、小児期の体験が性格形成と神経症の素因形成にとってもつ重大な意味及び神経症などの病因としての性の重要性を認めることが必須の条件であることを主張しているが、これらに関する主要な論文は、フロイトの創造的な活動が非常に活潑だったといわれる一九一〇年代の初め頃までには彼自身によって数多く公けにされているのである。フロイト自身の印象としては、一九〇七年までの単独で研究をつづけざるをえなかったときはすでに終り、協同著や弟子たちの研究にも、その後は重要なものが現われるようになったともいっているが、ともあれ、この講義が行なわれた時期には、精神分析学の根本的な思想であり、心理学にとってもはや不朽の宝として認めなければならぬ精神分析学上の諸概念はほぼ確立されているというべきであり、後年になって付加された分析学上の諸説の萌芽もすでにその中に包含されていたとみてよいのである。

このようにみてくるとき、それらを踏まえて、フロイトが精神分析学に関して縦横に語った本書の内容が、精神分析学研究の上にもつ意義はいかに大きいものであるかは明らかであると思うのである。この『精神分析学入門』は一九一七年にまとめて一巻の書として公刊されたものであるとすると、その時からもすでに半世紀をすぎている。その永い年月を経てなお、深層心理学一般の上に、精神病理学に、さらに神経症の理論にと広い領域にわたってなおみずみずしい今日的意義を保っていることは驚くべきことといわなければならないであろう。真に古典の名に値するものというべきではあるまいか。

なお、本書の底本としては、一九四〇年のイマゴ版の全集第十一巻を用いたことを付記しておきたい。

懸田克躬

一九七三年九月

巻末エッセイ

フロイトについて

柄谷行人

フロイトについて、私は長く関心をもってきた。それはある意味で、マルクスについてそうであったのと似ている。マルクスは、フォイエルバッハのヘーゲル批判にもとづく初期の疎外論、次にそれを批判することから生まれた史的唯物論、さらに、ヘーゲルに再帰する『資本論』というふうに大きな転回を遂げてきた。一般にマルクス主義として知られているのは、中期の史的唯物論であり、それに対する批判として、初期マルクスないし『資本論』のマルクスが強調されてきた。私は『資本論』のマルクスを最も重視するが、それはたんに初期・中期のマルクスを否定することではない。私が重視するのはむしろ、マルクスの思想がそのような「転回」においてこそあった、ということである。

フロイトについての私の関心も同様である。たとえば、『精神分析学入門』（一九一七年）に示されるのは、中期のフロイトである。初期のフロイトの仕事が、神経生理学にもとづいたフィジカルな心理学だとすれば、この時期にはメタ・フィジカルな心理学（メタ心理学）に移行したといえるだろう。ここで、無意識は、たんに意識されないというようなものではなく、独立して存在する位相空間としてとらえられた。それは快感原則と現実原則によって規定されている。つまり、快感原則にもとづく欲動が強いのだが、同時に、それは現実原則によって抑制されている。エディプス・コンプレクスがその典型である。それは、幼児が母親への欲望をもちながら、父親のためにそれを抑圧するにいたることであるから。

しかし、フロイトは『精神分析学入門』を書いてまもなく、すなわち第一次大戦後の一九二〇年に、大きな転回を遂げた。彼は戦争中につぎのように書いていた。《戦争はわれわれから、より後期に形成された文化的層をはぎとり、われわれのなかにある原始人を再び出現させる。戦争はわれわれを再び、自己の死を信じないところの英雄たらしめようとし、見知らぬ者に敵のレッテルを張る》（『戦争と死に関する時評』一九一五年）。つまり、ふだん抑圧される快感原則が、戦争において解放されて、人は原始状態に戻ってしまう。しかし、それも戦争が終われば違ってくるだろう。《われわれは、この盲目性が、興奮が醒めると同時に消えさるのを希望することができるのだ》。

ところが、フロイトは大戦後に、そのような考えを根本的に修正しなければならない事態に出会った。彼の想定をくつがえしたのは、戦後に遭遇した戦争神経症の患者たちである。初期の『夢判断』（一九〇〇年）では、彼は、夢の役割は睡眠を継続させることだと考えていた。つまり、外的刺激で目覚めてしまわないように、ひとは夢を見る。しかし、戦争神経症者の症状は以上の仮定に反するものであった。彼らは、戦争が終わってからも、毎夜戦争の夢をみては飛び起きていたからだ。このときフロイトは、現実原則と快感原則という枠組では説明できない衝動があることに気づいたのである。

戦争神経症患者が示す反復強迫がそれである。フロイトは次のように考えた。《反復強迫の仮定を正当づける余地は充分にあり、反復強迫は快感原則をしのいで、より以上に根源的、一次的、かつ衝動的であるように思われる》(「快感原則の彼岸」一九二〇年)。こうして彼は、快感原則および現実原則よりも根源的なものとして反復強迫を見いだした。それをもたらすのは、人間のもつ「死の欲動」である。それは、生物(有機体)が無機質に戻ろうとする欲動である。そして、それが外に向けられたとき攻撃欲動となる、とフロイトは考えた。

その後まもなく、フロイトは「自我とエス」(一九二三年)で超自我という概念を提起した。それに対応する概念は初期からあった。たとえば、『夢判断』における、夢の「検閲官」である。しかし、それは、親を通して子供に内面化される社会的な規範のようなものだ。すなわち、それは現実原則である。一方、「自我とエス」という論文で明確にされた「超自我」は、それとは異質である。「検閲官」が他律的であるのに対して、超自我はいわば自律的なのである。

超自我のこうした性質は何よりも、「ユーモア」(一九二八年)という論文において明瞭に示されている。彼はユーモアに関して、「月曜日、絞首台に引かれていく罪人が『ふん、今週も幸先がいいらしいぞ』といった」というような例をあげた。これは負け惜しみと似ているが、聞いた者は、負け惜しみに対しては感じないような快感を与えられる。《ユーモアには、たとえば機知などにおいては全然見られない一種の威厳が備わっている。なぜなら、機知とは、ただ快感をうるためだけのものであるか、ないしはそのえられた快感を攻撃欲動の充足に利用するだけであるから》(「ユーモア」)。

つまり、機知は快感原則であるが、ユーモアはその「彼岸」にある。フロイトは超自我を、抑圧し検閲するものとしてではなく、「おびえて尻込みしている自我に、ユーモアによって優しい慰めの言葉をかけるもの」として見出している。つまり、超自我はむしろ、自我の自律性を支援するものである。その意味で、検閲官が外から来るものであるのに対して、超自我は内部から来るといえる。とはいえ、それは自我にとって、あたかも外から来るかのように、強迫的に到来する。死の欲動を導入することによって、フロイトは、むしろ社会的規範＝現実原則を超える「自律性」の根拠を見出したのである。だから、「快感原則の彼岸」は同時に「現実原則の彼岸」でもある。

以上の問題は、精神医学だけではなく、その他の領域、特に人類学においてもあてはまる。たとえば、フロイトは一九一三年に、未開社会におけるトーテミズムがいかにして成立したかを論じたが、それを、兄弟らが一緒に「原父」を殺すことによって形成した「兄弟同盟」として説明した。これはダーウィンやロバートソン・スミスのような学者によってなされた仕事にもとづくのだが、フロイトはそれを精神分析の観点から、すなわち、エディプス・コンプレクスの問題として説明して見せたのである。

しかし、このような見解は今日（フロイト派においてさえ）否定されている。そもそものような「原父」は、氏族社会以後に成立した国家（王権）あるいは家父長を、未開段階に逆投射したものでしかない。つまり、原父殺しによって兄弟同盟が生まれたのではなく、その逆に、兄弟同盟が壊れた後に、原父的な存在あるいは国家が出現したのである。フロイトは「快感原則の彼岸」において大きな転回を遂げた。にもかかわらず、その後、かつて『トーテムとタブー』（一九一三年）で示したような見解を修正したように見えないのである。最晩年の『モーセと一神教』（一九三七年）においても、それをくりかえしているからだ。

しかし、注意深く読むと、そうでないことがわかる。私が気づいたのは、トーテミズムはむしろ、後期フロイトの観点から、すなわち、無機質に戻ろうとする「死の欲動」から説明できるということである。トーテミズムは、原遊動民（定住以前の形態）が各地で定住したときに生まれた。すなわち、人口が増えて「有機的な社会」となり、さまざまな葛藤や不平等が存在し始めたときに。そのとき、無機質に戻ろうとする死の欲動、そして、それが他に向けられる攻撃欲動が奔出したのである。そのまま行けば、原父あるいは国家が形成されるにいたっただろう。

だが、このとき、そのような欲動を抑え断念させるものがあらわれた。それが反復強迫である。そして、これが互酬交換（兄弟同盟）を強いる力となった。それは、フロイトの言葉でいえば、「忘却されたものの回帰」として生じた。ゆえに、それは強迫的である。ただし、この場合、定住化によって殺され忘却されたものは、原父ではなくて、原遊動性である。そして、その強迫的な回復が、原父の如き存在が生じることを妨げたのである。

私はフロイトを以上のように読み直すことで、互酬交換（私の言葉でいえば交換様式A）がいかに生じたかという問題に答えられると思った。実は、新たにフロイトに関心を抱いた理由がもう一つある。私は、フロイトが一九二〇年に「快感原則の彼岸」に向かったとき、すでに六四歳であったことに気づいた。その事実に私は大いに励まされた。というのは、私が「交換様式」にもとづいて世界史を見直す仕事を本格的に開始したのも、それぐらいの歳であったからだ。

（からたに・こうじん　哲学者）

編集付記

一、本書は中公文庫『精神分析学入門』（一九七三年十一月刊）の改版である。

一、改版にあたり、同文庫（二九刷　二〇一四年十月刊）を底本とし、中公クラシックス版『精神分析学入門Ⅰ』『同Ⅱ』を参照した。巻末エッセイ「フロイトについて」を新たに付し、旧版の巻末にあった訳注を各講末に移した。

一、本文中、今日の人権意識に照らして不適切な語句や表現が見受けられるが、訳者が故人であること、執筆当時の時代背景と作品の文化的価値に鑑みて、そのままの表現とした。

中公文庫

精神分析学入門《せいしんぶんせきがくにゅうもん》

1973年11月10日　初版発行
2019年３月25日　改版発行
2022年６月30日　改版２刷発行

著　者　フロイト

訳　者　懸《かけ》田《た》克《かつ》躬《み》

発行者　松田陽三

発行所　中央公論新社
〒100-8152　東京都千代田区大手町1-7-1
電話　販売　03-5299-1730　編集　03-5299-1890
URL https://www.chuko.co.jp/

ＤＴＰ　ハンズ・ミケ
印　刷　三晃印刷
製　本　小泉製本

Published by CHUOKORON-SHINSHA, INC.
Printed in Japan　ISBN978-4-12-206720-2 C1110

各書目の下段の数字はISBNコードです。978－4－12が省略してあります。

中公文庫既刊より

き-3-3
ものぐさ精神分析
岸田　秀
人間は本能のこわれた動物——。人間存在の幻想性に鋭く迫り、性から歴史まで文化の諸相を縦横に論じる注目の岸田心理学の精髄。〈解説〉伊丹十三
202518-9

き-3-4
続　ものぐさ精神分析
岸田　秀
人間の精神の仕組を「性的唯幻論」という独自の視点からとらえ、具体的な生の諸相を鮮やかに論じる岸田心理学の実践的応用篇。〈解説〉日高敏隆
202519-6

た-77-1
シュレディンガーの哲学する猫
竹内　薫
竹内さなみ
サルトル、ウィトゲンシュタイン、ハイデガー、小林秀雄——古今東西の哲人たちの核心を紹介。時空を旅する猫とでかける、「究極の知」への冒険ファンタジー。
205076-1

テ-4-2
自殺論
デュルケーム
宮島　喬訳
自殺の諸相を考察し、アノミー、生の意味喪失、疎外など、現代社会における個人の存在の危機をいち早く指摘した、社会学の古典的名著。内田樹氏推薦。
206642-7

ニ-2-3
ツァラトゥストラ
ニーチェ
手塚富雄訳
近代の思想と文学に強烈な衝撃を与え、今日なお予言と謎に満ちたニーチェの主著を格調高い訳文と懇切な訳注で贈る。〈巻末対談〉三島由紀夫・手塚富雄
206593-2

ハ-2-2
パンセ
パスカル
前田陽一
由木　康訳
時代を超えて現代人の生き方に迫る、鮮烈な人間探究の記録。パスカル研究の最高権威による全訳。年譜、索引付き。〈巻末エッセイ〉小林秀雄
206621-2

ホ-1-7
ホモ・ルーデンス
ホイジンガ
高橋英夫訳
人間は遊ぶ存在である——人間のもろもろのはたらき、生活行為の本質は、人間存在の根源的な様態は何か、との問いに対するホイジンガの結論が本書にある。
206685-4